Hubert Krammer

Jenseits der Mythen

Imperialismus – Zionismus – Faschismus

Mit einer Einführung von Karam Khella

Theorie und Praxis Verlag

Die Deutsche Bibliothek – CIP-Titelaufnahme
Krammer, Hubert, Jenseits der Mythen, Imperialismus – Zionismus – Faschismus / Mit einer Einführung von Karam Khella
Krammer, Hubert – Hamburg: Theorie-und-Praxis-Verl.
ISBN 978-3-939710-02-8

– 1. Auflage – 2010

Theorie und Praxis Verlag
Goldbachstr. 2
D 22765 Hamburg

Tel: 040 – 386 138-49
FAX: 040 – 386 138-50
info@tup-verlag.com

Hubert Krammer

Jenseits der Mythen

Imperialismus – Zionismus – Faschismus

Inhaltsverzeichnis

Karam Khella: Einführung

Hubert Krammer: Jenseits der Mythen

Jenseits der Mythen

Warum dieses Buch? Der Opfer des Imperialismus sind viele. Völker werden heimgesucht, vernichtend geschlagen, ihre Kulturen zerstört, ihre Reichtümer ausgeplündert. Verbleibt nur noch verbrannte Erde.

Auch die Wissenschaften zählen zu den Opfern. Sie werden vollständig in den Dienst des Imperialismus gestellt. Die Geschichtswissenschaft macht keine Ausnahme. Gerade sie wird völlig funktionalisiert. Durch Manipulation und Fälschung von Geschichte werden nicht Barbarei und Verbrechen des Imperialismus herausgestellt; vielmehr wird er rehabilitiert und verherrlicht.

Neue Mythen ersetzen die alten. Das Programm wird aber „Entmythologisierung“ genannt. Auf der Basis des imperialistischen Geschichtsbildes baut die informationspolitische Aufbereitung von Nachrichten über Gegenwartsereignisse auf. Richtig ist falsch, falsch ist richtig. Niemand blickt durch.

Geschichtswerk und Schulbuch systematisieren die konstruierte Geschichte. Die erfundene Realität wird weiter vermittelt. Die Lehrerausbildung verfachlicht das Konstrukt. In manipuliertem Bewußtsein werden die Erzieher erzogen. Die Geschichtsdidaktik präsentiert den Imperialismus als Zivilisation und seine Unmoral als humanitäre Mission.

Manipulierte Manipulatoren bilden den Nachwuchs aus. Die Denkfabrik ist perfekt. Der Imperialismus wird reproduziert. Der Mikroimperialismus trägt den Makroimperialismus und setzt ihn um. Der Krieg gegen die Völker geht weiter. Zur Normalität ist er geworden. Während wir diese Zeilen schreiben oder lesen, tötet er weltweit.

Zu den tragenden Säulen der antiimperialistischen Solidarität zählt die Geschichtsrevision. Diese Tatsache ergibt sich aus dem Gesagten als unabdingbare Konsequenz.

Wer hat Angst vor Geschichtsrevision? Imperialismus, Zionismus und Faschismus fürchten die Geschichtsrevision wie der Teufel das Weihwasser.

Welches Schulkind weiß, was „Imperialismus“, „Zionismus“ oder „Faschismus“ sind? Darum fehlt in diesem Machtbereich eine echte und aufrechte antiimperialistische, antizionistische und antifaschistische Bewegung. Oder, sagen wir vorsichtig, sie existiert nicht als Massenbasis.

Darum dieses Buch.

Autor und Co-Autor sind dem Theorie und Praxis Verlag in zweierlei Hinsicht zu Dank verpflichtet. Zum einen für die Bereitschaft, dieses Werk in sein Programm aufzunehmen. Dieser Entscheidung gingen viele Diskussionen voraus. Diskussionsteilnehmer waren Brigitte Dottke, Leiterin des Verlages, Karam Khella, der die Einführung in die Thematik und die Herstellung des historischen Kontextes der Ereignisse schrieb, und Hubert Krammer, der Hauptautor des Buches. Die Gespräche erwiesen sich als sehr fruchtbar und bereicherten das Werk.
Zum anderen schulden wir, der Autor und Co-Autor, dem Theorie und Praxis Verlag Dank für die Aufnahme dieses Werkes in sein Programm. Auf dem Gebiet der Geschichtsrevision sind im Verlag bedeutsame Werke erschienen. Das Buch von Hubert Krammer reiht sich hier ein und schließt eine Forschungslücke. Nicht unbegründet stellt der Theorie und Praxis Verlag sein Programm unter die Leitlinie: „Theoriebildung, Geschichtsrevision, Eurozentrismuskritik und antiimperialistische Solidarität". Das vorliegende Werk „jenseits der Mythen – Imperialismus – Zionismus – Faschismus" gehört in dieses Programm.

Karam Khella
Hamburg im Jahr 2009

Vorwort

Die Palästinafrage ist eines der größten noch ungelösten politischen Probleme auf dem Globus. Wer sich mit ihr befasst, findet sich mit einer Vielfalt von Fragenkomplexen konfrontiert. Niemand kann an diese Frage unbeteiligt herangehen. Es ist auch die eigene Bewegtheit, welche letztlich zur Initiierung und Realisierung dieses Buchprojekts geführt hat. Es ist eine Untersuchung zu Fragestellungen, die im Rahmen der Solidaritätsarbeit aufgekommen sind.

Im ersten Teil dieses Buches soll eine historische Einleitung von Karam Khella in die Problematik einführen. Ihr folgt von Hubert Krammer der Hauptteil der Abhandlung.

Von Hubert Krammer stammen verschiedene Arbeiten, die alle dadurch charakterisiert sind, dass sie Theorie und Aktualität verbinden. Konfliktsituationen werden historisch reflektiert. Zudem komponierte er große Teile der „Palästina-Passion“, welche das ästhetische Moment in die Solidarität integriert. Seine Beiträge sprechen nicht nur für die Sorgfalt seiner Arbeitsweise, sondern auch für die innere Bewegtheit, die schon bei der Auswahl der Thematik sichtbar wird. Die Verbindung von Zionismus und Nazideutschland gehört zu den Tabuthemen. Deshalb war es notwendig, dass diese Frage anhand authentischer Quellen und Zeitzeugen recherchiert wird. Was ist die Wahrheit?
Die Besonderheit der Fragestellung war auch für die Wahl der Untersuchungsmethode und Darstellungsweise maßgeblich. Krammer entschied sich für eine Synthese aus Geschichte und Anthologie. Verlautbarungen werden in ihren historischen Kontext gestellt. Auf der anderen Seite wird Geschichte durch ihre Akteure und Augenzeugen dokumentiert.

Karam Khella

Einführung von Karam Khella

Imperialismus – Zionismus – Faschismus

Die Entstehung – Das Zwillingspaar

Auf dem Wiener Kongress 1815 organisierte sich Europa zur imperialistischen Macht. Anstelle des Alleinganges Frankreichs, der zu seiner vernichtenden Niederlage in Ägypten (1798-1801) führte, will nun Europa seine Aggression gegen den Rest der Welt koordinieren. Die europäischen Staaten waren pleite und sogar schwer verschuldet. Militärische Abenteuer hätten sie nicht finanzieren können, wenn die Rothschilds mit ihrem Bankmonopol nicht die großzügigen Kredite vorgestreckt hätten. Sie versprachen sich nicht nur – durch die besetzten Länder und die Errichtung von Kolonien – vielfache Rückzahlungen. Sie sahen vielmehr auch vor, selbst in den unterworfenen Ländern Fuß zu fassen und diese direkt auszubeuten. Am Beispiel Ägypten zeigt sich, dass die Pläne der Rothschilds alles andere als Illusionen waren. Sie sicherten sich einen guten Anteil an den Suezkanalaktien. An jedem großen Projekt waren sie maßgeblich beteiligt. Ihre Pläne kannten keine Grenzen. Sei es die Bagdad-Bahn, die East Indian Company oder andere transkontinentale Unternehmungen, stets waren sie die Hauptbetreiber. Um die Mitte des 19. Jahrhunderts breitete sich ihr zentrales Bankhaus von Frankfurt am Main aus, um sich auf ganz Europa auszudehnen, mit Hauptsitzen in London, Paris, Wien und Neapel, die von den vier Söhnen von Meyer Amschel Rothschild geleitet wurden, während ihr ältester Bruder Amschel Mayer Rothschild das Stammhaus in Frankfurt führte. Das Züricher Geldinstitut „Rothschild Bank AG“ kam später hinzu und gewann zunehmend bis heute an Bedeutung.[1] Im Zuge der kolonialen Aggressionen gelang es ihnen, ein Wirtschaftsimperium mit weltweitem Bankennetz zu etablieren. Für die Klassiker der Imperialismustheorie waren die Rothschilds der Prototyp der Finanzoligarchie. Sie stiegen zum mächtigsten finanzkapitalistischen Unternehmen im Weltmaßstab empor. Bereits Marx (1818-1883) konnte auf ihre weltwirtschaftliche Machstellung als eine unbestreitbare Tatsache hinweisen.

Obwohl alle imperialistischen Staaten die Zusammenarbeit mit den Rothschilds anstrebten, genügte dies Baron Rothschild nicht. Er wollte den eigenen Staat haben, der seine privaten Projekte direkt realisiert, ohne dabei

[1] D. Wilson, Die Rothschild Dynastie, (engl., deutsche Übersetzung:) Wien 1989

auf die Mitarbeit der übrigen Europäer verzichten zu wollen. Für diesen Zweck wurde die Jewish Agency (for Palestine) unter direktem Vorsitz Baron Rothschilds gegründet. Um die soziale Basis zur Realisierung siedlerkolonialistischer Zwecke zu gewinnen, wird die zionistische Bewegung ins Leben gerufen. Sie soll das Ziel verfolgen, einen Judenstaat über dem Ruin eines anderen sesshaften Volks zu gründen, wobei zunächst die Frage offen blieb, wo der angestrebte zionistische Staat entstehen sollte.

Am Kongress, auf dem sich der Globalimperialismus konstituierte, der Berliner Kolonialkonferenz von 1878, nahm Baron Rothschild, der eigentliche Begründer des Zionismus, teil. Seitdem ist der Zionismus ein konstitutiver Bestandteil des kolonialistischen Weltreichs. Imperialismus und Zionismus sind von Anfang an unzertrennlich verbunden.

In seinen Memoiren, insbesondere im zweiten Band, beschreibt Theodor Herzl (1860-1904), wie es Rothschild gelungen ist, ihn für diesen Plan zu begeistern. Theodor Herzl – vom Studium her Jurist, von Beruf Pressekorrespondent – gehörte eigentlich zu den sog. Assimilierten und war ein liberaler Journalist, der für die Wiener Zeitung, die Neue Presse, unter anderem über das Nachtleben von Paris, berichtete. Für die Bekehrung des einstigen emanzipierten Intellektuellen zum chauvinistischen, kolonialistisch gesinnten Zionisten waren Rothschilds reißerische Finanzangebote nicht ohne Bedeutung.

Anhand des Werkes Theodor Herzls und posthum muß man sagen, dass Baron Rothschild ein scharfes Auge für die Wahl seines Agenten bewiesen hat. 1896 veröffentlichte Theodor Herzl den „Judenstaat“ , in dem er für das siedlerkolonialistische Projekt wirbt. 1897 berief er nach Basel den ersten Zionisten-Kongress aus Bankiers und wirtschaftsstarken Männern ein, welche die Idee in die Tat umsetzen sollten. Im Romanstil verfasste er das 1902 veröffentlichte „Altneuland“. In diesem und anderen, zum Teil posthum (1920) publizierten Werken entwickelte Herzl seine Vorstellungen vom künftigen zionistischen Staat. Er konzipierte Formen der gesellschaftlichen, wirtschaftlichen und politischen Organisation und ging präzise auf Details ein. Der Judenstaat solle durch Gemeineigentum und Staatsbesitz die Herausbildung von Klassen verhindern, da sonst der zionistische Staat an den eigenen Widersprüchen bald zusammenbrechen würde. Der Judenstaat solle von der zionistischen Elite und Aristokratie regiert werden. Der erst ein halbes Jahrhundert nach dem ersten Zionisten-Kongress gegründete Staat Israel folgt in wesentlichen Zügen Herzls Vorstellungen. Doch soweit sind wir noch nicht.

Herzl wusste Bescheid, wie sehr sich die imperialistischen Mächte für sein kolonialistisches Projekt interessieren. Durch seine Aktivitäten in den letzten Jahren des 19. Jahrhunderts weckte er großes Interesse für seinen Plan, den er dem Meistanbieter zur Verfügung stellen wollte. Er wurde vom Zaren in Petersburg empfangen, führte aber auch in London, Paris und Washington Verhandlungen auf höchster Ebene. Er bevorzugte jedoch Deutschland.

Deutscher Imperialismus und zionistische Bewegung

Deutschland hatte zwar eine Siedlerkolonie in Palästina mit großer Priorität betrieben, wollte jedoch die Zionisten nur als Mittel zum Zweck benutzen. Jedenfalls wollte Deutschland direkt und nicht vermittels der Zionisten in Palästina Fuß fassen. Für dieses Ziel setzte es nicht primär auf die Zionisten, sondern auf die *Palästinadeutschen*, ohne dabei auf die Zionisten verzichten zu wollen. Diese sollten nur eine Handlangerfunktion haben.
Die Reise Wilhelm II. in das Osmanische Reich im Jahr 1898 diente in erster Linie dem deutschen Palästinaplan. Das Besuchsprogramm Wilhelm II. im Osmanischen Reich enthielt einen mehrtägigen Aufenthalt in Palästina, wo sich Wilhelm und Herzl erneut getroffen und über einen gemeinsamen Plan zur zionistischen Besiedlung Palästinas verständigt haben. Man muß jedoch davon ausgehen, dass die beiden Politiker, Wilhelm und Herzl, mit dem jeweils anderen taktierten. Immerhin war es gelungen, dass Herzl im Rahmen der deutschen Delegation unter dem Vorsitz Wilhelms an der Unterredung mit dem osmanischen Sultan teilnahm. Dieser Erfolg Herzls ist nicht zu unterschätzen. Die Audienz findet nur kurz nach dem ersten ZionistenKongress statt. Es ist gleichgültig, was sich Herzl dabei gedacht hat. Für Kaiser Wilhelm war er nicht mehr als eine Spielkarte. Zur deutschen Delegation, die sich mit Sultan Abd al-Hamid in Istanbul 1898 getroffen hat, gehörte auch Georg von Siemens, Direktor der Deutschen Bank.

Das Gipfeltreffen von Sultan Abd al-Hamid II. (1876-1909) und Kaiser Wilhelm II. von Deutschland (1888-1918) in Istanbul ist im Zusammenhang zu sehen mit der übergreifenden Politik und den Ereignissen, die sehr bald die Welt erschüttern werden. Palästina gewinnt dabei eine strategische Bedeutung, der sich alle bewußt waren.
Mit diesem Besuch wollte Deutschland u.a. eine Änderung der osmanischen Palästinapolitik erreichen. Unter dem Druck der arabischen Nationalbewegung war Abd al-Hamid gezwungen, die Inbesitznahme von palästinensischem Boden durch die zionistische Bewegung bzw. ihre Strohmänner zu verbieten. Andere imperialistische Staaten beugten sich diesem Verbot. Im Jahr 1898 war Deutschland der einzige Staat, der die Annullierung des osmanischen Dekrets, das den Zionisten den Landerwerb in Pa-

lästina verboten hat, betrieb.[2] Gleichzeitig unterstützte Deutschland die zionistische Bewegung mit Hinblick auf die Errichtung einer Siedlerkolonie auf palästinensischem Boden. Es mußte zunehmend einsehen, dass die Zionisten für seine imperialistische Politik doch unentbehrlich sind. Zwar unauffällig, um es sich mit Istanbul nicht zu verderben, doch tatkräftig genug, so dass die Zionisten gewisse Positionen in Palästina behaupten konnten. Die inzwischen erzielten politischen, wirtschaftlichen und militärischen Beziehungen zwischen Berlin und Istanbul brauchten nicht abgebrochen zu werden.

In dieser Widersprüchlichkeit ist die deutsche Palästinapolitik zu verstehen. Da Deutschland auf die strategische und logistische Unterstützung der Türkei im ersten Weltkrieg (1914-18) angewiesen war und eine Annäherung der Osmanen an die Entente erschweren wollte, war es nicht bereit, die Berlin-Istanbul-Beziehungen durch die Zionisten zu belasten. Während seiner Verhandlungen in Istanbul bemühte sich Wilhelm aber sehr wohl darum, Verständnis für die Ziele der zionistischen Bewegung zu gewinnen und sie dem Gastgeber schmackhaft zu machen. Sie bringe dem Osmanischen Reich wirtschaftliche Vorteile und finanzielle Stärkung.

Der türkische Sultan ließ sich durch die Argumente Wilhelms nicht beeindrucken. Er gab dem Deutschen zu verstehen, dass die Ziele einer religiös begründeten politischen Autonomie mit der osmanischen Reichspolitik unvereinbar seien. Der Kaiser demonstrierte Überzeugung. Ihm lag wohl sehr viel daran, das Vertrauen der Osmanen zu gewinnen und die erworbenen Positionen nicht zu gefährden. Nach seiner Rückkehr ließ Wilhelm das Berliner Auswärtige Amt formell jede Beziehung und Zusammenarbeit mit der zionistischen Bewegung für beendet erklären.[3]

Es war nur ein taktisches Manöver. Aber auch Istanbul traute den Deutschen nicht und beobachtete die Entwicklung mit besonderer Aufmerksamkeit. Berlin war dann gezwungen, sich gegenüber den Zionisten deutlicher zurückzuhalten.

In den folgenden zwanzig Jahren – von 1898 bis 1917 – war es das Hauptanliegen der Zionisten, den Draht zum deutschen Imperialismus nicht abreißen zu lassen. Es lag sehr wohl auf der Hand, dass die offenkundige Unterstützung der Zionisten die Freundschaft sowohl mit den Osmanen als auch mit den Arabern gefährdete.

Das Argument der Zionisten, die deutschen strategischen Interessen in der arabischen Welt seien am besten durch die Realisierung der zionistischen

---

[2] Friedman, Isaiah, Germany, Turkey and Zionism 1897-1918, P. 5; in: Nicosia, R. Francis: „Hitler und der Zionismus – Das Dritte Reich und die Palästinafrage 1933-1939“, S. 38

[3] Zechlin, Die deutsche Politik und die Juden im ersten Weltkrieg, S. 290-91

Ziele wahrnehmbar, ist auch vor dem Hintergrund zu verstehen, dass Deutschland von den Zionisten abrücken und Verbündete unter den Arabern suchen könnte; jene Politik, die England besser als Deutschland begriffen hat. Wie wir sehen werden, konnte London bei arabischen Feudalfürsten Verbündete auf der Basis seines Versprechens gewinnen, die arabischen Bemühungen um Unabhängigkeit von der Türkei zu unterstützen, wenn beide – die englische und die arabische Seite – gegen den gemeinsamen Feind, die Osmanen, kämpfen. Der zionistische Beauftragte in Berlin warnte im Spätsommer 1917 das Auswärtige Amt davor, dass sich die Westmächte bald um die zionistische Bewegung bemühen und ihre Forderung nach einer Heimstätte in Palästina anerkennen würden, womit England um die Unterstützung jüdischer Menschen in Mittel- und Osteuropa, aber auch in den USA, warb.[4]
Die Zionisten bemühten sich noch bis kurz vor dem Balfourschreiben vergeblich darum, die deutsche Regierung zu einer Deklaration zu bewegen, die sich die zionistische Zielsetzung – die nationale Heimstätte (im Sinn der späteren Balfourerklärung) – zu eigen macht.

Englischer Imperialismus und zionistische Bewegung: Balfour-Deklaration

Von seiner Entstehung und Entwicklung her war der Zionismus deutschorientiert, aber mit ost- und mitteleuropäischer sozialer Basis. Erst später erkannten andere Staaten das potentielle Gewicht des Zionismus bei der Realisierung imperialistischer Ziele. Während des ersten Weltkriegs wuchs in England die Einsicht in die Bedeutung der zionistischen Bewegung.[5]
Jüdische Kreise in Ost- und Mitteleuropa und ebenso in den USA standen traditionell loyal zu Deutschland. Die Balfour-Deklaration hatte auch den Sinn, die Sympathie dieser Kreise auf England umzuorientieren.
Im Herbst 1917 startete England eine militärische Offensive unter Allenby von Ägypten nach Palästina. England gelang es dadurch, Positionen zu sichern, die bisher von Osmanen und Deutschen gehalten waren und die schon lange im Begriff waren, vom arabischen Widerstand eingenommen zu werden.

---

[4] Stein Leonhard, The Balfour Declaration, Simon&Schuster, New York 1961, P. 539

[5] Gute Übersicht über die englische Politik in Bezug auf den Zionismus während des ersten Weltkriegs und die Entwicklung bis zur Herausgabe der Balfour-Deklaration bieten die von Doreen Ingrams herausgegebenen Palästinadokumente: Doreen Ingrams, Palestine Papers 1917-1922: Seeds of Conflict, S. 7-19; ferner: Stein, Balfour Declaration, Kapp. 20-21; Christopher Sykes, Crossroads to Israel, Kap. I.

Mit den ersten Niederlagen Deutschlands im Weltkrieg beginnt sich die zionistische Bewegung rechtzeitig umzuorientieren. Allmählich wendet sie sich von Deutschland ab und England zu. Zu dieser Wende schreibt der deutsche Zionist Richard Lichtheim:
„Wir haben Deutschland viel zu verdanken. Aber der Verlauf der Kriegsereignisse zwang uns, eine Verbindung mit den angelsächsischen Mächten einzugehen und deren Hilfe zu suchen (...) 1917 wurden London und Washington immer mehr zu Zentren zionistischer Politik. Dies war das folgerichtige Ergebnis der politischen wie militärischen Entwicklung als auch der offensichtlichen Bereitwilligkeit der britischen und amerikanischen Regierung, die zionistischen Wünsche zu unterstützen.“[6]
Am 4. Oktober 1917 sprach Lord Balfour vor dem englischen Kriegskabinett in London über die Bedeutung der zionistischen Bewegung. Er drängte die Regierung leidenschaftlich dazu, sofort das Erbe Deutschlands anzutreten und sich den Zionismus in den Dienst englischer Ziele zu stellen. Mit Dringlichkeit forderte er einen britischen Erlass, der die Unterstützung der zionistischen Sache proklamiert. Der Zeitpunkt sei günstig, nachdem sich die Beziehungen Deutschlands zum Zionismus infolge des Eintritts der USA in den Weltkrieg Mitte 1917 abkühlten.[7]
Die von Außenminister Balfour am 2. November 1917 herausgegebene Deklaration – die bereits an Lionel Walter Rothschild (zweiter Baron Rothschild und Ehrenpräsident der Zionist Federation of Great Britain and Ireland) übergeben worden war – wurde am 31. Dezember 1917 nunmehr vom Kriegskabinett verabschiedet und als englische Regierungserklärung anerkannt. Die Balfour-Deklaration brachte England breites Wohlwollen in zionistischen Kreisen Ost- und Mitteleuropas entgegen.[8]
Das British Foreign Office errichtete eine Sonderabteilung für jüdische Propaganda, die dem allgemeinen Department of Information untergeordnet war.[9] Als Leiter wurde der zionistische Aktivist Albert Hyamson er-

6 Lichtheim, Richard, Die Geschichte des deutschen Zionismus; Rückkehr – Lebenserinnerungen aus der Frühzeit des deutschen Zionismus, S. 366 ff., zit. in: Nicosia, R. Francis: „Hitler und der Zionismus – Das Dritte Reich und die Palästinafrage 1933-1939“, S. 41-42

7 vgl.: Stein Leonhard, The Balfour Declaration, PP. 533-535, zit. in: Nicosia, R. Francis: „Hitler und der Zionismus – Das Dritte Reich und die Palästinafrage 1933-1939“, S. 42

8 Friedman, Isaiah, „Germany, Turkey and Zionism“, S. 382 ff.; Herrmann, Political Response, S. 313/4; Weltmann, Germany, S. 262-269; Zechlin, Die deutsche Politik, S. 413-419, zit. in: Nicosia, R. Francis: „Hitler und der Zionismus – Das Dritte Reich und die Palästinafrage 1933-1939“, S. 42

9 F. Nicosia, The Third Reich and the Palestine Question, P. 4.

nannt.[10] Das Propagandamaterial wurde vermittels lokaler zionistischer Agenten an Mitglieder jüdischer Gemeinden verteilt. Flugblätter mit dem Text der Balfour-Deklaration wurden von der Luft über Österreich, Deutschland und deutschkontrollierten Territorien abgeworfen.[11]

Jerusalem wurde von der Allenby Armee erst im Dezember 1917 besetzt. Als die palästinensische Hauptstadt gefallen war, zirkulierten englische und zionistische Flugblätter unter jüdischen Armeeangehörigen in Österreich und Deutschland, in denen zu lesen war:

„Jerusalem ist gefallen! Die Stunde der jüdischen Belohnung ist gekommen (...) Palästina muss wieder die Heimstatt des jüdischen Volkes werden. Die Alliierten geben das Land Israels dem Volk von Israel. Jedes loyale jüdische herz ist nun voller Freude über diesen großen Sieg. Willst Du dich anschließen und mithelfen, in Palästina eine neue jüdische Heimstatt aufzubauen? (...) Höre auf, gegen die Alliierten zu kämpfen. Sie kämpfen für Dich, für alle Juden. Sie kämpfen für die Freiheit der kleinen Völker. Denk daran! Ein Sieg der Alliierten bedeutet die Rückkehr des jüdischen Volkes nach Zion.“[12]

Selbst wenn wir heute den Einfluss der Balfour-Deklaration auf die jüdische Bevölkerung Europas im Einzelnen nicht messen können, lässt sich doch ohne weiteres sagen, dass sich unter Juden eine tendenzielle Umorientierung auf England durchsetzte. Deutschland hörte auf, Allein-Patron der zionistischen Sache zu sein. Diese Annahme wird durch die Feststellung erhärtet, dass die Medien in Deutschland – gleichgültig ob jüdisch oder nichtjüdisch – zunehmend die Verantwortlichen zum Handeln aufforderten, dem steigenden englischen Einfluss zu begegnen. Bereits damals wurde die unter jüdischen Menschen gewonnene Sympathie für die Balfour-Deklaration als „großer Sieg der englischen Propaganda“ bezeichnet. Von jüdischen und nichtjüdischen Redakteuren und Schriftstellern wurde ferner das Versagen Deutschlands, seine traditionelle Sympathie unter den europäischen Juden gegen England nutzen zu können, kritisiert.[13]

Die Position der Zionisten in Palästina ist durch die Balfour-Deklaration spürbar gestiegen. Ihre Schlüsselposition zur Realisierung strategischer Ziele in der arabischen Welt war nicht mehr zu übersehen.

Nun sehen wir die sich überstürzende Wende in der Palästina-Politik der anderen Großmächte. Am 21. November 1917 veröffentlichte die österrei-

---

[10] INGRAMS, Palestine Papers P.19, zit. in: Nicosia, R. Francis: „Hitler und der Zionismus – Das Dritte Reich und die Palästinafrage 1933-1939“, S. 42

[11] Ebda.

[12] Ebda., zit. in: Nicosia, R. Francis: „Hitler und der Zionismus – Das Dritte Reich und die Palästinafrage 1933-1939“, S. 42-43

[13] Zechlin, Die deutsche Politik, S. 419-420

chisch-ungarische Regierung ihr eigenes Statement, das dem Wortlaut der Balfourerklärung sehr nahekommt. Auch Berlin kann nicht warten, möchte jedoch den osmanischen Alliierten nicht verprellen und läßt ihn zuerst handeln. Deutsche Diplomaten gaben bei der Hohen Pforte solange keine Ruhe, bis sie – sichtlich widerwillig – eine wohlwollende Bekundigung der türkischen Regierung erhielten.

Rivalitäten um die Gunst der zionistischen Bewegung

Die englische Parteinahme für die zionistische Bewegung, die durch die Balfour-Deklaration zum Ausdruck kam, brachte andere imperialistische Staaten in Zugzwang. Am 12. Dezember 1917 ließ Istanbul mit deutlicher Zurückhaltung eine Sympathieerklärung für die Ziele der zionistischen Bewegung in Palästina verlauten. In dieser Deklaration kündigte die osmanische Reichsregierung ein Niederlassungsrecht für Juden in Palästina an.[14] Immerhin hat das Osmanische Reich erst zwanzig Jahre nach Herzls Besuch in Istanbul die gewünschte Bekundung geäußert. Sie ist erst im geschichtlichen Kontext verständlich. Durch den Angriff unter dem von Ägypten kommenden General Allenby geriet ein Großteil Palästinas unter englische Kontrolle. Die Osmanen hatten also nicht mehr viel zu verlieren. Ihnen blieb nur noch die Möglichkeit übrig, sich um die Gunst der zionistischen Bewegung zu bemühen. Sollten sie jemals wieder Einfluss gewinnen, so könnten sie eine Vorleistung vorweisen.
Insbesondere jedoch wetteifern *Deutschland und England* um die Allianz mit den Zionisten: Da aber die deutschen Juden traditionell antizionistisch eingestellt waren, bereitete die deutsche Regierung ihre eigene Erklärung propagandistisch sehr sorgfältig vor. Jüdische Deutsche erkannten, dass ein jüdischer Staat die gleichzeitige Entrechtung im eigenen (europäischen) Vaterland bedeutete. Sie bekämpften deshalb den zionistischen Plan offensiv.
Jetzt meint Berlin, seine Sympathie für das zionistische Projekt offen bekunden zu müssen. Am 5. Januar 1918 gab die Deutsche Reichsregierung ihrerseits eine Erklärung, in der sie den Zionisten eine Unterstützung für ihre Siedlerpläne verspricht.[15] Diese Verlautbarung ähnelte sehr der englischen Erklärung, daher wird sie auch ironischerweise „deutsche Balfour-Deklaration“ genannt.

---

[14] J.H. Graf von Bernstorff, Memoirs of Count Bernstorff, S. 172; Herrmann, Political Response, S. 313-318; Lichtheim, Rückkehr, S. 376; Stein, Balfour Declaration, P.602; Weltmann, Germany, PP. 262-69; Zechlin, Die deutsche Politik, S. 420-26

[15] Jüdische Rundschau, 2. März 1934, vgl.: Nicosia, R. Francis: „Hitler und der Zionismus – Das Dritte Reich und die Palästinafrage 1933-1939“, S. 43

Bis zur Balfour-Deklaration war die zionistische Bewegung in den jüdischen Gemeinden sehr isoliert und mit Verachtung behandelt. Die offizielle englische Erklärung mit dem Versprechen einer jüdischen Heimstätte ließ sie allerdings realistisch erscheinen und brachte ihr mehr Anhänger, vor allem in Kreisen jüdischer Flüchtlinge, die aus Osteuropa westwärts zogen und keine Perspektive auf eine baldige Lösung ihrer sozialen Probleme hatten. Es muß dennoch hervorgehoben werden, dass die große Mehrheit jüdischer Menschen antizionistisch blieb und den Zielen des Zionismus weiterhin mißtraute.

Die Balfour-Deklaration konnte nicht ohne Folgen auf den inneren Zusammenhalt des Zionismus bleiben. Sie bewirkte eine interne Polarisierung, die zu einer deutlich zunehmenden Spaltung führte. Ein Flügel blieb weiterhin deutschlandloyal, während der andere Partei für England ergriff. Seit der Balfour-Deklaration dient die zionistische Bewegung nicht mehr ausschließlich deutschen, sondern hauptsächlich englischen imperialistischen Zielen.

Als sich nun deutsche Politiker des Verlustes ihres Einflusses auf die zionistische Bewegung zugunsten Englands bewußt wurden, gaben sie nicht auf und versuchten, verlorenes Terrain zurückzugewinnen. Anfang 1918 richtete das Auswärtige Amt ein Referat für jüdische Angelegenheiten ein und unterstellte es der Leitung von Professor Moritz Sobernheim. Außerdem unterstützte die Regierung deutsche Zionisten. Sie ging auf ihre Forderung ein, ein Äquivalent zum „British Palestine Committee" einzusetzen.[16]

Im Mai 1918 wurde das „Deutsche Komitee zur Förderung der jüdischen Palästinasiedlung" (kurz „Pro-Palästina-Komitee" genannt) mit Sitz in Berlin und voller Unterstützung der Regierung ins Leben gerufen, als ob die Staatsmacht in Folge der Niederlagen keine dringenderen Probleme zu bewältigen hätte.

Das Komitee, unterstützt von führenden jüdischen und nichtjüdischen Persönlichkeiten entfesselte eine öffentliche Kampagne mit der Stoßrichtung, dass den politischen, wirtschaftlichen und strategischen Zielen Deutschlands nicht besser gedient werden könne als durch die Unterstützung der zionistischen Ziele in Palästina.[17]

---

[16] Es handelte sich um eine Gruppe prominenter jüdischer und nichtjüdischer Persönlichkeiten, die mit amtlicher Förderung die öffentliche Meinung zur Unterstützung des Zionismus zu gewinnen versuchte.

[17] Die besondere Bedeutung der zionistischen Bewegung für die imperialistische Nachkriegspolitik betont unter anderem: Zechlin: Die deutsche Politik, S. 434-435, in: Nicosia, R. Francis: „Hitler und der Zionismus – Das Dritte Reich und die Palästinafrage 1933-1939", S. 44-45

Das deutsche Pro-Palästina-Komitee war ein reines Politikum. Es sollte das Deutsche Reich als Schutzpatron der Juden darstellen und seinen Anspruch auf Palästina sichern. Dem Komitee gehörten alle an, die sich als Deutsche bekennen: Christen, Juden und Nichtjuden, Philo- und Antisemiten, Konservative, Liberale, Sozialisten, Persönlichkeiten des öffentlichen Lebens und vor allem hohe Beamte in Schlüsselpositionen. Um dem Komitee einen Prestigezuwachs zu verleihen, wurden auch Schriftsteller, Akademiker und Künstler als Mitglieder berufen. Ihm gehörten u.a. an: Philipp Scheidemann, Erzberger Kuno sowie Führer der katholischen Zentrumspartei.

In seiner Selbstdarstellung griff das „Pro-Palästina-Komitee" das Kernargument des Zionismus wieder auf: Die Unterstützung der imperialen Ziele Deutschlands, insbesondere im Nahen und Mittleren Osten, kann nicht besser erfolgen als durch die zionistische Siedlungspolitik in Palästina. Diese Position wird nunmehr aktualisiert, breit und offensiv propagiert. Das Pro-Palästina-Komitee betonte ausdrücklich die politischen, ökonomischen und kulturellen Vorteile, die Deutschland durch einen jüdischen Satellitenstaat in der strategisch bedeutsamen Weltregion Westasiens und Nordafrikas zuteil werden. Das Komitee stellte schließlich die Notwendigkeit weltweiter jüdischer Sympathie für Deutschland heraus.

Die folgende Entwicklung steht im Zeichen der Rivalität Englands und Deutschlands, wobei jede Seite bemüht war, die zionistische Bewegung für sich in Anspruch zu nehmen und gegen die jeweils andere einzusetzen. Hierbei ging es beiden Mächten nicht allein um die kriegsbezogenen logistischen Vorteile, sondern – und darauf kam es an – um eine strategische Basis zur Meisterung der Nachkriegsprobleme. Jede Seite hat sich mit dem Sieg im Weltkrieg die globale Vormachtstellung versprochen. Denn ist die Schlacht unter den europäischen Staaten um die Hegemonie entschieden, wird – nach dem Weltkrieg – die Notwendigkeit der Widerstandsbekämpfung unterdrückter Völker aufkommen.

Die zionistische Bewegung tritt von da an in den Mittelpunkt der imperialistischen Strategie.[18]

Mit der Niederlage Deutschlands 1918 haben die politischen Kräfte, die bisher das „Pro-Palästina-Komitee" gepowert haben, nun dringendere Sorgen. Unmittelbar nach dem Krieg löste sich das Komitee vorübergehend wieder auf.[19]

---

18 Ebda.

19 1926 gab es eine Neugründung des Pro-Palästina-Komitees, in dem Mitglieder aller wichtigen Parteien (inklusive der Deutschnationalen Volkspartei DNVP), des Auswärtigen Amts und der Regierung vertreten waren. prominentes Mitglied war auch der damalige Kölner Bürgermeister Konrad Adenauer; vgl.: Nicosia, R. Francis: „Hitler und der Zionismus – Das Dritte Reich und die Palästinafrage 1933-1939", S. 51

Die antizionistische Bewegung – unter jüdischen Deutschen! – war wieder stärker geworden. Ein Aspekt entgeht allerdings oft der Aufmerksamkeit der Historiker: Die von Deutschland in Palästina vor 1914 erworbenen Positionen sind mit der Niederlage nicht vollends verlustig gegangen. Die deutschloyale Zionistenfraktion war immer noch stark und erhielt weiterhin Unterstützung aus Weimar. Auch in Syrien sind –unter französischer Kontrolle – deutsche Interessen gewahrt geblieben.
Aus diesem Anlass soll ein wichtiger Faktor deutscher Kolonialpolitik in Palästina, der in der Geschichtsschreibung nahezu verlorenging, herausgestellt werden. Seit Moltke, dem Begründer der deutschen Doktrin von einem siedlerkolonialistisch beherrschten Palästina, wurde mit der Ansiedlung von – nichtjüdischen – Deutschen in Palästina begonnen. Sie liefen unter der Bezeichnung „Palästinadeutsche", damals ein durchaus geläufiger Begriff. In dieser Eigenschaft erhielten sie regelmäßige Bezüge aus Deutschland. Oft übten sie keinen Beruf in Palästina aus und waren sozusagen Berufsdeutsche. Diese Arbeitslosen waren für den deutschen Imperialismus von großer Bedeutung, denn sie sorgten für deutsche Präsenz in Palästina. Formaler Beruf war für die meisten von ihnen „Templer" (90% aller Palästinadeutschen).
Aus diesem Grund wurden die deutschen Orden aus der Zeit der Kreuzzüge zu neuem Leben erweckt. Neue, auch evangelische Deutsche, sind hinzugekommen.
Unabhängig von den deutschen Zionisten wollte Deutschland ein zweites „nicht jüdisches" Bein in Palästina haben. Es schuf zahlreiche „zivile" Einrichtungen, die neben Infiltration, Penetration und Akkulturation auch dazu dienen sollten, die Horden von Siedlerkolonialisten unterzubringen. Dazu zählten Schulen (z. B. „Schneller"), Institute, Krankenhäuser, Waisenhäuser, Kirchen und Klöster, an denen mehr oder weniger Berufschristen dienten. In Jerusalem wurde eine deutsche evangelische Probstei gegründet.
Diese Formen ziviler Infiltration sind trotz Krieg und Niederlage relativ unversehrt geblieben. Freilich war die Zahl der Palästinadeutschen während des Krieges zurückgegangen. Insbesondere während der Jahre 1917 und 1918 waren viele Palästinadeutsche geflohen, als England mit deren Internierung begonnen hatte. Bei Kriegsende waren nur noch rund 2.000 deutsche, meist „Berufschristen" in Palästina geblieben, darunter 1800 Mitglieder der „Tempelgesellschaft" (evangelisch).
850 Templer waren von England 1917/1918 gefangen genommen und nach Ägypten deportiert worden. Gegen Ende des Jahres 1920 wurden sie freigelassen. Sie durften nach Palästina zurückkehren, so dass seitdem der Kreis der Palästinadeutschen wieder im Begriff war, größer zu werden.

Was aber den rein ökonomischen Besitz der Deutschen in Palästina betrifft, so wurde er von England – bereits 1917 und 1918 – in Beschlag genommen.
Siedlerkolonialismus vermittels des Unternehmens „Palästinadeutsche" war auf Dauer sehr kostspielig. Nach dem Verlust der ökonomischen Projekte an England waren die hohen Investitionen nicht mehr gerechtfertigt. Denn sowohl Personal als auch Einrichtungen waren in vollem Umfang vom Mutterland abhängig. Die Bedeutung der Palästinadeutschen zur Wahrung deutscher politischer, ökonomischer und kultureller Interessen in Palästina wurde zugunsten der Emigration ost- und mitteleuropäischer Juden eingeschränkt. Diese waren für Deutschland billiger und nichtsdestoweniger loyal. Sie waren in vielfacher Hinsicht an Deutschland gebunden: wirtschaftlich, finanziell, militärisch und auch kulturell, sogar sprachlich.
Im Jahr 1920 befasste sich das Auswärtige Amt erneut mit der deutschen Palästinapolitik. Der Weimarer Staat kam einhellig zur Ansicht, den deutschen Einfluss in Palästina wieder aufzubauen. Anfang September 1920 wurde die Entscheidung getroffen, die zionistische Einwanderung nach Palästina zu unterstützen und die Investitionen für die deutsche Fraktion der zionistischen Bewegung zu erhöhen.

Forcierung der jüdischen Auswanderung nach Palästina und die Rolle Deutschlands

Unterdessen standen innerhalb Deutschlands unterschiedliche Konzeptionen über den weiteren Weg des Landes, das den ersten Weltkrieg zu verantworten hat, zur Diskussion. Leider hat sich jene Fraktion, die für den Frieden mit allen Völkern eintreten wollte, nicht durchgesetzt. Im Gegenteil, revanchistische, militaristische Strömungen wurden immer stärker. Es wundert jedoch, dass trotz zum Teil großer Widersprüche unter den Fraktionen in der Frage Palästina Einigkeit bestand: Es soll unter deutsche Herrschaft gebracht werden.

Schon in den zwanziger Jahren wurde die Wiederbewaffnung Deutschlands mit großen Schritten betrieben. Obwohl der Vertrag von Versailles klare Vorschriften zur Begrenzung von Truppen und Waffen in Deutschland festlegte, wurden diese Bestimmungen glatt ignoriert. Es wundert aber, dass weder England noch Frankreich irgendwelche Proteste dagegen anmeldeten. Offensichtlich hatten sie ihrerseits Interesse an der Wiedermilitarisierung. England, das den Deutschen zur Finanzierung des ersten

Weltkriegs Kredite zur Verfügung stellte, gewährte Deutschland bald großzügig Mittel zur erneuten Finanzierung eines zweiten.
Seit 1923 wird in Deutschland der Machtantritt des Faschismus planmäßig vorbereitet. Obwohl die Faschisten kein Hehl aus ihren Zielen machen, sind weder von England noch von Frankreich Proteste zu hören. Ihnen scheint die Entwicklung recht zu sein. Auch von Seiten der USA und der Sowjetunion sind keine Einwände erhoben worden. Deutschland wird sogar in seiner Entwicklung zum Faschismus nicht nur toleriert, sondern auch – besonders nach 1933 – gefördert.

Der Machtantritt des deutschen Faschismus

Deutsche Schulbücher stellen den Regierungswechsel des Jahres 1933 als einen radikalen Bruch mit der bisherigen Geschichte dar. Mit Ausdrücken wie „Ermächtigungsgesetz" und „Machtergreifung", wird der Mythos, der von den Nazis selbst suggeriert wird, weiter gepflegt. Doch die reale Geschichtsanalyse deckt ein anderes Bild auf. Der Machantritt der Nazis war schon lange vorbereitet und durch die den Staat tragenden Kräfte gefördert. Sicher haben die Nazis gewisse Formen des politischen Lebens umgestaltet, in allen wesentlichen Fragen jedoch haben sie die deutsche Politik und ihre Ziele konsequent fortgeführt. Der zweite Weltkrieg war schon vor den Nazis angestrebt und vorbereitet; eine Tatsache, die dadurch bestätigt wird, dass sie ihn relativ rasch nach ihrem Machtritt einleiten konnten: die Annexion Österreichs, Tschechiens und der Slowakei sowie die Aggression gegen Polen bis hin zu den weiteren Kapiteln des bekannten Szenarios. Die militärische Struktur Deutschlands war darauf angelegt und brauchte nicht weiter umstrukturiert zu werden.
In Verbindung mit dem Thema dieses Buches beweist gerade die Palästinafrage die eiserne Kontinuität der deutschen Politik vor, während und nach der Nazizeit. Seit über hundert Jahren vor 1933 hat Deutschland anhaltend versucht, Palästina zu infiltrieren und zu beherrschen, ohne daß es dabei bleibende Erfolge erzielen konnte. Daraus erkannte die deutsche Politik die Notwendigkeit, sich mit der zionistischen Bewegung zu verbünden.
Bereits 1933 vereinbaren die Nazis mit der Jewish Agency einen Staatsvertrag. Er ist überhaupt das erste Abkommen, das die Nazis außenpolitisch abschließen. Es handelt sich um das Haàvara-Abkommen. Eine Reihe von nachstehend dokumentierten Verlautbarungen und Regelungen beziehen sich auf diesen Vertrag.
Das Haàvara-Abkommen regelt den Transfer (=Haàvara) von Besitz deutscher Bürger jüdischer Abstammung von Deutschland nach Palästina. Es

sieht ausdrücklicher vor, dass das bei der deutschen Auswanderungsbehörde hinterlegte jüdische Eigentum nur dann an seine Besitzer zurückerstattet wird, wenn sie nach Palästina umsiedeln; ansonsten verbleibt es in Deutschland.
Die Nazis haben Wort gehalten. Die Lieferungen von Deutschland an die zionistischen paramilitärischen Organisationen in Palästina, besonders an IRGUN, verliefen zügig und reibungslos. Die Nazis lieferten Rüstungsmaterial, Kriegsschiffe, industrielle Anlagen und materielle Güter. Die Berichte der Jewish Agency über die Kooperation mit den Nazis sprechen eine eindeutige Sprache. In hohem Maße lobt die Agentur die Vertragstreue der Nazis, bezeichnet sie als vorbildlich und zuverlässig. Die Jewish Agency wünsche sich bleibende, vertrauensvolle Zusammenarbeit. Die Vertragstreue habe die angesetzten Ziele bei weitem übertroffen.
Das Bündnis des deutschen Faschismus mit dem Zionismus war nicht taktischer, sondern strategischer Natur. Die Zionisten sind für Deutschland unentbehrlich geworden. Die zukunftsweisenden Pläne des Dritten Reiches, die auf „tausend Jahre" angelegt waren, wären ohne die Zionisten nicht zu verwirklichen gewesen. Ebenso wären die Zionisten ohne die Nazis nie an ihr Ziel, tragendes Element des Siedlerkolonialismus über Palästina, zu werden, angekommen.
Heute reden weder deutsche, noch zionistische Politiker vom „Haàvara-Abkommen". Es ist ihnen ein Dorn im Auge. Insbesondere die zionistische Seite will von einer Zusammenarbeit oder gar Interessenidentität von Nazis und Zionisten nichts wissen. Der Haàvara-Vertrag verschwindet aus der Literatur. Sogar bereits erschienene Forschungsarbeiten verschwinden aus öffentlichen Bibliotheken. Schon diese Tatsache hat die Notwendigkeit der Forschungsarbeiten von Herrn Krammer, und die Auswahl von Dokumenten, die in diesem Buch publiziert werden, notwendig gemacht.

Das Deutsche Reich träumte von der Herrschaft über Afrika. Wie bereits Frankreich (seit 1798) und England (seit 1882) gingen die militärischen Pläne Deutschlands davon aus, dass eine Invasion Afrikas an Ägypten vorbei scheitern muss. Die Angriffe des Afrikakorps bildeten den Höhepunkt der Aggressionen des Deutschen Reiches gegen Afrika und namentlich Ägypten. Mit geballter militärischer Gewalt marschierten seine Truppen gegen Ägypten vor. Die deutsche Invasion scheiterte am Widerstand der „Vereinten Ägyptisch-Arabischen" Streitkräfte. Die Niederlage der Deutschen und Italiener bei dem ägyptischen Alamain leitete ihre endgültige Niederlage im zweiten Weltkrieg ein. Insgesamt führten die Deutschen während des zweiten Weltkriegs vierundsechzig Aggressionen und Luftangriffe gegen Ägypten. Die Zionisten leisteten logistische und militärische Unterstützung. Irgun operierte vom Boden aus, während die deutsche Wehrmacht einen erbarmungslosen Luftkrieg gegen Ägypten führte. Der Bodenkrieg war nicht weniger verbrecherisch. Die Deutschen streuten zehn Millionen von Minen und Granaten über das Land, von denen heute noch die Menschen, insbesondere in der weiten Westwüste Ägyptens sterben. Bis heute verschleppt die Bundesrepublik Deutschland die Beseitigung der Minen, die nach wie vor den Menschentod verursachen. Die Räumungsarbeiten von Minen und Dynamit sind inzwischen erschwert, da sie zum Teil in Sandhügel geraten sind. Obwohl die Kriegsverbrechen von deutscher Seite nicht geleugnet werden, ignoriert die Bundesrepublik Deutschland die ägyptischen Ansprüche auf Reparation. Deutschland erkennt ausschließlich europäische Staaten plus Israel als wiedergutmachungsberechtigt an.

Das Haàvara-Abkommen besteht also aus zwei Teilen: Der erste Teil regelt die Hinterlegung des Besitzes in Deutschland, der zweite Teil die Rückgabe des Wertes an die nach Palästina ausgewanderten deutschen Juden, genauer an die Vertretung der Jewish Agency. Die Nazis haben den zweiten Schritt des Vertrages nur zum Teil erfüllt. Da ihre tausendjährige Herrschaft nur zwölf Jahre gedauert hat, übernahm die Bundesrepublik Deutschland nach ihrer Gründung die Erfüllung des Restes des Haàvara-Abkommens.

Die Anwendung und Einhaltung des Haàvara-Abkommens läuft in Medien und Literatur unter der Bezeichnung „Wiedergutmachung", während die juristisch korrekte Bezeichnung selbst in den Geschichts- und Lehrwerken verschwindet. Die emotionale Wirkung der Wortschöpfung „Wiedergutmachung" ist unverkennbar. Real hat die Bundesrepublik Deutschland als Rechtsnachfolger des Dritten Reiches die vertraglichen Verpflichtungen weit über Soll erfüllt. Die astronomischen Beträge, die von Deutschland an Israel geleistet werden, können also nicht mit dem Haàvara-Abkommen gerechtfertigt werden, schon gar nicht die Tatsache, daß diese Mittel an „Israel" gezahlt werden, da es kein Vertragspartner ist und zum Zeitpunkt des Abschlusses des Haàvara-Abkommens überhaupt nicht bestanden hat.

Offensichtlich ist das Interesse Deutschlands an Israel ein ganz anderes als Schuldenzahlung oder gar Wiedergutmachung von Verbrechen gegen die Menschlichkeit. Die deutschen Leistungen an den zionistischen Staat seit seiner Gründung im Jahr 1948 dienen ausschließlich der Stärkung Israels als militärische Bastion und Brückenkopf der anhaltenden imperialistischen Aggressionen gegen die arabische Welt. Die „Wiedergutmachungsgelder" sind notwendig zur Finanzierung der israelischen Kriege gegen die Araber bestimmt. Es ist sicher propagandistisch wirksam, die Finan-

zierung von Kriegsverbrechen und Massenmord als „Wiedergutmachung" zu definieren.
Die Kriege Israels gegen die arabischen Völker, die seit ihrem Beginn 1947 bis jetzt noch keinen Stillstand erkennen lassen, beantworten schon die Hauptfrage nach dem Interesse des Imperialismus am Zionismus.

Zerschlagung Palästinas und die Gründung des zionistischen Staats

Schauen wir uns die Debatten der UNO während des Jahres 1947 an. Es sind ausschließlich imperialistische Staaten, die für die Gründung Israels eintreten. Die gesamte Welt mit Ausnahme der Imperialisten verurteilte das große Unrecht, das in der Zerschlagung Palästinas und der Errichtung eines Apartheidstaates, der niemandem außer den Imperialisten und Zionisten dient, besteht. Er verstößt gegen jedes Völkerrecht und zerschlägt alle Hoffnungen auf den bleibenden Weltfrieden.
Da die UNO-Satzung die politische Unabhängigkeit zur Bedingung der Mitgliedschaft erhebt, waren es imperialistische Staaten, welche die UNO dominieren. Die Zahl asiatischer, afrikanischer und europäischer nicht-imperialistischer UNO-Mitglieder war recht begrenzt. Doch diese alle waren gegen die Zerschlagung Palästinas und die Errichtung Israels. Sie stimmten einheitlich gegen den sog. Teilungsplan (UNO-Beschluß 338) ab. Die arabischen Staaten, sofern sie in der UNO vertreten waren, votierten gegen die Teilung. Doch nicht nur arabische Staaten, auch Indien und Jugoslawien debattierten leidenschaftlich gegen die Teilung, ebenso das christlich-orthodoxe Griechenland, das ferne Kuba, aber auch die Türkei, Pakistan und andere.
Zu den Gründungsmythen Israels gehört die Behauptung, es sei als Folge der Pogrome im Dritten Reich zustandegekommen. Die Materiallage spricht ganz eindeutig gegen diesen Mythos. Die aus den vom Deutschen Reich beherrschten Territorien nach Palästina ins Exil gezwungenen Juden haben sich während der Exiljahre literarisch dargestellt. Sie haben ihren Aufenthalt in Palästina als ein vorübergehendes Exil begriffen. Es sei unter anderem auf das periodische Organ „Orient" hingewiesen, in dem hauptsächlich deutsche Autoren jüdischer Herkunft geschrieben haben. Es sei außerdem auf die Literaturfülle hingewiesen, welche von Rückkehrern – unmittelbar nach dem 8. Mai 1945 – verfaßt wurde. Deshalb war auch die zionistische Bewegung außerstande, mit den in Palästina verbliebenen Juden einen Staat zu gründen.
Diese Tatsache bildet auch den Hintergrund für die spektakulären Aktionen, welche Zionisten mit imperialistischer Unterstützung vor der Abstimmung in der UNO 1947 inszenierten: Exodus, d.h. die Versenkung

von Schiffen mit jüdischen Passagieren. Mit dem UNO-Beschluß von 1947 wurde Palästina zerschlagen. Er sieht zwar die Gründung zweier Staaten, einen jüdischen und einen palästinensischen vor; gegründet wurde jedoch nur ein zionistischer Staat.

Seitdem ist der Palästina-Israel-Konflikt immer an oberster Stelle der Weltpolitik als eine Frage von höchster Aktualität geblieben. Der Teilungsplan ist Unrecht und Gewalt gegen das palästinensische Volk. Dennoch wird er inzwischen von den Palästinensern um des Friedens willen akzeptiert, innerhalb der im Teilungsplan definierten Grenzen. Der Teilungsplan ist das einzige UNO-Dokument, das von allen Parteien – einschließlich Israels und Palästinas – anerkannt wird. Paradoxerweise ignoriert Israel in der Anwendung den Plan, auf den es sich selbst beruft. Die Lösung der Palästinafrage auf der Basis des UNO-Beschlusses 338 vom 29. November 1947 ist realpolitisch ein machbarer Konsensvorschlag, den alle Beteiligten akzeptieren müssen.

Die Geschichte des Zionismus seit seinen frühesten Anfängen bis zum heutigen Tag beweist den Irrweg der Errichtung eines Apartheid-Staats, der nur Unfrieden stiftet und eine Falle für alle Menschen einschließlich der Juden darstellt. Das friedliche, gleichberechtigte Zusammenleben der Menschen ungeachtet ihrer Religion, Hautfarbe oder sonstiger Merkmale hat keine Alternative.

Karam Khella

Materialien und Literatur:

Gregor Schöllgen, Imperialismus und Gleichgewicht: Deutschland, England und die orientalische Frage 1871-1914. R. Oldenburgverlag, München 1984
Ulrich Trumpener, Germany and the Ottoman Empire, 1914-1918. Princeton University Press, Princeton 1968
Klaus Herrmann, Political Response to the Balfour Declaration in Imperial Germany: German Judaism, in: Middle East Journal 19 (1965)
Zechlin, Egmont: Die deutsche Politik und die Juden im Ersten Weltkrieg, Vandenhoeck&Ruprecht, Göttingen 1969, Kap. 17-22
Böhm, Zionistische Bewegung, Bd. 1, Jüdischer Verlag, Berlin 1935; S. 405; Lichtheim, Rückkehr, S. 242-252. Deutsche Verlags-Anstalt, Stuttgart 1970
Rosenbluth, Go Forth and Serve, S. 176 ff.; Isaiah Friedman, Germany, Turkey and Zionism 1897-1918
Alex Carmel, Die deutsche Palästinapolitik, 1871-1914, in: Jahrbuch für deutsche Geschichte 4/1975.
Ingrams, Doreen: Palestine Papers, 1917-1922: Seeds of Conflict, John Murray, London 1972
Stein, Leonhard: The Balfour Declaration. Simon & Schuster, New York 1961
Francis R. Nicosia, The Third Reich and the Palestine Question, I.B. Tauris & Co Ltd., London 1985; Deutsche Ausgabe: Nicosia, R. Francis: Hitler und der Zionismus – Das Dritte Reich und die Palästinafrage 1933-1939. Drufel-Verlag, Leoni am Starnberger See 1989

Einleitung von Hubert Krammer

Entgegen dem vorherrschenden Bild und der breiten Sympathie, die dem jüdischen Nationalismus nicht nur von imperialistischen und rechten Kreisen, sondern auch von antifaschistischen und linken Gruppierungen in Europa entgegengebracht wird, erschreckt sowohl die rassistische Kontinuität Israels als auch das auffallende Nahverhältnis zwischen extrem rechten Bewegungen, Diktaturen, Neokonservativen und dem Zionismus. Diesen Widerspruch vor Augen und der Wahrheit auf der Spur galt es, die tiefe Kluft zwischen Image und Realität zu überwinden und die weitgehend fehlenden, weil tabuisierten Puzzlesteine zu finden, um – gemeinsam mit der von anderen Autoren und Autorinnen geleisteten Arbeit – ein möglichst zusammenhängendes Bild des Zionismus zu erhalten.

Der vorliegende Text soll helfen, Lücken zu schließen. Es gibt bereits mehrere Arbeiten zum vorliegenden Thema, so etwa das Buch „Zionismus und Nazideutschland“ von Faris Yahya. In zahlreichen Dokumentationen wurde ebenfalls darüber geschrieben, etwa im umstrittenen „Eichmann in Jerusalem“ von Hannah Arendt oder in „Die siebte Million“ von Tom Segev. Alle diese Arbeiten wurden berücksichtigt und haben ihre Spuren im Text hinterlassen.

Auch die Vergangenheitskosmetik von zionistischer Seite, etwa Doron Rabinovicis „Instanzen der Ohnmacht“, das die Kollaboration der Judenräte als auswegloses Handeln mit einer guten Absicht oder gar als lebensrettende Maßnahme darzustellen versucht oder ähnliche Beschönigungen in der „Enzyklopädie des Holocaust“, die von Yad Vashem herausgegeben wurde, ergänzten die Recherchen, um ein Phänomen einer bestimmten Epoche von allen Seiten zu beleuchten. Letztere Werke wichen wenig überraschend erheblich von anderen historischen Quellen ab, erfüllten trotzdem ihre Absicht und haben den Autor für längere Zeit verwirrt. In dem riesigen Berg von zionistischen Veröffentlichungen, die alljährlich erscheinen, haben sich bereits ganze Generationen von Suchenden verirrt. Im Vergleich konnten häufig Ungereimtheiten, Widersprüche, Verharmlosungen und unseriöse Korrekturen in den kritischen Passagen der diversen Geschichtsforscher und Experten festgestellt werden, deren Werke daher nur bedingt als Quelle und Inspiration dienten; was vermutlich wissentlich, aber nicht immer in böser Absicht der Autoren und Autorinnen erfolgte – sondern meist dem Wunsch entsprang, keinen Applaus von der falschen Seite, dem Antisemitismus und den Revisionisten, zu bekommen. Tatsächlich profitiert aber niemand mehr von dieser Vorgehensweise als der Rassismus selbst, der durch Verschweigen oder gar Rechtfertigung Akzeptanz findet und sich bis in fortschrittliche Kreise hinein etablieren kann. Auch wenn die Wahrheit ein missbrauchter Begriff ist und stets nur auf dem jüngsten Stand subjektiver Forschung auf die Weiterreise wartet, bleibt sie revolutionär, dem Menschen zumutbar und wir haben die Verantwortung, sie zu vertreten, damit sie nicht von rechter und herrschender Seite verdreht und missbraucht werden kann. Wer aus Angst, er oder sie könnte sich dem Verdacht aussetzen, mit den Wölfen zu heulen, mit den Schafen blökt, philosophiert jedenfalls nicht über die Relativität von Wahrheit, sondern lügt und lässt sich als Feigenblatt missbrauchen.

In den allermeisten Büchern, die zum Zionismus oder dem so genannten Nahostkonflikt erschienen sind, werden meist nur bestimmte Phasen der Geschichte behandelt, während die historische Kontinuität zuwenig beachtet wird oder auf die Zeittafel im Anhang beschränkt bleibt. Für dieses Buch aber steht die Untersuchung der Langzeitgeschichte und die Verbindung zwischen verschiedenen historischen Ereignissen im Vordergrund, um ein möglichst einheitliches Bild der Beziehungen zwischen Zionismus und rechten Ideologien wie dem Faschismus herauszufinden.

Natürlich leidet auch diese Arbeit unter dem Mangel, unvollständig zu sein. Das liegt nicht nur in der begrenzten persönlichen Wahrnehmung, den mangelnden Ressourcen und dem gesetzten Rahmen, der nicht gesprengt werden soll – sondern vor allem daran, dass viele themenrelevante Ereignisse nie dokumentiert wurden oder noch in geheimen Archiven auf ihre Entdeckung warten.

Noch ein Kommentar zu meiner ungewöhnlich hohen Einschaltquote von Zitaten, die mich wohl von jeder Diplomarbeit disqualifiziert hätten. Diese – ob der schwierigen Recherche manchmal ziemlich anstrengende, aber wegen der Entdeckungen auch aufregende – Arbeitsweise war der Erfahrung geschuldet, dass in einschlägigen Diskussionen stets die Beweislast eingefordert wurde: Woher hast du das, wo steht das? In gewisser Hinsicht liegt dem Leser also ein Reisebericht über eine Spurensuche vor.

Das Buch ist ein Anfang, keine Enzyklopädie. Fortsetzungen sind nicht ausgeschlossen, sondern ausdrücklich erwünscht, von diesen oder anderen Autoren und Autorinnen.

Hubert Krammer

Finanzkapital und Zionismus – Zur Vorgeschichte eines aktuellen Konflikts

Das imperialistische Projekt eines Siedlerkolonialismus in Palästina und die Anfänge des Zionismus

Die Wurzeln des Zionismus

Palästina gilt in vielerlei Hinsicht als ein globales Zentrum – nicht nur der arabischen Welt – als eine Region im Mittelpunkt welthistorischer Ereignisse.
Dabei handelt es sich fürwahr um kein Phänomen, das erst im 19. oder 20. Jahrhundert aktuell wurde.

> *„Nicht nur wegen seines landwirtschaftlichen Reichtums und seiner natürlichen Werte, sondern vor allem wegen seiner strategischen Lage war Palästina eine Bedingung für die Sicherheit der gesamten Region. Palästina ist die Einfallspforte nach Ägypten. Palästina ist das Tor zur arabischen Welt.*
> *Von Palästina aus werden Syrien, Jordanien und der Irak unmittelbar kontrolliert. Palästina am Schnittpunkt der drei Kontinente der Alten Welt: Afrika, Asien und Europa.*
> *Über Palästina kreuzen sich die Internationalen Handelswege.*
> *Geopolitisch, wirtschaftsgeographisch und vor allem militärstrategisch wollte kein Imperium auf Palästina verzichten."*[20]

Für Europa begannen die Versuche, erst Palästina und von dort aus den gesamten arabischen Raum zu erobern, mit den Kreuzzügen. Am Widerstand der überfallenen Menschen gescheitert, überlebte aber die europäische Strategie, die von der Besetzung Palästinas als Grundvoraussetzung ausging, um die Region kontrollieren und beherrschen zu können.
1252 waren die Kreuzritter endgültig vertrieben, doch die nächste Macht wartete bereits auf ihre Gelegenheit. Die Besetzung eines Großteils der Arabischen Region durch das Osmanische Reich währte 400 Jahre, von 1517 bis 1917. Während dieser Zeit blieb der Widerstand gegen die Besatzungsmacht ungebrochen.

---

[20] Khella, Karam und Rockgruppe „Vitenberg", „Palästina-Passion", Theorie und Praxis-Verlag Hamburg, 1999

Europäische Konkurrenten versuchten, dem Sultan seine Beute zu entreißen. Zu verlockend waren die Ressourcen, zu einladend die geostrategische Lage, um auf einen neuen Kreuzzug unter kolonialen Vorzeichen gegen die arabische Region zu verzichten. Doch die Vorstellung, die arabischen Völker würden die Europäer als Befreier von den Osmanen begrüßen und die europäische Herrschaft vorziehen, erwies sich als Trugschluss.
Nachdem Napoleon sein eigentliches Waterloo in Ägypten gefunden hatte, griff er in seinen Memoiren auf die alte Strategie zurück, der Eroberung Palästinas oberste Priorität einzuräumen. Er schlug vor, Palästina in eine Siedlerkolonie zu verwandeln, um von dort aus in Ägypten einfallen zu können. Als Siedler empfahl er, europäische Juden einzusetzen – eine Idee, die bereits Papst Clemens VII. entworfen hatte.
In den nächsten Jahrzehnten reifte dieser Plan, der den Strategen des aufstrebenden Europas als Erbe hinterlassen wurde.
1840 hatte Graf Moltke empfohlen, in Palästina ein deutsches Fürstentum zu gründen. Im gleichen Jahr kommt es zu der Allianz Preußen, Österreich, England und Russland, um gemeinsam mit dem Osmanischen Reich den wieder aufgebauten arabischen Einheitsstaat unter Führung Ägyptens zu zerschlagen.
1882 marschiert England in Ägypten ein – ein Massaker, das unter dem Namen „Ruin of Egypt“ traurige Berühmtheit erlangte.
1878 findet der Berliner Kongress statt, an dem sich als einzige NGO[21] auch die zionistische Delegation unter Führung von Baron Rothschild beteiligt. Dadurch präsentiert sich von Anfang an die Förderung und Instrumentalisierung der zionistischen Bewegung durch Deutschland, das den Vorsitz über die Konferenz innehat.

Vom deutschnationalen Burschenschafter zum zionistischen Ideologen: Theodor Herzl

Herzl wurde 1860 in bourgeoisen Verhältnissen geboren und verbrachte seine Kindheit in Budapest. Vor allem seine Mutter erzog ihn ganz in deutschem Stil, deutscher Sprache, deutscher Kultur und Literatur – ein Einfluss, der sein Leben prägen sollte. Während seiner Gymnasialzeit beteiligte er sich mit großem Engagement am „deutschen Selbstbildungsverein“, ein literarischer Zirkel, in dem er bereits eigene Werke vorstellte.
Während seines Jura-Studiums verbrachte er unter seinem Pseudonym „Tankred“ einen Großteil seiner Zeit in Wien in den Buden der deutschnationalen Burschenschaft Albia. Er nahm Fechtunterricht, zog sich aber die

[21] Non Government Organisation – also in dem Sinne gemeint, dass Rothschild keine bestimmte Regierung vertrat

Kritik der andern Kommilitonen zu, weil er nur eine einzige Mensur focht. Als er später vom so genannten Richard-Wagner-Kongress des „Verein deutscher Studenten in Wien" hörte, der eindeutig antisemitisch ausgerichtet war und von seinem Freund und „Albia"-Kollegen Hermann Bahr eröffnet wurde, schrieb er sein Austrittsgesuch aus der Burschenschaft, ein Entschluss, der ihm nach eigenen Worten äußerst schwer gefallen ist. Interessant, ironisch, aber auch bezeichnend ist die Anekdote, dass einige Jahre später der erste Zionisten-Kongress in Basel ebenfalls mit Wagner eröffnet werden sollte.

Er überlegte sich die Gründung einer rein jüdischen, aber weiterhin deutschnationalen Studentenverbindung. Solche Verbindungen, wie beispielsweise die „Unitas", existierten tatsächlich und Herzl hatte auch Kontakt zu ihnen, besuchte ihre Treffen und hielt Reden vor einem begeisterten Publikum. Unter ihnen befanden sich auch schlagende und deutschnationale Männerbünde; bis in die Dreißigerjahre des zwanzigsten Jahrhunderts gründeten sich in Wien 22 jüdische Studentenverbindungen.[22]

Er war ein Anhänger Machiavellis, studierte ein bisschen deutsche Philosophie und war fasziniert von der Idee des Nationalstaates. Für das religiöse Judentum hatte Herzl dagegen nichts übrig, was in den folgenden Kapiteln noch genauer erläutert werden soll.

Der ziemlich neue Begriff „Antisemitismus" geisterte durch die Gazetten; die ökonomischen Umwälzungen wurden durch die Schaffung eines neuen Feindbildes begleitet. Nicht dass die Judenfeindschaft ein neues Phänomen dargestellt hätte, aber im Gegensatz zu religiös und ökonomisch begründeten Vorurteilen der Vergangenheit hatte der Antisemitismus eine betont rassistische Variante. Voraussetzung dafür war, dass jüdische Menschen als Volk, später als Rasse, bezeichnet und betrachtet wurden – eine Definition, die neben den Antisemiten auch von den Zionisten geteilt werden sollte.

Mit steigender Verelendung der jüdischen Gemeinden in Russland und den benachbarten Ländern vergrößerte sich auch der Widerspruch zwischen den so genannten „Ostjuden", die vor Verelendung und Pogromen flüchteten, und dem relativ etablierten Judentum in Westeuropa. Die durch die ökonomischen Umwälzungen verarmten und proletarisierten Massen aus Osteuropa waren anfällig für Ideen, die eine gesellschaftliche Veränderung versprachen – am linken Rand für sozialistische Ideen, am rechten Rand für den Zionismus. Deshalb war ein Versprechen, das Herzl allen potentiellen Unterstützern gab, dass er die Juden von Sozialismus und „Umstürzlertum" abwerben wollte.

---

22 Rabinovici, Doron, „Instanzen der Ohnmacht", Jüdischer Verlag im Suhrkamp Verlag, Frankfurt am Main 2000, S. 40

Die Vorbilder des Theodor Herzl

Es gab bereits lange vor Theodors Herzls Bekehrung zum Zionisten Strömungen, von denen der Wiener Schriftsteller seine späteren Ideen bezog – allerdings auch solche, von denen er nach eigener Aussage keine Ahnung hatte, obwohl sie ähnliche Skizzen einer Staatsgründung als proimperialistische Siedlerkolonie entwarfen.

Die so genannten „Gentilzionisten" hatten bereits seit dem 17. Jahrhundert die Idee der Restauration eines jüdischen Staates in Palästina. Getragen wurde der Gentilzionismus fast ausschließlich von religiösen Motiven, die vor allem im christlichen Milieu Großbritanniens propagiert wurden und sich „britische Bewegung zur Neuerrichtung Israels" nannte. Die Bewegung richtete sich nicht an die Juden und Jüdinnen, die nach der Thora lebten, sondern an ein zum Christentum konvertiertes Judentum. Heute werden die Gentilzionisten auch als „nichtjüdische Zionisten" bezeichnet. Hier finden wir Parallelen zu konservativ-christlichen Fundamentalisten in den heutigen USA, wie sie etwa von George W. Bush repräsentiert werden, die trotz – oder wegen – starker antisemitischer Tendenzen zu den vehementesten Unterstützern Israels zählen.

Diese religiöse Idee griffen die Regierenden auf, um ihre kolonialen Ideen durchzusetzen. Vor allem England fühlte sich in seinen Interessen im arabischen Raum massiv gestört, als Napoleon seinen Feldzug gegen Ägypten und Syrien führte und überlegte sich neue Strategien, um seinen Einfluss in der Region zu etablieren.

Die prozionistische Autorin Barbara Tuchmann hat es so formuliert:

> *„Und seit Cromwells Zeiten war immer dann, wenn sich Großbritannien mit Palästina beschäftigte, das Nebeneinander zweier Motivationen maßgebend: des Profitmotivs – in wirtschaftlicher, militärischer und kolonialer Form – und des religiösen Motivs, das sich aus der Bibel herleitete. Fehlte eines der beiden Motive, wie etwa im 18. Jahrhundert, als das religiöse Klima äußerst kühl war, so geschah gar nichts."*[23]

Ironie der Geschichte ist dabei, dass es gerade der arabische Rationalismus war, der – als er schließlich Europa um ein paar Jahrhunderte verspätet erreichte – das religiöse Klima, geprägt von dem Geist der Inquisition und einer allgegenwärtigen kirchlichen Macht, abkühlte.

In der Praxis hatte die Bewegung der Gentilzionisten bis zum 19. Jahrhundert keine besondere Bedeutung, es gab nur wenige Siedlungen, dafür um so mehr Reiseberichte aus Palästina. Doch ihre Ideen haben den Zionismus des 19. Jahrhunderts beeinflusst.

---

[23] Tuchmann, Barbara, „Bible and sword", London 1957, S. 93

Im Laufe der Geschichte gab es ständig religiöse Theoretiker oder Staatsmänner, die für die Errichtung eines jüdischen Staates in Palästina nach biblischem Vorbild eintraten. David Reubeni im 16. Jahrhundert, Sabbati Zvi im 17. Jahrhundert – aber auch Napoleon erkannte die geostrategische Bedeutung Palästinas zur Eroberung der arabischen Region und schlug vor, Juden aus Europa umzusiedeln, um den uneinnehmbaren Raum zu erobern. Moltke schlug vor, aus Palästina ein deutsches Fürstentum zu machen und das war eine der Ideen, die Herzl bekanntlich am Besten gefielen.
Erste Siedlungsprojekte und nationalistische Bewegungen jüdischer Europäer gab es bereits seit Mitte des 19. Jahrhunderts – seit 1882 siedelten sich Mitglieder des Verbandes der Chowewe Zion, der „Zionsfreunde", in Palästina an. Sie wurden vor allem von Edmond de Rothschild unterstützt, der dieses Projekt vereinzelter zionistischer Siedlungen fast im Alleingang finanzierte. Es wurde ihm allerdings von verschiedenen Seiten unterstellt, dass dabei weniger seine Sympathie für die nationaljüdische Idee als vielmehr seine eigennützigen materiellen Interessen in der arabischen Region ausschlaggebend waren.
1883 gründete er ein Weinbauunternehmen, das bald zwei- bis dreitausend Menschen beschäftigte. Eine jüdische Landwirtschaftsschule in der Nähe von Jaffa existierte bereits seit 1870.[24]
Paul Friedmann, ein Jude, der zum Christentum konvertiert war, versuchte gemeinsam mit dem pensionierten preußischen Offizier Seebach eine jüdische Kolonie an der nordwestlichen Küste Arabiens zu gründen – eine Idee, die als „Midian-Projekt" bekannt geworden ist und von Herzl aufmerksam verfolgt wurde.[25] Friedmann hatte sich massiv um die Unterstützung von Baron Hirsch bemüht, scheiterte letztendlich an der Ablehnung der beunruhigten türkischen Regierung. Der Einfluss Friedmanns auf Herzls Theorien ist unübersehbar. Einerseits als Lieferant vorgefertigter Konzepte, andererseits aber auch als Hindernis, denn Friedmanns gescheitertes Projekt wurde ihm des Öfteren als negatives Beispiel vorgehalten, um seine Staatstheorie als unrealistisch abzuqualifizieren.
Auch in Argentinien gab es kleinere jüdische Ansiedlungen mit nationalem Anspruch, die von Baron Hirsch finanziert wurden.

Startschwierigkeiten – die Sponsoren zieren sich

Herzl hat später ebenfalls mit Baron Hirsch korrespondiert und ihn auch aufgesucht, um ihn um Unterstützung für sein Palästinaprojekt zu bitten,

---

[24] von Paczensky, Gert, „Faustrecht am Jordan", Horst Erdmann-Verlag für Internationalen Kulturaustausch, 1978, Tübingen und Basel, S. 29

[25] Bein, Alex, „Theodor Herzl", Ullstein Berlin-Wien, 1983, S. 67

doch Hirsch lehnte ab. Die Unterredung mit Hirsch ist in seinen Tagebüchern festgehalten und zeigt deutlich Herzls grundsätzliche Verachtung gegenüber dem Judentum:

> *„... Jedenfalls steigen inzwischen neue Geschlechter herauf, die wir uns erziehen müssen. Für die Erziehung will ich nun gleich von vornherein ganz andere Methoden einschlagen, als Sie sie haben.*
> *Zunächst ist da das Prinzip der Wohltätigkeit, das ich für durchaus falsch halte. Sie züchten Schnorrer. Charakteristisch ist, dass bei keinem Volk so viel Wohltätigkeit und so viel Bettel vorkommt, wie bei den Juden. Es drängt sich einem auf, dass zwischen beiden Erscheinungen ein Zusammenhang sein müsse. So dass durch die Wohltätigkeit der Volkscharakter verlumpt.“*[26]

Wohltäter, das waren für Herzl immer die Aristokraten, Offiziere, der Adel und die Unternehmer, während er sich zu den Angehörigen der „unteren Schichten“ stets herablassend und verächtlich äußerte – Lemminge, die von solch edlen Menschen wie ihm selbst geführt werden müssten. Zu Herzls Antisemitismus und Menschenverachtung gesellte sich auch noch ein Klassenhass, der einem in Herzls Tagebüchern beinahe auf jeder einzelnen Seite entgegenschlägt.
Herzls angeblicher Idealismus besteht in seinen Lösungsvorschlägen, wie der „verlumpte Volkscharakter“ gehoben werden kann:

> *„Zum Bleiben wie zum Wandern muss die Rasse zunächst an Ort und Stelle verbessert werden. Man muss sie kriegsstark, arbeitsfroh und tugendhaft machen. Nachher auswandern – wenn es nötig ist.“*[27]

Herzl war von Baron Hirschs Ablehnung zutiefst enttäuscht und kurzfristig entschlossen, sein Projekt wieder aufzugeben. Ohne Geldgeber sah er keine Möglichkeit, seinen Plan zu realisieren. Als einzige Alternative überlegte er noch, sich an Rothschild zu wenden und um Unterstützung zu bitten, doch schien ihm Hirsch zunächst der leichter zu überzeugende Partner zu sein. Er schrieb einen anklagenden Brief an den Baron:

> *„Es hat mich schwer geärgert, dass Sie den Brief nicht gleich beantworteten, den ich Ihnen nach unserer Unterredung schrieb. Darum teile ich Ihnen vierzehn Tage später mit, dass ich die Sache aufgegeben habe. Nach Ihrem gestern eingetroffenen Briefe will ich Ihnen aber sagen, wie das zu verstehen ist. Für die Juden will ich noch etwas zu tun versuchen – mit den Juden nicht ... In der politischen Energielosigkeit zeigt sich der Verfall unserer ehemals starken Rasse am deutlichsten. Man würde über mich spötteln oder mich verdächtigen, dass ich mit der Sache ich*

---

[26] Herzl Theodor, Tagebücher, Band 1 Jüdischer Verlag, Berlin 1922, S. 23/24
[27] Ebda., S. 25

weiß nicht welches Geschäft machen wolle. Ich müsste durch einen Sumpf von Ekel hindurchgehen – und dieses Opfer den Juden zu bringen, bin ich nicht bereit. Juden sind nicht fähig, zu verstehen, dass einer etwas nicht für Geld tut und auch dem Gelde nicht untertänig ist, ohne ein Revolutionär zu sein.
Folglich ist das letzte, allerdings vielleicht auch das wirksamste, was ich vornehme: dass ich die Sache vor den hohen Herrn bringe, von dem ich Ihnen sprach. Er gilt für einen Antisemiten, das geniert mich nicht ... Jemand wird ihm meine Denkschrift überreichen ..."[28]

Die Denkschrift hatte Herzl auch schon in einem Brief an Baron Albert Rothschild erwähnt – sie sollte an den deutschen Kaiser gerichtet sein und die deutschen Interessen im Orient mit der Idee des Zionismus verknüpfen. Vor allen anderen Mächtigen seiner Zeit hatte sich Herzl zuerst an Kaiser Wilhelm II. gewandt und ihn um Unterstützung für die zionistischen Siedlerambitionen gebeten. Laut Julius Schöps war Herzl fasziniert vom Preußentum und ein Bewunderer des Kaisers[29], dem er anbot, aus der neuzugründenden Siedlerkolonie in Palästina einen deutschen Stützpunkt zu machen.
Wilhelm war einer der Hauptbetreiber des neben dem Bau des Suezkanals wichtigsten Projekts seiner Zeit: der Bagdad-Bahn. Schon allein deshalb hatte er ein offenes Ohr für die Anliegen der zionistischen Bewegung, die ihm eine weitere Tür in die arabische Region öffnen wollte. Das führte zu Protesten der bereits angesiedelten „Palästinadeutschen", die befürchteten, dass sie gegenüber den zionistischen Siedlern übervorteilt und die Unterstützung des deutschen Kaisers verlieren würden, wenn andere ihren Job effektiver erledigten.
Nun war das Interesse an der Region bei allen europäischen Mächten sehr groß. Das Osmanische Reich war am Zerfallen und in den Startlöchern scharrten bereits die Nachfolger, um sich das Erbe des „kranken Mannes am Bosporus" anzueignen. Das zeigte sich deutlich auf dem Berliner Kolonialkongress 1878, an dem – das soll betont und deshalb noch mehrmals wiederholt werden – als einziger nichtstaatlicher Teilnehmer auch Baron Rothschild – nicht nur als zionistischer Vertreter, sondern auch als Sponsor sonstiger kolonialer Unternehmen – willkommen war.

Herzl hatte neben den Gemeinsamkeiten in der nationalistischen Deklaration des Judentums auch große Widersprüche und hitzige Diskussionen, manchmal auch Streit mit den tatsächlichen Gründervätern wie Baron

[28] Ebda., S. 221/222
[29] Profil Nr.11, 11.03.1996, S. 87

Hirsch und Baron Rothschild als Financiers und Moses Hess oder Leon Pinsker als zionistischen Theoretikern.

Wer seine Tagebücher aufmerksam liest, erkennt die angestrengten Bemühungen Herzls, die Rothschilds als Unterstützer und Financiers zu gewinnen – wobei einige argwöhnen, es wäre eher umgekehrt und Herzl wäre von Rothschild als Auftragsschreiber engagiert worden, was seine Wandlung vom Journalisten, der in seinen wenigen Kolumnen zum Judentum entschieden für Assimilation eintrat, zum Zionisten erklären würde. Wenn die – von den Nachlassverwaltern zugegeben von achtzehn auf drei Bände gekürzten und vermutlich auch zensierten – Tagebücher aber keine totale Fälschung sind, war es jedoch Herzl, der sich an Edmond Rothschild wandte und ihn nach teilweise heftigen Auseinandersetzungen erst kurz vor seinem Tod als einen Verbündeten gewinnen konnte.
Dabei hatte Herzl bereits zu Beginn seiner zionistischen Phase auf die Dynastie gesetzt.

> *„Aber zu diesen Dingen besonders brauche ich die Rothschilds.*
> *Und wenn sie nicht wollen? Ja, dann werden sie es eben büßen.“*[30]

Und nicht zufällig nannte er den ersten Entwurf seines Werks „Brief an die Rothschilds“. Aus diesem Brief entstand sein Bestseller „Der Judenstaat“. Rothschild war Hauptaktionär am Bau des Suezkanals und wichtigster Unterstützer der „Freunde Zions“ („Chowewe Zion“), die sich seit Mitte des 19. Jahrhunderts in Palästina ansiedelten. Sie waren ein kleiner Teil der etwa 25.000 Juden, die bis dato über Jahrhunderte hinweg gleichberechtigt mit ihren arabischen Nachbarn in Palästina gelebt hatten.
Herzl hatte mit Edmond de Rothschild – als Schutzherr der Chowewe Zion – Differenzen, die sich hauptsächlich um die Fragen der Dynamik der Besiedlung, um die Fragen des eigenen Staates und um die unterstützende Großmacht im Hintergrund drehten. Herzl drängte auf ein Bündnis, in erster Linie mit Deutschland, was Edmond de Rothschild sicher nicht unterstützen wollte. Ein großer Auffassungsunterschied lag auch in der Form der angestrebten Siedlungspolitik: statt langsamer Einwanderung schlug Herzl ein Bündnis mit den Großmächten seiner Zeit vor, um sich Palästina offiziell und rasch anzueignen. Keine Infiltration, sondern offene Kolonisierung. Herzl plädierte also für eine effektive politische und militärische Schaffung von Tatsachen im Widerspruch zu vorsichtigerem Vorgehen der Zionsfreunde („Chowewe Zion“), deren Financier Rothschild eine subtile und begrenzte Einwanderung europäischer Juden bevorzugte.
Aus heutiger Sicht waren diese Zerwürfnisse sekundär angesichts der gemeinsamen Interessen. Letztendlich hat es sich um ein Verhältnis zwischen

---

30 Herzl, Theodor, Tagebücher, Band 1 Jüdischer Verlag, Berlin 1922, S. 103

Auftraggeber und Angestellten gehandelt – unabhängig davon, ob sich Herzl um den Job des Chefideologen des Zionismus beworben hat oder dafür angeheuert wurde. Rothschild hat gezahlt und ohne seine Unterstützung wäre der Zionismus möglicherweise bereits zu Anfangszeiten gescheitert.

Die Widersprüche waren wohl auch vom Umstand geprägt, dass sich Herzl gern als Herrscher eines künftigen Judenstaats gesehen hat, begeistert von seinen Visionen einer von ihm geführten oder zumindest entworfenen aristokratischen Gesellschaft, von denen er manchmal selbst befürchtete, sie würden sich ziemlich „größenwahnsinnig“ anhören. Herzl entwarf bereits eine Vielzahl von Vorschriften und Programmen für potentielle Untertanen eines zukünftigen Staates:

> *„Den Selbstmord strafe ich: beim Versuch mit dauernder Anhaltung im Irrenhause – beim Gelingen mit Verweigerung des ehrlichen Begräbnisses.“*[31]
>
> *„Übrigens dürfte, par la force des choses, deutsche Sprache – Amtssprache werden. ! wie gelber Fleck für Orden!*
> *Ich habe auch nichts gegen Französisch oder Englisch! Die jeunesse dorèe lenke ich auf englische Sportübungen, wodurch ich mir sie für (die, Anm.) Armee erziehe.“*[32]
>
> *„Wer während der ersten zwanzig Jahre unseres Bestandes sich uns nicht angeschlossen hat (obwohl er in dieser Zeit dreißig Jahre alt oder älter geworden), kann kein Amt begleiten, hat kein passives Wahlrecht. Einbürgern kann er sich.“*[33]
>
> *„Die Alten dürfen Karten spielen, auch nicht Hazard, weil sie den Zuschauern Lust machen könnten, und weil sich das für Patriarchen nicht ziemt. Ich will aber die Familie patriarchalisch haben.“*[34]
>
> *„Prämien auf Fruchtbarkeit und gute patriarchalische Erziehung der Kinder.“*[35]
>
> *„... Folglich werde ich drüben hin auch Wiener Cafes verpflanzen ...“*[36]
>
> *„Herrenhaus für Adel, aber nicht erblich. Eine Würdigkeitssichtung muss vorhergehen.“*[37]
>
> *„Als Stipendien für meine tapferen Krieger, strebsame Künstler, treuen und begabten Beamten, verwende ich die Mitgiften reicher Mädchen. Ich muss Heiratspolitik treiben.“*[38]

---

[31] Ebda., S. 65
[32] Ebda., S. 64
[33] Ebda., S. 82
[34] Ebda., S. 77
[35] Ebda., S. 67
[36] Ebda., S. 68
[37] Ebda., S. 73
[38] Ebda., S. 63

„Den großen Bankiers, die mich anbeten werden, sage ich: Es wäre mir erwünscht, wenn sie ihre Töchter aufstrebenden kräftigen Jünglingen geben.
Das brauche ich für den Staat. Es ist die Selbstbefruchtung der Nation.“[39]

Eine Idee nach der anderen schießt Herzl durch die Feder und füllt sein Tagebuch – von der Einschränkung der Presse, (*„Grenzen der Pressfreiheit weise ziehen. Verleumder an den Pranger, und schwere Geldstrafen.“*[40]), bis zur (Zwangs-) Verheiratung reicher Mädchen mit armen Siedlern, vom Umgang mit Oppositionellen bis zur militärischen Ordnung der Arbeit.
Das ganze spickt er mit politischen ‚Analysen' wie der folgenden:

„Wer größer war: Napoleon oder Bismarck? Napoleon.
Aber seine Größe war unharmonisch. Napoleon war der kranke Übermensch; Bismarck ist der gesunde.“[41]

Für einen der weltweit wichtigsten Geschäftsmänner seiner Zeit mussten sich Herzls Pläne irrational, vielleicht sogar verrückt anhören.
Baron Edmond de Rothschild, führendes Mitglied einer Dynastie, die Staatsmänner wie Marionetten dirigierte, hatte sicher keine Lust, sich von einem österreichischen Journalisten, der trotz bescheidener schriftstellerischer Erfolge und enormem propagandistischem Talent gerade von den assimilierten jüdischen Gemeinden angefeindet und teilweise auch belacht wurde, einen Staatsplan diktieren zu lassen und sich mit der Rolle des Financiers zu begnügen. Nach der „Geschichte der Rothschilds“ – die von der Familie Rothschild autorisiert wurde und daher mit Vorsicht zu genießen ist – war auch ursprünglich nicht vorgesehen, dass bereits zu diesem Zeitpunkt aus den Siedlungen der Chowewe Zion ein eigener jüdischer Staat erwachsen sollte:

„Jedoch befürwortete keiner der Rothschilds aus dieser Generation die Gründung eines jüdischen Staates im Mittleren Osten. In der Tat riet Edmond den Siedlern ausdrücklich, nach der osmanischen Staatsangehörigkeit zu streben. Sogar noch weniger daran interessiert war Albert, der sich 1895 mit einem Anliegen konfrontiert sah, das zweifellos eine weitere halbverrückte Geldbitte zu sein schien – nicht weniger als eine Milliarde Franc, die ein außergewöhnlich wortreicher Schnorrer verlangte. 1895 kam dieser – der Wiener Dramatiker und Journalist Theodor Herzl – zu der Überzeugung, die einzige ‚Lösung der Judenfrage' bestehe darin, dass die Juden Europa verließen und ihren eigenen Staat

---

[39] Ebda.
[40] Ebda., S. 73
[41] Ebda., S. 143

nach dem Modell eines unabhängigen Nationalstaates, wie er von den Griechen, Italienern, Deutschen und anderen Menschen im Lauf des 19. Jahrhunderts gegründet worden war, bildeten.“[42]

Herzl wollte über Albert Rothschild an Edmond herankommen – doch als er keine Antwort erhielt, wurde er beleidigt, weigerte sich, den Brief an den Rothschildschen Familienrat abzuschicken und stellte fest, dass die Rothschilds *„'niedere, schnöde, eigensüchtige Menschen' seien. Stattdessen müsste er eine ‚Judenschlacht zwischen mir und den mächtigen Juden' führen, indem er die jüdischen Massen mobilisierte.*

Dieser Wechsel im Ton – erst schmeichlerisch, dann aggressiv – war typisch für eine gewisse Art von Rothschildschen Briefpartnern ... Herzl gab jedoch die Hoffnung auf eine Unterstützung durch die Rothschilds niemals auf.“[43]

Die Zusammenarbeit war also anfangs nicht gerade von einem harmonischen Verhältnis geprägt. Im Gegenteil sah es so aus, als würde die Kooperation bereits scheitern, bevor sie überhaupt begonnen hatte. Herzl begann, den Rothschilds zu drohen:

„Wenn nicht mit Ihnen, dann gegen Sie! Was meine ich damit? Ich werde nicht Ihr Vermögen als ein schlecht erworbenes bezeichnen. Da müsste ich lügen.

Ich bin kein Erpresser und kein Pamphletist (sondern ein Staatsmann und zwar ein jüdischer).

Ich werde nur sagen: es ist zu groß! Dadurch volksschädlich, weil Vermögen schneller wächst als Volkswohlstand. – Von einem unbefangenen Juden wird das Aufsehen erregen.“[44]

Wie leicht nachvollziehbar bewirkte dieser Brief keine Haltungsänderung und führte eher dazu, dass Herzl endgültig von den Rothschilds ignoriert wurde. Doch der Autor entpuppt sich als hartnäckiger Verfechter seiner Ideen. An anderer Stelle schreibt er eine neue Notiz an den „Familienrat“:

„Glauben Sie deshalb nicht, dass ich ein schroffer Mensch bin. Aber ich weiß vorläufig nicht, ob ich mit Ihnen oder gegen Sie gehen werde. Darum würden mich Schnörkel der Höflichkeit kompromittieren und meine spätere Aktion wie eine Rache aussehen lassen.“[45]

---

[42] Ferguson, Niall, „Die Geschichte der Rothschilds – Propheten des Geldes“, Deutsche Verlagsanstalt GmbH, Stuttgart-München, 2002, (Originalausgabe: „The World's Banker“ bei Weidenfeld &Nicolson/ The Orion Publishing Group Ltd, London 1998); S. 338

[43] Ebda., S. 339

[44] Herzl, Theodor, Tagebücher, Bd.1, s.o., S. 70

[45] Ebda., S. 75

Enttäuscht über die zögerliche Haltung seiner Sponsoren plante er ein Pamphlet in Buchform, in dem er ihr mangelndes Verständnis anprangern wollte – der Verehrer der Aristokratie entwickelt sich plötzlich zum Klassenkämpfer:

> *„Wenn es mir nicht gelingt, die R's (Rothschilds), und auch nicht die Zwergmillionäre zu bekommen, veröffentliche ich den ganzen Plan als Buch.*
> *„Die Lösung der Judenfrage" bei Duncker und Humblot, denen ich aber nur die ersten fünf Auflagen zu den Bedingungen des „Palais Bourbon" gebe. Für spätere haben sie nur das Vorzugsrecht.*
> *Im Buch „Die Lösung usw." erzähle ich alle Schritte von Hirsch über Rothschild zu den Zwergmillionären.*
> *Vorwort: Man kam auch mit dem elektrischen Licht zu Rothschild. Er verstand es nicht."*
> *„Die Gefahr des R'schen Vermögens wird natürlich nicht in der Art der Pamphletisten geschildert werden, sondern mit meinem eigenen beständigen Ernst ..."*[46]

Trotz der heftigen Anfeindungen kam es, wie wir wissen, schließlich doch zu einer fruchtbaren Zusammenarbeit, die den Lauf der Geschichte verändern sollte. Es ist kaum vorstellbar, dass Herzls Drohungen Eindruck gemacht haben – aber die Interessen der Rothschilds in der arabischen Region haben wohl den Ausschlag für diese Kooperation gegeben. Herzl sah sich als Staatsmann, blieb aber letztendlich eine Marionette seiner Geldgeber.
Zur Erläuterung seien hier kurz die für unser Thema wichtigsten Mitglieder der Rothschild-Dynastie vorgestellt:

[46] Ebda., S. 79

Einige Vertreter der Rothschild Dynastie

Meyer Amschel Rothschild (1744-1812)
Gründer des Bankhauses, vier Söhne leiteten Filialen der Bank in Paris, London, Wien, Neapel, Frankfurt.

Baron Edmond de Rothschild (1845-1934), (Paris)
Sponsor der ersten zionistischen Siedlungen in Palästina, trat für eine kontrollierte Einwanderung ein; erstes Treffen mit Theodor Herzl am 18.7.1896 – Herzl hatte ihn um Audienz gebeten, wird von Edmond empfangen und es kommt zum Streit. Edmond hielt nichts von dessen Plänen einer raschen Besiedlung unter dem Schutz einer Großmacht, die das Protektorat übernehmen sollte, vor allem missfiel ihm, dass Herzl Deutschland bevorzugte. Erst in den letzten Jahren vor Herzls Tod kommt es zu einer Zusammenarbeit.

Lord Lionel Nathan Rothschild (1808-1879), (London)
Zog 1858 ins britische Unterhaus, führte die Londoner Bank, die unter seiner Führung zahlreiche Staatsanleihen finanzierte und dadurch einen immensen Einfluss gewann.

Leopold Rothschild (1845-1917), (London)
Er führte ab 1879 die Londoner Bank, Leopold war Vizepräsident der Anglo-Jewish Association und Vorsitzender der Jewish Emigration Society.

Lord Nathaniel Mayer Rothschild (London),
Sohn von Lionel Nathan, Mitglied des britischen Oberhauses, er trat ursprünglich für die Emanzipation der Juden ein, Mitglied des Direktoriums der Bank of England, Präsident der „United Synagogue" und anderer jüdischer Organisationen, galt als einer der weltweit mächtigsten Männer und als Oberhaupt der britischen Juden.
Er empfing Anfang Juli 1902 Theodor Herzl, anfangs gab es Streit, weil Lord Rothschild das Herzlsche Konzept für antisemitisch oder zumindest für eine dem Antisemitismus dienliche Haltung ansah, danach erfolgte eine Einigung und Kooperation.

Lionel Walter Rothschild (1886-1937),
(zweiter Baron Rothschild und Ehrenpräsident der Zionist Federation of Great Britain and Ireland) erhielt als zionistischer Vertreter die Balfour Declaration, die Englands Interesse an der zionistischen Besiedlung bekundet.

Erster Zionisten-Kongress

Der Weg zum zionistischen Kongress

Eingangs zu diesem Kapitel sei noch etwas zu Herzls Biographie ergänzt, um das Bild zu vervollständigen: Theodor Herzl entsprach in seinem Denken und Schreiben durchaus dem Zeitgeist im ausgehenden 19. Jahrhundert, es wäre vermutlich ungerecht, ihn als besonders reaktionär unter den anderen bürgerlichen Autoren seiner Zeit zu bezeichnen. Er war zwar wie viele Jusstudenten heute auch und wie bereits erwähnt Mitglied einer deutschnationalen Burschenschaft und hielt weder mit seiner Vorliebe für die Aristokratie noch mit seinem rassistischen Menschenbild, das sich am Sozialdarwinismus orientierte, hinter dem Berg. Aber das war im Kontext kolonialen Pionierwahns, wie er zu Herzls Zeiten den Großteil der intellektuellen Schreibtischtäter erfasst hatte, nichts Ungewöhnliches. Von seinen Kolumnen und Theaterstücken aus seinem dichterischen Frühwerk ist leider heute so gut wie nichts mehr bekannt, einiges wird derzeit neu aufgelegt – beispielsweise verfasste er so eindrucksvolle Theaterstücke wie „Ihre Hoheit", die immerhin auch am Wiener Burgtheater aufgeführt wurden.
Seine Texte, die er für Zeitungen wie die „Neue Freie Presse" verfasste, zum Teil als Auslandskorrespondent aus Frankreich, wurden von Kritikern hochgelobt.
Als der „Judenstaat" veröffentlicht wird, wächst Herzl rasch vom Quereinsteiger der zionistischen Bewegung zum Cheftheoretiker, der heute oft fälschlicherweise als idealistischer Erfinder des Zionismus betrachtet wird.

1897 fand der erste Zionisten-Kongress in Basel statt – ursprünglich in München geplant, musste er wegen der Proteste der dortigen jüdischen Gemeinde verlegt werden. Der Zionismus stieß sowohl bei religiösen wie auch bei politisch engagierten Juden und Jüdinnen auf massive Ablehnung. Diese Tatsache machte Herzl, der sich um eine Unterstützung des deutschen Kaisers für die zionistische Bewegung bemühte und schon allein deshalb diese denkwürdige Veranstaltung in Deutschland abhalten wollte, einen Strich durch die Rechnung. Auch sonst plagten Herzl Sorgen im Vorfeld des Kongresses:

> *„Wir werden also sehen, was der Kongress bringt. Hat er zur Folge, dass die politischen Mächte die Sache in Erwägung ziehen, dass mich beispielsweise der Deutsche Kaiser rufen lässt, so werde ich fortfahren. Wenn nicht, und wenn auch keine Bereitwilligkeit seitens der geldgierigen Juden sich zeigt, die von mir mit so großen persönlichen und mate-*

riellen Opfern so weit gebrachte Aktion fortzuführen, so werde ich mich zur Ruhe setzen ...
Tatsache ist, was ich jedermann verschweige, dass ich nur eine Armee von Schnorrern habe. Ich stehe nur an der Spitze von Knaben, Bettlern und Schmöcken. Manche beuten mich aus. Andere sind schon neidisch oder treulos. Die dritten fallen ab, so wie sich ihnen eine kleine Karriere eröffnet. Wenige sind uneigennützige Enthusiasten. Dennoch würde dieses Heer vollkommen genügen, wenn sich nur der Erfolg zeigte. Da würde es rasch eine stramme reguläre Armee werden.“[47]

Herzl hielt also nicht viel von seinen Anhängern und noch weniger von seinen Kritikern. Die Aussicht auf Erfolg war jedenfalls eng mit dem Ausgang des Kongresses verknüpft, soviel war ihm klar. Interne Streitigkeiten würden sich in der allgemeinen Öffentlichkeit niederschlagen, die über die internationalen Medien beobachtete, was in Basel vor sich gehen würde. Nervös überlegt er sich eine Strategie für den Kongress und den Spießrutenlauf zwischen Gegnern und Befürwortern seines Plans.

„Die Leitung dieser Verhandlung wird überhaupt ein, wie ich glaube, seltenes Kunststück sein, das keinen anderen Zuschauer haben wird, als den, der es aufführt.
Ein Eiertanz zwischen allen unsichtbaren Eiern.

1. *Ei der Neuen Freien Presse, die ich nicht kompromittieren darf und der ich keinen Anlass geben darf, mich hinauszubugsieren.*
2. *Ei der Orthodoxen.*
3. *Ei der Modernen*
4. *Ei des österreichischen Patriotismus.*
5. *Ei der Türkei, des Sultans*
6. *Ei der russischen Regierung, gegen die nichts Unliebsames gesagt werden darf, obwohl man die deplorable Lage der russischen Juden doch erwähnen muß.*
7. *Ei der christlichen Konfessionen wegen der heiligen Stätten. Kurz, es ist eine gedrängte Übersicht aller Schwierigkeiten, mit denen ich mich bisher herumschlug. Hierzu kommen noch ein paar andere Tanzeier.*

Ei Edmund Rothschild.
Ei Chovevi Zion in Russland.
Ei der Kolonisten, denen man Rothschilds Hilfe nicht verderben darf, tout en considèrant leurs misères.
Dann die Eier der persönlichen Differenzen.
Ei des Neides. Ei der Eifersucht. Ich muss die Sache unpersönlich machen und kann doch die Zügel nicht aus der Hand lassen.“[48]

---

[47] Herzl, Theodor, „Tagebücher“, Band 2, Jüdischer Verlag, Berlin 1922, S. 19/22
[48] Ebda., S. 21/22

Tatsächlich war Herzl nahe daran aufzugeben, bevor der Kongress startete, der dennoch einer seiner größten persönlichen Triumphe wurde.
Nach der bereits erwähnten Eröffnungsmusik von Richard Wagner, der Ouvertüre aus „Tannhäuser“, erntete Herzl ‚standing ovations’, als er das Rednerpult betrat.
Die Hauptlosung des Kongresses war die Forderung nach der „öffentlichrechtlichen Bürgschaft“ für die zionistischen Kolonien in Palästina, die anstelle der bisherigen „langsamen Siedlungsarbeit“, wie Herzl in seiner Rede betonte, „die politische Voraussetzung“ für eine Massenansiedlung darstellen würde.

Die Bedeutung der Judenfrage für Herzl

Bacher scherzte: „Die Juden werden ihnen missmutiger zuhören als die Christen. Sie werden der Ehrenantisemit werden!“[49]

Der Scherz seines langjährigen Weggefährten enthielt mehr Wahrheit als viele Mythen, die sich heute um Theodor Herzl ranken. Bereits Mitte der Achtzigerjahre schrieb er nach einem Empfang bei einem Geschäftsfreund seines Vaters an seine Eltern:

„An die dreißig bis vierzig kleine hässliche Juden und Jüdinnen. Kein tröstender Anblick.“[50]

Dem aufkeimenden Antisemitismus begegnete Herzl mit widersprüchlichen Argumentationen: Einerseits fand er Gefallen am antisemitischen Machwerk „La France Juive“ (Das jüdische Frankreich) des Begründers des französischen Antisemitismus, Edouart Drumont, dessen Gedankengänge sich stellenweise im „Judenstaat“ wiederfinden. Etwa die Definition der Juden als Gastvolk, das beim „Wirtsvolk“ lebt, obwohl ihre Assimilation unmöglich sei; dass die Judenemanzipation – die er letztendlich für den Antisemitismus verantwortlich macht – gescheitert wäre, da die Juden nach wie vor eine Nation in der Nation und ein Staat im Staate seien.[51] Er teilte auch Drumonts Meinung, dass die Juden keine Religions- oder Kulturgemeinschaft, sondern ein Volk, schließlich eine Rasse bildeten.

„Drumont verdanke ich viel von der jetzigen Freiheit meiner Auffassung, weil er ein Künstler ist.“ schrieb er 1895.[52]

---

49 Herzl, Theodor, Tagebücher, Bd.1, s.o., S. 305
50 Bein, Alex, „Theodor Herzl“, Ullstein Berlin-Wien, 1983, s.o., S. 40
51 Ebda., S. 65
52 Ebda., S. 66

Widersprüchlich reagierte er mehr als ein Jahrzehnt vor obenstehendem Zitat auf einen anderen Antisemiten seiner Zeit, Eugen Dühring und sein Buch: „Die Judenfrage als Racen-, Sitten-, und Culturfrage", das 1881 erschien und in späteren Auflagen unter dem ein wenig veränderten Titel *„Die Judenfrage als Frage der Rassenschädlichkeit für Existenz, Sitte und Kultur der Völker"* veröffentlicht wurde. Trotz Kritik an dem rassistischen Machwerk findet sich später vieles von Dührings Ideologie in Herzls Judenstaat, er ist auch vom Stil des Buches begeistert, *„das in einem so köstlich reinen, vorzüglichen Deutsch geschrieben ist" – wie er meint.*[53] Es ist schwer nachzuvollziehen, was Herzl damit gemeint hat. Vielleicht so geflügelte Sätze wie:

> *„Die Juden sind ... ein inneres Carthago, dessen Macht die modernen Völker brechen müssen, um nicht selbst von ihm eine Zerstörung ihrer sittlichen und moralischen Grundlagen zu erleiden."*[54]

Noch dazu ist Dühring einer von den bekanntesten Begründern – vielleicht sogar der wichtigste – eines „wissenschaftlich" verkleideten Antisemitismus, dessen Ideen später die Nazis in ihren Rassentheorien massiv beeinflussten. Fast wörtlich finden Dühring Thesen Einzug in die Nürnberger Gesetze – die Betrachtung der Judenfrage als Rassenfrage, das Verbot von Ehen zwischen Juden und Nichtjuden oder dass jüdisches Vermögen enteignet und ihr Einfluss aus der Öffentlichkeit zurückgedrängt werden sollte.

> *„Wenn man auch manchem in der Kritik der modernen Judenmoral" und „dem Mangel an sittlichem Ernst in vielen ... Handlungen der Juden" zustimmen könne und daraus lernen müsse, so erkenne man bald, dass Dühring „einigem Wahren viel Falsches, absichtlich Gefälschtes hinzugemischt" habe.*[55] *schreibt Herzl.*

Er setzt sich umfassend mit Dühring und seinem Werk auseinander. Dessen Pauschalverurteilungen lehnt er stellenweise ab, während er andere Einschätzungen durchaus teilt. So vermischt sich die Verteidigung gegen antisemitische Vorurteile mit der Zustimmung zu einigen von Dührings Positionen.

> *„Nehmen wir zum Beispiel die für die unleugbare Verbildung des Judencharakters so verhängnisvolle religions-gesetzliche Einrichtung des Mittelalters, wonach den Juden das Zinsennehmen gestattet, Andersgläubigen verboten war. Die armen Juden waren infolgedessen die Blutegel, die das Blut in sich sogen. Aber sowenig dieser das ausgesogene Blut zu eigenem Vorteil behält, so wenig war es bei den ‚Kammer-*

---

53 Ebda., S. 33
54 Ebda., S. 32
55 Ebda., S. 33/34

knechten' des Mittelalters der Fall. Das erwucherte Geld wurde ihnen ja doch wieder abgepresst, teils in Steuern, teils durch angedrohte und hauptsächlich durch ausgeführte blutrünstige Gewalttätigkeiten. Und jetzt kommt ein christlich-germanischer Professor und macht dem armen Egel den Vorwurf, dass er gesogen hat. Was sollten denn die Blutegel des Mittelalters – und zugegeben auch der Neuzeit – anderes tun? Sie mussten wuchern, wozu waren sie denn Juden? Sie mussten saugen, weil sie die weislich gepflegten und gezüchteten Egel oder mit besserem Klange ‚Kammerknechte', nicht nur des Kaisers, sondern überhaupt der Mächtigen immer waren. Waren die Egel voll gesogen, so presste man sie aus – wenn hie und da einer bei der ungestümen Manipulation draufging, was lag daran? Die Juden waren bis in die neueste Zeit eine indirekte Steuer, die dem Volke aufgezwungen war, das lässt sich nicht leugnen. Aber waren sie es gern? Wären sie nicht lieber mit frei erhobenem Haupte anständigen Gewerben nachgegangen?"[56] notierte er 1882.

Selbst in der Kritik am Antisemitismus ist Herzls Wortwahl noch gespickt von antisemitischen Ressentiments. Er verteidigt zwar den von ihm bewunderten Lasalle vor den Angriffen Dührings, teilt aber dessen Verachtung für angeblich typisch jüdische Verhaltensweisen und die „Kritik an der jüdischen Gesellschaft seiner Zeit".[57]
Einige der Vorstellungen Dührings haben Herzl mit Sicherheit beeinflusst und finden sich in seinen Tagebüchern wieder:

„Auch bei der Verpflanzung der Geschäfte geht allmählich das Verlassene in den Besitz von Christen über. Krisen werden verhindert. Eine Menge neuer wohlhabender Menschen steigt in den verlassenen Ländern auf.
Man wird den Juden, deren Geschäftsgeist das alles so sinnreich eingerichtet hat, zum Abschied dankbar und freundlich die Hand schütteln. Auch da der Beginn der Judenehre!"[58]
„Die betreffenden Staaten sollen die Judenimmobilien erwerben.
Preis wird – ohne Rücksicht auf das von uns gezahlte – durch eine Regulierungskommission bestimmt, die auch wir beschicken dürfen."[59]

Damit hat Herzl gemeinsam mit Dühring auch die Idee einer Arisierung light vorweggenommen.

---

[56] Ebda., S. 33/34
[57] Ebda., S.32/33
[58] Herzl, Theodor, Tagebücher, T. Band 1 Jüdischer Verlag, Berlin 1922, S. 95/96
[59] Ebda., S. 64

„Eine vortreffliche Idee wäre es, anständige und akkreditierte Antisemiten zu den Vermögens-Liquidationen heranzuziehen ...“[60]

Auch in den Rassentheorien findet Herzl Übereinstimmungen mit seinen eigenen Thesen.
So wie in der Beurteilung von Dühring bleibt das Verhältnis Herzls zum Antisemitismus ambivalent, gespalten zwischen Ablehnung und Verständnis.
Einmal schlug er vor, sich mit Antisemiten zu duellieren, wie es bei deutschnationalen Burschenschaften wie Herzls Albia üblich war. Er trägt sich selbst mit dem Gedanken, einen der österreichischen Vorzeigeantisemiten, wie Lueger, Schönerer oder Prinz Lichtenstein zum Duell zu fordern, verwirft den Gedanken daran aber wieder.
In seinen Tagebüchern finden wir wieder seine Vorliebe für das Duell, das er später auch im neuen Judenstaat etablieren will:

„Ich brauche das Duell, um ordentliche Offiziere zu haben und den Ton der guten Gesellschaft französisch zu verfeinern.
Das Säbelduell ist gestattet und wird nicht bestraft, wie immer der Ausgang war, vorausgesetzt, dass die Sekundanten das Ihrige taten zur ehrenhaften Beteiligung ...“[61]

Auch in einem Theaterstück „Das neue Ghetto“, dass er 1894 schrieb, sticht diese Idee wieder hervor – der gedemütigte Jude duelliert sich mit dem Antisemiten und stellt seine gekränkte Ehre wieder her. Natürlich ist der Held dieses Theaterstücks wie in fast allen Werken Herzls ein Adliger, während die andern jüdischen Figuren in dem Stück als eher feige und gierige „Ghettojuden“ dargestellt werden.
Das Stück verdeutlicht Herzls Zugang zum Judentum – eine ausgewählte Clique von „edlen“ jüdischen Aristokraten soll die Ehre der Juden verteidigen – als sogenannte „Grenzgeneration“, zu der auch Herzl gehören wollte, sollten sie stellvertretend gegen Antisemitismus antreten. Gleichzeitig forderte er damals noch von katholischen Würdenträgern die Taufe für die breite Masse der Juden:

Er wollte sich durch Vermittlung von österreichischen Kirchenfürsten Zutritt zum Papst verschaffen und ihm sagen: „Helfen Sie uns gegen den Antisemitismus und ich leite eine Bewegung des freien und anständigen Übertritts der Juden zum Christentum ein.“[62]

---

60 Ebda., S. 93
61 Ebda., S.64
62 Bein, Alex, „Theodor Herzl“, Ullstein Berlin-Wien, 1983, S. 74

Herzl war also bis zu diesem Zeitpunkt vehement für die totale Assimilation der großen Masse der Juden eingetreten. Er stellte sich die Lösung der Judenfrage als Auflösung des Judentums vor. Das war dem späteren Plan der Auswanderung trotz gegenteiliger Konsequenzen – statt der Auflösung ein großes Ghetto als ausschließlich jüdischer Staat – insofern nicht unähnlich, dass er das Verschwinden des Judentums aus der nichtjüdischen Welt versprach und sich damit gänzlich mit dem Interesse der Antisemiten deckte. *„Wirklich zum Ziel könnte eben nur das völlige Aufgehen der Juden im Volk der Umgebung durch Taufe und Blutmischung führen.“*[63]

Nur die Führung und dazu zählte sich Herzl selbst natürlich auch, sollte jüdisch bleiben, die Judenehre retten und die „Grenzgeneration“ präsentieren, sowie den komplikationslosen Übertritt der Juden zur Mehrheitsreligion gewährleisten. Was mit seinen späteren Ideen nicht nur die selektive Wahrnehmung des Judentums – das er teilweise verehrte und andererseits verachtete – sondern auch das heroische Selbstbild teilte. Herzl träumte gern, wie er mit Fürsten, Offizieren und sonstigen Mächtigen seiner Zeit verkehrte und als Führer eine breite Bewegung präsentierte. Er begnügte sich in seinen Visionen nicht mehr damit, dem Konstrukt eines jüdischen Volkes zuzustimmen, er sprach im Kontext seiner Zeit auch von der jüdischen „Rasse“.

> *„Ich hatte mir das alles wie gewöhnlich bis ins Geästel der Einzelheiten ausgedacht, sah mich schon im Verkehr mit dem Erzbischof von Wien, stand in Gedanken vor dem Papst – die sehr bedauerten, dass ich nur zur Grenzgeneration gehören wollte – und ließ dieses Schlagwort der* ***Rassenvermischung*** *durch die Welt fliegen.“*[64]

Laut Alex Bein hätte ihn sein Chef von der „Neuen Freien Presse“, Moritz Benedikt, von diesem Plan abgebracht.
Die Assimilierung war jedenfalls die primäre Lösung, die er dem Antisemitismus entgegensetzen wollte, ein „völliges Aufgehen der Juden in der Umwelt!“[65]

> *„Jensen erscheinen die Juden eben auch als eine aristokratische Rasse, die geschichtlich heruntergekommen ist (ach, wie sehr heruntergekommen!), und manchmal machen die Juden den pitoyablen Eindruck jener Abkömmlinge alter Geschlechter, die zu allem eher als zur ehrlichen und händerührigen Arbeit fähig sind.“* Schuld daran sei das Verbot, ihre eigene „Rasse durch Kreuzung mit anderen Rassen zu verbessern“. *„Kreuzung der abendländischen Rassen mit der sogenannten morgen-*

---

[63] Ebda., S. 71
[64] Ebda., S. 75
[65] Ebda., S. 31

ländischen auf der Basis einer gemeinsamen Staatsreligion – das ist die wünschenswerte, große Lösung.“[66]

Die Einschätzung darüber, was letztendlich die Wandlung Herzls zum Zionisten auslöste, sind unterschiedlich: viele denken, es sei die Dreyfus-Affäre gewesen, was vor allem wegen Herzls Begeisterung und Sympathie für Befehlshaber der Armee durchaus vorstellbar ist. Jedenfalls hat er darüber als Korrespondent und als Augenzeuge der Prozesse von diesem bekannten Spionageprozess berichtet. Herzl war einer der massivsten Verteidiger von Dreyfus und davon überzeugt, dass der seiner Ansicht nach zu Unrecht Beschuldigte ein Opfer antijüdischer Vorurteile geworden sei.
Es gibt aber, wie oben angeführt, auch Anzeichen, dass der bekannte Journalist einfach angeheuert wurde, um die Ideologie zu einem politisch-strategischen Plan niederzuschreiben.
Möglicherweise war es wirklich nur sein von ihm selbst ins Feld geführter „Größenwahn“, der innige Wunsch, von der von ihm innigst verehrten aristokratischen Gesellschaft als gleichwertiges Mitglied anerkannt zu werden. Das äußert sich auch in seinen Vorstellungen, wie ein künftiger Judenstaat geführt werden sollte, wie er sie beispielsweise in einer Notiz an den Rothschildschen „Familienrat“[67] festgehalten hat:

„Ich wähle Aristokratie, weil ich für die Zukunft elastische Regierungsform brauche. Monarchie würde zur Revolution führen. Für Republik sind wir nicht tugendhaft genug, Montesquieu.“[68]

Die Schrift „Der Judenstaat“ löste Debatten in den jüdischen Gemeinden aus, die bei einer Minderheit zu begeisterter Zustimmung, bei der großen Mehrheit aber zu entschiedener Ablehnung führte, letzteres auch unter den Anhängern der nationaljüdischen Idee. Grund dafür war die bürokratische Planung des Projektes, die viele religiöse und romantische Utopien früherer Zionisten durch technische Details ersetzte. Indessen war seine Vorstellung nicht ganz so säkular, wie häufig angenommen wird. Schließlich wusste er um die Bedeutung der Religion als einzigem Bindeglied zwischen den verstreuten jüdischen Gemeinden in den verschiedenen Ländern der Diaspora.

„... Die Ortsgruppe bildet sich um den Rabbiner herum. So viele Rabbiner, so viele Ortsgruppen. Die Rabbiner werden uns auch zuerst verstehen, sich zuerst für die Sache begeistern und von der Kanzel herab die

---

66 Ebda., S. 31

67 Die Formulierung „Familienrat“ stammt von Herzl und löste bei den Rothschilds heftige Empörung aus, da sie sich gegen die implizierte und sehr verbreitete Vorstellung wehrten, sie würden als Familie beraten, wie sie die Einflussgebiete unter sich aufteilen; siehe auch Ferguson, Niall, „Die Geschichte der Rothschilds – Propheten des Geldes“, s.o., S. 336 und die dazugehörige Fußnote 151

68 Herzl, Theodor, Tagebücher, Bd.1, s.o., S. 69

anderen begeistern. Es brauchen keine besonderen Versammlungen mit Geschwätz einberufen zu werden. Im Gottesdienst wird das eingeschaltet. Und so soll es sein. Wir erkennen unsere historische Zusammengehörigkeit nur am Glauben unserer Väter, weil wir ja längst die Sprachen verschiedener Nationen unverlöschbar in uns aufgenommen haben.“[69]

Eine Theokratie also. Dennoch wirkt die trockene Choreographie, die Herzl für den künftigen Staat entwirft und seine harte Sprache, die sich in Überschriften wie „Unser Menschenmaterial“ äußert, auf viele Leser befremdlich. Befremdend für die Zionisten seiner Zeit wirkt außerdem, dass er für sein Projekt neben Palästina auch andere Länder wie Argentinien in Erwägung zieht, obwohl dies bereits damals als eher taktischer Schritt ausgelegt wurde.

Ebenfalls auf Unverständnis stößt seine Haltung zu den Antisemiten.

„Ich glaube den Antisemitismus, der eine vielfach komplizierte Bewegung ist, zu verstehen. Ich betrachte diese Bewegung als Jude, aber ohne Hass und Furcht. Ich glaube zu erkennen, was im Antisemitismus roher Scherz, gemeiner Brotneid, angeerbtes Vorurteil, religiöse Unduldsamkeit – aber auch, was darin vermeintliche Notwehr ist.“[70]

Vieles von dem, was Herzl schreibt, geht über ein bloßes Verständnis hinaus. Er erkennt auch die Gemeinsamkeiten seiner Pläne mit den Vorstellungen antisemitischer Ideologen, ohne dass ihn das besonders gestört hätte:

*„Ernster wäre der Einwand, dass ich den Antisemiten zu Hilfe komme, wenn ich uns ein Volk, **ein** Volk, nenne. Dass ich die Assimilierung der Juden, wo sie sich vollziehen will, hindere, und wo sie sich vollzogen hat, nachträglich gefährde, soweit ich als einsamer Schriftsteller überhaupt etwas zu hindern oder zu gefährden vermag.“*[71]

„Wird man nicht sagen, dass ich den Antisemiten Waffen liefere? Warum? Weil ich das Wahre zugebe? Weil ich nicht behaupte, dass wir lauter vortreffliche Menschen unter uns haben?“[72]

---

69 Theodor, Herzl, „Der Judenstaat“; im Sammelband „Wenn ihr wollt, ist es kein Märchen“, Hrsgb. Julius Schöps, Jüdischer Verlag bei Athenäum, 2. Auflage 1985, Kapitel „Unsere Seelsorger“, S. 231

70 Ebda. S. 201

71 Ebda. S. 203

72 Ebda. S. 248

Der Zionismus, wie Herzl ihn sich vorstellte, war ganz eindeutig keine Bewegung, die den Antisemitismus kritisierte oder gar bekämpfte, sondern ihn im Gegenteil als die Triebfeder neuer Entwicklungen begrüßte:

> ***„Die Antisemiten werden unsere verlässlichsten Freunde, die antisemitischen Länder unsere Verbündeten.“***[73]
>
> *„In Paris also gewann ich ein freieres Verhältnis zum Antisemitismus, den ich historisch zu verstehen und zu entschuldigen anfing.*
> *Vor allem erkannte ich die Leere und Nutzlosigkeit der Bestrebungen ‚zur Abwehr des Antisemitismus'.“*[74]

Er lobt zwar die *„neben Strebern und Einfältigen auch sehr wackeren Leute in solchen ‚Hilfskomitees'“*[75] wie Bertha von Suttner, ist aber der Ansicht, dass sich diese Personen in einem Irrtum befinden, wenn sie versuchen, dem Antisemitismus auf diese Weise zu begegnen und vergleicht ihre Bemühungen mit den Komitees gegen Überschwemmungen – mit andern Worten: der Antisemitismus lässt sich nicht aufhalten. Nebenbei offenbart Herzl auch seine Ansichten über Pazifismus:

> *„Die edle Berta von Suttner ist im Irrtum – freilich in einem Irrtum, der sie hoch ehrt – wenn sie glaubt, dass ein solches Komitee helfen kann. Ganz der Fall der Friedensvereine. Ein Mann, der ein furchtbares Sprengmittel erfindet, tut mehr für den Frieden als tausend milde Apostel.“*[76]

Dieses Zitat könnte noch so interpretiert werden, dass er zwar ebenfalls gegen Antisemitismus angehen wollte, nur die Wahl der Mittel in Frage stellte. Doch er wird noch eindeutiger:

> *„Der Antisemitismus, der in der großen Menge etwas Starkes und Unbewusstes ist, wird aber den Juden nicht schaden.* ***Ich halte ihn für eine dem Judencharakter nützliche Bewegung.*** *Er ist die Erziehung einer Gruppe durch die Massen und wird vielleicht zu ihrer Aufsaugung führen. Erzogen wird man nur durch Härten. Es wird die Darwinsche Mimikry eintreten. Die Juden werden sich anpassen ...“*[77]

Übrigens konnte Herzl später die berühmte und oben von ihm kritisierte Berta von Suttner dazu überreden, in seiner zionistischen Zeitung „Welt“ zu schreiben, ein Detail am Rande.

---

[73] Herzl, Theodor, Tagebücher, Band 1, Jüdischer Verlag, Berlin 1922, S. 93
[74] Ebda. S. 6/7
[75] Ebda.
[76] Ebda. S. 7
[77] Ebda., S. 12

Er bemüht sich eifrig, sein Verständnis für den Antisemitismus darzulegen. Das friedliche Miteinander von Juden und Jüdinnen und ihren nichtjüdischen Nachbarn sieht er als gescheitert an. Dieser Zustand sei der Mehrheitsbevölkerung nicht mehr zumutbar:

> *„Ja, wir sind eine Geißel geworden für die Völker, die uns einst quälten.“*[78]

Er versprach den Christen wörtlich, auf ihre „durch Juden zugefügten Leiden“[79] Rücksicht zu nehmen und findet so den Applaus christlicher und vor allem antisemitischer Kreise, stieß aber auf die entrüstete Ablehnung in den jüdischen Gemeinden.

> *„Anfänglich werden wir von Antisemiten unterstützt werden durch recrudescene der Verfolgung (denn ich bin überzeugt, sie erwarten keinen Erfolg und werden ihre „Eroberung“ ausnützen wollen).*[80]

Wieder einmal wird die Richtung seiner Ideen deutlich – die Triebkraft des Zionismus ist der Antisemitismus, für den nicht etwa die Antisemiten, sondern ausschließlich die Juden selbst verantwortlich sind, nämlich die, die auf Gleichberechtigung innerhalb der Gesellschaften, in denen sie leben, pochen. Und obwohl er des öfteren betont, dass die äußeren Umstände für die angeblichen Verkommenheit der Juden verantwortlich seien, er also die Schuldfrage zu entpersonalisieren versucht, sieht er im Wunsch nach Gleichberechtigung den eigentlichen Auslöser für den Antisemitismus.

> *Ich sagte: „Ich begreife den Antisemitismus. Wir Juden haben uns, wenn auch nicht durch unsere Schuld, als Fremdkörper inmitten verschiedener Nationen erhalten. Wir haben im Ghetto eine Anzahl gesellschaftswidriger Eigenschaften angenommen. Unser Charakter ist durch den Druck verdorben, und das muss durch einen anderen Druck wieder hergestellt werden. Tatsächlich ist der Antisemitismus die Folge der Judenemanzipation.“*[81]

Bei aller Toleranz, die Herzl dem Antisemitismus entgegenbrachte, wirkt es für den Leser verwirrend, wenn der Autor gleichzeitig beansprucht, Vertreter der verfolgten Juden zu sein. Dennoch gibt es auch eine solche Tendenz in Herzls Texten:

> *„Im Schreiben, und besonders, wenn mir die ernste festliche Stimmung auf den Schiffen und drüben dieAnkunft, der feierliche Empfang einfiel, habe ich oft geweint über das Unglück meines Volkes.*

---

78 Ebda. S. 81
79 Ebda. S. 80
80 Ebda. S. 63/64
81 Ebda. S. 10

Aber wenn ich das Volk führen werde, darf ich keine Tränen zeigen. Der Führer muss einen festen Blick haben.“[82]

Nicht immer sieht sich Herzl als „Führer“. In seinen Visionen, die sich in den Entwürfen für einen künftigen Roman spiegeln, ist er zwischendurch ganz bescheiden nur „der Held“, der den aristokratischen Sponsor – in diesem Fall Baron Hirsch – dazu überredet, selbstlos wie er selbst das angebotene Fürstentum des neuen Staates abzulehnen.

„Und wenn er nicht im Vorhinein schriftlich gelobe, abzulehnen, werde ihm die Würde gar nicht angeboten werden; ja, der Held will ihn vollkommen demolieren, wenn er sich nicht fügt.

Erst braust der Baron wild auf – dann sieht er ein, dass der recht hat und fällt ihm um den Hals und küsst ihn weinend.

Dann geben sie beide bei der Krönung das symbolische Schauspiel der Selbstlosigkeit – und der eine, der nicht wirklich selbstlos war, übertrumpft noch den anderen in Bescheidenheit.“[83]

Für den Großteil seiner jüdischen Mitbürger war Herzl ein Kollaborateur. In ihren Augen teilte und unterstützte er antisemitische Vorurteile und propagierte die freiwillige Vertreibung.

In seinem Aufsatz „Mauschel“ bestätigte Herzl diese Kritik:

„Wir sind ein Volk von Schacherern und Gaunern, weil Mauschel wuchert und Börsenstreiche macht. Mauschel hat immer die Vorwände geliefert, unter denen man uns anfiel. Mauschel ist der Fluch des Juden.“[84]

Mauschel repräsentierte für Herzl den „ehrlosen“ Juden, der sich mit seiner Situation in einer antisemitischen Umwelt abfindet, solange seine Geschäfte florieren. Ihnen hätte das Judentum sein schlechtes Image zu verdanken, so wie die Deutschen dank Göthe oder Kant den Ruf erwerben konnten, ein „Volk von Dichtern und Denkern“ zu sein. Den Zionismus stellte er als Möglichkeit der Rückbesinnung auf höhere Werte dar, die vom assimilierten Judentum aufs Spiel gesetzt worden wären. Herzls Urteil war keine Kritik am Antisemitismus, sondern spiegelte und rechtfertigte antisemitische Klischees.

Bei seinem ersten Gespräch mit Baron Hirsch wiederholte sich dieses Weltbild – das sich von antisemitischen Vorurteilen nur in der Interpretati-

---

[82] Ebda. S. 115
[83] Ebda. S. 220
[84] Bein, Alex, „Theodor Herzl“, Ullstein Berlin-Wien, 1983 S. 183/184

on der historischen Gründe für pauschalisierte jüdische Eigenheiten unterscheidet:

„Durch unsere zweitausendjährige Verstreuung sind wir ohne einheitliche Leitung unserer Politik gewesen. Das aber halte ich für unser Hauptunglück. Das hat uns mehr geschadet als alle Verfolgungen. Daran sind wir innerlich zugrunde gegangen, verlumpt. Denn es war niemand da, der uns – wäre es auch nur aus monarchischem Eigennutz – zu rechten Männern erzogen hätte. Im Gegenteil. Zu allen schlechten Gewerben wurden wir hingedrängt, im Ghetto festgehalten, wo wir aneinander verkamen; und als man uns herausließ, wollte man plötzlich, das wir gleich die Gewohnheiten der Freiheiten hätten."[85]

Er präsentiert den Juden, der „Boden und Ehre" anstrebt und über soldatische Tugenden verfügt, als Alternative zum von ihm verachteten Judentum, das auch dem Bild der Antisemiten entspricht – der Zionismus werde seiner Meinung nach eine Grenzziehung zwischen ehrlosen und ehrenvollen Juden ziehen, „indem er ein klares Bekenntnis zu jüdischer Zukunft und jüdischer Ehre fordere." Auch sonst entspricht sein Denken und seine Sprache durchaus den nationalistischen und antisemitischen Kräften seiner Zeit. So schreibt er:

„Heimat ist die anerkannte Zusammengehörigkeit mit dem Denken und Fühlen der Volksgemeinschaft."[86]

Ein Zitat, das auch von späteren faschistischen Bewegungen stammen könnte.

Herzl als Anhänger von Militarismus und Krieg

Um Herzls Menschenbild nachvollziehen zu können, ist es hilfreich, seine Haltung zu Armee, Militarismus, Kolonialismus und dem Krieg allgemein zu untersuchen. Der Autor wusste natürlich, dass Palästina kein „Land ohne Volk für ein Volk ohne Land" war – und dass die arabischen Bewohner ihrer Vertreibung durch einen aggressiven europäischen Siedlerkolonialismus niemals freiwillig zustimmen würden.

„Will man heute ein Land gründen, darf man es nicht in der Weise machen, die vor tausend Jahren die einzig mögliche gewesen wäre. Es ist töricht, auf alte Kulturstufen zurückzukehren, wie es manche Zionisten möchten. Kämen wir beispielsweise in die Lage, ein Land von wilden Tieren zu säubern, würden wir es nicht in der Art der Europäer aus dem

---

85 Herzl, Theodor, Tagebücher, Band 1 Jüdischer Verlag, Berlin 1922, S. 22/23

86 Ebda. S. 183/184

fünften Jahrhundert tun. Wir würden nicht einzeln mit Speer und Lanze gegen Bären ausziehen, sondern eine große, fröhliche Jagd veranstalten, die Bestien zusammentreiben und eine Melinitbombe unter sie werfen.“[87]

Doch nicht nur die einheimische Bevölkerung sollte vertrieben werden. Für Herzl stand von vornherein fest, dass der künftige Staat in der Region eine militärische Funktion für den Imperialismus erfüllen sollte:

„Für Europa würden wir dort ein Stück des Walles gegen Asien bilden, wir würden den Vorpostendienst der Kultur gegen die Barbarei besorgen.“[88]

Damit hat Herzl die nach wie vor aktuelle Legitimation des Zionismus vorweggenommen, an der sich auch noch der heutige israelische Staat orientiert. Die Gesellschaft der Kolonisten selbst plante er deshalb militärisch zu strukturieren:

„Dem Arbeitsheer möglichst militärähnliche Organisation geben.“[89]

Uniformen und Militarismus haben Herzl von Kindheit an beeindruckt, deshalb liebte er es, sich nicht nur als anerkannter Staatsmann zu sehen (*„Wer aber nicht folgt, den verstoße ich aus meinem Dienst.“*[90]), sondern auch als Strategen, der sich Gedanken über die militärische Komponente seines Projekts macht.
Seiner Bewunderung für die Angehörigen der höheren Offiziersränge entspricht auch sein Bild von Ehre und Soldatentum. In einer Notiz an die Rothschilds schreibt er in seine Tagebücher:

„Bemerken Sie, dass der nächste europäische Krieg unser Unternehmen nicht schädigen, sondern nur fördern kann, weil alle Juden ihr Hab und Gut drüben in Sicherheit bringen werden.
Die Feigen werden sich bei uns ihrer Wehrpflicht entziehen wollen, wenn's zum Krieg kommt. Aber so wie ich die Desertion zu uns herüber im Frieden begünstigen will, so werde ich sie im Krieg hindern und zwar wegen der Judenehre.
Wer so lang mit Adhäsion gewartet hat, soll jetzt erst seine alte Pflicht tun, sich schlagen, und nach dem Krieg werden wir ihn mit allen Ehren aufnehmen, mit viel größeren als sein früheres Vaterland. Wir bekom-

---

87 Ebda. S. 212
88 Herzl, Theodor, „Der Judenstaat“, im Sammelband „Wenn ihr wollt, ist es kein Märchen“, Hrsgb. Julius Schöps, Jüdischer Verlag bei Athenäum, 2. Auflage 1985, Kapitel „Unsere Seelsorger“, S. 213
89 Herzl, Theodor, Tagebücher, Bd.1, s.o., S. 72
90 Ebda. S. 77 – Das Zitat bezieht sich auf das Verbot von „Hasardspielen“, die Herzl „seinen Beamten“ untersagen wollte

men ja so gediente Krieger in unser Heer, die den Tod gesehen haben und das Prestige unseres Heeres erhöhen.“[91]

Krieg war für Herzl prinzipiell ein ehrenvolles Unternehmen, deshalb plädierte er auch für die Generalmobilmachung des Judentums, unabhängig von den Kriegsgründen, der Staatszugehörigkeit oder der individuellen körperlicher Verfassung:

> *„Wenn wir beim Ausbruch des nächsten Krieges noch nicht ausgewandert sind, müssen alle besseren Juden ins Feld ziehen, ob sie im stellungspflichtigen Alter „tauglich“ waren oder nicht; ob sie noch dienstpflichtig sind oder nicht; ob sie gesund oder krank sind. Hinschleppen müssen sie sich zur Armee ihrer bisherigen Vaterländer, und wenn sie in feindlichen Lagern stehen, aufeinander schießen.*
> *Die einen mögen das für Tilgung einer Ehrenschuld ansehen, die anderen als eine Anzahlung auf unsere künftige Ehre. Tun müssen es alle.“*[92]

Als Soldaten sollten nach Herzls Vorstellung die Juden ihre verlorene Ehre wieder zurückerobern. Dabei interessierte ihn wenig, welche Beweggründe einen bewaffneten Konflikt auslösten oder aus welchen Motiven sie geführt wurden. Indem er sich anmaßte, die Juden der betroffenen Länder ungefragt zum Militärdienst verpflichten zu können, hoffte Herzl auch auf die Anerkennung der verschiedenen und auch gegnerischen Staatsmächte.

> *„Wir sind schlechte Soldaten, weil wir ehrlos sind, weil uns nichts hinter den Tod gelegt wird. Und dennoch fehlt es nicht an guten Beispielen, dass wir gut zu sterben verstehen ... Aber wir können nicht Führer werden, und die Staaten haben darin recht; sonst wären wir innerhalb zweier Generationen überall die Brigadegeneräle, besonders da der Krieg eine gelehrte Übung geworden ist. Und die Völker können sich doch nicht selbst aufgeben, indem sie die Angehörigen einer unverdauten und unverdaulichen Gruppe zu Führern der Heere machen.“*[93]

Deutscher Imperialismus als Verbündeter des Zionismus

Die erste Adresse von Staatsmännern, an die sich Herzl mit seiner Idee wenden wollte, war Kaiser Wilhelm. Das entsprach nicht nur seinem deutschnationalen Weltbild, sondern auch durchaus realen Machtverhältnissen. Außerdem war die deutsche Monarchie der engste Verbündete von

---

[91] Herzl, Theodor, Tagebücher, Bd. 1, s.o., S. 73
[92] Ebda. S. 81
[93] Ebda. S. 80

Konstantinopel und hatte einen nicht zu unterschätzenden Einfluss auf die Entscheidungen der hohen Pforte.

Über den Großherzog von Baden hoffte Herzl an den deutschen Kaiser heranzukommen. Er betonte im Gespräch nochmals, dass mit den Juden ein Stück deutsche Kultur in eine begehrte Region gebracht würde und wies einmal mehr darauf hin, dass der Zionismus den Sozialisten die Juden wegnähme.

> *In der zweistündigen Audienz, die ihm der Großherzog am 2. September (1898, d.A.) auf der schönen Bodenseeinsel Mainau gewährte, stellte Herzl den Zionismus in den Umkreis der deutschen Orientinteressen. Mit den Juden, die ohne den Zionismus zu den Umsturzparteien gedrängt würden, käme ein deutsches Kulturelement in den Orient. Ohne Hilfe der Mächte könnten die Zionisten ihre Pläne nicht verwirklichen. Und nun übernahm er aus der Weltdebatte um das Protektorat über die heiligen Stätten den Gedanken der Schutzherrschaft für die Juden: „Wir brauchen ein Protektorat," erklärte er dem Großherzog, „das deutsche wäre uns ... das liebste."*[94]

Der Großherzog war beeindruckt, versprach, sich für die Zionisten einzusetzen und empfahl Herzl, den deutschen Botschafter Eulenburg in Wien für weitere Verhandlungen aufzusuchen.

Ihn besuchte Herzl zwei Wochen später, um ihm seine Pläne nahe zu legen. Er legte ihm dar, wie der künftige jüdische Staat von einer Großmacht gestützt werden sollte. Und neuerlich wies er auf seine Vision hin, aus Palästina ein deutsches Protektorat zu machen.

> *„Unsere Bewegung existiert, ich erwarte, dass eine oder die andere Macht sich ihrer annehmen wird. Ich dachte ursprünglich, England werde es sein. Es lag in der Natur der Dinge. Es wäre mir aber noch sympathischer, wenn es Deutschland wäre."*[95]

Eulenburg delegierte ihn weiter an Bülow, dem deutschen Minister für Auswärtige Angelegenheiten, das bedeutete einen weiteren Hierarchiesprung in Herzls Karriere. Bülow zeigte sich bereits gut über die zionistische Bewegung informiert und empfing den Journalisten mit offenen Armen. Gleichzeitig mahnte er zur Vorsicht und davor, die Angelegenheit zu überstürzen, was zu wahrscheinlichen Gegenreaktionen des Sultans führen würde. Herzl sprach die geplante Reise des Kaisers in den Orient an, die ihn auch nach Palästina führen sollte.

Etwa eine Woche nach dieser Unterredung erreichte Herzl ein Brief Eulenburgs, in der ihm dieser die Bereitschaft des Kaisers mitteilte, ihn auf seiner

---

94 Bein, Alex, „Theodor Herzl", Ullstein Berlin/Wien, 1983, S. 203

95 Ebda. S. 204

Palästinareise zu empfangen, wenn es Herzl möglich wäre, könnte er ihn aber bereits in Konstantinopel treffen, wo Wilhelm den Sultan treffen wollte.

Als Herzl hörte, dass ihn sein großes Idol, der deutsche Kaiser, empfangen werde, erfüllte sich ein Jugendtraum für ihn. Die ersehnte Welt der Aristokratie lud ihn ein und behandelte ihn wie ihresgleichen. Die Einladung bedeutete auch, dass der deutsche Kaiser die zionistische Bewegung beim Sultan, der über die Oberhoheit Palästinas verfügte, bewerben wollte. Außerdem würde Herzl nun tatsächlich palästinensischen Boden betreten.

In Konstantinopel wurde er zum Kaiser vorgeladen.

> *„Der Kaiser bemächtigte sich bald des Gesprächs und erklärte, warum ihm die zionistische Bewegung zusage. Es waren im Wesentlichen antisemitische Beweggründe. „Es gibt", sagte er etwa, „unter ihren Landsleuten Elemente, die in Palästina unterzubringen recht gut wäre. Ich denke zum Beispiel an Hessen, wo es unter der Landbevölkerung Wucherer gibt. Wenn diese mit ihrer Habe in die Kolonien gingen, um sich dort anzusiedeln, könnten sie nützlicher sein."*[96]

Herzl widersprach dieser Argumentation nicht, spiegelte sich doch seine eigene Weltanschauung darin. Der ebenfalls bei der Unterredung anwesende Bülow beklagte sich außerdem über die Juden bei den sozialistischen Parteien, er fand, sie seien undankbar gegenüber „dem ihnen allzeit gnädigen Haus Hohenzollern."

> *„Daraufhin konnte Herzl seinen Lieblingsgedanken ausführen, dass der Zionismus den Umsturzparteien die Juden wegnähme. Der Kaiser äußerte die Überzeugung, die Juden würden für die Kolonisierung Palästinas eintreten, wenn sie wüssten, dass er sie unter seinem Schutz behalte, dass sie also eigentlich Deutschland nicht verlassen."*[97]

Die Unterredung endete mit der Einigung, dass Wilhelm sich beim Sultan um die Unterstützung der zionistischen Bewegung und um eine Chartered Company unter deutschem Schutz bemühen würde. Das Ergebnis des Gesprächs übertraf zwar alle Erwartungen, die Herzl damit verknüpft hatte, tatsächlich handelte es sich aber nur um unverbindliche Versprechungen. Denn das Bündnis mit den anderen Mächten war Wilhelm im Moment wichtiger als eine deutsche Kolonie in Palästina. Eulenburg hatte es Herzl im Vorfeld der Gespräche folgendermaßen erklärt: „Einen Krieg wird Deutschland wegen der Zionisten nicht führen."

---

[96] Ebda. S. 213

[97] Ebda., S. 213/214

Darauf reiste Herzl nach Palästina, wo er wie vereinbart neuerlich mit dem deutschen Kaiser zusammentreffen sollte. Er wollte außerdem die Kolonien besuchen, die bereits existierten, etwa die Siedlung Rischon-le-Zion, die zu den von Rothschild finanzierten Kolonien gehörte. Für die Siedler war der Besuch Herzls, der offensichtlich mit dem Besuch des Kaisers in Zusammenhang stand, ein viel versprechendes Ereignis. Herzl selbst war wenig begeistert vom Zustand der Siedlungen und notierte diese Eindrücke in sein Tagebuch. Lob und Kritik an den Rothschildschen Siedlungen finden sich hier.
In Palästina besuchte der deutsche Kaiser die Siedlung Mikwe-Israel.

> *„Vor der Schule waren die Zöglinge zur Begrüßung des Kaisers versammelt. Zahlreiche Kolonisten aus den umliegenden Siedlungen hatten sich eingefunden. Um neun Uhr nahte der kaiserliche Zug, grimmige türkische Reiter, dann des Kaisers Vorreiter, in einer grauen Gruppe von Damen der Kaiser selbst. Herzl gab dem Schülerchor das Zeichen zum Absingen der Kaiserhymne, stellte sich an einen der Pflüge und zog den Tropenhelm. Schon von fern erkannte ihn der Kaiser. Zur größten Überraschung aller Umstehenden hielt er plötzlich an, der ganze Zug blieb stehen.*
> *Er ritt auf Herzl zu und streckte ihm die Hand entgegen: „Wie geht's?" „Danke, Majestät! Ich sehe mir das Land an. Wie ist die Reise Majestät bisher bekommen?" „Sehr heiß! Aber das Land hat eine Zukunft." „Vorläufig ist es noch krank", sagte Herzl. „Wasser braucht es, viel Wasser!" antwortete der Kaiser. „Ja, Majestät, Kanalisierungen in großem Maßstab!" „Es ist ein Land der Zukunft!" wiederholte der Kaiser. Er reichte Herzl zum Abschied die Hand und, während die Kinder „Heil dir im Siegerkranz" sangen, ritt der Kaiserzug weiter."*[98]

Nun, nach dieser, vor aller Welt gezeigten, offensichtlichen Wertschätzung seiner Person war Herzl überzeugt, bei seiner nächsten Audienz die offizielle Zusage von Wilhelm zu erhalten, die Schutzmacht über die geplante Kolonie zu übernehmen. Diese sollte noch während der Palästinareise am 2. November stattfinden, wo der Kaiser eine zionistische Delegation unter der Führung Herzls empfing.
Doch die dritte Begegnung mit Kaiser Wilhelm II. war enttäuschend für Herzl: denn abgesehen von höflichen Floskeln erwähnte der Kaiser kein Wort mehr über die Absicht, in Palästina ein deutsches Protektorat zu errichten.
Nach diesem Treffen reiste Herzl aus Palästina ab, denn er bekam Angst, dass ihn die Agenten des Sultans ermorden lassen könnten.

---

[98] Ebda. S. 216/217

„Der letzte Tag in Jaffa war äußerst unangenehm. Es kamen verschiedene Bettler und Spione. Einen sehr üblen Eindruck machte der Rothschildsche Arzt Mazie, der sich an uns herandrängte, und von dem wir erfuhren, dass er mich als Werkzeug der englischen Judenmission darstellte.“[99]

Die Enttäuschung, dass Deutschland zum gegebenen Zeitpunkt – aus Rücksicht auf den Sultan und die anderen Großmächte – nicht die dominierende Rolle bei der Errichtung des Siedlerstaats übernommen hat, war groß in der zionistischen Bewegung; viele waren verärgert über Herzl. Er hatte, ermutigt durch die Gespräche mit dem Kaiser, Hoffnungen erweckt, die sich nicht erfüllten.

„Ich glaube auch, dass die deutsche Regierung derzeit für die zionistische Bewegung nicht in einer sichtbaren Weise eintreten kann, aber aus einem anderen Grunde. Den deutschen Juden wird man schon in einem gegebenen Augenblicke begreiflich machen können, dass sie gerade als deutsche Patrioten unsere Sache unterstützen können und sollen, auch wenn sie nicht auswandern. Denn es gibt deutsche Interessen in Kleinasien, denen damit zweifellos gedient wäre. Die Juden der ganzen Welt sind ein deutsches Kulturelement, was schon aus der Verhandlungssprache unserer Kongresse beweisend hervorging.
Ich verstehe einen anderen Grund für die Zurückhaltung der deutschen Regierung: nämlich, dass es das Misstrauen der anderen Mächte aufs äußerste reizen hieße, wenn Deutschland sich zum Schutzherrn der zionistischen Bewegung aufwürfe. Das habe ich so gut verstanden, dass ich mit keiner Wimper zuckte, als aus dem im Jahre 1898 versprochenen Protektorate nichts wurde. Und doch war es für mich ein fürchterlicher Schlag. Viele, die sich uns schon angeschlossen hatten, fielen ab, als aus dem großartig inszenierten Empfang in Jerusalem nichts herauskam.“[100]

Der Kaiser war natürlich weiterhin daran interessiert, Palästina für Deutschland zu okkupieren und deshalb nach und nach den deutschen Einfluss zu vergrößern, setzte aber vorerst eher auf die Palästinadeutschen als auf die Zionisten.
Außerdem wurde von verantwortlichen Stellen der Monarchie, wie dem Großherzog von Baden, bereits zu Beginn der Kontakte zu Herzl betont, dass ihre Sympathie mit dem Zionismus nicht zu öffentlich werden dürfe, weil das allgemein als Antisemitismus ausgelegt werden würde – dass es darum ginge, die Juden einerseits aus Deutschland zu vertreiben und sie

---

[99] Herzl, Theodor, Tagebücher, Bd. 2, Jüdischer Verlag, Berlin 1922, S. 230/231
[100] Herzl, Theodor, Tagebücher, T. Herzl, Band 3, Jüdischer Verlag, Berlin 1922, S. 51/52

andererseits als Siedler in Palästina zu instrumentalisieren. Ein Verdacht, der wohl nicht ganz zu Unrecht bestand. Die Kontakte zwischen Herzl und dem engsten Umfeld des Kaisers wurde daher vor allem von jüdischer Seite mit Argwohn beobachtet und kritisiert. Das äußerte sich etwa bei einem Gespräch mit dem Großherzog von Baden:

> *„Ein Hauptbedenken fand er (der Großherzog) darin, dass gewisse Kreise der Juden im Parteiergreifen der deutschen Regierung etwas Antisemitisches erblicken würden. Man sehe bisher im Zionismus eine Abart des Antisemitismus ...“*

Herzl versuchte mit mäßigem Erfolg, den jüdischen Widerstand gegen den Zionismus herunterzuspielen. Dieser Widerstand war mit wachsendem Einfluss des Zionismus gewachsen und artete in den Gemeinden bereits in offene Feindschaft aus.

> *„Ich versuchte ihn darüber aufzuklären. Die deutschen Juden würden in dem Augenblick nichts mehr gegen den Zionismus haben, wo sie sicher wären, dass ihnen das nicht als unpatriotisch ausgelegt werde ... Ich machte darauf aufmerksam, dass mit den Juden ein deutsches Kulturelement in den Orient käme. Beweis dafür: deutsche Schriftsteller – wenn auch von jüdischer Abstammung – führen die zionistische Bewegung. Die Kongresssprache war die deutsche. Die überwiegende Mehrheit der Juden gehört der deutschen Kultur an.“*[101]

Im dritten Band seiner Tagebücher erwähnte Herzl eine neuerliche Diskussion, die er mit dem Großherzog über das Thema geführt hat. Dabei machte ihn sein Gesprächspartner abermals darauf aufmerksam, dass die Unterstützung des Zionismus als antisemitische Vorgehensweise ausgelegt würde:

> *„Er selbst und der Kaiser dürften sich wegen der deutschen Juden nicht in unserer Sache hervorwagen, denn man könnte es so auslegen, als wollten sie ihre Juden loshaben. Auch wegen der Antisemiten müsse man vorsichtig sein, denn sie könnten in einer kompromittierenden Weise die Bewegung unterstützen: Juden raus! ...“*[102]

Alternativen zum deutschen Protektorat

> *In Wien kursiert jetzt folgender Witz. Der Deutsche Kaiser hätte mir gesagt: „Der Zionismus ist eine prachtvolle Idee – nur mit Juden ist sie nicht auszuführen.“*[103]

---

[101] Herzl, Theodor, Tagebücher Band 2, Jüdischer Verlag Berlin, 1922, S. 110

[102] Herzl, Theodor, Tagebücher, Band 3, Jüdischer Verlag, Berlin 1922, S. 51

[103] Herzl, Theodor, Tagebücher, Bd. 2, s.o., S. 304

Nach dem taktischen Rückzug Deutschlands arbeitete Herzl stärker daran, andere Mächte für seinen Plan zu gewinnen, gab aber seinen Wunsch nach einem deutschen Protektorat nie völlig auf. Doch jetzt intensivierte Herzl den Kontakt zur Türkei, zu Russland und vor allem zu England. Dabei versucht er, strategisch wie ein Feldherr zu denken, die Widersprüche und auch etwaige Gemeinsamkeiten unter den imperialistischen Mächten auszunützen. Eine dieser Überlegungen erweckt wegen ihrer offenherzigen Brutalität eines angeblichen Visionärs unsere Aufmerksamkeit. Herzl hatte in der Presse von Gerüchten über einen geplanten Gebietsaustausch zwischen England und Deutschland gelesen, wobei die jeweiligen Kolonialmächte angeblich planten, Cypern und das ehemalige „Deutsch-Ostafrika" untereinander auszutauschen. Der Journalist hoffte, dass Deutschland eine zionistische Ansiedlung auf Cypern begrüßen würde:

> *„Wir würden uns auf Cypern ralliieren und eines Tages nach Erez Israel hinüberfahren und es mit Gewalt nehmen, wie man es uns einst genommen hat."*[104]

Wenn immer Herzl über seine Audienzen bei Abd al-Hamid, dem Sultan und obersten Herrscher des zerfallenden, aber immer noch mächtigen Osmanischen Reiches, schreibt, spricht zumeist eine tiefe Verachtung und Ablehnung aus den Zeilen. Diese Haltung war nicht der Position Hamids und auch nicht der expansiven Geschichte des Reichs geschuldet, beides ja Tribute, die Herzl bei europäischen Aristokraten zutiefst imponierten. Eher spricht eine stark rassistische Tendenz aus seinen Tagebucheintragungen, eine Phobie vor allem Orientalischen, das er mit Verschlagenheit, Hinterlist und Brutalität assoziiert. Daher kam wohl auch seine ständige Paranoia, der Sultan würde ihn ermorden lassen, obwohl ihm dieser meist freundlich und zuvorkommend begegnete – und das trotz mehrmals gebrochener Versprechen seitens des zionistischen Führers.

Im „Judenstaat" hatte Herzl der Türkei die Regelung der Finanzen versprochen, falls der Sultan Palästina den Zionisten überlassen würde. In den Verhandlungen zwischen Abd al-Hamid oder seinen Vertretern und Herzl waren die Schulden des Osmanischen Reichs ein wichtiges Thema – Herzl sagte zu, über seine Kontakte der Türkei zu helfen, ihre Finanzkrise zu lösen.

Der Türkei legte Herzl außerdem den Bau einer jüdischen Universität in Jerusalem nahe; er umwarb den Sultan mit dem Argument, junge Türken sollten nicht außerhalb des Reichs studieren, da sie sonst der Gefahr revolutionärer Propaganda ausgesetzt wären.

---

[104] Ebda., S. 526

Die Hohe Pforte war einverstanden, jüdische Kolonisten in Palästina aufzunehmen, sprach sich aber gegen Masseneinwanderung und gegen ein einheitliches Siedlungsgebiet aus. Herzl protestierte und wandte sich gegen jede Restriktion bei der Einwanderung:

> *„Uns handelt es sich ja nicht um den individuellen Schutz – den wir auch jetzt schon in allen zivilisierten Ländern haben – sondern um den nationalen Schutz."*[105]

Von der britischen „Royal Commission in Alien Immigration", die sich in erster Linie gegründet hatte, um sich mit der Einwanderung meist verarmter Juden aus dem Osten auseinanderzusetzen, wurde er über die Empfehlung von Leopold J. Greenberg, einem Journalisten und Anhänger Herzls, eingeladen. Die eigentliche Aufgabe der Kommission war es, die Einwanderung nach England zu verhindern. Die Zionisten boten ihre Lösung der „Umorientierung" der Zuwandererströme nach Palästina an.
Herzl erkannte die mit diesem Kongress verbundenen Chancen für die zionistische Bewegung, wusste aber auch, dass Rothschild, den er im Vorfeld treffen würde, gegen seine Politik opponiert hatte: *„Es ist das Zusammentreffen – Kampf oder Aussöhnung – mit Lord Rothschild."*[106]

Nathaniel Mayer Rothschild, als bisher einzige jüdische Vertretung in der Royal Comission, empfing Herzl, um ihn davon abzuhalten, vor der Kommission gegen die Emanzipation der Juden in England zu sprechen, um nicht ein Restriktionsgesetz zu provozieren. Herzl weigerte sich, von seinem Vorhaben, seinen Siedlerstaat als Alternative zur Einwanderung nach England zu präsentieren, abzurücken:

> *„Ich wäre ein schlechter Kerl, wenn ich nur das sagte, was zur Restriktion der Einwanderung führen könnte. Aber ich wäre einer jener schlechten Kerle, denen die englischen Juden ein Standbild aus Dankbarkeit setzen müssten, weil ich sie vor dem Zufluss der Ostjuden bewahre und damit vielleicht vor dem Antisemitismus. Ich habe jedoch einen Plan zur Abhilfe und den will ich der Kommission sagen."*[107]

Trotz ihrer Differenzen beginnen sich Herzl und die Rothschilds anzunähern. Diese Versöhnung wird die Zukunft des Zionismus enorm beflügeln, mit der Unterstützung der mächtigsten Dynastie verliert die zionistische Bewegung ihren Außenseiterstatus und erlangt die endgültige Unterstützung der englischen Regierung. Innerhalb der jüdischen Gemeinden werden die Zionisten zwar noch jahrzehntelang eine kleine Minderheit bleiben,

---

105 Bein, Alex, „Theodor Herzl", s.o., S. 258
106 Ebda. S. 261
107 Ebda. S. 263

doch auf der internationalen politischen Bühne gewinnen sie zusehends an Bedeutung.
Herzl trifft sich mit vielen wichtigen Staatsmännern seiner Zeit und bekommt sogar eine Audienz beim Papst, den er ja schon früher, vor seiner zionistischen Phase, treffen wollte – damals, als er noch plante, alle Juden zum Christentum konvertieren zu lassen. Seine zahlreichen Reisen und Begegnungen hält er in seinem Tagebuch fest. Dabei blitzt immer wieder sein rassistisches Menschenbild auf:

> *„In Paris kam vor meiner Abreise der Jerusalemer Jude Navon Bey, ein schlecht verparisierter orientalischer Jude, mit Projekten zu mir, Sorte der roten orientalischen Juden, Raubvogelgesicht, schleichender Gauner. Er hat früher gegen mich intrigiert und bietet jetzt seine Dienste an. Ich lasse ihn jedenfalls herankommen. Betrügen wird er mich nicht."*[108]

Er schreibt an Cecil Rhodes, der vom Sendungsbewusstsein der britischen Rasse schreibt und als Parlamentsmitglied der Kapkolonie[109] als einer der wichtigsten, aber auch skrupellosesten und kriminellsten Vertreter des europäischen Kolonialismus in die Geschichte eingegangen ist. Über das nach ihm benannte Rhodesien (das spätere Simbabwe und Sambia) herrschte bis 1923 die „De Beers Consolidated Diamond Mines", eine Gesellschaft, die durch das Schürfen nach Diamanten das Land ausbeutete und die Rhodes gemeinsam mit Geschäftspartnern wie der Londoner Rothschild-Bank gegründet hatte.[110] Unter anderem organisierte er eine britische Aggression gegen das Betschuanaland, das heutige Botswana.

Herzl gibt ihm zu verstehen, wie sehr er ihn als „prachtvollen Politiker" und „praktischen Phantast" schätzt.[111] Er zieht die Parallelen zwischen den jeweiligen Projekten, deren stärkste Gemeinsamkeit im kolonialen Charakter zu finden sei. Er bittet ihn um seine Unterstützung und erhält sie auch in Form von Ratschlägen und Rhodes ausdrücklicher Anerkennung.
Herzl verhandelt auch noch mit der französischen Regierung und Washington, um ihnen den Nutzen eines zionistischen Staates zu erklären und sich der Unterstützung aller imperialistischen Mächte zu versichern.

---

108 Herzl, Theodor, Tagebücher, Band 3, Jüdischer Verlag, Berlin 1922, S. 66

109 Bis 1910 galt die – 1652 ursprünglich von den Niederlanden „gegründete" – Kapkolonie als britisch besetzte Kolonie, danach wurde sie Teil der Südafrikanischen Union

110 http://de.wikipedia.org/wiki/Cecil_Rhodes, Januar 2007

111 Herzl, Theodor, Tagebücher, Band 3, Jüdischer Verlag, Berlin 1922, S. 105

„Die sachte Expropriierung“: Herzl plant die Vertreibung der Palästinenser

> *„Bei der Landnahme bringen wir dem Aufnahmestaate gleich Wohlfahrt zu. Den Privatbesitz der angewiesenen Ländereien müssen wir sachte expropriieren. Die arme Bevölkerung trachten wir unbemerkt über die Grenze zu schaffen, indem wir ihr in den Durchzugsländern Arbeit verschaffen, aber in unserem eigenen Lande jederlei Arbeit verweigern. Die besitzende Bevölkerung wird zu uns übergehen. Das Expropriationswerk muss ebenso wie die Fortschaffung der Armen mit Zartheit und Behutsamkeit erfolgen ...“*[112]

Herzl ging in verschiedenen Kommentaren davon aus, dass durch die Rothschilds oder andere reiche Juden Land gekauft werden sollte – durchaus zu überhöhten Preisen, „aber zurückverkauft wird ihnen nichts!“[113]
Nun hatte Herzl damit sicher nicht gemeint, dass die „zärtlich und behutsam“ enteigneten Palästinenser bezahlt werden sollten. Er spricht von Gutsbesitzern, denen – falls sie an ihrer Scholle haften sollen – versprochen werden sollte, sie „gleich unseren eigenen Leuten“ zur Gänze „umzupflanzen.“ Falls derVorschlag nicht angenommen werden würde, *„schadet es weiter nichts. Dieses enge Verhältnis zur Scholle kommt nur bei kleinem Besitz vor. Der große ist für Geld zu haben.“*[114]

Herzl war jedenfalls vollkommen klar, dass Palästina kein „Land ohne Volk“ war.

Herzls Tod – die Geburt eines Mythos

Doch Herzl bleibt nur noch wenig Zeit, um die neuen Entwicklungen zu beobachten. Sein angegriffener Gesundheitszustand, er litt seit mehreren Jahren an einem schweren Herzfehler, verschlimmerte sich zusehends. Im Sommer 1904 stirbt er.
Vor seinem Tod gab es innerhalb der zionistischen Bewegung eine starke Ablehnungsfront gegen Herzls „Ostafrikaplan“, den er als Zwischenstation auf dem Weg nach Palästina akzeptieren wollte. England hatte ihm Uganda für die Siedlungsbestrebungen angeboten und Herzl hatte nach einigem Zögern zugestimmt und verteidigte seine Planänderung damit, dass Uganda näher bei Palästina und bloß ein Schritt in die richtige Richtung, nicht das

[112] Herzl, Theodor, Tagebücher, Band 1, Jüdischer Verlag, Berlin 1922, S. 98
[113] Ebda.
[114] Ebda. S. 100

Endziel der Ausreise wäre. Außerdem hatte seine Reise nach Petersburg und sein Zusammentreffen mit Plehwe, der für die russischen antisemitischen Pogrome verantwortlich gemacht wurde, Verärgerung bei den russischen Juden ausgelöst. Herzl setzte sich mit den größten Antisemiten seiner Zeit an einen Tisch und überzeugte sie von ihren gemeinsamen Interessen mit den Zionisten, um ihre Unterstützung zu erhalten. Das führte auf dem sechsten Zionisten-Kongress in Basel zum Eklat, viele verließen aus Protest den Kongress. Vor allem die Zione Zion (auch als Palästinazionisten bezeichnet) bezichtigten ihn des Verrats.

Das Afrikaprojekt war nur eine kurze Episode und scheiterte letztendlich, doch damit war der Mythos um Herzl angekratzt, der mit dem Vorschlag, die Ausreise nach Palästina in eine ungewisse Zukunft zu verschieben, eine Menge an Einfluss verloren hatte. Nach seinem Tod gewannen andere Strömungen an Bedeutung, vor allem Achad Ha'am und seine Anhänger, die oppositionell zu Herzl standen; sie setzten auf praktische Schritte in Palästina.

Gleichwohl wurde Herzl posthum zu einer legendären Figur, dessen Verehrung bis heute andauert. Vergessen war der Spott, mit dem die Juden seiner Zeit Herzl bedacht hatten – am treffendsten zusammengefasst von Karl Kraus in seiner Broschüre „Eine Krone für Zion“:

> *„Während die einen rufen: „Hinaus mit euch Juden!“ kommt von den anderen das Echo: „Jawohl, hinaus mit uns Juden!“*[115]

Auch seine Gegner innerhalb der zionistischen Bewegung ließen Gras über ihre Konflikte mit Herzl wachsen, um eine Ikone zu erschaffen, die noch spätere Generationen für den Siedlerkolonialismus in Palästina begeistern sollte.

An dieser Stelle wollen wir das Kapitel Herzl schließen.

Abschließend muss festgestellt werden, dass die Biographie des Wiener Schriftstellers anders verlaufen ist als sie im öffentlichen Diskurs dargestellt wird. Auch die Persönlichkeit Herzls, wie sie uns in den Tagebüchern und sonstigen Werken begegnet, entspricht nicht seinem Image, das gern von zionistischer Seite gepflegt und verbreitet wird. Bereits in Herzls Weltanschauung finden wir die Menschenverachtung, wie sie den Zionismus bis heute prägt. Wenn zu Anfang des 21. Jahrhunderts noch immer die Geschichte des humanistischen Visionärs verbreitet wird, dessen Ideale von der Wirklichkeit eingelöst wurden, liegt das vor allem an der Absicht, die

[115] Kraus, Karl, „Eine Krone für Zion“, 1898, zit. in „profil“, Nr. 11, März 1996, S. 87

Kolonisierung Palästinas als etwas Edles, Heroisches und die erfüllte Vision von Idealisten darzustellen.
Nach einem abgeänderten Untertitel zu Herzls „Altneuland“: „Ob ihr wollt oder nicht, aber das ist ein Märchen!“

Das Sykes-Picot-Abkommen

Der erste Weltkrieg wurde natürlich nicht wegen eines ermordeten Thronfolgers, sondern in erster Linie um die Neuaufteilung des Osmanischen Reichs geführt. Das betraf auch Palästina, das sich einmal mehr im Fadenkreuz von Großmachtinterressen befand.
Die Konkurrenz zwischen englischem und deutschem Einfluss in Palästina schlug sich in verschiedenen Abkommen nieder. In diesem Kontext ist auch das Bündnis zwischen der Türkei und Deutschland während des ersten Weltkriegs zu betrachten …
Im Gegenzug zu diesem Bündnis manifestiert sich im so genannten Sykes-Picot-Abkommen (benannt nach den verhandelnden Außenministern) die Koalition zwischen England und Frankreich, um das osmanische Erbe anzutreten.
Von den Verhandlungen des Sykes-Picot-Abkommens vom 16. Mai 1916 wird erzählt, dass Lineale auf einer Landkarte des arabischen Raums so lange hin- und hergeschoben wurden, bis die kolonialen Ansprüche beider Mächte befriedigt waren. Gleichzeitig versuchten die Autoren, die arabischen Führer im Glauben zu lassen, dass ihnen unter der Herrschaft Frankreichs und Großbritanniens eine gewisse Autonomie zugestanden würde, was sich in der vorsichtigen Wortwahl und der versprochenen Anerkennung einer beschränkten arabischen Souveränität äußerte.
Die Auswirkungen dieses Abkommens sind bis heute die wichtigsten Ursachen für Konflikte in der Region, weil willkürlich gegen bestehende Strukturen der arabische Raum für imperiale Ansprüche geteilt und westlichen Interessen unterworfen wurde.
Im Wortlaut besagt das Sykes-Picot-Abkommen:

1. Frankreich und Großbritannien sind bereit, innerhalb bestimmter Gebiete (die auf der beigegebenen Karte mit A und B bezeichnet wurden), einen unabhängigen arabischen Staat oder eine Konföderation arabischer Staaten anzuerkennen und zu schützen unter der Souveränität eines arabischen Oberhauptes. Frankreich habe in dem Gebiet A und Großbritannien in dem Gebiet B festgelegte Vorrechte.
2. Beiden Mächten soll es erlaubt sein, in diesen Gebieten direkte oder indirekte Verwaltung oder Kontrollen einzurichten, wie sie sie für not-

wendig halten in Zusammenhang mit den arabischen Staaten oder der arabischen Konföderation.

3. In dem auf der Karte braun eingetragenen Gebiet soll eine internationale Verwaltung eingerichtet werden, deren Art nach Verabredung mit Russland und den anderen Alliierten noch festgesetzt werden soll.
4. Großbritannien werden die Häfen von Haifa und Akre zugesprochen, und ihm der gegebene Wasserbedarf aus dem Tigris und dem Euphrat aus dem Gebiet A für das Gebiet B garantiert. Ohne vorherige Verständigung mit der französischen Regierung wird Großbritannien mit keiner dritten Macht in Verhandlungen betreffend der Abtretung Zyperns eintreten.
5. Alexandrette soll für den Handel des Britischen Empire Freihafen werden, entsprechend Haifa für den Handel Frankreichs, dessen Herrschaften und Protektorate; gleiches gilt für den Transithandel auf den Eisenbahnen beider Städte.
6. Die Bagdad-Bahn soll in dem Gebiet A südlich Richtung Mossul und im Gebiet B nördlich gegen Samara erst dann weiter ausgebaut werden, wenn eine Eisenbahnverbindung zwischen Bagdad und Aleppo über das Tal des Euphrat hergestellt worden ist.
7. Großbritannien hat das Recht zu bauen, zu verwalten und der einzige Eigentümer der Bahn zu sein, die Haifa mit dem Gebiet B verbindet; darüber hinaus hat es das bleibende Recht, zu jeder Zeit Truppen entlang dieser Linie zu transportieren. Da beide Mächte die Wichtigkeiten der Bahnverbindungen Bagdad-Haifa anerkennen und sich bei ihrem Bau technische Schwierigkeiten ergeben könnten, soll die französische Regierung erwägen, ob die in Frage kommende Linienführung nicht das Polygon B Anias-Keis Marib-Salkhad Tell Ötsda-Mesmi überqueren soll, bevor sie das Gebiet B erreicht.
8. Für die Dauer von weiteren 20 Jahren soll der bisherige türkische Tarif in Kraft bleiben und zwar in den sogenannten blauen und roten Gebieten wie in denen von A und B. Zwischen diesen Gebieten sollen keine inneren Zollschranken errichtet werden.
9. Frankreich verspricht, zu keiner Zeit in Verhandlungen mit einer dritten Macht über die Abtretung von Rechten einzutreten und insbesondere keine derartigen Rechte an eine dritte Macht im blauen Gebiet abzutreten, es sei denn an die arabischen Staaten oder die Konföderation arabischer Staaten, ohne sich zuvor mit der britischen Regierung darüber verständigt zu haben, die ein entsprechendes Versprechen für die roten Gebiete gibt.
10. Die britische und französische Regierung, als Schutzmächte der arabischen Staaten, stimmen darin überein, dass sie selbst keine territorialen Erwerbungen beabsichtigen und nicht zustimmen werden, dass eine

dritte Macht auf der arabischen Halbinsel territoriale Besitzrechte erwirbt, noch Flottenbasen an der Küste oder auf den Inseln des Roten Meeres einrichte. Eine Grenzberichtigung bei Aden ist davon ausgenommen.

11. Die Verhandlungen über die Grenzführung der arabischen Staaten oder der entsprechenden Konföderation sollen auf den bisherigen Wegen weiter fortgesetzt werden.
12. Maßnahmen zur Kontrolle der Waffeneinfuhr in die arabischen Territorien wollen beide Mächte in Erwägung ziehen. Um die Vereinbarung zu vervollständigen, soll der russischen Regierung vorgeschlagen werden, analoge Noten auszutauschen unter Bezugnahme auf den Notenwechsel vom 26. April.

Deutschland und England im Konkurrenzkampf um Palästina

England versprach der arabischen Seite im McMahon-Abkommen, für die Unterstützung der Westmächte gegen die türkisch-deutsche Allianz weitgehende Unabhängigkeit. Konkret erhielt Sherif Hussein ibn Ali, der Hüter der Heiligen Stätten des Islam von Mekka und Medina ein Schreiben des britischen Hohen Kommissar für Ägypten und Sudan, Arthur Henry McMahon. Es war ein Antwortschreiben auf einen Brief von Sherif Hussein, indem dieser die Unabhängigkeit auf folgendem geographischen Gebiet verlangte:

> „... *im Norden begrenzt durch Mersina und Adana bis zum 37. Breitengrad, an dem Birijik, Urfa, Mardin, Midiat, Jezirat, Amadia liegen, bis hin zur persischen Grenze; im Osten begrenzt durch die Grenzen von Persien bis zum Golf von Basra; im Süden durch den Indischen Ozean, mit der Ausnahme von Aden, das seine bisherige Stellung behalten sollte; im Westen durch das Rote Meer und das Mittelmeer bis nach Mersina.*“[116]

Mit bestimmten Einschränkungen erklärte sich der britische Kolonialismus bereit, auf die Forderungen einzugehen. Mc Mahon antwortete seinerseits mit dem berühmten Schreiben vom 24.10.1915:

> „... *die beiden Distrikte Mersina und Alexandratta und Teile von Syrien westlich der Distrikte Damaskus, Homs, Hama und Aleppo können nicht als rein arabisch bezeichnet werden und sind daher aus der geforderten Umgrenzung auszuschließen.*

[116] zit. in: Paczensky, Gert von, in „Faustrecht am Jordan,“ Horst Erdmannverlag für Internationalen Kulturaustausch, Tübingen und Basel, 1978, S. 32

Mit dieser Einschränkung und ohne Präjudiz für unsere mit arabischen Fürsten bestehenden Verträge akzeptieren wir diese Grenzen.
Was jene Gebiete innerhalb jener Grenzen anbelangt, in denen Großbritannien frei verfügen kann, ohne die Interessen seines Verbündeten Frankreich zu beeinträchtigen, bin ich im Namen der Regierung Großbritanniens ermächtigt, folgende Zusicherungen und auf ihren Brief folgende Antwort zu geben:
1. Mit den oben genannten Einschränkungen ist Großbritannien bereit, die Unabhängigkeit der Araber in allen Gebieten innerhalb der vom Sherif von Mekka geforderten Grenzen zu stützen ..."[117]

Natürlich dachte England nie daran, sein Versprechen in die Realität umzusetzen und die arabische Unabhängigkeit tatsächlich anzuerkennen. Nach der Zerschlagung des Osmanischen Reichs teilten Frankreich und England im zitierten Sykes-Picot-Abkommen die arabische Region unter sich auf. So wurde auch Palästina unter britische Mandatsverwaltung gestellt.
Die Unterstützung der zionistischen Bewegung stand in klarem Gegensatz zum Abkommen. Im Oktober 1917 warnte der als antisemitischer Politiker bekannte Lord Balfour als damaliger Außenminister das britische Kriegskabinett davor, dass der deutsche Einfluss auf die zionistische Bewegung zunehmen würde.[118] Er drängte daher auf eine offizielle Stellungnahme, die Großbritanniens Bereitschaft zeigen würde, die Ziele des Zionismus zu fördern.
Stellvertretend für die zionistische Vertretung nahm Baron Rothschild 1917 die berühmte **Balfour-Deklaration** in Empfang:

„Lieber Lord Rothschild,
Zu meiner großen Genugtuung übermittle ich Ihnen im Namen der Regierung seiner Majestät die folgende Sympathieerklärung für die jüdischen zionistischen Bestrebungen, die dem Kabinett vorgestellt und von diesem gebilligt wurden.
Die Regierung seiner Majestät betrachtet die Schaffung einer nationalen Heimstätte für das jüdische Volk in Palästina mit Wohlwollen und wird die größten Anstrengungen unternehmen, um das Erreichen dieses Ziels zu fördern, wobei allerdings von der Voraussetzung ausgegangen wird, dass nichts geschieht, was die bürgerlichen und religiösen rechte bestehender nichtjüdischer Gemeinschaften in Palästina oder die Rechte und die politische Stellung der Juden in irgendeinem anderen Land beeinträchtigen könnte.

117 Ebda. S. 33/34
118 Nicosia, Francis R.: „Hitler und der Zionismus: Das 3. Reich und die Palästinafrage 1933-1939“, Druffel-Verlag, Leoni am Starnberger See 1989, S. 42

Ich wäre sehr dankbar, wenn Sie diese Erklärung der Zionistischen Föderation zur Kenntnis bringen würden.
Arthur James Balfour"[119]

Deutschland beeilte sich, seinerseits eine Unterstützungserklärung nachzureichen. Das deutsche Pro-Palästina-Komitee (siehe einleitendes Kapitel von Karam Khella) bemühte sich, auf das deutsche Engagement im Nahen Osten stärkeren Einfluss zu nehmen. Dennoch war offensichtlich, dass Großbritannien mit der Balfour-Deklaration einen entscheidenden Sieg – im Wettstreit mit Deutschland um den größten Einfluss auf die zionistische Bewegung – davongetragen hatte.

Bereits während des sogenannten Ersten Weltkriegs hatte das deutsche Palästinakorps nähere Kontakte mit den zionistischen Siedlungen geknüpft. Das stand zwar in Widerspruch zum militärischen Bündnis mit dem Osmanischen Reich, das in der Region andere Pläne verfolgte, stand aber durchaus in Einklang mit längerfristigen Perspektiven, die das deutsche Reich nach dem Ende des Krieges in Angriff nehmen wollte.
Nun war Deutschland nach der Niederlage im ersten imperialistischen Verteilungskrieg geschwächt und verlor seine bevorzugte Stellung bei den Zionisten an England. Doch als im chauvinistischen Taumel die Erfolge der NSDAP zunahmen, hofften auch die Zionisten auf stärkere Relevanz in den jüdischen Gemeinden Deutschlands. Sie waren wie Herzl der Ansicht, dass nur durch äußeren Druck die Juden zur Emigration nach Palästina gedrängt werden konnten. Schließlich waren die meisten europäischen Juden antizionistisch eingestellt und forderten Emanzipation innerhalb der Gesellschaften, in denen sie lebten. Unser „innerjüdischer Gegner" wurden sie von der zionistischen Bewegung genannt. Ihr Hauptproblem war die Assimilation, ihr Hauptfeind die antizionistische jüdische Mehrheit. Die Linie von Herzl wird insofern fortgesetzt, als der Zionismus entgegen anders lautender Gerüchte immer noch keine Opposition gegen den Antisemitismus, sondern ein Projekt gegen die Emanzipation sein wollte.

Zionisten forcieren den Siedlerkolonialismus in Palästina

Shapira berichtet, dass schon die ersten zionistischen Siedler 1882 sich so verhielten, als seien sie „die rechtmäßigen Herren und Meister dieses Landes". Ihr „erster Eindruck" vom Araber war, „dass dieser Fremde Respekt vor Stärke hatte und physische Gewalt die einzige

[119] vgl. Waltz, Viktoria/ Zwiesche,J., „Die Erde habt ihr uns genommen", Dortmund, 1986, S. 28; zit. in Brik, Nazeh, „Kibbuz" Theorie und Praxis Verlag, Hamburg, 1991, S. 25

Sprache war, die er verstand". Dementsprechend „neigten die Kolonisten dazu ... schnell nach der Peitsche zu greifen und den Sünder für jede Übertretung, sei sie groß oder klein, mit der Peitsche zu schlagen". Der Verfasser eines Briefs aus Palästina schrieb 1886, dass seine zionistischen Kameraden die „Fellachen nicht als menschliche Wesen betrachten; und für jede Kleinigkeit werden sie mit Peitschen geschlagen und bestraft". Achad Ha'am bemerkte 1891 ähnlich, dass „sie (die Zionisten) sich den Arabern gegenüber feindselig und grausam betragen, ungerechte Übergriffe auf sie unternehmen, sie erbarmungslos und ohne Grund schlagen und danach keine Hemmungen haben, sich ihrer Taten zu brüsten". 1903 äußerte er: „Der Umgang der Kolonisten mit ihren Pächtern und deren Familien ähnelt sehr stark dem Umgang mit ihren Tieren."[120]

Der Rassismus der Kolonisten unterschied sich in keiner Weise von den menschenverachtenden Praktiken, die von europäischen Siedlern in anderen Teilen der Welt praktiziert wurden.

„So ... also wieder einmal ... gibt es eine ***andere*** *(Hervorhebung im Original) Art von Fremden auf der Welt, unter denen man zu leiden hat ... Selbst unter diesem schmutzigen, verseuchten Pack muss man leiden.", schrieb der zionistische Autor Y.H. Brenner, als er in Haifa landete.*[121]

Der Slogan der „Jüdischen Arbeit" implizierte die Vertreibung der Fellachen von ihren Feldern und Höfen, die sie seit Generationen bewirtschafteten. Zionistische Schlägertrupps überwachten die Einhaltung dieses Gebotes – Siedler, die auf ihren Feldern arabische Arbeiter beschäftigten, mussten mit Sanktionen rechnen, die Arbeiter wurden mit Gewalt vertrieben.

„So erweisen sich die kollektiven Siedlungsformen auf dem Lande (Kibbuzim) primär als Mittel, erworbenen Boden ethnisch homogen zu besetzen. Daher der Ausschluss arabischer Lohnarbeit durch jüdische „Selbstarbeit". Denn die Integration arabischer Lohnarbeit in den jüdischen Sektor hätte die Gewährung der mit Lohnarbeit verknüpften Attribute von Gleichheit, Rechtssubjektivität („Citoyen") für Araber im-

[120] Finkelstein, Norman G., „Der Konflikt zwischen Israel und den Palästinensern", Originalausgabe: „Image and Reality of the Israel-Palestine Conflict" bei Verso, London/New York, deutsche Ausgabe im Heinrich Hugendubel Verlag, Kreuzlingen/München 2002, S. 205 – Finkelstein spricht vom Buch: „Land and Power" der israelischen Autorin Anita Shapira, Oxford 1992

[121] Ebda.

pliziert, und damit den Aufbau einer exklusiv jüdischen politischen Souveränität gefährdet.“[122]

Durch diese Politik gab es schon seit 1882 starke Spannungen zwischen den Siedlern und den einheimischen Palästinensern. Das hatte überhaupt nichts mit Antisemitismus zu tun – jüdische Mitbürger lebten seit Jahrhunderten gleichberechtigt mit ihren palästinensischen Nachbarn und außer in ihrer religiösen Ausrichtung und Praxis unterschieden sie sich nicht von ihrer Umwelt. Es hatte auch nichts mit mangelnder Gastfreundschaft zu tun, die wohl nirgends so großgeschrieben wird wie in der arabischen Region. Die Konflikte wurden durch die bewaffnete Präsenz der Siedler, durch die Enteignungen und Vertreibungen geschürt, ebenso wie durch die offen und bewaffnete zur Schau gestellte Bereitschaft der Zionisten, in Palästina eine rein jüdische Kolonie zu gründen, was eine ethnische Säuberung implizierte.

Diese Absicht war für die arabische Urbevölkerung klar erkennbar; von zionistischer Seite gab es auch nur geringe Versuche, diese Absichten zu verschleiern. So schrieb David Ben Gurion bereits 1918:

> *„Jeder sieht die Schwierigkeiten in der Frage der Beziehungen zwischen Arabern und Juden. Aber nicht jeder sieht, dass es dafür keine Lösung gibt. Keine Lösung! Es besteht eine Kluft und nichts kann diese Kluft überbrücken. Nur durch Spitzfindigkeit ist es möglich, den Konflikt zwischen jüdischen und arabischen Interessen zu lösen. Ich kann mir keinen Araber vorstellen, der damit einverstanden wäre, dass Palästina den Juden gehören soll ... Wir als Nation wollen, dass dieses Land unseres ist; die Araber als Nation wollen, dass dieses Land ihres ist.“*[123]

Und auch die revisionistische, also die „rechtszionistische“[124] Seite bestätigte diese Haltung – 1923 betonte deren Gründer Wladimir Jabotinsky:

---

[122] Bunzl, John, „Israel und die Palästinenser – Die Entwicklung eines Gegensatzes“, Wilhelm Braumüller-Universitätsbuchhandlung, Wien 1982 S. 35/36

[123] Finkelstein, Norman G., „Palestine Jewry and the Arab Question, 1917-1925, London 1976, S. 42; in „Der Konflikt zwischen Israel und den Palästinensern“, Originalausgabe: „Image and Reality of the Israel-Palestine Conflict“ bei Verso, London/New York, deutsche Ausgabe im Heinrich Hugendubel Verlag, Kreuzlingen/München 2002, S. 203

[124] Die Revisionisten, eine aus Osteuropa stammende Strömung des Zionismus, aus der später die Herut (Cherut)-partei, der Likud und verschiedene Jugend- und Terrorbewegungen hervorgingen, werden je nach Standpunkt einmal als bürgerlich-revisionistisch, von anderen gleich als rechtsradikal oder faschistisch (etwa von Erich Fried) eingestuft – allerdings wurden sie in der Frage eines Zusammenlebens mit den Palästinensern von der Arbeiterpartei, die für die totale Trennung und Apartheid eintritt, locker von rechts überholt. Auch widersprachen sie der Selektionspolitik der Jewish Agency, die bedürftigen, älteren oder kranken Flüchtlingen aus Nazideutschland die Einreise verweigerten und befürworteten einen Boykott gegen Nazideutschland.

„eine Diskussion über eine freiwillige Aussöhnung zwischen uns und den Arabern ist nicht möglich, nicht jetzt und nicht in absehbarer Zukunft ... Jeder, der nicht von Geburt an blind ist, hat schon längst begriffen, dass es völlig ausgeschlossen ist, mit den Arabern Palästinas zu einer freiwilligen Übereinkunft über die Umwandlung Palästinas aus einem arabischen Land in ein Land mit einer jüdischen Mehrheit zu kommen."[125]

Die Politik der „jüdischen Arbeit" wurde von Anfang an mit mehr oder weniger Konsequenz praktiziert. Während der britischen Mandatszeit propagierte vor allem die zionistische Linke die Ausschließung der palästinensischen Arbeit und den Boykott von palästinensischen Geschäften.

„Der Kampf für ‚100%ige jüdische Arbeit' im jüdischen Sektor der palästinensischen Ökonomie absorbierte die Energien der (zionistischen) Arbeiterbewegung fast die gesamte Mandatszeit hindurch, und trug mehr als jeder andere Faktor zur Herausbildung des Konzepts der territorialen, ökonomischen und sozialen Trennung zwischen Juden und Arabern bei."[126]

1920 wurde die zionistische Gewerkschaft Histadrut gegründet, der nur jüdische Arbeiter beitreten dürfen. Die Histadrut propagierte vehement das Arbeitsverbot für palästinensische Werktätige und die Parole: „Kauft nicht bei Arabern!".

So erinnert sich ein führender Vertreter der Arbeiterpartei, David Hacohen, an die Diskussion mit Sozialisten in London:

„Ich musste mit meinen Freunden viel über den jüdischen Sozialismus streiten; musste die Tatsache verteidigen, dass ich keine Araber in meiner Gewerkschaft akzeptierte; dass wir Hausfrauen predigten, nicht in arabischen Geschäften zu kaufen; dass wir an Obstplantagen Wache hielten, um arabische Arbeiter daran zu hindern, dort Arbeit zu finden; dass wir Benzin auf arabische Tomaten schütteten; dass wir jüdische Frauen attackierten und die arabischen Eier, die sie gekauft hatten, vernichteten; dass wir den Jüdischen Nationalfonds hochpriesen, der Hankin (ein zionistischer Unterhändler, Anm. des Autors) nach Beirut schickte, um Land von abwesenden Großgrundbesitzern zu kaufen und die arabischen Fellachen vertrieben; dass es erlaubt ist, tausende Dunams von Arabern zu kaufen, aber verboten ist, einen einzigen jüdischen

---

125 Jabotinsky, V., „The Iron Wall (We and the Arabs)", Berlin 1923, in Finkelstein, Norman G., „Der Konflikt zwischen Israel und den Palästinensern", s.o., S. 202/203

126 Flappan 1979, S. 199, zit. in Bunzl, John, „Israel und die Palästinenser – Die Entwicklung eines Gegensatzes", Wilhelm Braumüller-Universitätsbuchhandlung, Wien 1982 S. 36

Dunam an einen Araber zu verkaufen ... All das zu erklären, war nicht leicht.“[127]

Der Mythos, dass die israelische Linke für einen bi-nationalen Staat eingetreten wäre, entpuppt sich angesichts solcher Zitate als Propaganda.
Zionistische Organisationen verteidigen bis heute die Landnahme durch den Kauf landwirtschaftlicher Gebiete von Großgrundbesitzern. Sie sagen, es habe keine illegale Vertreibung stattgefunden, sondern sie hätten Palästina rechtmäßig gekauft. Dazu gibt es einiges zu sagen: etwa, dass die vertriebenen Fellachen seit Generationen auf dem Boden lebten, auf dem sie arbeiteten. Es herrschte das traditionelle Weiderecht, während die Großgrundbesitzer, die in den Städten oder überhaupt in anderen Ländern lebten, ihren Anteil an der Ernte behielten. Eine bekannte sozialistische Forderung verlangt, dass der Boden denen gehören soll, die ihn bebauen und diese Forderung stand auch in Palästina auf der Tagesordnung. Über die Rechtmäßigkeit des Großgrundbesitzes wurde ein beständiger Kampf um eine Landreform geführt – war die Eigentumsfrage schon vorher ungerecht, so war es der Verkauf an die Zionisten und die Vertreibung der arabischen Pächter erst recht.
Letztendlich ist aber der Teil Palästinas, den die Zionisten von Großgrundbesitzern gekauft haben, minimal; diese Praxis beschränkte sich auf die Frühzeit der Besiedlung, während der überwiegende Großteil des späteren Israel mit militärischer Gewalt geraubt wurde.

1938 schrieb Arnold Zweig an Sigmund Freud über einen der Terroranschläge, mit denen die Zionisten gegen die palästinensische Bevölkerung vorgingen:

> *„Nun ist gestern eine Bombe in den arabischen Shuk (Markt) geworfen worden, am Freitag wo der Verkehr besonders dicht ist und die von den Terroristen ohnehin bedrängten fellachischen Dörfler der Umgegend ihre Einkäufe machen.“*[128]

Gegen diese Praktiken führen die Palästinenser kontinuierlich Widerstandsaktionen und Aufstände durch, die sich sowohl gegen die britische Mandatsmacht als auch gegen den von England protegierten Zionismus und seine immer aggressivere Siedlungspolitik richten. Bekannte Eckdaten dieser frühen Intifaden sind 1919, 1921 und 1922. Sie vereiteln vorübergehend die englischen Pläne zur baldigen Gründung eines zionistischen Staates,

---

[127] Haàretz, Tel Aviv, 15.11.1968, zit. in Bunzl, John, „Israel und die Palästinenser – Die Entwicklung eines Gegensatzes“, Wilhelm Braumüller-Universitätsbuchhandlung, Wien 1982 S. 33

[128] Segev, Tom, „Die siebte Million“, Rowohlt Hamburg, 1995, S. 57

wie sie bereits in der Balfour-Deklaration zum Ausdruck gebracht wurden. 1936 kommt es zum längsten Generalstreik in der Geschichte der Arbeiterbewegung, der sich unter Ìzz ad-Din al-Quassam zum Volksaufstand entwickelt.

Die faschistische Machtergreifung in Deutschland

Nur wenige Tage nach dem Regierungsantritt der deutschen Faschisten verbünden sich Nazis und Zionisten, um für gemeinsame Interessen ein gemeinsames Vorgehen zu koordinieren

Geschichte verläuft in der Regel nicht geradlinig, ist geprägt von scheinbaren oder tatsächlichen Widersprüchen und Veränderungen, hinter denen sich der verfolgte rote Faden leicht verliert. Das wird auch deutlich, wenn wir die Frage nach der Kollaboration zwischen Faschismus und Zionismus stellen, die nicht leicht zu beantworten ist. Wechselnde Taktiken und Einschätzungen, Differenzen zwischen Fraktionen, politischen Parteien und Nationen, Änderung im Kriegsverlauf und der Widerspruch zwischen Propaganda und tatsächlicher politischer Praxis verhindern eine einfache Analyse ebenso wie die spätere Manipulation der Geschichtsaufarbeitung.

> *Jeder fragte sich, wie sich die Verfolgung der Juden in Deutschland wohl auf das Leben in Palästina auswirken würde. Die Zeitungen prognostizierten „irreparable, ruinöse Verluste" und sprachen von einem „Totentanz" in Berlin. Dennoch erwarteten sie, dass die derzeitigen Schwierigkeiten und Qualen noch nie dagewesene historische Möglichkeiten eröffnen würden – vor allem eine verstärkte Einwanderung nach Palästina. Ben Gurion hoffte, der Sieg der Nazis werde für den Zionismus zur „fruchtbaren Kraft" werden. Der Schriftsteller und Mapai-Aktivist Mosche Beilinson fuhr nach Deutschland und meldete dem Mapai-Führer und Herausgeber der Zeitung Dawar, Berl Katznelson: „Die Strassen sind mit mehr Geld gepflastert, als wir uns in der Geschichte unserer zionistischen Unternehmungen jemals erträumt haben. Hier bietet sich eine Gelegenheit zu Aufbau und blühendem Erfolg, wie wir sie noch nie gehabt haben oder je haben werden."*[129]

Eine Zusammenarbeit zwischen Zionisten und Faschisten war während der verschiedenen Phasen nationalsozialistischer Herrschaft zwar durchgängig vorhanden, war aber durch unterschiedliche Intensität gekennzeichnet. Gleichzeitig finden wir zumindest temporär auch zionistische Kleingruppen und Einzelpersonen im antifaschistischen Widerstand, die Seite, auf die der Zionismus gerne reduziert werden möchte. Bei genauerer Betrachtung ist diese Seite aber eher die Ausnahme als die Regel und beschränkt sich auf Mitglieder von zionistischen Organisationen, war also nicht von der Führung getragen und von propagandistischen Ausnahmen abgesehen auch nie Gegenstand offizieller zionistischer Politik. Sie leisteten nicht Widerstand, weil, sondern obwohl sie Zionisten waren.

---

[129] Ebda. S. 29/30

Einmal mehr zeigt sich, dass das Verhältnis zwischen England, der Mandatsmacht in Palästina, und Nazideutschland einen größeren Einfluss darauf hatte, wie sich die verschiedenen zionistischen Fraktionen verhalten haben. Während der 30er Jahre, bis zum Kriegsausbruch 1939, unternahm der deutsche Faschismus massive Anstrengungen, um ein Bündnis mit Großbritannien zu erreichen und wollte nichts unternehmen, um englischen Kolonialinteressen in der Welt zu schaden. Diese Haltung beruhte auf den gemeinsamen Interessen, während die Differenzen und die Konkurrenz vorerst in den Hintergrund gerückt wurden. Auch in der Einstellung gegenüber den arabischen Völkern, die weiterhin durch europäische Herrenmenschen unterworfen bleiben und deren Einigung verhindert werden sollte, herrschte Einigkeit zwischen den beiden Ländern. Damit verbunden war auch die deutsche Akzeptanz der – zumindest vorübergehenden – britischen Vormachtstellung in Palästina. Der Kriegsverlauf erschwerte allerdings die Bemühungen um eine Kooperation in der arabischen Region und beeinträchtigte in weiterer Folge auch die zionistischen Fraktionskämpfe.

Konkurrenz unter Kollaborateuren

Kaum ein Thema erregt die Zionisten mehr als die Erwähnung ihrer Kooperation mit dem deutschen Faschismus. Nicht weniger als die eigene Legitimation, aber auch die materielle Grundlage als anerkannter Rechtsnachfolger der Opfer steht auf dem Spiel. Wer darüber zu laut nachdenkt, spielt mit seinem Leben – denn Rufmord ist die mindeste Konsequenz für einen derartigen Fauxpas – deshalb haben sich die Historiker diesem Thema bisher nur mit äußerster Vorsicht genähert.

> *„Die eine Seite stürzt sich auf das Thema, um von der eigenen Verantwortung abzulenken und will damit den Beweis erbringen, dass ‚die Juden an ihrem Schicksal selber schuld sind'. Die Gegenseite versucht das Vorhandensein dieser Kollaboration zu ignorieren, da sie – vielleicht unbewusst – eigentlich die gleiche Schlussfolgerung aus diesem Tatbestand zieht und gleichzeitig eine Stärkung der Auschwitzleugner befürchtet. Diese Haltung übersieht aber, dass die Kollaboration eine Widerspiegelung bestehender Machtverhältnisse ist: Kollaborateure verweisen auf die tatsächlichen Machthaber, die ein solches System einrichten, in dem sie dann Kollaborateure benützen können. Die Zusammenarbeit der Verfolgten mit ihren Peinigern stellt also keine Entlastung für Letztere dar, ganz im Gegenteil."*[130]

[130] Elam, Shraga, „Hitlers Fälscher", Verlag Carl Ueberreuter, Wien 2000, S. 31/32

Die Gefahr, von rechts missbraucht zu werden, ist natürlich gegeben. Beispielsweise wurde die deutsche Übersetzung von Francis Nicosias „The Third Reich and the Palestinian Question“ im rechtsradikalen Druffel-Verlag unter dem Titel „Hitler und der Zionismus“ herausgegeben und mit entsprechenden Kommentaren gesegnet. Ein Protestbrief des Autors wurde ignoriert.[131]
Aber eigentlich ist es nicht ganz nachvollziehbar, warum gerade die Faschisten den Zionisten vorwerfen (es also als „verwerflich“ ansehen) und nicht im Gegenteil hoch anrechnen sollten, mit solchen Verbrechern wie ihnen verkehrt und zusammengearbeitet zu haben. Der Kollaborationsvorwurf aus der rechtsradikalen Ecke macht keinen Sinn, außer dass sich der Faschismus gleichzeitig selbst in Frage stellt. Diese Kritik trifft schließlich die Absender härter als die Adressaten und stellt meist einen fehlgeschlagenen Versuch dar, die eigenen Grausamkeiten zu relativieren. Zionismuskritik von rechts ist ein Schuss nach hinten – vorausgesetzt, es gibt auch eine fortschrittliche und antiimperialistische Aufarbeitung der Geschichte, die verhindert, dass Halbwahrheiten die Köpfe und Herzen verwirren.
Den Faschisten und Revisionisten darf dieses Feld also keineswegs kampflos überlassen werden. Die Gefahr, dass rechte Pseudowissenschaft eine linke Quelle missbraucht, ist jedenfalls viel geringer als der Nutzen, den sie aus unserem Schweigen ziehen können. Also, keine Angst.

Die Gleichung Zionismus = Judentum endet zwangsläufig im Antisemitismus, egal von welcher Ecke diese Affirmation vertreten wird. Die Aufarbeitung der zionistischen Kollaboration hilft uns, diese Gleichung zu vermeiden.
Wenn wir uns also endlich entschlossen haben, dieses heiße Eisen anzufassen, stehen wir immer noch vor dem Problem der Zensur, der mangelnden Literatur und den gesäuberten Quellen, dem Trend des Schweigens. Doch hier kommt uns – unfreiwillig – der Zionismus selbst entgegen, die Forschung profitiert von den internen Differenzen und der gegenseitigen Kritik in den Fraktionskämpfen. So kommt oft ans Licht, was sonst in den geheimen Archiven verschimmelt wäre.

> *„Auch innerhalb der jüdischen Diskussion zum Thema Kollaboration zeigen sich zwei Hauptpositionen: Das eine Lager scheut keine Mühe, jegliche kritische Auseinandersetzung im Keime zu ersticken (was allerdings einleuchtet, da derartiger Widerstand von einflussreichen Bewegungen und Organisationen ausgeht, die die Aufarbeitung der eigenen*

[131] Nicosia, Francis R. „Hitler und der Zionismus – Das Dritte Reich und die Palästinafrage“, Druffel-Verlag, Leoni am Starnberger See, 1989, siehe auch Rabinovici, Doron, „Instanzen der Ohnmacht“, Jüdischer Verlag im Suhrkamp Verlag, Frankfurt am Main 2000, S. 28

schmerzhaften Vergangenheit verhindern wollen). Wenn es um die damalige Rolle der Jewish Agency (JA) geht, bildet sich andererseits eine eigenartige Koalition aus antizionistischen ultraorthodoxen und säkularen Juden sowie rechtsradikalen Zionisten, die eine schonungslose Aufklärung verlangt, wobei zuweilen mit unhaltbaren Vorwürfen nicht gespart wird.

Die Rechtsradikalen wollen damit die Arbeiterpartei angreifen, welche damals die bestimmende Kraft der Jewish Agency war. Die religiösen sowie weltlichen Antizionisten sehen in der Haltung der Jewish Agency angesichts der Judenvernichtung den besten Beweis für den antijüdischen Charakter der zionistischen Bewegung: Diese sei nur darauf bedacht gewesen, die Not der europäischen Juden für den eigenen politischen Zweck auszunutzen, nämlich die Errichtung eines jüdischen Staates in Palästina voranzutreiben. Die Führung der Jewish Agency habe sich nicht davor gescheut, sogar Rettungsaktionen zu sabotieren und in bestimmten Fällen eben mit den Nazis zu kollaborieren.“[132]

Wie auch im Kapitel über das Haàvara Abkommen deutlich wird, gab es innerhalb der zionistischen Organisationen neben dem primären gemeinsamen Ziel der Staatsgründung auch starke Widersprüche, die bis heute ihre Schatten werfen. „Linke“ und rechte Zionisten gerieten sich ebenso stark in die Haare wie religiöse und säkulare Organisationen. Die Differenzen wurden nicht nur verbal, sondern auch handgreiflich oder mit der Waffe ausgetragen. In Palästina selbst unterstützte die zionistische Linke die britische Mandatsmacht bei der juristischen Verfolgung rechter Terrororganisationen.

Nicht nur weltanschauliche Fragen waren dafür verantwortlich, sondern auch die Interessen des jeweiligen Verbündeten, also die Mächte, die gerade die eine oder andere zionistische Organisation förderten, in erster Linie Deutschland und England. Der Krieg spiegelte sich im blutigen Kampf der verschiedenen zionistischen Fraktionen wider.

Die Zusammenarbeit mit Nazideutschland haben sich die konkurrenzierenden Gruppierungen gegenseitig vorgeworfen. Tatsächlich hatten sie auch alle Grund dazu – zu verschiedenen Zeitpunkten hatten sie alle den Kontakt mit dem Faschismus gesucht und zumindest vorübergehend kooperiert.

„Es waren die Zionisten, die sich bereit erklärten, ‚Deutschland von seinen Juden zu befreien‘. Und da dieses Ziel vorrangig war, musste Hitler mit seinem wohlbekannten Pragmatismus einen Kompromiss mit seinen eigenen Doktrinen eingehen.

---

[132] Elam, Shraga, „Hitlers Fälscher“, Ueberreuter, Wien 2000, S. 33

Die Ziele, so sollte in der Wilhelmstrasse beschlossen werden, die diese Kategorie (von Juden, die gegen eine Assimilation und für eine Neuorganisation ihrer Religionsgenossen in einer nationalen Heimstätte waren) sich selbst gesetzt hatte, in deren vorderster Reihe die Zionisten standen, sind diejenigen, die die deutsche Politik im Hinblick auf die Juden wirklich verfolgt.

Die einzigen Juden, mit denen letztlich die verschiedenen Organe des Dritten Reiches, vor allem das Außenministerium und das Wirtschaftsministerium, wirklich zusammen arbeiten sollten, waren in der Tat die zionistischen und palästinensischen Juden."[133]

Das Haàvara Abkommen

Nachdem Hitler 1933 die Macht in Deutschland übernahm, war die Welt schockiert. Vor allem die Diskriminierung der jüdischen Bevölkerung und die Verfolgung oppositioneller Gruppen waren Anlass für die weltweite Entrüstung, die das Naziregime in die internationale Isolation drängte.

„Im Ausland kam es zu Boykottaufrufen und Protestversammlungen. In der vordersten Reihe standen die Juden in New York und London, unterstützt von Männern und Frauen aller Glaubensrichtungen und Nationalitäten ... Weltweit kam es zu antideutschen Boykott- und Protestaktionen."[134]

Nicht überall wurden diese Sanktionen aus reiner Solidarität beschlossen, hofften doch die Konzerne aus den anderen kapitalistischen Ländern, die boykottierten deutschen Geschäfte übernehmen zu können. Dennoch darf die Wirksamkeit eines umfassenden Boykotts gegen Nazideutschland nicht unterschätzt werden – hätte er funktioniert, hätte das einen gewaltigen Einfluss auf den weiteren Verlauf der Geschichte nehmen können. In vielen Ländern wurden unter aktiver Beteiligung der jeweiligen jüdischen Gemeinden Komitees gegründet, die den Boykott organisierten, um ihre Verbundenheit und ihre Solidarität mit den Verfolgten in Deutschland zu zeigen.

„Mag der Umfang des antideutschen Boykotts quantitativ gering gewesen sein, so genügte er doch angesichts der Wirtschaftskrise und der deutschen Devisenknappheit, um merkliche Störungen hervorzurufen.

---

133 „La Diplomatie du IIIe Reich et les Juifs (Julliard, place of publication not stated, 1969), pp. 86-87, zit. in Yahya, Faris, „Die Zionisten und Nazideutschland", Verlag Neue Einheit, Berlin, deutsche Übersetzung der ursprünglich 1978 vom Palestine Research Centre in Beirut veröffentlichten Ausgabe, S. 14-15

134 Black, Edwin, „IBM und der Holocaust", Propyläen Verlag, München2001, S. 57

Dies hob auch Schacht in einer Rede vor der deutschen Handelskammer in Basel hervor."[135]

Gebrochen wurde der Boykott ausgerechnet oder, nach unseren bisherigen Informationen eigentlich erwartungsgemäß, von den Zionisten. Nachdem sich Göring 1933 mit Vertretern von verschiedenen jüdischen Bewegungen getroffen hatte, um sie aufzufordern, sich von den Demonstrationen von amerikanischen Juden und Jüdinnen zu distanzieren, reagierte Blumenfeld, der Vorsitzende der Vorsitzende der Zionistischen Vereinigung für Deutschland (ZVfD) mit einer Mitteilung an Oberregierungsrat Sommerfeld:

„Im Anschluss an die Unterredung, die Herr Reichsminister Göring am 25. März mit Vertretern verschiedener jüdischer Organisationen hatte, hat die Zionistische Vereinigung für Deutschland folgende Schritte unternommen:

1. *Sie hat sofort zusammen mit der anderen großen Organisation der deutschen Juden, dem Centralverein deutscher Staatsangehöriger jüdischen Glaubens, ein Telegramm an die wichtigsten jüdischen Persönlichkeiten des amerikanischen Judentums gerichtet mit dem strikten Ersuchen, die für den heutigen Montag geplanten Kundgebungen abzusagen ...*
2. *Wir haben einen besonderen Beauftragten nach Prag entsandt, der dort mit Hilfe des jüdischen Abgeordneten Dr. Goldstein diese Aufforderung nochmals telegrafisch wiederholt hat.*
3. *Ferner sind in unserem Auftrag die Herren Dr. Martin Rosenblüh und Richard Lichtheim nach London gefahren, um dort auf die englischen Juden und in telefonischer Rücksprache auf die Führer der amerikanischen Juden in diesem Sinne einzuwirken.*
4. *Wir erhielten Nachricht, dass auch in Polen Kundgebungen geplant sind und haben daraufhin an jüdische Führer in Krakau, Warschau und Lemberg ein telegrafisches Ersuchen um Unterlassung der Kundgebungen gerichtet ...*

Wir hoffen, dass diese Schritte eine Wirkung haben werden. Wir bitten Sie, dem Herrn Reichsminister Göring die von dem Unterzeichneten bereits in der Unterredung gemachte Anregung zu einer Aussprache über die Ziele des Zionismus und die Arbeit der Zionistischen Vereinigung für Deutschland nochmals vorzutragen ..."[136]

---

[135] Genschel,Helmut, „Die Verdrängung der Juden aus der Wirtschaft im Dritten Reich", Göttingen, Berlin, Frankfurt, Zürich 1966, S. 78, zit. in „Zionismus und Antisemitismus", Hans Jürgen Billen, Trikont, Duisburg 1983, S. 123/124

[136] Hermann, Klaus J.: „Das Dritte Reich und die deutsch-jüdischen Organisationen 1933-1934", Köln, Berlin, Bonn, München 1969, S. 63, zit. in „Zionismus und Antisemitismus", Hans Jürgen Billen, Trikont, Duisburg 1983, S. 124/ 125

In Palästina selbst registrierte die zionistische Gemeinde den Machtantritt der Nazis in einer Mischung aus Optimismus, dass die Regierungsverantwortung den Faschismus rationalisieren würde – so die zionistischen Medien in Palästina – und vereinzelten Protestaktionen, die aber hauptsächlich von der revisionistischen Minderheit getragen wurden. Deren Jugendbund, der Betar, rettete die sonstige Untätigkeit des Jischuw, indem er des Öfteren die Hakenkreuzfahne von der deutschen Botschaft in Jerusalem entwendete.

„Von solchen demonstrativen Handlungen einmal abgesehen, verliefen die Beziehungen zwischen dem „Dritten Reich" und Palästina in den Vorkriegsjahren jedoch normal. Es gab Post-, Telefon- und finanzielle Verbindungen. Viele Juden, die in Deutschland ihre Arbeit verloren hatten, erhielten in Palästina weiterhin jeden Monat ihr Geld aus der deutschen Sozialversicherung. Palästina exportierte nach Deutschland und umgekehrt Deutschland nach Palästina. Zwischen beiden Ländern herrschte ein reger Reiseverkehr per Schiff und – allerdings weit seltener – per Flugzeug. Manche Menschen reisten aus Deutschland an, um vor der Entscheidung für oder gegen eine Auswanderung nach Palästina die dortigen Lebensbedingungen zu erkunden. Andere kamen als Geschäftsleute oder auch als Urlauber und Touristen. Selbst Mitglieder der deutschen Regierung statteten Palästina gelegentlich einen Besuch ab, darunter Hitlers Innenminister Wilhelm Frick, der auf seiner Hochzeitsreise in Jerusalem Station machte."[137]

Nichts hat den antideutschen Boykott so erschüttert wie das „Haàvara"-Abkommen zwischen Nazideutschland und dem Jischuw in Palästina. Ein Handels- und Transferabkommen, das von der zionistischen Linken gegen den Widerstand der Rechten durchgesetzt wurde – wobei aber die vom Lodzer Millionär und rechten Revisionisten Sam Cohen geführte Gesellschaft „Hanotea" am Entstehen des Abkommens maßgeblich beteiligt war und der Transfer anfangs auch über diese Gesellschaft abgewickelt wurde. Die Jewish Agency befürchtete, dass die zu erwartenden Profite die zionistische Rechte stärken und die Machtverhältnisse zuungunsten der Mapai verschieben könnten. Die Nazis sahen sich überrascht zwei konkurrenzierenden Parteien auf zionistischer Seite gegenüber.

„Heinrich Wolff, der bald darauf wegen seiner jüdischen Frau als deutscher Konsul in Jerusalem abgelöst wurde, musste eingreifen, um einen Abbruch der Verhandlungen zu verhindern. Von Cohen offenbar bestochen und von der Jewish Agency erpresst, befand er sich in einer Zwickmühle. Schließlich konnten die Jewish Agency und Ruppin die Verhandlungen unter ihre Kontrolle bringen, doch Cohen, die Hista-

[137] Segev, Tom, „Die siebte Million", s.o., S. 26/27

drut, die Mapai und der – innerhalb der Zionistischen Organisation für Landkauf und Landerschließung zuständige – Jüdische Nationalfonds bekamen alle ein Stück vom Kuchen. Ein Teil der Profite wurde zum Ankauf von Land für jüdische Siedlungen verwandt.“[138]

Das Abkommen durchlief verschiedene Phasen, bis es sich Mitte der Dreißiger Jahre konsolidierte. Zusammengefasst war es ein Abkommen zwischen dem Reichswirtschaftsministerium, der Zionistischen Vereinigung für Deutschland und der Anglo-Palestine Bank.
Tom Segev, einer der bekanntesten „Neuen Historiker“ in Israel, schreibt dazu:

„... Bei diesem Kampf um die Macht in der zionistischen Bewegung siegten die Befürworter des Haawara Abkommens. Ihre politische Linie wurde vom nächsten Zionistenkongress, der 1935 in Luzern zusammenkam, bestätigt ...
Das Haawara Abkommen erwies sich für die damals fast bankrotte Jewish Agency letztlich als wichtige Stütze, die neuen Auftrieb gab ...
Der Jischuw isolierte sich dadurch von der vorherrschenden Strömung innerhalb des Weltjudentums und seiner Reaktion auf die nationalsozialistische Machtübernahme. ... Zwei Monate nach Hitlers Machtantritt hatte das Exekutivkomitee der Jewish Agency in Jerusalem dem „Führer“ in Berlin bereits ein Telegramm mit der Versicherung gesandt, der Jischuw habe nicht zum Boykott gegen sein Land aufgerufen ...“[139]

Bei Gegnern und Befürwortern des Haàvara-Abkommens gilt der Konsens, dass ohne die Geschäfte mit Deutschland die Zukunft zionistischer Siedlungspolitik ganz anders ausgesehen hätte. Ökonomisch bildete das Haàvara-Abkommen eine wichtige Basis für das heutige Israel.
Verschiedene Autoren und Autorinnen haben diese eigenartige Liaison beschrieben:

„In jenen ersten Jahren entstand ein scheinbar gegenseitig höchst zufriedenstellendes Übereinkommen zwischen den Nazibehörden und der Jewish Agency for Palestine, das sogenannte Haàvarah- oder Transferabkommen, das es Emigranten, die nach Palästina gingen, ermöglichte, ihr Geld in Form deutscher Waren zu transferieren; was sie in Deutschland eingezahlt hatten, wurde ihnen bei der Ankunft in Pfund zurückgezahlt ...

Das Ergebnis war, dass in den dreißiger Jahren, als das amerikanische Judentum sich bemühte, einen Boykott deutscher Waren zu organisie-

[138] Ebda. S. 33/34
[139] Ebda. S. 44/45

ren, ausgerechnet Palästina mit allen möglichen Erzeugnissen „made in Germany" überschwemmt war."[140]

Über das Haàvara-Abkommen schreibt auch Raul Hilberg in seinem bekanntesten Werk „The Destruction of the European Jews":

„Den nach Palästina auswandernden Juden stand aufgrund des sogenannten Haavara-Abkommens eine spezielle Möglichkeit offen, ihr Kapital außer Landes zu schaffen. Dieses Abkommen war zwischen dem Deutschen Reich und der Jewish Agency for Palestine geschlossen worden. Seiner Form nach war es ein modifiziertes Verrechnungsabkommen. Danach konnte ein jüdischer „Kapitalist", der nach Palästina auswandern wollte, mit einem deutschen Exporteur einen Vertrag abschließen, der die Ausfuhr einer bestimmten Warenmenge von Deutschland nach Palästina vorsah. Bezahlt wurde der deutsche Exporteur mit dem gesperrten Geld des auswandernden Juden. Dieser wiederum erhielt bei seiner Ankunft in Palästina von der Jewish Agency palästinensische Zahlungsmittel."[141]

Die von Raul Hilberg zum Zitat vorgelegte Zeichnung über den Ablauf des Transfers wurde vom Autor nur durch eine Tabelle zur übersichtlicheren Darstellung ergänzt:

Sperrkonto des jüd. Emigranten	Emigrant
↓ (Bezahlung in Reichsmark)	↑ (Bezahlung in Pfund)
Deutscher Exporteur (Lieferung an) →	Jewish Agency

„Die Jewish Agency und die deutschen Exporteure waren mit dieser Regelung ebenso zufrieden wie die Emigranten selbst. Deutsche Waren strömten nach Palästina, und nach einiger Zeit wurde das Haàvara-Verrechnungsabkommen durch ein Tauschabkommen ergänzt, das den Austausch von palästinensischen Orangen gegen deutsche Bauhölzer, Verpackungsmaterialien, Kraftwagen, Pumpen, landwirtschaftliche Maschinen usw. vorsah. Allem Anschein nach waren also die Wirtschafts-

[140] Arendt, Hannah, „Eichmann in Jerusalem", Piper und Co-Verlag, München 1964, Neuausgabe August 1986, S. 90

[141] Aufzeichnungen des Auswärtigen Amts vom 10.März 1938, NG – 1889, Zusammenfassung einer interministeriellen Besprechung im Wirtschaftsministerium, 22.Sept. 1937, NG – 4075, zit. bei Hilberg, Raul, „Destruction of the European Jews," Quadrange Books, Chicago 1961; hier in der deutschen Übersetzung, „Die Vernichtung der europäischen Juden", Hg: Wolter, Ulf, Olle und Wolter, Berlin 1982, S. 105

beziehungen zwischen Nazideutschland und der jüdischen Gemeinde in Palästina ausgezeichnet.[142]

Die Infrastruktur in den zionistischen Siedlungen konnte durch dieses Abkommen massiv ausgebaut und verbessert werden. Um die umfassende Bedeutung von Haàvara besser nachvollziehen zu können, lohnt es sich, die Darstellung und Beurteilung mehrerer Autoren miteinander zu vergleichen, auch wenn sich einiges in den Ausführungen wiederholen sollte.

Klaus Polkehn etwa schreibt dazu:
„Dem in Berlin ausgehandelten Abkommen zufolge wurde in Tel Aviv die Haàvara-Gesellschaft und in Berlin die Schwestergesellschaft Paltreu gegründet. Das Verfahren wurde in folgender Weise abgewickelt: der jüdische Auswanderer zahlte sein Geld (der Mindestbetrag lag bei einer Summe von 1.000 Pfund Sterling) auf die deutschen Konten der Haàvara ein (in Berlin beim Bankhaus Wassermann oder in Hamburg beim Bankhaus Warburg). Mit diesem Geld konnten jüdische Importeure deutsche Waren für den Export nach Palästina kaufen, während sie den Gegenwert in palästinensischen Pfund auf ein Haávara Konto bei der Anglo-Palestine Bank in Palästina einzahlten. Wenn der Auswanderer in Palästina eintraf, erhielt er aus diesem Konto den Gegenwert des von ihm in Deutschland eingezahlten Betrages ausgezahlt (wobei Ball-Kaduri hinzufügt: „nach Abzug der ziemlich hohen Spesen“).
Im Zusammenhang mit der durch das Haàvara-Abkommen forcierten Auswanderung nach Palästina gründeten die Zionisten eine eigene Schiff-Fahrtsgesellschaft, die Palestine Shipping Company, die das deutsche Passagierschiff „Hohenstein“ kaufte und in „Tel Aviv“ umbenannte. Anfang 1935 unternahm dieses Schiff seine erste Fahrt. Bei dieser Fahrt trug das Schiff am Rumpf in hebräischen Lettern den neuen Namen „Tel Aviv“, während vom Mast die Hakenkreuzflagge wehte, „eine Kombination von metaphysischer Absurdität“, schrieb ein Mitreisender dazu. Und der Kapitän des Schiffes, Leidig, war eingeschriebenes Mitglied der Nazipartei!
Das Haàvara-Abkommen brachte jeglichen Versuch eines wirtschaftlichen Boykotts des Nazireiches zum Scheitern, sicherte der deutschen Wirtschaft einen umfangreichen und kontinuierlichen Export und erlaubte ihr die Eroberung eines Marktes, und das in einer Situation, da der Welthandel noch immer unter den Folgen der schweren Weltwirtschaftskrise von 1929 litt. Dies wird auch in einer Aufzeichnung des NS-Staatssekretärs Stuckart vom Reichsinnenministerium vom 17. Dezember 1937 hervorgehoben, in der es heißt:

---

[142] Ebda.

„Die hauptsächlichen Vorteile sind folgende: ... Der Einfluss der Haàvara-Gruppe in Palästina hat zu der ungewöhnlichen, aber erwünschten Erscheinung geführt, dass gerade dort deutsche Waren von jüdischer Seite nicht boykottiert werden ...“
Da das Abkommen ein Mindestvermögen der Auswandernden von 1.000 Pfund Sterling vorschrieb, konnten nur Angehörige der jüdischen Bourgeoisie von den Vorteilen des Abkommens Gebrauch machen, während die Werktätigen jüdischer Herkunft ihrem Schicksal überlassen blieben ...
... So vermerkte das Außenhandelsamt der Auslandsorganisation der Nazipartei in aller Offenheit: „Politisch bedeutet (der Haàvara Transfer) eine wertvolle Unterstützung zur Errichtung eines jüdischen Nationalstaates mit Hilfe deutschen Kapitals.“[143]

Der Mindestbeitrag von 1.000 Pfund war für ärmere Schichten kaum erschwinglich. Das Abkommen richtete sich in erster Linie an die Zielgruppe kapitalkräftiger Migranten:

„Der Vertrag sah zwei verschiedene Kategorien von Zedenten vor: 1. Einwanderer, die mehr als 1.000 Pfund Sterling zu transferieren wünschten; 2. Investoren, die Geld in Palästina investieren, aber zu jener Zeit noch in Deutschland bleiben wollten. Innerhalb dieser zweiten Kategorie war auch der Transfer von Beiträgen zum zionistischen Nationalfonds sowie die Übernahme von Studiengebühren für Studenten bzw. von Pensionen und Renten möglich.“[144]

Die Spesen, die Einwanderer für die Abwicklung des Abkommens entrichten mussten, waren hoch, sie verloren 35% ihres Geldes und mussten oft jahrelang auf die Auszahlung warten:

„Im Rahmen dieses Transferdeals konnten die jüdischen Flüchtlinge nur einen Bruchteil ihrer Besitztümer retten. Sie wurden nicht nur von den Nazis beraubt, sondern auch noch von der Jewish Agency ausgenommen, die für die Abwicklung der Transaktionen fette Kommissionen kassierte.“[145]

Innerhalb der Nazipartei gab es divergierende Ansichten zum Haàvara-Abkommen. Bis 1936 war die prozionistische Haltung Konsens, dann stei-

---

[143] Polkehn, Klaus, „Der Zionismus im Komplott mit dem Nationalsozialismus,“ in Klartexte 9, Freiburg 1983, zitiert in „Zionismus, Faschismus, Kollektivschuld“, von der Nahostgruppe Hamburg und der Gruppe Arbeiterpolitik, Hamburg, April 1989, S. 10

[144] Gutmann, Israel (Hauptherausgeber), „Enzyklopädie des Holocaust“, Band II, Argon-Verlag Berlin, 1993, S. 589/590

[145] Elam, Shraga, „Holocaust-Industrie und Holocaust-Religion“, http://www.haefely.info/gesellschaft+politik_holocaust-theologie+industrie.htm, S. 3

gerten sich die kritischen Stimmen. Da waren einerseits diejenigen fanatischen Antisemiten, die nicht begriffen, wieso zwischen Juden und Juden so ein Unterschied gemacht wurde. Andererseits gab es neben dieser Minderheit von rassistischen Hardlinern – die Eichmann als „Gefühlsduseln“, „unrealistische Narren“ und „teutonisch germanisch mit Hörnern und Fellen bekleidet sich gebärdende Parteigenossen“ bezeichnet hatte[146] – auch unter den Strategen solche, die das Haàvara-Abkommen aus Kalkül beenden wollten. Denn die Chance auf eine prodeutsche zionistische Kolonie beschränkte sich letztendlich auf das Umfeld der Terrorgruppen Irgun und Stern, während es der britischen Mandatsmacht immer stärker gelang, den Großteil der zionistischen Siedler in seinem Einflussbereich zu organisieren. Die Hagana etwa, die größte zionistische Terrorgruppe in Palästina, unterstützte nach anfänglichen Sympathieerklärungen für Deutschland (etwa der Einladung Eichmanns nach Palästina, siehe Kapitel über Eichmann) offen Großbritannien und stellte bei einigen Gelegenheiten auch Soldaten für die britische Armee. Da der Ausbruch eines militärischen Konflikts mit England vor der Tür stand, zweifelten die Nazis, wie sich dieser Konflikt im arabischen Raum widerspiegeln würde – ob sie wirklich vom Aufbau eines zionistischen Projektes profitieren würden, oder ob letztendlich die Briten ernten würden, was die Nazis gesät hatten.
Außerdem, so wurde argumentiert, brächte das Haàvara-Abkommen für Deutschland keine dringend benötigten Devisen.

Schließlich wurde die Diskussion von Hitler selbst beendet, der laut einer Aufzeichnung des Auswärtigen Amtes vom 27. Januar 1938 entschied, dass das Haàvara-Abkommen weitergeführt werden sollte.[147]
Das wurde auch in einem Schreiben der Auslandsorganisation (AO) der NSDAP an das Auswärtige Amt vom 1. Februar 1938 bestätigt. Darin heißt es, dass

> *„der Führer in einer kürzlich getroffenen Entscheidung auf erneuten Vorschlag des Reichsleiters Rosenberg hin nochmals dahingehend entschieden hat, dass die Judenauswanderung aus Deutschland mit allen Mitteln gefördert werden soll, wobei sich diese in erster Linie nach Palästina zu richten habe.“*[148]

---

[146] Arendt, Hannah, „Eichmann in Jerusalem,“ Piperverlag, Neuauflage München 1986, S. 100

[147] Ebda. S. 10

[148] Akten des Auswärtigen Amts, Bonn, W III S. 7115 und 7661/1967 und 83 – 24 Ag. 13/1 467984 – 88 über Berichte Besprechungen Rosenberg-Hitler; zit. in Feilchenfeld, Werner, Michaels, Dolf und Pinner, Ludwig, „Haàvara-Transfer nach Palästina“, J.C.B. Mohr (Paul Siebeck), Tübingen 1972, herausgeg. vom Leo Baeck-Institut

Trotzdem gab es auch Stimmen, die meinten, Deutschland bräuchte, um den arabischen Raum zu erobern, auch arabische Verbündete. Diese würden aber der Unterstützung eines durch Nazideutschland geförderten, zionistischen Projekts skeptisch gegenüberstehen. Nach Hitlers Machtergreifung hatten tatsächlich einzelne arabische Parteien und Regimes gehofft, die Deutschen würden einen Gegenpol zu den im arabischen Raum vorherrschenden französischen und britischen Kolonialmächten bilden. Gleichzeitig mehrten sich auch im arabischen Raum die Stimmen, die gegen die Innenpolitik der Nazis protestierten. In Ägypten wurde „entartete Kunst" ausgestellt und jüdischen Emigranten Asyl angeboten. Für die arabischen Menschen war Antisemitismus ein unbekanntes Phänomen – seit tausenden Jahren lebten die jüdischen Gemeinden in ihrer unmittelbaren Nachbarschaft, als gleichberechtigte Mitglieder ihrer Gesellschaften. Dass sie gegen den geplanten Zionistenstaat protestierten, hatte antikoloniale Ursachen, keine rassistischen.

Abschließend zum Thema sei noch einmal das technische Procedere des Haàvara-Abkommens zusammengefasst, wie es bereits in Raul Hilbergs Zitat beschrieben wurde:
Zur Durchführung des Haàvara-Abkommens wurden zwei Gesellschaften gegründet, die PALTREU (Palästina-Treuhandstelle zur Beratung deutscher Juden) in Berlin, entstanden aus der Partnerschaft zwischen der Anglo-Palestine Bank und den Banken von Max Warburg und Oskar Wassermann, und die Haavara, eine Untergesellschaft der Anglo-Palestine Bank, die für die Entschädigung der Einwanderer verantwortlich war und die Waren aus Deutschland in Palästina vertrieb. Außerdem übernahm sie die Treuhandschaft für die Investoren, die nicht nach Palästina auswanderten, sondern in Deutschland blieben.[149] Die Anglo-Palestine Bank wurde durch das zionistische Palästinaamt vertreten.
Ähnliche Abkommen wurden mit der tschechoslowakischen Regierung getroffen, mit mäßigem Erfolg auch mit anderen Ländern Osteuropas. Insgesamt sind durch das Haàvara-Abkommen etwa acht Millionen Pfund Sterling direkt und sechs Millionen indirekt nach Palästina gelangt.

> *„Mehrere tausend Einwanderer nutzten das Abkommen, und eine wesentlich höhere Zahl profitierte von der allgemeinen Steigerung der Aufnahmefähigkeit des Landes durch den Zufluss deutsch-jüdischen Kapitals."*[150]

---

[149] Gutmann, Israel, (Hauptherausgeber), „Enzyklopädie des Holocaust", Band II, Argon-Verlag Berlin, 1993, S. 590

[150] Ebda. S. 590

Neben den unmittelbaren Folgen, wie sie oben beschrieben wurden, gab es auch indirekte Auswirkungen. Einerseits wurde der Boykott gegen Nazideutschland sabotiert. Andererseits hatte das Abkommen auch Vorbildwirkung für spätere Finanzierungsaktionen:

> *„Die Verhandlungen, die zum Transfer-Abkommen führten, können als Geburtsstunde der ‚Holocaust-Industrie' betrachtet werden. Damals wurden die Prinzipien und Strukturen entwickelt, welche die spätere jüdische Reparations- und Restitutionskampagne prägen sollten. Diese Entwicklung erfolgte nicht zuletzt wegen der Teilnahme einiger Hauptakteure des Transfergeschäfts an den späteren Entschädigungsverfahren."*[151]

Hachschara-Lager: Die Faschisten fördern die Ausbildung zionistischer Siedler

Hannah Arendt schrieb sich in ihrem Buch „Eichmann in Jerusalem" ihre Verwunderung von der Seele, dass die Nazis Nonnen aus einem Kloster vertrieben hatten, um dort zu Zeiten der allgemeinen antisemitischen Pogromstimmung ausgerechnet jüdischen Jugendlichen eine landwirtschaftliche Ausbildung zu ermöglichen. Dabei handelte es sich keineswegs um einen Einzelfall – als sich Zionisten und deutsche Faschisten darauf geeinigt hatten, dass sich ihr gemeinsames Interesse trotz häufig unterschiedlicher Beweggründe in der Emigration jüdischer Deutscher nach Palästina traf, wurde den künftigen Siedlern umfangreiche Unterstützung durch die Nazibehörden angeboten.

Sogenannte Hachschara-Lager waren sehr verbreitet. Einige bekannte Standorte in Österreich befanden sich in Orten wie Fischamend, in Großenzersdorf – übrigens ein arisierter Bauernhof unter einem Verwalter der Nazis – in Otterthal bei Kirchberg am Wechsel, in Markhof bei Marchegg, in Moosbrunn oder in Walpersdorf, bei dem es sich um ein ehemaliges Kloster handelte, vermutlich dasselbe, von dem Hannah Arendt geschrieben hatte. Es existierten für die künftigen Siedler aber auch „Stadtkibbuzim", z. B. in der Haasgasse in Wien.[152]

> *„Der ‚Hechaluz' war für die Vorbereitung junger jüdischer ‚Pioniere' auf ihr künftiges Leben in Palästina verantwortlich. Die Auswanderungskandidaten erhielten in sogenannten ‚Hachschara'-Lagern eine*

---

[151] Elam, Shraga, „Holocaust-Industrie und Holocaust-Religion", http://www.haefely.info/gesellschaft+politik_holocaust-theologie+industrie.htm, S. 3

[152] Anderl, Gabriele / Manoschek, Walter, „Gescheiterte Flucht", Der jüdische Kladovo-Transport auf dem Weg nach Palästina 1939-1942, Verlag für Gesellschaftskritik, Wien 1993, S. 31

rudimentäre landwirtschaftliche Ausbildung. Dabei stand die körperliche Ausbildung im Mittelpunkt der erzieherischen Vorbereitung auf die ‚Alija'. Die Zuteilung von Zertifikaten sowohl des ‚Hechaluz' wie der ‚Jugendalija' war an einen strengen Auswahlprozess gebunden.
Aus der großen Zahl von Bewerberinnen und Bewerbern wurden jene Kandidaten ausgesucht, die für den Aufbau Palästinas und auch die militärische Verteidigung des Landes am besten geeignet schienen und eine landwirtschaftliche ‚Hachschara' absolviert hatten; körperliche Gesundheit und Leistungsfähigkeit sowie Identifikation mit der zionistischen Idee waren dabei wichtige Kriterien."[153]

Zu untersuchen wäre noch, wie groß die deutsche Unterstützung bei der Organisierung der sogenannten „Auslandshachschara" war, d.h. dass jüdische Jugendliche aus Deutschland und Österreich in zionistische Ausbildungslager in Länder außerhalb Deutschlands wie England, Skandinavien, Dänemark und Holland geschickt wurden.

Der Kladovo-Transport: Ein Fallbeispiel für die zionistische Selektion von jüdischen Flüchtlingen

Nachdem die Jugendlichen ihre Hachschara absolviert hatten, versuchten sie sich an einem der Transporte zu beteiligen, der ihnen die Emigration nach Palästina ermöglichen sollte. Durch den Ausbruch des Krieges, die unterschiedlichen Konstellationen und Interessen der Kriegsgegner und die Bündnisse der rivalisierenden zionistischen Fraktionen wurde ihre Ausreise erschwert.
Die Briten hatten 1930 in ihrem berühmten Weißbuch beschlossen, die Einreisezertifikate nach Palästina zu beschränken. Eine Entscheidung, die meist dahingehend interpretiert wurde, dass die Mandatsmacht die Palästinenser beruhigen und ihnen die Angst vor einer drohenden Vertreibung nehmen wollte. Immerhin kämpften auch tausende Palästinenser in der englischen Armee gegen die Achsenmächte.[154] Eingeräumt wird auch noch die taktische Überlegung Englands, den arabischen Verbündeten ein Ende des expansiven Kolonialismus zu suggerieren.
Alle diese Überlegungen haben die Tendenz, den arabischen Ländern allgemein und den Palästinensern im Konkreten eine Mitschuld an der Judenverfolgung in Europa zu unterstellen, da Großbritannien in seiner Entschei-

[153] Ebda. S. 19
[154] „Jewish Military Recruitment in Palestine, 1940-1943" in „Journal of Palestine Studies, Vol. III, Nr.2", Winter 1979, zitiert in: Polkehn, Klaus: „Zusammenarbeit von Zionismus und deutschem Faschismus", Zeitschrift Al Karamah Nr. 9, 1988

dung offensichtlich nur Rücksicht auf die mangelnde Einsicht der Araber genommen hätte.
Mehrere auf den ersten Blick widersprüchliche Einschätzungen bringen uns dazu, das Entstehen dieses Weißbuchs zu verstehen und seine Bedeutung besser einzuschätzen:

- Auch auf die Gefahr hin, uns zu wiederholen, sei nochmals erwähnt: Ägypten, seit 1937 im Völkerbund, hatte sich den verfolgten europäischen Juden als Fluchtland angeboten. Unterstrichen wurde diese Haltung durch mehrere antifaschistische Aktionen wie der ebenfalls bereits oben erwähnten Ausstellung und vor allem der – letztlich kriegsentscheidenden – Teilnahme am Widerstand gegen die imperialen Pläne Nazideutschlands im arabischen Raum. Die Niederlage des deutschen Faschismus in der Region hatte große Auswirkungen auf die weitere Entwicklung. Der siegreiche Kampf der arabischen Menschen spornte den weltweiten antiimperialistischen Kampf an.
- Bewusst wurden den jüdischen Menschen, die aus dem Einflussbereich der deutschen Faschisten flüchteten, die Grenzen der westlichen Länder versperrt, um ihre Flucht nach Palästina zu kanalisieren. Wir müssen uns also fragen, was für ein Interesse hinter dieser Entscheidung der imperialistischen Regierungen stand.
- Der wichtigste Grund für Großbritannien, die Einwanderung zu beschränken, lag in der offensichtlichen Absicht der zionistischen Bewegung, die Mandatsmacht abzusetzen und ihren eigenen Staat aufzubauen. Zwar betrieb nur die revisionistische Seite offen antibritische Agitation, während die Institutionen der Jewish Agency Aufgaben in der Mandatsverwaltung und selbst polizeiliche Jobs übernahmen – doch die Bündnisse mit den Zionisten waren nur vorübergehender und taktischer Natur, das galt für alle Fraktionen und war allen Beteiligten klar. England unterstützte zwar die Pläne für einen zionistischen Staat, wollte aber seinen künftigen Einfluss absichern.
- Mehrere Gruppierungen der Zionisten Palästinas standen unter dem Verdacht, mit Nazideutschland zu kooperieren und Spionagedienste für sie zu erledigen. Das führte übrigens dazu, dass nicht nur die britische Mandatsmacht, sondern auch die zionistischen Gemeinden in Palästina Flüchtlingen aus Deutschland mit Misstrauen begegneten. Ihnen wurde außerdem vorgeworfen, nicht aus zionistischen Beweggründen gekommen zu sein.
- Wie Palästinenser waren auch Zionisten Soldaten in der Armee der britischen Mandatsmacht. Doch die Gründung eigener zionistischer militärischer Gruppierungen mit Unterstützung der Mandatsmacht blieb bis Kriegsende eine Utopie, weil die Strategen Englands davon ausgingen,

dass es den Zionisten nicht um antifaschistisches Engagement, sondern nur um eine militärische Ausbildung gehen würde und darum, an Waffen zu kommen – um letztendlich gegen Großbritannien selbst zu kämpfen. Diese Haltung wurde auch von einigen zionistischen Führern bestätigt, denen die Zukunft des Staates viel bedeutender erschien als der Kampf gegen „die Episode“ des deutschen Faschismus. *„Deshalb bemühten sich die Jischuwführer im Zweiten Weltkrieg sehr, die Briten zur Aufstellung einer jüdischen Brigade zu überreden. Sie hofften, dass der Jischuw dann als kriegführende Nation anerkannt würde und damit der zionistischen Bewegung eine Rolle bei der Gestaltung Europas nach dem Krieg zukäme. Die Briten begriffen, welche Motive hinter dem Vorschlag steckten und lehnten ihn ab. Die jüdische Brigade wurde erst in den letzten Kriegsmonaten aufgestellt ...“*[155]

Eine der bekanntesten Episoden dieser Zeit spiegelt sich in der Tragödie des sogenannten Kladovo-Transportes wider.
1939 verließen etwa 1.000 jüdische Menschen auf Schiffen Wien, um – über die Donau zum Schwarzen Meer – nach Palästina zu gelangen.
Auch Nichtzionisten beteiligten sich – gegen Bezahlung – am Transport. Der Mossad Aliya Beth, einer der Vorläufer des späteren Mossad, interessierte sich vor allem für die jungen in Hachschara-Lagern ausgebildeten Zionisten, die auch noch rechtzeitig weiterreisen konnten, während nichtzionistische Juden und Jüdinnen, vor allem die Alten, nur als zahlungskräftige Passagiere akzeptiert und später auch ihrem Schicksal überlassen wurden.
Der Mossad Aliyah Beth wurde vor Kriegsausbruch ins Leben gerufen, um gegen die britischen Einwanderungsbeschränkungen vorzugehen:

> *„Nach der israelischen Historikerin Idith Zertal sollte sie die neue Methode des Jewish-Agency-Chefs Ben Gurion im politischen Kampf gegen die Briten (sein). Die Immigration sollte dabei primär als Kriegsmittel gegen die Besatzer eingesetzt werden. Nicht die Rettung der Juden stand also im Vordergrund, sondern der Wunsch, mittels spektakulärer, illegaler Einwanderungsaktionen politischen Druck auf die Briten auszuüben, um schneller einen jüdischen Staat errichten zu können.“*[156]

---

155 Segev, Tom, „Die siebte Million“, s.o., S. 117

156 Zertal, Idith, „From Catastrophe to Power. Jewish illegal Immigration 1945-1948.“, Am Oved Publisher, Tel Aviv, 1996, S. 311 (hebr.), siehe Elam, Shraga, „Hitlers Fälscher“, s.o., S. 152

Die oben zitierte Autorin stellt weiterhin fest, dass die Führung der zionistischen Bewegung in Palästina *„der Rettung nicht die höchste Priorität gab, nicht die besten Leute und die größten Ressourcen dafür mobilisierte.“*[157]

Bald wurden die Flüchtlinge des „Kladovo-Transports“ auf drei Schiffe aufgeteilt, die von Jugoslawien zur Verfügung gestellt worden waren. Eins war für die Erwachsenen, in der Regel keine Zionisten, eins für die religiösen und eines für die zionistischen Jugendbewegungen. Es gab Spannungen zwischen den verschiedenen Gruppen und Überlebende erinnern sich, dass sie von den zionistischen Bewegungen ausgegrenzt wurden und an ihren zahlreichen Aktivitäten nicht teilnehmen durften.

> *„Die Jugendlichen, die nicht Mitglieder der zionistischen Organisationen waren, waren Außenseiter und hatten eine schwierige Position.“*[158]

Im Donauhafen Kladovo endete die Flucht. Nicht nur die zugefrorene Donau verhinderte die Weiterreise, denn auch nach dem Winter verzögerten immer neue tatsächliche oder vorgeschobene Hindernisse eine Fortsetzung der Reise nach Palästina. Eines war der Kriegseintritt Italiens und die deshalb verhinderte Durchfahrt, aber daran allein, das war den Flüchtlingen klar, konnte es nicht liegen. Schließlich gab es andere Transporte, die trotz dieser Umstände weiterfuhren, sie konnten sie vom Ufer aus beobachten, und Überlebende erzählen, wie ihnen Passagiere von diesen Schiffen zugewinkt hatten.

Später wurden die Flüchtlinge nach Sabac gebracht, wo sie zum Teil in Privatunterkünften untergebracht wurden. Dort warteten sie viele Monate lang auf eine Möglichkeit zur Fortsetzung der Reise.
Mehrere Historiker haben sich bereits mit der Frage beschäftigt, woran die Flucht der an dem Transport beteiligten Juden und Jüdinnen letztlich gescheitert ist und weshalb nur ein Teil der Flüchtlinge überlebte.
Der Mossad hatte Geldnöte; so versuchte er, Geld für ein Schiff für den Weitertransport aufzutreiben, der Agent Moshe Agami setzte – von Genf aus – vor allem den amerikanischen „Joint“ unter Druck, um die Geldmittel aufzutreiben. Dessen Vertretern wurde gesagt, sie würden persönlich für jeden Toten zur Verantwortung gezogen, wenn sie nicht zahlen würden. Eine andere Finanzierungsquelle waren andere Flüchtlingstransporte: beispielsweise sollte die jüdische Gemeinde in Prag 25 Pfund für jeden Juden zahlen, dem sie aus Prag oder aus Bratislawa zur Flucht verhelfen würden.

---

157 Zertal, Idith, „From Catastrophe to Power. Jewish illegal Immigration 1945-1948.“, s.o., S. 322 (hebr.), siehe Elam, Shraga, „Hitlers Fälscher“, s.o., S. 152

158 „Der Kladovo-Transport“, Hörkassette einer Journal Panorama Radiosendung, auf Ö1, Österreichischer Rundfunk ORF, 08.08.2001

Über den endgültigen Verbleib der Spendengelder gibt es keine genauen Aufzeichnungen. Jedenfalls kam der Mossad wiederholt in Verruf, sowohl bei den Sponsoren als auch bei den betroffenen Flüchtlingen. Nicht zuletzt wegen des für die Flüchtlinge des Kladovotransportes bestimmten Schiffes „Darien II".

Zuerst hatte die Genfer Zentrale des Mossad 35.000 Dollar von amerikanischen Zionisten erhalten, bestimmt für den Kauf eines Schiffes, das die Kladovoflüchtlinge nach Palästina bringen sollte.

Das türkische Schiff „Watan", das der griechische Mittelsmann Pendelis angeboten hatte, sollte für diesen Zweck gekauft werden. Es wäre groß genug gewesen, um 3.000 Flüchtlingen die Weiterreise zu ermöglichen. Doch der Verkauf scheiterte aus nicht ganz geklärten Gründen und das bereits überwiesene Geld war noch nicht zurückgezahlt. Trotzdem wurde abermals Pendelis eingeschaltet, um ein anderes Schiff zu kaufen, die „Darien II".

> *„Mitte Juli 1940 wurde die für die Kladovo-Gruppe bestimmte „Darien II" plötzlich für 15.000 Dollar vom „Mossad" an Jehuda Arazi übertragen. Arazi war Mitglied der „Hagana", der zionistischen Untergrundarmee in Palästina, aus der der „Mossad" ursprünglich hervorgegangen war, und arbeitete mit den Briten bei Sabotageaktionen zusammen. Er plante, das Schiff bei einer solchen Aktion im britischen Interesse zum Einsatz zu bringen. Wenngleich die Entscheidung der „Mossad"- und „Hagana"-Führung in Palästina zunächst im Gegensatz zur Überzeugung der „Mossad"-Agenten in Europa stand, stimmte schließlich auch Agami zu, die „Darien II" an die Briten zu verkaufen.*
>
> *„Hinter diesen Ereignissen standen heftige interne Konflikte innerhalb der Führung der „Hagana" und des „Mossad". Zwei grundlegend verschiedene Handlungskonzepte standen einander gegenüber: einerseits ging es ungeachtet aller sonstigen Erwägungen um die rascheste Rettung von Flüchtlingen aus Nazi-Gebieten, vor allem der gestrandeten Kladovo-Gruppe; andererseits sollten durch die Kooperation mit den Briten im Kampf gegen Nazi-Deutschland längerfristige, umfangreichere Rettungsaktionen ermöglicht werden. Die meisten Verfechter der Idee einer Zusammenarbeit mit den Briten lehnten eine Fortsetzung der illegalen „Alija" während des Krieges ab."*[159]

Tatsächlich war die Rettung bestenfalls ein sekundäres Ziel, das außerdem nur einer bestimmten Zielgruppe vorbehalten war – den Mitgliedern der Jugendbewegungen, den Jungen und Kräftigen als potentielle Soldaten für die künftige zionistische Armee.

---

[159] Anderl, Gabriele / Manoschek, Walter, „Gescheiterte Flucht", Der jüdische Kladovo-Transport auf dem Weg nach Palästina 1939-1942, Verlag für Gesellschaftskritik, Wien 1993, S. 110

Ein Überlebender, Chaim Schatzker, erzählt seine Enttäuschung, als das erwartete Schiff endlich ankam und sie trotzdem nicht an Bord gehen durften.

> *„Also, da kam ein Plan, ein irrer Plan. Ein irrsinniger Plan von der Hagana, das waren die Sicherheitskräfte Palästinas. Man sollte das Schiff an die Briten verkaufen, an die Engländer und das Schiff auf der Donau sprengen, damit das Öl, das aus Rumänien nach Deutschland kam, gestört wurde, der Ölverkauf. Und so hat man das Schiff, das für diese Leute bestimmt war, einem ganz anderen Plan untergeordnet, ein Plan, von dem man bis heute nicht weiß, ob die Briten das überhaupt wussten oder damit einverstanden waren oder ... Allenfalls wurde nichts daraus und das Schiff stand zwei Monate ganz leer ohne irgendeine Betätigung. Das stand irgendwo, während die Leute da schmachteten ...“*[160]

Der spätere Ministerpräsident Chaim Weizmann meinte dazu, dass kurzfristige Ziele den längerfristigen untergeordnet werden müssen – und längerfristig bedeutete in diesem Fall, dass die Beziehung zur britischen Mandatsmacht für den zionistischen Staat wichtiger wäre als die Rettung der Kladovoflüchtlinge.
Kurz bevor die Deutschen Jugoslawien besetzten, erhielten noch etwa zwei- bis dreihundert Mitglieder der zionistischen Jugendbewegungen Einreisezertifikate nach Palästina und reisten auf dem Landweg weiter.

Die Menschen, die in Sabac zurückgeblieben waren, fielen bis auf wenige Ausnahmen den Nazis in die Hände, kamen in Konzentrationslager und wurden, gemeinsam mit inhaftierten Kommunisten, Roma und Sintiund , unter dem Stichwort der Partisanenbekämpfung von österreichischen Wehrmachtsangehörigen ermordet, der Großteil bereits in Gaswagen.

> *„Rund tausend Menschen starben für die Fehlleistungen der Funktionäre in Palästina – eine Fehltat, die bis zum heutigen Tag rätselhaft ist“, kritisiert etwa Professor Karl (Chaim) Schatzker, der Mutter, Onkel und Tante in Jugoslawien verloren hat, das seiner Meinung nach beschämende Verhalten der zionistischen Führung.*[161]

Die Selektion und die zionistischen Interessen für die Staatsgründung nach dem Krieg standen auch bei anderen Rettungsaktionen im Vordergrund. Als etwa die Patria, die mit rund 3.000 jüdischen Flüchtlingen an Bord im

---

[160] „Der Kladovo-Transport“, Radiosendung Journal Panorama, Ö1, s.o.

[161] Anderl, Gabriele / Manoschek, Walter, „Gescheiterte Flucht“, Der jüdische Kladovo-Transport auf dem Weg nach Palästina 1939-1942, Verlag für Gesellschaftskritik, Wien 1993, S. 252

Hafen von Haifa vor Anker lag, von der Hagana gesprengt wurde, ertranken zweihundert Menschen. Angebliche Absicht der zionistischen Terrororganisation war es, mit dieser Aktion das Schiff einerseits manövrierunfähig zu machen, um nicht von der Mandatsmacht zur Weiterreise aufgefordert zu werden, andererseits die englischen Soldaten am Ufer abzulenken, damit sie die Passagiere nicht daran hindern konnten, an Land zu schwimmen.[162] Kritiker nannten diese Inszenierungen Schauaktionen, für die bewusst Tote in Kauf genommen wurden.

Auch nach dem Krieg sorgten ähnliche Aktionen für internationales Aufsehen. Berühmt wurde das Schiff „Exodus", das 1947 4.500 jüdische Menschen illegal nach Palästina brachte. Die Einwanderungsbestimmungen der Briten, die eine Landung der Exodus lange Zeit verhinderten, wurden massiv angeprangert. Es gab später einen gleichnamigen Bestseller von Leon Uris, der auch verfilmt wurde. Die „Struma" sank mit 750 Passagieren vor Istanbul und diese Katastrophen wiederholten sich.

> *„Unter sehr gefährlichen Bedingungen wurden z.B. Schauaktionen der illegalen Immigration Überlebender inszeniert. Zahlenmäßig waren die Resultate dieser Operationen unbedeutend. Denn wenn sie erfolgreich abgeschlossen wurden, zogen die Briten die Zahl dieser illegalen Immigranten von ihrer offiziellen Einwanderungsquote ab, welche auch dann noch unausgeschöpft blieb. Auf legalem Weg, so lautet die Schlussfolgerung des Joint (eines jüdischen Hilfswerks), wäre die Zahl der EinwanderInnen größer und der Transportpreis niedriger gewesen. Der propagandistische Wert dieser Aktionen war jedoch nicht zu übersehen: Da gab es Szenen, in denen britische Soldaten mit Gewalt gegen Überlebende einschritten. Das erzeugte schlechte Presse für die Engländer und der internationale Druck auf sie wuchs."*[163]

---

[162] Tobias, Jim G./ Zinke, Peter, „Nakam-Jüdische Rache an NS-Tätern", Konkret Literatur Verlag, Hamburg 2000, S. 142/143

[163] Elam, Shraga, „Hitlers Fälscher", Ueberreuter, Wien, 2000, S. 153, siehe auch „Holocaust-Industrie und Holocaust-Religion", Elam, Shraga, http://www.haefely.info/gesellschaft+politik_holocaust-theologie+industrie.htm, S. 3

Wichtige Bereiche der Zusammenarbeit von Nazis und Zionisten

Die zionistische Rechte von Jabotinsky bis Irgun Zwai Leumi und der deutsche Faschismus

Die zionistische Rechte verurteilte die engen Kontakte der zionistischen Arbeiterpartei mit Nazideutschland. Ihre eigenen Beziehungen zu den deutschen Faschisten wurden bei dieser Kritik wider besseres Wissen verschwiegen.

> *„Ironischerweise unterhielten auch die Revisionisten recht weitreichende Verbindungen zu den Nazis. Ihr Jugendbund Betar war in Berlin und anderen deutschen Großstädten aktiv ... Die Nazis erlaubten dem Betar, ein Auswanderungsbüro aufzumachen und halfen sogar, indem sie den Emigranten Devisen aushändigten.“*[164]

Die Haltung der zionistischen „Linken“ zu Nazideutschland, wie sie beispielsweise im Haàvara-Abkommen zutage trat, empörte die Rechte, obwohl die Revisionisten und die Anhänger von Jabotinsky dem faschistischen Gedankengut näher standen.

> *Die revisionistische Rechte hatte hingegen seit langem Sympathien für Benito Mussolinis Faschismus bekundet und – natürlich abgesehen von dessen Antisemitismus – gelegentlich sogar für Adolf Hitlers Nationalsozialismus. Jabotinskys Jugendbund Betar pflegte klassische faschistische Ideen und Formen. 1928 hatte der bekannte revisionistische Journalist Abba Achimeir in der Zeitung DOAR HAJOM eine regelmäßige Kolumne mit dem Titel „Aus dem Notizbuch eines Faschisten.“ Mit Blick auf Jabotinskys Ankunft in Palästina überschrieb er einen Artikel mit der Schlagzeile „Zur Ankunft unseres Duce.“*[165]

Achimeir beobachtete Hitlers Aufstieg in Deutschland mit Wohlwollen – nach seiner Ernennung zum Reichskanzler *„stellte Achimeir den ‚Führer‘ in eine Reihe mit anderen ‚leuchtenden Namen‘ aus der Geschichte: Mustafa Kemal Atatürk, Josef Pilsudski, Eamon De Valera und Benito Mussolini.“*[166]

---

[164] Segev, Tom, „Die siebte Million“, s.o. S. 50

[165] Ebda. S. 35/36, Zitat aus Abba Achimeirs Artikel „Augenblickliche Fragen“, Doar Hajom, 10. Oktober 1928

[166] Ebda. S. 36, zit. aus: Abba Sikra, „Die dritte zionistische Organisation“, Hasit Haam, 28.März 1933, S. 2

Nach der Störung einer Vorlesung musste sich Achimeir vor Gericht verantworten. Sein Verteidiger, Eliachu Cohen, reagierte auf die Beschuldigung des Staatsanwaltes, Achimeir und seine Gesinnungsfreunde würden wie die Nazis in Deutschland handeln, mit dem Zitat:

> *„Wenn es bei Hitler keinen Antisemitismus gäbe, hätten wir nichts gegen seine Weltanschauung. Hitler hat Deutschland gerettet." Dies war keine unbedachte Äußerung, was sich nicht zuletzt daran zeigte, dass die revisionistische Zeitung ‚Hasit Haam' Cohens Stellungnahme als brillant lobte.*[167]

Diese Tendenz der Revisionisten wurde ausgerechnet von ihrem Gründer, Jabotinsky, entschieden abgelehnt, der auch die Verhandlungen der Jewish Agency mit den Nazis als verachtenswert und schändlich bezeichnete – später hat sich diese Linie in der rechtszionistischen Rhetorik niedergeschlagen und brachte die Linke, vor allem während des Haàvara-Abkommens, gehörig in die Defensive. Die Praxis sah aber etwas anders aus.

Die Nationalsozialisten bevorzugten während den Jahren der Zusammenarbeit jedenfalls die Revisionisten, die ihnen ideologisch näher standen, vor allem den Jugendbund Betar.

> *„Mit Erlaubnis der Nazis konnte der Betar-Jugendbund seine Tätigkeit fortsetzen: Treffen, Tagungen, Sommerlager, Wanderungen, Sportveranstaltungen, Segeln und Landwirtschaftskurse. Die Mitglieder durften ihre Uniform samt braunem Hemd tragen und Flugblätter herausgeben, deren zionistische Texte zum Teil – dem Zeitgeist entsprechend – in nationalistischem, parafaschistischem Ton gehalten waren. In seinen Flugschriften konzentrierte sich der deutsche Betar auf Ereignisse in Palästina, und seinem überschwenglichen Nationalismus dienten Briten, Araber und die zionistische Linke als Zielscheibe. Die politische Lage in Deutschland wurde in diesen Blättern nicht angesprochen. Von diesem Punkt abgesehen, ähnelten sie nationalistischen bis nationalsozialistischen deutschen Jugendschriften. Jabotinsky äußerte sich empört darüber, welchen Einfluss der Hitlerismus auf die Betar Mitglieder habe."*[168]

---

[167] Hasit Haam, „Gerechtes Ende für die Friedenspredigten von Magnes-Bentwitch", 6. Mai 1932, S. 4, zit. in Segev, Tom, „Die siebte Million", s.o., S. 36

[168] Juracham, Ben, Sammlung von Betar-Flugblättern aus Deutschland, Jabotinsky-Institut, B-21; Das Betar-Buch, Bd. I, S. 528, zit. in Segev, Tom, „Die siebte Million", s.o., S. 48

Letzteres war ein Vorwurf, der Jabotinsky selbst des Öfteren gemacht wurde. Ben Gurion etwa verglich die Pamphlete der Nazis mit denen Jabotinskys in der Doar Hajom:

> *„Dieselben Inhalte, derselbe Stil und derselbe Geist“.*[169]

Jedenfalls benannte sich der deutsche Betar in Herzlia um, als die Revisionisten – im Gegensatz zur offiziellen zionistischen Linie – zu einem Boykott gegen Nazideutschland aufriefen und daher die Unterstützung des Jugendbundes aufgeben mussten. Eine Episode, die Tom Segev erzählt, verdeutlicht ihre unveränderte Geisteshaltung: Als ein Mob von SS-Mitgliedern eins ihrer Lager überfallen hatte, beschwerte sich einer ihrer Führer bei der Gestapo.

> *„... und ein paar Tage später ließ die Geheimpolizei verlauten, die beteiligten SS-Männer seien bestraft worden. Die Gestapo erkundigte sich beim Betar, was ihm als Entschädigung angemessen erscheine. Der Jugendbund bat um die Aufhebung eines kurz zuvor ergangenen Erlasses, der ihm das Tragen brauner Hemden verbot; der Bitte wurde stattgegeben.“*[170]

Der Betar in Berlin 1936[171]

---

169 David Ben Gurion an Heschel Frumkin, 16. September 1930, in Jehuda Eres (Hg.), Ben Gurions Briefe, Tel Aviv 1974, Bd.3, S. 145, in Segev, Tom, „Die siebte Million“, s.o., S. 37

170 „Das Betar-Buch“, Ben Jerucham, s.o., BD. 2/1, S. 350, Segev, Tom, „Die siebte Million“, s.o., S. 49

171 http://commons.wikimedia.org/wiki/Image:Young_Jews_from_Betar_in_NAZI_uniforms_Berlin_1936.jpg (alle Fotos gefunden bei commons.wikimedia.org, Dez. 2008)

Menachem Begin enthüllte viele Jahre später, dass die zionistische Organisation anlässlich von Hindenburgs Tod Hitler ein Beileidstelegramm geschickt hatte.[172] Falls es von rechtszionistischer Seite Vorbehalte gegen die faschistische Politik gegeben haben mag, verblassten sie vor der Konkurrenz zu den „linken" Zionisten. Zeitweilig wirkt die Kollaboration der Fraktionen wie ein interner Wettbewerb, ein Buhlen um die Gunst von Nazigrößen. Im Büro von Eichmann im ehemaligen Palais Rothschild in Wien gaben sich rechte und linke Zionisten die Klinke in die Hand.

> *„In Österreich war der Betar ebenfalls aktiv, und seine Mitglieder kamen auch nach dem ‚Anschluss' weiterhin zusammen. Dazu bedurfte es regelmäßiger Kontakte zu Gestapo-Vertretern und zu Adolf Eichmann. In einem Schreiben an die deutsche Geheimpolizei boten Betar-Führer an, die Auswanderung österreichischer Juden zu organisieren, und gingen offensichtlich davon aus, dass der Betar, ähnlich wie die Jewish Agency, mit den Nazis wechselseitige Interessen hätte. Die Nazis erlaubten dem Betar, ein Auswanderungsbüro aufzumachen, und halfen sogar, indem sie den Emigranten Devisen aushändigten. Die meisten dieser Emigranten sollten auf vom Betar gecharterten Schiffen illegal nach Palästina einreisen."*[173]

Innerhalb der zionistischen Bewegung stellten die Revisionisten eine Minderheit mit begrenztem Einfluss dar. Aus der Kollaboration mit dem deutschen Faschismus gingen sie aber gestärkt hervor, gleichwohl sie dabei von der vermeintlichen Linken von rechts überholt wurden.

Die deutsch-zionistische Militärallianz während des 2. Weltkriegs

Einerseits bekamen Zionisten – im Gegensatz zur palästinensischen Bevölkerung – Anstellungen bei der britischen Mandatsmacht, die seit der Balfour-Deklaration an der prinzipiellen Unterstützung der zionistischen Bewegung festhielt. Andererseits versuchte England, aufgebaut auf dem Prinzip des Teilens und Herrschens, seine Mandatsmacht zu verlängern und den bereits seit Balfour versprochenen zionistischen Staat auf einen für Großbritannien strategisch günstigen Moment zu verschieben. Offiziell galt es auch, die arabischen Befürchtungen zu zerstreuen, dass statt der gewünschten Souveränität ein zionistischer Siedlerstaat in Palästina installiert werde.

---

172 Segev, Tom, „Die siebte Million", s.o. S. 45

173 Ebda., S. 49 – Segev führt als Quelle seiner Ermittlungen abermals das Betar-Buch von Ben Jerucham, Bd.2/1, S. 799 an

Nach dem Palästinenseraufstand von 1936-39 und dem breiten Widerstand gegen das britische Mandat und die zionistische Kolonisierung zögerte Großbritannien, die Entstehung eines rein jüdischen Nationalstaates zum damaligen Zeitpunkt offen zu befürworten. Das oben erwähnte Weißbuch sollte überhaupt den Eindruck erwecken, dass die englische Regierung auch die Interessen der Palästinenser, die immerhin 90 % der Bevölkerung darstellten, berücksichtigen würde.

Mit anderen Worten – den Zionisten ging die britische Vorgehensweise nicht schnell und vor allem nicht weit genug, denn der Teilungsplan, wie er etwa in der Peel-Kommission vorweggenommen wurde, entsprach nicht ihren Wünschen. Mehr noch: vor allem für die zionistische Rechte und für die zionistischen Terrororganisationen, Vorläufer der späteren israelischen Armee, war Großbritannien eindeutig der Hauptfeind. Ihr Ziel lag in der Installierung eines zionistischen Nationalstaates, nicht in der Rettung der europäischen Juden.

> *„In der Tat betrachteten die Irgun und die revisionistische Zionistenpartei, mit denen sie sich vereinigte, England vor der Spaltung (von der Sterngruppe) als Feind und die ‚antisemitischen' Regierungen als Verbündete. Wie die Union of Communal Settlements mit Nazideutschland schlossen die Irgun Revisionisten mit der fanatisch antijüdischen polnischen Regierung Kooperationsabkommen, einschließlich Trainingslagern für zionistische Pioniere. Abraham Stern verhandelte im Jahre 1937 über diese Kooperation, die eine polnische Zusage über Waffenlieferungen an die Irgun enthielt."*[174]

Um ihr Ziel zu erreichen, strebten die zionistischen Terrororganisationen auch ein Bündnis mit dem faschistischen Deutschland an.
Irgun Zwai Leumi, die sich auch Militärische Nationale Organisation (MNO) nannte, war eine rechtsrechte militante Gruppierung, die sich aus der revisionistischen Strömung entwickelte und später spaltete – in die ‚Irgun' unter dem späteren Friedensnobelpreisträger Begin und die noch rechtere ‚Sternbande' unter Abraham Stern und dem späteren Regierungschef Yitzhak Shamir.

> *„1940 setzten sich in der zweiten Jahreshälfte einige Mitglieder der von den Revisionisten geförderten und unter dem Akronym „Ezel" bekannten antibritischen Terrorgruppe „Irgun Zwai Leumi"(Nationale Militärorganisation) mit Vertretern des faschistischen Italien in Verbindung und boten ihnen die Zusammenarbeit gegen die Briten an. Bald darauf spaltete sich die Organisation, und die Kämpfer um Avraham „Jair"*

174 Yahya, Faris, „Die Zionisten und Nazideutschland", Erstauflage „Palestine Essays" Nr. 47, Beirut, 1978, Neuauflage im Verlag Neue Einheit, Berlin, 1982, S. 73

Stern bildeten die auch als Sterngruppe bekannte Gruppe „Lechi" ... Ein Vertreter dieser Gruppe traf sich mit einem Beamten des deutschen Auswärtigen Amtes und bot dem nationalsozialistischen Deutschland Hilfe im Kampf gegen die Briten an."[175]

Im Januar 1941 schrieb Stern im Namen der MNO an Nazideutschland, um eine konkrete Zusammenarbeit vorzuschlagen:

„Vorschlag der Nationalen Militärischen Organisation (Irgun Zwai Leumi) bezüglich der Lösung der Judenfrage und der Beteiligung der MNO am Krieg auf der Seite Deutschlands."

Die Evakuierung der jüdischen Massen aus Europa ist eine Vorbedingung für die Lösung der Judenfrage; aber sie ist nur zu bewerkstelligen durch die vollständige Ansiedlung dieser Massen in der Heimat des jüdischen Volkes, Palästina, und durch die Errichtung eines jüdischen Staates in seinen historischen Grenzen ...

Die MNO, der die wohlwollende Haltung der deutschen Reichsregierung und ihrer Behörden gegenüber zionistischen Aktivitäten in Deutschland und zionistischen Auswanderungsplänen bekannt ist, vertritt folgende Auffassung:

1. *Es könnten gemeinsame Interessen bestehen zwischen den deutschen Bestrebungen, in Europa eine Neue Ordnung herzustellen, und den wahren nationalen Bestrebungen des jüdischen Volkes, wie sie durch die MNO verkörpert werden.*
2. *Eine Zusammenarbeit zwischen dem neuen Deutschland und einem erneuerten völkisch-nationalen Hebrium ist möglich.*
3. *Die Errichtung des historischen jüdischen Staates auf einer nationalen und totalitären Basis, gebunden durch einen Vertrag mit dem Deutschen Reich, wäre im Interesse einer gesicherten und gestärkten künftigen Machtposition Deutschlands im Nahen Osten.*

Ausgehend von diesen Überlegungen und unter der Bedingung, dass die oben erwähnten nationalen Bestrebungen der israelischen Freiheitsbewegung durch das Deutsche Reich anerkannt werden, bietet die MNO in Palästina an, an der Seite Deutschlands in den Krieg einzutreten.

Dieses Angebot der MNO ... könnte mit der militärischen Ausbildung und dem Aufbau jüdischer Verbände in Europa unter der Anleitung und dem Kommando der MNO verbunden werden. Diese militärischen Verbände würden sich an der Eroberung Palästinas beteiligen, falls eine solche Front eröffnet werden sollte.[176]

---

[175] Segev, Tom, „Die siebte Million", s.o., S. 50.

[176] Eine andere Übersetzung dieses Dokuments spricht von der Notwendigkeit einer militärischen Ausbildung und Organisierung der „jüdischer Manneskraft Europas", die sich

Die indirekte Beteiligung der israelischen Freiheitsbewegung an der Neuen Ordnung in Europa, die sich bereits im Vorbereitungsstadium befindet, könnte mit einer positiv-radikalen Lösung des europäischen Judenproblems gemäß den oben erwähnten nationalen Bestrebungen des jüdischen Volkes verbunden werden.
Dies würde die moralische Grundlage der Neuen Ordnung in den Augen der gesamten Menschheit außerordentlich stärken."[177]

Das Dokument endet mit dem Hinweis, diese Kollaboration „*würde auch in der Linie einer der letzten Reden des deutschen Reichskanzlers liegen, in der Herr Hitler betonte, dass er jede Kombination und Koalition benutzen werde, um England zu isolieren und zu schlagen ...*"[178]

Ein Vertreter von Stern, Naftali Lubenczik, traf einen hochrangigen Beamten des deutschen Außenamts in Beirut, um mit ihm die Einzelheiten des Vorschlags zu besprechen.[179]
Yitzhak Shamir war führendes Mitglied und einer der Hauptverantwortlichen für die militärische Zusammenarbeit mit dem faschistischen Deutschland – das war jedenfalls kein Beförderungshindernis, unter Ben Gurion bekleidete Shamir eine leitende Position beim Mossad, später wurde er israelischer Ministerpräsident.

---

unter Leitung der MNO an Kampfhandlungen in Palästina an der Seite Deutschlands beteiligen würden.

[177] Polkehn, Klaus zitiert im Artikel „Unter den Auserwählten Gottes und anderen Sterblichen", aus dem Buch „Zionism in the age of Dictators" von Lenni Brenner

[178] Polkehn, Klaus, in „AL Karamah"Nr.9, s.o., S. 16

[179] Ebda. S. 17

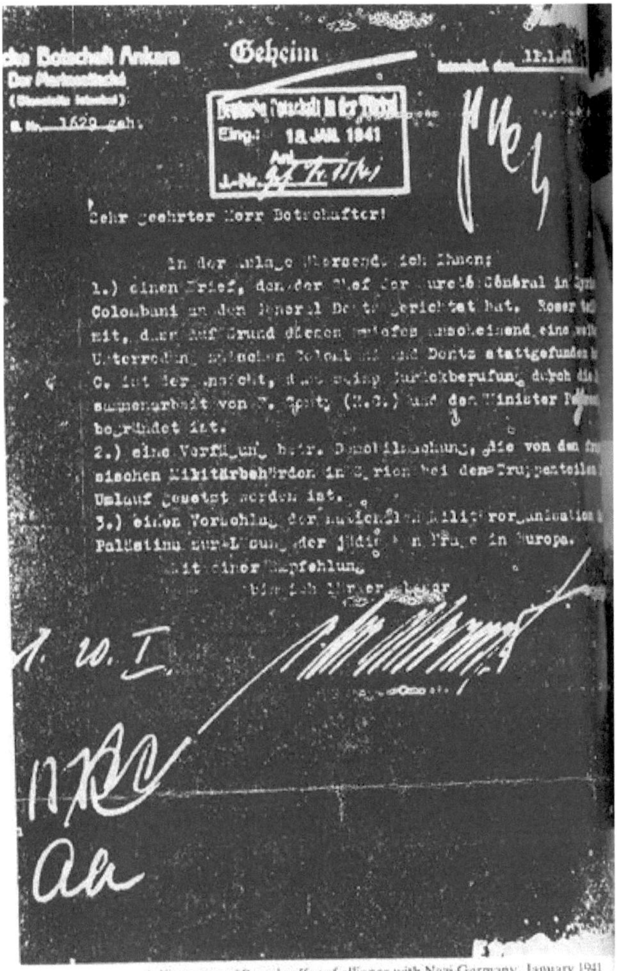

[illegible] Botschaft Ankara — Geheim — [illegible], den 11.1.41

Der [illegible]

B. Nr. 1629 geh.

Eing.: 18. JAN. 1941

Sehr geehrter Herr Botschafter!

In der Anlage übersende ich Ihnen:

1.) einen Brief, den der Chef der [illegible] Général [illegible] Colombani an den General Dentz gerichtet hat. [illegible]

2.) eine Verfügung betr. Demobilisierung, die von den französischen Militärbehörden in Syrien bei den Truppenteilen in Umlauf gesetzt worden ist.

3.) einen Vorschlag der [illegible] Militärorganisation in Palästina zur Lösung der jüdischen Frage in Europa.

Mit einer Empfehlung

[illegible]

4 First page of Stern's offer of alliance with Nazi Germany, January 1941

Umschlag des Angebots von Stern an die Nazis, das über die deutsche Botschaft in Ankara übermittelt wurde. (Unter Punkt 3: „einen Vorschlag der Nationalen Militärorganisation in Palästina zur Lösung der jüdischen Frage in Europa“)[180]

Tatsächlich haben Mitglieder von Irgun und Stern für die Nazis gearbeitet, vor allem im logistischen Bereich bei der versuchten Invasion der Nazis in die arabische Region. Eines der wichtigsten Kapitel zionistischer Zusammenarbeit mit den Nazis droht in der Geschichte unterzugehen. Auf Gene-

[180] http://commons.wikimedia.org/wiki/File:SternGang-Doc-Nazi-Collaboration.jpg

ralstabsebene koordinierten deutsche Faschisten und Zionisten gemeinsame Aggressionspläne. Die wichtigste darunter richtete sich gegen Ägypten.[181] Mit Hilfe der zionistischen Bodenunterstützung konnten die Nazis 64 Luftangriffe gegen das arabische Land führen.
Angesichts der wiederholten Angriffe der deutschen Wehrmacht sah sich Ägypten Anfang 1945 gezwungen, Deutschland den Krieg zu erklären. Bemerkenswert ist, dass die Rechtsnachfolger des 3. Reichs die Tatsächlichkeit dieser Aggressionen nicht bestritten haben. Während die DDR bereits unter Ulbricht den guten Willen gegenüber Ägypten wiederholt bekundete, weigerte sich die BRD, Wiedergutmachungszahlungen an Ägypten zu leisten. Die BRD leistete nur gegenüber 11 europäischen Staaten Wiedergutmachung, außerdem an Israel.

Mapai, Jewish Agency, Hagana und ihre Beziehungen zum deutschen Faschismus

Nun betonen Zionisten immer, dass es sich bei den Kollaborateuren um eine radikale Splittergruppe gehandelt hätte, während die eher der Linken zugerechnete Mehrheit und im Speziellen die Hagana mit England verbündet gewesen sei und damit ein klarer Gegner Nazideutschlands. Das ist aber nur die halbe Wahrheit – denn es gab sehr wohl wichtige Kontakte zu Parteispitzen der deutschen Faschisten – schon allein weil sich die Hagana ja ursprünglich gegründet hatte, um die britische Mandatsmacht zu vertreiben, die sie hinderte, einen zionistischen Staat in Palästina aufzubauen. Diese Taktiken mögen verwirren und werden ihrer Widersprüchlichkeit wegen oft zur Entkräftung der Kollaborationsthese angeführt, zeugen aber bloß vom Opportunismus oder zumindest von unterschiedlichen Taktiken der zionistischen Verbände. Priorität hatte die Staatsgründung, und in der Wahl der jeweiligen Verbündeten zur Erreichung dieses Ziels war der Zionismus nicht zimperlich.

Wie das Haàvara-Abkommen zeigt, hatte die Führung der Arbeiterpartei in Bezug auf den deutschen Faschismus eine Haltung eingenommen, die der heutigen israelischen Darstellung widerspricht.

> *„Im Laufe der Jahre gab es weitere Kontakte zu den Nazis. Die Jewish Agency arbeitete mit den deutschen Behörden im Fall der Einwanderungsbüros zusammen, die sie in Berlin unterhielt.*
> *Georg Landauer trug zum Beispiel eine deutsch geschriebene Bescheinigung bei sich, dass er von der Jewish Agency bevollmächtigt sei, mit dem ‚Dritten Reich' über Berufsausbildungsmaßnahmen für zukünftige*

---

[181] Khella, Karam: Zionismus und palästinensischer Widerstand, Hamburg 1991, S. 63/64

Auswanderer und über den mit ihrer Auswanderung verbundenen Kapitaltransfer zu verhandeln. Die Bescheinigung war von Arthur Ruppin und David Ben Gurion unterzeichnet.“[182]

Vor allem die Biographie des mystifizierten Staatsgründers Ben Gurion verdeutlicht den Umgang des Jishuw, die Katastrophe zu instrumentalisieren:

> *„... Jetzt haben sich einige Zionisten dem Chor der Assimilationisten angeschlossen: „Krieg“ dem Antisemitismus! Wir müssen auf die Katastrophe, der sich das deutsche Judentum gegenübersieht, aber eine zionistische Antwort geben: Wir müssen aus diesem Unglück eine Möglichkeit zur Entwicklung unseres Landes machen und Leben wie Eigentum der deutschen Juden um Zions willen retten. Diese Rettung hat vor allem anderen Priorität.“ Die Konzentration auf einen Boykott wäre zum jetzigen Zeitpunkt ein „moralisches Versagen“ sondergleichen.*
> *Um sein Argument zu verdeutlichen, gebrauchte Ben Gurion harte Worte, die beizeiten von Antizionisten aufgegriffen wurden: „Wenn ich wüsste,“ erklärte er, „dass es durch Transporte nach England möglich wäre, alle (jüdischen) Kinder aus Deutschland zu retten, durch Transporte nach Palästina aber nur die Hälfte von ihnen gerettet werden könnte, würde ich mich für letzteres entscheiden; denn wir werden nicht nur von diesen Kindern zur Rechenschaft gezogen, sondern müssen dem jüdischen Volk historische Rechenschaft ablegen.“ Im Zusammenhang mit dem „Kristallnacht“-Pogrom meinte Ben Gurion, dass das „menschliche Gewissen“ verschiedene Länder dazu bringen könnte, ihre Grenzen für jüdische Flüchtlinge aus Deutschland zu öffnen. Er sah darin eine Bedrohung und warnte: „Der Zionismus ist in Gefahr!“*[183]

Was Tom Segev gegen Ende seiner Ausführungen zitiert, ist offensichtlich ein Satz aus einem Brief, den Ben Gurion am 17. Dezember 1938 an die zionistische Exekutive adressierte. Wegen seiner Tragweite soll hier ein weiterer Ausschnitt aus diesem Dokument vorgestellt werden:

> *„Die Judenfrage ist heute nicht mehr, was sie war. Das Schicksal der Juden in Deutschland ist kein Ende, sondern ein Anfang. Andere antisemitische Staaten werden von Hitler lernen. Millionen Juden sehen ihrer Vernichtung entgegen, das Flüchtlingsproblem hat weltweite Dimensionen und Dringlichkeit angenommen. Großbritannien versucht, das Problem der Flüchtlinge vom Problem Palästina zu trennen. Die Dimension des Flüchtlingsproblems erfordert eine sofortige, territoriale Lösung. Wenn Palästina sie nicht aufnimmt, dann ein anderes Land.*

---

182 Segev, Tom, „Die siebte Million“, s.o., S. 45
183 Ebda., S. 42/43

Der Zionismus ist in Gefahr. Alle anderen territorialen Lösungen, die sicherlich scheitern werden, erfordern riesige Geldsummen. Wenn die Juden zwischen den Flüchtlingen, der Rettung von Juden vor den Konzentrationslagern und der Unterstützung eines nationalen Museums in Palästina zu wählen haben, wird das Mitleid die Oberhand gewinnen und die gesamte Energie des Volkes darauf verwendet werden, Juden aus verschiedenen Ländern zu retten. Der Zionismus wird nicht nur von der Tagesordnung in der Weltöffentlichkeit in Großbritannien und den USA verschwinden, sondern auch in der jüdischen Öffentlichkeit. Wenn wir eine Trennung zwischen dem Flüchtlingsproblem und dem Palästinaproblem zulassen, riskieren wir die Existenz des Zionismus ...
Die Rettung jüdischen Lebens vor Hitler wird hier als eine mögliche Bedrohung des Zionismus angesehen, falls sie nicht nach Palästina gebracht werden. Als der Zionismus zwischen dem jüdischen Volk und dem jüdischen Staat zu wählen hatte, gab er ohne zu zögern dem Letzteren den Vorrang ...
Der Zionismus akzeptiert den Antisemitismus als die natürliche normale Haltung der nicht – jüdischen Welt gegenüber den Juden. Er sieht ihn nicht als ein pervertiertes Phänomen an, er ist eine Antwort auf, nicht eine Konfrontation oder Anprangerung des bzw. Kampf gegen den Antisemitismus ...
Die Zionisten akzeptieren grundsätzlich die rassistische Ideologie der Antisemiten, kommen jedoch zu umgekehrten Schlussfolgerungen. Statt des Germanen ist der Jude die reine oder überlegene Rasse.“[184]

Kurt Tuchler war leitendes Mitglied der „Zionistischen Vereinigung für Deutschland“. Er begleitete 1933 den SS-Untersturmführer Leopold von Mildenstein auf seiner Reise nach Palästina, die im Göbbelsblatt „Der Angriff“ dokumentiert wurde. Die danach von Mildenstein geschriebenen Artikel erschienen unter dem Serientitel „Ein Nazi fährt nach Palästina“ und *„triefen nur so vor Sympathie mit dem Zionismus“.*[185] Zur Erinnerung an die Reise Mildensteins wurde vom „Angriff“ eine Gedenkmünze bestellt, die auf einer Seite das Hakenkreuz, auf der anderen den Davidstern zeigte.[186] Es gibt wohl kaum ein Symbol, das die Beziehung von Faschismus und Zionismus treffender darstellen könnte!

---

[184] Taylor, Alan R. and Tetlie, Richard N. (Ed.), „Tribalism or Liberalism”, Essay in Palestine: A Search for Truth, (Washington, DC, 1970), p.71, zit. in „Die Zionisten und Nazideutschland“, Faris Yahya, Erstauflage „Palestine Essays“ Nr. 47, Beirut, 1978, Neuauflage im Verlag Neue Einheit, Berlin, 1982, S. 75-76

[185] Segev, Tom, „Die siebte Million“, S. 45

[186] Ebda.

[187]

Zionistische Funktionäre bereisten das faschistische Deutschland und stellten Kontakte zu hochrangigen Nazigrößen und den zuständigen Behörden her, um mit ihnen über die Emigration deutscher Juden nach Palästina zu verhandeln. Dazu fanden sie noch die Zeit, sich mit rassistischen Wissenschaftern über gemeinsame Ansichten und Philosophien auseinanderzusetzen.

> *„Georg Landauer, ein Mitglied der Jewish Agency und ehemaliger Führer der zionistischen Bewegung in Deutschland, hatte Ruppin vorgeschlagen, nach Jena zu fahren – der berühmten Universitätsstadt, in der einst Schiller, Hegel und andere große Deutsche zu Hause gewesen waren. Dort, so hatte Landauer gemeint, könne er sich mit einem der führenden nationalsozialistischen Rassentheoretiker treffen: Hans F.K. Günther. Das wäre für Ruppin sicher interessant, weil er sich doch selbst schon mit den Ursprüngen der „jüdischen Rasse" beschäftigt und dabei insbesondere nach einer Verbindung zwischen körperlichem Erscheinungsbild und geistigen Merkmalen der Juden geforscht habe. Bei einem zweistündigen Treffen erfuhr Ruppin von Günther, dass der Rassentheoretiker sich nicht als Urheber der arischen Rassenlehre betrachtete. Die Juden seien nicht minderwertiger als die Arier, sondern nur anders, versicherte Günther. Daher müsse für das Judenproblem eine „faire Lösung" gefunden werden. Der Professor sei äußerst freundlich gewesen, notierte Ruppin anschließend befriedigt.*
> *Auch im nationalsozialistischen Außen- wie im Finanzministerium ließ der Empfang nichts zu wünschen übrig, wie Ruppin festhielt ..."*[188]

[187] http://commons.wikimedia.org/wiki/File:coins_with_two_sides.jpg
[188] Segev, Tom, „Die siebte Million", s.o., S. 30/31

Einer von Mildensteins bekanntesten Nachfolgern im „Referat für Judenangelegenheiten" war „SS-Hauptscharführer" Adolf Eichmann, der sich selbst als Zionisten bezeichnete. Die Vorgeschichte dazu ist auf eine Literaturempfehlung zurückzuführen: Als Mildenstein seinem neuen Angestellten Eichmann dessen künftigen Tätigkeitsbereich vorstellte, legte er ihm nahe, Herzls Judenstaat zu lesen.

> *„... es scheint, dies war das erste ernsthafte Buch, das er überhaupt gelesen hat, und es machte einen unauslöschlichen Eindruck auf ihn. Von nun an war er für immer Zionist. Seit damals, das wiederholte er immer wieder, habe er kaum etwas anderes im Kopf gehabt, als die „politische" Lösung der Judenfrage. Darunter verstand er Vertreibung aus Deutschland im Gegensatz zu der „physischen Lösung" der Ausrottung."*[189]

Die Ermordung der Juden entschuldigte Eichmann als Betriebsunfall der Geschichte – der durch äußere Faktoren und die Bedingungen des Krieges verschuldet worden sei. Er sah sich weniger als den Mörder von Millionen Juden, als den ihn das Gericht betrachtete, sondern als den Retter von tausenden Siedlern in Palästina, denen er die Ausreise ermöglicht hatte. Bestätigt in seiner Sichtweise fühlte er sich von den zionistischen Vertretern, die mit ihm als Leiter des Judenreferats über selektive Auswanderung verhandelt und sich in der Regel zustimmend oder zumindest nicht ablehnend zur deutschen Judenpolitik geäußert hatten.
Auch Böhms „Geschichte des Zionismus" zählte zu seiner Lektüre,

> *„... und das kann als beachtliche Leistung gelten bei jemandem, der zuvor nach seiner eigenen Auskunft nur mit äußerstem Widerstreben irgend etwas anderes als Zeitungen gelesen und zum Kummer seines Vaters niemals von den Büchern in der elterlichen Bibliothek Gebrauch gemacht hatte."*[190]

Zionistische Kollaboration zwischen Wien und Palästina

Eichmann begann, nach einem kurzen Intermezzo beim Sicherheitsdienst der SS und später im Reichssicherheitshauptamt in Deutschland, seine eigentliche Karriere in der „Reichszentrale für jüdische Auswanderung" im Palästina-Amt in Wien. Dort empfing er die Vertreter der unter seiner Regie neu gegründeten Kultusgemeinde unter dem Vorsitz von Josef Löwen-

---

[189] Arendt, Hannah, „Eichmann in Jerusalem", Piperverlag, München 1964, Neuauflage 1986, S. 69

[190] Ebda.

herz – dem Prototyp der späteren Judenräte, wie es Doron Rabinovici formuliert:

Ende März 1938 verfasste das SD-Judenreferat II-112 einen ,Vorschlag über die Gestaltung der Judenpolitik in Österreich', in dem die ,Durchführung der Umorganisation der bestehenden jüdischen Organisationen, d.h. die Ausschaltung aller assimilatorischen Tendenzen, zu Gunsten der zionistischen' erörtert wurde. Zudem war in diesem Schreiben die weitere Politik gegenüber den Juden im Deutschen Reich bereits formuliert: „Ausgliederung aus dem Volkskörper (...) mit dem Ziel, ihre Auswanderung zu veranlassen.“[191]

Gedenktafel Meinekestr. 10, Berlin-Charlottenburg[192]

---

[191] Rabinovici, Doron, „Instanzen der Ohnmacht“, Jüdischer Verlag, Frankfurt am Main, 2000, S. 77

[192] Die Gedenktafel wurde 1986 enthüllt. Ursprünglich sollte hier auch ein Foto der Gedenktafel der Wiener Zentralstelle veröffentlicht werden, die aber mittlerweile abgenommen wurde. In Wien wurde diese Auswanderungsbehörde im ehemaligen Palais Rothschild eingerichtet, in dem sich heute die österreichische Arbeiterkammer befindet. Dort residierten nicht nur Nazigrößen wie Adolf Eichmann, sondern auch zionistische Funktionäre, die für die Koordinierung der Auswanderung zuständig waren. Ari Rath erinnerte sich in einem bemerkenswerten Interview daran: *„Damals war der Leiter des Palästina-Amts – ihr wisst ja, dass viele Jahre Palästina synonym mit dem Begriff Zionismus war – Georg Überall, nachher Ehud Avriel, der auch ein enger Berater von Ben*

Der Kultusgemeinde wurde ein Beirat zur Seite gestellt, dem Leo Landau angehörte, der später noch eine beeindruckende Rolle in der zionistischen Geschichte spielen sollte. Dass die leitenden Posten in der Gemeinde, wie auch in den verbliebenen legalen jüdischen Institutionen, alle von Zionisten besetzt wurden, verstand sich von selbst und entsprach dem ausdrücklichen Wunsch der Nationalsozialisten. Keine wirkliche Ausnahme bildete Berthold Storfer, der zwar keiner zionistischen Fraktion angehörte, aber die Auswanderung nach Palästina nach Kräften forcierte, als er 1939 zum Leiter des „Ausschusses für jüdische Überseetransporte" ernannt wurde. Seine Meinungsverschiedenheiten mit den Zionisten rührten eher von der Tatsache her, dass Storfer die Kriterien der Selektion nicht befolgte und auch Alten und Schwachen die Ausreise ermöglichte, die in den Augen der Zionisten als Siedler und Soldaten untauglich waren. Ein Zionist kritisierte Storfer:

> *„Herr Storfer hat nach meiner Ansicht den Ehrgeiz, ‚Chef der jüdischen Auswanderung aus Großdeutschland' oder so etwas Ähnliches zu werden, wobei unter ‚Auswanderung' auch der Fall einer organisierten Vertreibung aus Europa zu verstehen ist, die die Nazis bekanntlich vorbereiten, für den Fall eines Sieges. Um sich oben zu halten, wollte Storfer daher durch große Zahlen imponieren. Daher hat er das irrsinnige Programm eines kombinierten Transportes von ca. 4500 Menschen der Behörde vorgelegt. Es ist verständlich, dass die Behörde darauf einging und unsere Einwendungen, dass die Durchführung unmöglich sei, überhörte. Unser Widerstand war sehr stark (...) Wir haben immer wieder die Notwendigkeit einer guten Auswahl im Hinblick auf die Kontinuität dieser Arbeit betont."*[193]

Rabinovici beschreibt aus zionistischer Sicht, wie die Nazis die jüdische Gemeinde in Wien nach ihren Vorstellungen umorganisierten und die Zionisten als zuverlässige Bündnispartner einsetzten. Nach dem Wiener Vorbild und der Effizienz der Eichmannschen Verwaltung orientierte sich bald die Judenpolitik des „Altreichs".

> *„Neben der Kultusgemeinde blieben zwei eigenständige Dachorganisationen bestehen, die sich allein der Flucht nach Palästina widmeten: das „Palästina-Amt" und der Dachverband des Zionistischen Landes-*

Gurion und Freund von Teddy Kollek war. Er war der erste Botschafter des Staates Israel in Prag. Ich kann das nicht beschwören, aber ich stelle mir vor, dass er das mit diesem SS-Offizier beschleunigte." (Aus dem „Kamingespräch" mit Ari Rath, das Elisabeth Orth am 5. Juni 2005 mit ihm führte. Siehe auch: http://www.kreisky.org/kreiskyforum/pdfs/rueck/244.pdf)

193 Frank, Erich, 26.1.1941; CZA; S7 – 966; zit. nach Anderl, Gabriele „Berthold Storfer – Retter oder Kollaborateur?" in David, Jüdische Kulturzeitschrift 9, 1997, S. 18, vgl. Rabinovici,Doron, „Instanzen der Ohnmacht", s.o., S. 190

verbandes für Deutschösterreich. Der Zionistische Landesverband umfasste etwa die Sportvereinigung „Makkabi“, die religiös-zionistische Organisation „Misrachi“, den Zionistischen Jugendverband, die zionistischen Nationalfonds „Keren Hajessod!“ und „Keren Kajemeth“, sowie die karitative Frauenorganisation „Wizo“. Statt des verhafteten früheren Präsidenten des Landesverbandes, Oskar Grünbaum, wurde der junge, noch unerfahrene, doch engagierte Eduard Pachtmann mit der Leitung betraut.“ ...[194]

In leitender Stelle der Kultusgemeinde arbeitete der Rabbiner Benjamin Murmelstein (Rabbiner), der bereits 1936 in einer Rede auf die Bedeutung des Staatsaufbaus in Palästina hingewiesen hatte. „Auf in das Land!“ schrieb er im Frühjahr 1938.[195] Er leitete die Auswanderungsabteilung und war bei den jüdischen Menschen wegen seiner jähzornigen Art, mit der er sie behandelte, und seinem Nahverhältnis zu den Faschisten, vor allem zu Eichmann, verhasst.

Bereits vor 1938 waren die Talente und die Bildung des Rabbiners Benjamin Murmelstein (Rabbiner), doch ebenso sein Jähzorn aufgefallen. Über ihn erzählen Überlebende zumeist nur Negatives; sein herrisches Auftreten erregte Abneigung und Angst bei anderen Juden. Viele fürchteten ihn; für sie war er zum Inbegriff der Zusammenarbeit mit dem Feind geworden. Ihm wurde Schlimmes nachgesagt, dessen Wahrheitsgehalt nicht mehr überprüfbar ist. In seinem Werk ‚Verfolgung und Selbstbehauptung. Die Juden in Österreich 1938-1945‘ schrieb etwa Herbert Rosenkranz, Murmelstein habe „auf die Frage Brunners, ob 1.000 Menschen transportfähig seien, diensteifrig erklärt, er habe 2.000 Juden gestellt.“[196]

Benjamin Murmelstein (Rabbiner) wurde später nach Theresienstadt deportiert, wo er erst zweiter Stellvertreter und ab Dezember 1944 Leiter des „Judenältestenrates“ wurde.

Viele warfen ihm nach dem Krieg die Zusammenarbeit mit den Nazis vor. Selbst ehemalige Kollegen von Murmelstein (Rabbiner), die seine Kollaboration entschieden bestreiten, müssen eingestehen, dass sich Murmelstein arrogant und brutal gegenüber den jüdischen Hilfesuchenden verhalten hat:

---

[194] Rabinovici, Doron, „Instanzen der Ohnmacht“, s.o., S. 190

[195] Ebda., S. 53 und S. 160

[196] Ebda., S. 361, Abschlusszitat aus Herbert Rosenkranz, „Verfolgung und Selbstbehauptung. Die Juden in Österreich 1938-1945“, Wien 1978, S. 285

„... er hat sich benommen, als würde er zur herrschenden Schicht gehören: Er hat herumgeschrien, er war grob, er hat die Leute hinausgeschmissen; er ist unangenehm gewesen.“[197]

Durch sein Verhalten machte er sich zu einem unentbehrlichen Instrument der Faschisten, da er die reibungslose Umsetzung der gesetzten Vorschriften – vom Arbeitsdienst bis zum Transport in die Vernichtung – garantierte.

„So erfüllte die jüdische Verwaltung ihren Dienst pünktlich und diszipliniert, bis in das Jahr 1945, als ein Großteil der einstigen Kultusgemeinde bereits ermordet worden war.“[198]

Murmelstein (Rabbiner) hat sich später damit gerechtfertigt, sein hartes Auftreten sei notwendig gewesen, um der SS keine Handhabe zu bieten, gegen die jüdische Gemeinde vorzugehen.

„Die Einführung der 70stündigen Arbeitswoche, die Heranziehung von Frauen zu Schwerarbeit und die Einschaltung von Nachtschichten gehen auf keinen SS-Auftrag, sondern auf meine persönliche Initiative zurück. Ich musste mich in einen unerbittlichen Antreiber jener Menschen verwandeln, die gerettet werden sollten ...“[199]

Murmelstein (Rabbiner) initiierte auch die Verschönerungsaktionen in Theresienstadt, um Vertretern des Roten Kreuzes und internationaler Organisationen nach außen hin zu suggerieren, dass die Faschisten ihre Häftlinge human behandeln würden.
Nicht nur gegen Murmelstein (Rabbiner), auch gegen andere jüdische Funktionäre, und gegen die bei den Arisierungen den Nazis zur Seite stehenden „Ausheber“ und „Jupo (Judenpolizei)-Männer“, gab es nach dem Krieg Verfahren wegen Kollaboration. Sie waren bei den Überlebenden oft verhasster als die Nazis, mit denen sie nicht so unmittelbar konfrontiert waren wie mit den für sie arbeitenden Kapos und unteren Angestellten im Graubereich zwischen Täter und Opfer. Doch was hier untersucht werden soll, ist nicht das Verhalten von Einzelpersonen, die sich aus dem einen oder anderen – verständlichen oder nicht verständlichen – Grund instrumentalisieren ließen, sondern um das Verhalten der zionistischen Führung, um die institutionelle Kollaboration.

„Am 10. August 1945 brachte die deutsch-jüdische New Yorker Zeitung „Aufbau“ einen Bericht zum Fall Löwenherz, in dem der neue stellvertretende Leiter der Kultusgemeinde, Benzion Lazar, mit Anschuldigun-

---

197 Stern, Willy, Interview; 15.4.1998, zit. in Rabinovici, Doron, „Instanzen der Ohnmacht“, s.o., S. 165
198 Rabinovici, Doron, „Instanzen der Ohnmacht“, s.o., S. 347
199 Ebda., S. 370

gen gegen Löwenherz zitiert wurde. Lazar behauptete, Löwenherz und Bienenfeld hätten, bloß um sich selbst zu retten, im Zuge der Deportationen mitgearbeitet und häufig das konfiszierte Eigentum mit der Gestapo geteilt.“[200]

Unabhängig davon, dass diese Anschuldigungen von der Redaktion der Zeitschrift, in der sie veröffentlicht wurden, bezweifelt wurden, war eine Tatsache nicht abzustreiten: nämlich, dass die Behörden und Funktionäre mit dem Geld bezahlt wurden, dass den jüdischen Naziopfern abgeknöpft worden war. Das monatliche Gehalt von Josef Löwenherz, dem bestbezahlten jüdischen Beamten der Wiener Kultusgemeinde, betrug immerhin 1062, 67 Reichsmark brutto, das war fast das Fünfzehnfache des Lohnes einer Bediensteten.[201]

„Die Kultusgemeinde musste auch in finanztechnischer Hinsicht kooperieren. Die Wiener Kultusgemeinde sammelte die Kontolisten der Deportierten; hier war angeführt, wie viel Geld auf welcher Bank angelegt war. Die Kultusgemeinde bemühte sich, von den Konten der bereits Deportierten noch die Steuer einverlangen zu können. Mit diesem Geld wurden alle jüdischen Institutionen und ebenso die Begleiteinrichtungen im Zuge der Deportation mitfinanziert.“[202]

Während die untergeordneten Angestellten nach dem Krieg für die Kollaboration meist drakonisch bestraft wurden – zumindest im Vergleich zu ihren nationalsozialistischen Vorgesetzten – verwiesen die zionistischen Führer meist auf ihre Anstrengungen für die Migration. Sie hätten mit den Nazis zusammenarbeiten müssen, um den hunderten und tausenden Auserwählten die Ausreise nach Palästina zu ermöglichen.
Was für die einen Hilfe zur Flucht bedeutet, sehen andere als Unterstützung der Nazis bei der Vertreibung.
Rabinovici wehrt sich gegen den Vorwurf der Kollaboration – indem er auf die Aussichtslosigkeit von Widerstandsorganisationen hinweist und auf den Umstand, dass die letztlich Verantwortlichen die Faschisten waren, die der nunmehr zionistischen Verwaltung über die „Aussiedlung“ die Befehle erteilten. Die zionistischen Vertreter hätten erstens nicht freiwillig getan, was sie getan hatten und nur versucht, so viele Juden wie möglich zu retten; außerdem seien sie als Repressionsinstrumente gegen die Opfer des Faschismus freundlicher vorgegangen als es die Faschisten selbst getan hätten und seien letztendlich doch von den Nazis ermordet worden. Die Argumentation erinnert an die Aussagen der unzähligen „Mitläufer“, die vor den Entna-

---

[200] Ebda, S. 407
[201] Ebda. S. 174
[202] Ebda. S. 252

zifizierungsgerichten von Befehlsnotstand und „innerer Opposition“ sprachen. Dass der Imperialismus seinen Kollaborateuren gegenüber keine Dankbarkeit zeigt und sie nach Gebrauch wegwirft, ist kein Geheimnis und stellt in der Geschichte keine Einzigartigkeit dar; trotzdem findet er immer wieder Vasallen, die diesen Umstand übersehen und sich für kurzfristige Vorteile instrumentalisieren lassen. Krampfhaft versucht Rabinovici, Hannah Arendt zu widersprechen, die feststellte, dass ohne Kollaboration niemals ein Massenmord in diesem Ausmaß hätte stattfinden können. Doch unabhängig seiner wohlwollenden Betrachtung und Einschätzung der jeweiligen Motivation, für die Nazis zu arbeiten, kommt auch Rabinovici nicht umhin, die brutale Vorgehensweise einzugestehen, mit der die zionistischen Behörden in Wien die Befehle vollstreckten. Von der Arisierung, den sogen. „Aushebungen", bis zu den Transporten waren sie an antijüdischen Maßnahmen beteiligt.

> *„Die Zwangsdelegierten erhoben schwere Vorwürfe gegen die Kultusgemeinde. Die jüdische Administration wurde der Kollaboration bezichtigt. Der damalige Matrikelführer der Kultusgemeinde, Julius Rosenfeld, erhielt eine Liste jener Wohnungen, die innerhalb von zwei Wochen geräumt werden mussten. Nach dieser Frist hatte er die Liste der Gestapo zurückzureichen und in der letzten Rubrik einzufügen, wohin die Juden umgezogen waren oder dass die Räumung nicht erfolgt war. Rosenfeld warnte alle, die sich weigerten umzuziehen, dass er dies nach zwei Wochen der Gestapo mitteilen würde, denn dann müsste er die Liste ohne Vermerk in der letzten Spalte zurückschicken. Wenn ein Jude seine Wohnung nicht räumte, wurden seine Möbel auf die Strasse gestellt, er wurde festgenommen und danach in ein Konzentrationslager deportiert.“*[203]

Es gab einen beinahe fließenden Übergang zwischen der Unterordnung dieser Institutionen und der Installierung der späteren Judenräte, denen teilweise die gleichen Personen vorstanden wie der instrumentalisierten Kultusgemeinde und auf deren Tätigkeit noch näher eingegangen werden wird. Auch diese werden von Rabinovici verteidigt:

> *„Nicht weil die Judenräte die jüdische Gemeinschaft verrieten, sondern weil sie in ihrem Interesse zu handeln versuchten, waren die jüdischen Funktionäre verurteilt, sich in die Handlungsvorgaben der Machthaber hineinzuversetzen. Im Sinne der Juden hatten sie wie Nazis zu denken.“*[204]

---

[203] Rosenfeld, Julius: Bericht; April 1956; YvS-01/177;2f.; in Rabinovici, Doron, „Instanzen der Ohnmacht“, s.o., S. 217

[204] Rabinovici, Doron, „Instanzen der Ohnmacht“, s.o., S. 423

Nach 1945 kam es zu Verfahren gegen einzelne Kollaborateure der Kultusgemeinde. Rabinovici zitiert den Staatsanwalt aus der Anklageschrift eines Prozesses:

> *„Durch die verschiedenen Zeugenaussagen von wiederrückgekehrten Juden erscheint einwandfrei erwiesen, dass verschiedene Beamte der Kultusgemeinde, zu denen auch der Angezeigte gehört, nicht nur bewusst das unmenschliche Verhalten der Gestapo unterstützt haben, sondern noch ein Übriges getan haben, um die rasche Ausrottung der Juden zu beschleunigen.“*[205]

Rabinovici spricht dagegen von einer Verzerrung der Sicht, da die Kooperation nicht bewusst und nicht freiwillig erfolgt sei. Dazu sei nochmals betont: es liegt mir als Autor fern, über den einzelnen Kollaborateur oder Mitläufer in einer Zwangssituation, die oft das Vorstellungsvermögen übersteigt, zu urteilen. Uns interessiert die Haltung der zionistischen Institutionen zum deutschen Faschismus und ob es darin so etwas wie systematische Züge gab. Exemplarisch für die institutionelle Kooperation kann die Reisetätigkeit zwischen Palästina und Wien bzw. Berlin gesehen werden.
Nicht nur Mildenstein, sondern auch Eichmann wurden von der Hagana eingeladen, um sich die zionistischen Siedlungen anzusehen. 1937 reiste Eichmann gemeinsam mit Herbert Hagen – der damals gerade Mildenstein als Leiter des „Judenreferats“ abgelöst hatte – offiziell als „Journalist des Berliner Tageblatts“ – nach Palästina. Großbritannien, erschrocken über den unerwarteten Besuch von Repräsentanten des deutschen Faschismus, gestattete ihnen bloß ein Transitvisum für vierundzwanzig Stunden für Haifa. Nach anderen Quellen sei der arabische Aufstand für die Einreiseverweigerung verantwortlich gewesen.[206] Also fuhren sie weiter nach Kairo, wo sie sich mit dem Haganamitglied Feibl Folkes Feivel (nach anderer Schreibweise Feivel Polkes), der auch als Naziagent tätig war, trafen.

> *„Eichmann zitierte Folkes unter anderem dahingehend, dass die Zionistenführer über die Verfolgung der deutschen Juden erfreut seien, weil dadurch die Auswanderung nach Palästina gefördert würde. Bei seiner Unterredung mit Folkes im Kairoer Cafè Groppi erkundigte sich Eichmann nach der Aufnahme von deutschen Juden in Palästina.“*[207]

---

[205] Leiter der Staatspolizei an Staatsanwaltschaft; Wien; 15.10.1945; Strafsache gegen Leopold Balaban; Archiv des Landesgerichts; Vg 2f Vr 2943/45, in Rabinovici, Doron, „Instanzen der Ohnmacht“, s.o., S. 386

[206] Polkehn, Klaus, „Zusammenarbeit von Zionismus und deutschem Faschismus“, veröffentlicht in Al Karamah Nr.9, S. 15

[207] Segev, Tom, „Die siebte Million,“ s.o., S. 46

Simon Wiesenthal versuchte später, diesen Palästinabesuch als Besuch Eichmanns beim Mufti Hadj Amin al-Husseini darzustellen.[208] Diese Version wird auch von anderen zionistischen Quellen verbreitet. Benutzer von Wikipedia u.a. versuch(t)en ebenfalls, diese Version zu verbreiten. Deshalb habe ich versucht, Wikipedia unter Berufung auf meine Quellen auf eine Korrektur ihrer Darstellung des Eichmann-Besuches in Palästina zu drängen. Mit mäßigem Erfolg: einerseits wurde die ursprüngliche Fassung, die Wiesenthals Mufti-Geschichte übernahm, korrigiert, andererseits wurde mittlerweile zwar eingestanden, dass Eichmann einen zionistischen Agenten getroffen habe, der Grund dafür sei aber nicht bekannt. Tatsächlich übergab Polkes bei diesem Treffen mehrere Geheiminformationen an die nationalsozialistischen Vertreter, die von Eichmann in einem Bericht festgehalten wurden. Eine Meldung betraf den Standort eines Senders der Kommunistischen Partei Deutschlands. Auch denunzierte er in Berlin aufhältige Angehörige der arabischen Nationalbewegung als ‚sowjetfreundlich'. Außerdem drängte er darauf, dass die Vertreibung jüdischer Menschen aus Deutschland beschleunigt werden sollte.[209]

In Deutschland und Österreich hatte die Jewish Agency enge Kontakte mit der Auswanderungsbehörde und dem „Judenreferat".

> *„Von größerer Bedeutung als diese offiziellen Abkommen waren jedoch für Eichmann die Emissäre aus Palästina, die aus eigener Initiative und ohne sich von den deutschen Zionisten oder der Jewish Agency viel dreinreden zu lassen, an Gestapo oder SS herantraten. Sie verhandelten um die Unterstützung der illegalen jüdischen Einwanderung in das englische Mandatsgebiet und fanden bei der Gestapo ebenso wie bei der SS Gehör. Mit Eichmann hatten sie in Wien zu tun und berichteten später darüber, dass er „höflich" gewesen sei, „nicht der Typ, der die Leute anschnauzt"; er habe ihnen sogar Bauernhöfe und landwirtschaftliche Geräte für die Umschulung künftiger Emigranten zur Verfügung gestellt. ("Bei einer Gelegenheit vertrieb er eine Gruppe von Nonnen aus einem Kloster, um ein Auswandererlehrgut für junge Juden bereitzustellen", und ein anderes Mal sei „ein Sonderzug [bereitgestellt] und von Naziposten begleitet" worden, um eine Gruppe von Emigranten, die angeblich nach zionistischen Schulungslagern in Jugoslawien unterwegs waren, sicher über die Grenze zu bringen,) ..."*[210]

---

208 „Großmufti-Großagent der Achse", Salzburg/Wien 1947, Seite 12, in Polkehn, Klaus, „Zusammenarbeit von Zionismus und Faschismus", Al Karamah Nr. 9, S. 15/16

209 Ebda.

210 Arendt, Hannah, „Eichmann in Jerusalem", R. Piper & Co Verlag, München 1964, Neuausgabe August 1986, S. 90-94

Ohne Probleme besuchten zionistische Vertreter, die aus Palästina einreisten, Nazideutschland, und wählten unter den ausreisewilligen Juden neue Siedler aus. Der bereits erwähnte Georg Landauer hatte beispielsweise eine von Ben Gurion und Arthur Ruppin unterzeichnete Bescheinigung bei sich, dass er von der Agency ermächtigt war, mit den Nazis über Berufsbildungsmaßnahmen und Kapitaltransfer von auswandernden Juden zu verhandeln.[211]

Auch Hannah Arendt schreibt ausführlich über diese Kooperation:

> *„Wenn man sich an den Bericht von Jon und David Kimche hält – der „voll und ganz auf der großzügigen Mitarbeit aller Hauptbeteiligten“ basiert und unter dem Titel „The Secret Roads: The ‚Illegal' Migration of a People, 1938-1948“ in London im Jahre 1954 veröffentlicht worden ist –, dann sprachen diese Juden aus Palästina eine Sprache, die von Eichmanns damaligem Sprachgebrauch keineswegs total verschieden war. Sie waren von den Gemeinschaftssiedlungen in Palästina nach Europa geschickt worden, für Rettungsaktionen interessierten sie sich nicht: „das war nicht ihre Aufgabe“. Vielmehr wollten sie „brauchbares Material“ auswählen, und im Rahmen dieses Unternehmens betrachteten sie – da ja das Ausrottungsprogramm noch nicht in Gang gekommen war – als ihren Hauptgegner nicht diejenigen, die den Juden das Leben in der alten Heimat, in Deutschland und Österreich, unerträglich machten, sondern jene anderen, die den Zugang zur neuen Heimat versperrten; ihr Feind war ganz eindeutig nicht Deutschland, sondern England ...*
>
> *... vermutlich waren sie die ersten Juden, die offen von gemeinsamen Interessen sprachen – jedenfalls waren sie die ersten, denen es erlaubt wurde, unter den Juden in den Konzentrationslagern „junge jüdische Siedler auszusuchen“.*
>
> *Selbstverständlich konnten sie nicht ahnen, was diese Art der Auslese einmal bedeuten würde, immerhin glaubten auch sie, dass, wenn die Dinge wirklich so lagen und nur ein Rest überleben würde, die Juden selbst die Auswahl treffen sollten. Dieser fundamentale Trugschluss hat schließlich dazu geführt, dass die nicht ausgewählte Mehrheit sich unausweichlich von zwei Feinden bedrängt sah: von den Nazibehörden einerseits und von den jüdischen Behörden auf der anderen.*
>
> *So konnte er (Eichmann, d. Autor) sich gut daran erinnern, dass ihn ein Funktionär aus Palästina in Berlin besucht, ihm über das Leben in den Kollektivfarmen erzählt und ihn sogar zweimal zum Essen eingeladen hatte, denn bei diesem Besuch war für ihn eine Einladung nach Palästina herausgekommen ... Er war begeistert; kein anderer Nazifunktionär*

---

[211] Gurion, David Ben und Ruppin, Arthur, Bescheinigung vom 21.01.1935, ZZA S/7219, zit. in Segev, Tom „Die siebte Million“, S. 45

seines Ranges hatte je eine Reise in „so ein fernes Ausland" machen können, für die er dann auch die Genehmigung bekam ...
... In Berlin hatten die Juden „gewisse Bitten unterbreitet oder Klagen vorgebracht", „es hatte da eine Art Zusammenarbeit gegeben". „Manchmal", berichtete Meyer, „wollten wir was von ihm, manchmal wollte er etwas von uns."[212]

Obwohl sich Hannah Arendt bei ihren Recherchen auf zionistische Autoren berief, setzte sie damit ihren guten Ruf aufs Spiel. Mehrere befreundete Zionisten distanzierten sich daraufhin von ihr und entzogen ihr die Freundschaft. Die Arbeit der anerkannten Wissenschafterin wurde von zionistischer Seite als unseriös diffamiert. Umso mehr Aufmerksamkeit verdienen ihre Schlussfolgerungen:

Denn „fest steht ..., dass sich während der ersten Phase der nationalsozialistischen Judenpolitik nicht selten eine Situation entwickelte, in welcher es den Nationalsozialisten angebracht erschien, eine prozionistische Haltung einzunehmen oder vorzugeben" ..., und während dieser frühen Zeit hatte Eichmann seine Weisheit über die Juden erworben. Er war auch keineswegs der einzige, der diesen „Pro-Zionismus" ernst nahm;
(Es gibt keine zuverlässige Statistik für diese Entwicklung, man schätzt aber, dass die Auflage des zionistischen Wochenblattes „Die Jüdische Rundschau" während der ersten Monate des Hitlerregimes von ca. 5.000-7.000 auf beinahe 40.000 sprang, und es ist belegt, dass die zionistischen Organisationen im Jahre 1935/36 an Beiträgen und Spenden von einer beträchtlich verkleinerten und verarmten Bevölkerungsgruppe dreimal soviel erhielten wie 1931/32.) ...[213]

In Wien bezeichnete Eichmann die „Zionistische Rundschau" ausdrücklich als „seine" Zeitung:

Alle acht jüdischen Blätter waren am Tag der nationalsozialistischen Machtübernahme eingestellt worden. Eichmann hatte sogar den Namen der neuen Zeitschrift gewählt. Nicht „Jüdische Rundschau" wie in Berlin, sondern „Zionistische Rundschau" sollte sie heißen. Chefredakteur der Zeitung wurde Emil Reich. Die „Zionistische Rundschau" veröffentlichte die nationalsozialistischen Verordnungen und erklärte die neuen Rechtsbestimmungen. Die Zeitung stand unter der scharfen Kontrolle Eichmanns.[214]

---

[212] Arendt, Hannah, „Eichmann in Jerusalem", R. Piper & Co Verlag, München 1964, Neuausgabe August 1986, S. 90-94
[213] Ebda, S. 88
[214] Rabinovici, Doron, „Instanzen der Ohnmacht", s.o., S. 100

Der Inhalt des Blatts war selbstbewusst und zionistisch, die darin publizierenden Funktionäre der Kultusgemeinde wie Josef Löwenherz riefen zu Ordnung und Disziplin auf, um insbesondere die Jugendlichen auf die Migration einzustimmen.[215]

Arendt geht davon aus, dass – von Ausnahmen abgesehen – die Möglichkeit zur Kollaboration der zionistischen Minderheit vorbehalten blieb. Deshalb wunderte sie sich, warum der Verteidiger Eichmanns eigentlich nicht die früheren Agenten der Aliya Beth, die damalige Organisation für die illegale Migration nach Palästina, in den Zeugenstand berief. Diese hätten schließlich über die Zusammenarbeit berichten und Eichmann damit entlasten können. Tatsächlich ist es aber nachvollziehbar, dass es von Seiten des israelischen Gerichts kein Interesse gab, dieses Kapitel genauer zu untersuchen:

> *Aber ganz abgesehen von allen Parolen und den innerjüdischen ideologischen Auseinandersetzungen, war es in jenen Jahren einfach eine Erfahrungstatsache, dass nur Zionisten Aussicht hatten, mit deutschen Behörden erfolgreich zu verhandeln. Das lag daran, dass ihr hauptsächlicher innerjüdischer Gegner, der Zentralverein deutscher Staatsbürger jüdischen Glaubens, dem damals 95% der organisierten Juden Deutschlands angehörten, laut Statuten vor allem um des „Kampfes gegen den Antisemitismus" willen existierte, was nun den Verband automatisch zu einer „staatsfeindlichen Organisation" machte, die unweigerlich von Staats wegen verfolgt worden wäre, wenn sie ihren Statuten treu geblieben wäre ...*
> *So berichtet ein gut unterrichteter deutscher Jude, der als Schwerkriegsverletzter nach Theresienstadt kam und den Krieg überlebte, dass alle führenden Positionen in der von den Nazis im Jahre 1939 erzwungenen Reichsvereinigung von Zionisten besetzt wurden, und zwar ausdrücklich „mit der Begründung, dass diese die ‚anständigen' Juden seien, da sie genau wie die Nazis ‚national' dächten" ...*[216]

Eine andere Quelle, die sich massiv mit der Kollaboration auseinandersetzte, ist Reb Moshe Shonfeld. Er ist ein Mitglied der Chassiden, ein orthodoxer Jude, für den das zionistische Projekt eine Blasphemie darstellt, denn erst nach dem Erscheinen des Messias akzeptieren die Orthodoxen die Heimkehr ins gelobte Land, das mit den geographischen Vorstellungen der Zionisten allerdings nur wenig zu tun hat. Jedenfalls mobilisieren viele orthodoxe religiöse jüdische Gemeinden seit langem gegen Israel und solidarisieren sich zum Teil auch mit den Palästinensern. Sie verwehren sich

---

[215] Ebda. S. 101
[216] Ebda. S. 89/90

strikt gegen den israelischen Anspruch, alle jüdischen Menschen zu vertreten, noch dazu, wo sie davon ausgehen, dass es sich beim Judentum um eine Religionsgemeinschaft handelt.

Shonfeld beschreibt in seinem Buch „The Holocaust Victims Abuse“ die Zusammenarbeit zwischen Zionisten und deutschen Faschisten und stellt, unabhängig von Zustimmung oder Ablehnung seiner religiösen Ideologie, eine zuverlässige Quelle dar, die auch durch andere Ghettochronisten bestätigt wird. In folgendem Zitat zitiert Shonfeld den Vertreter der Jewish Agency in der Schweiz, Dr. Schwalb, der dem tschechischen Rettungskomitee zurück schreibt, das um Hilfe der Alliierten ersucht hat:

> *„Seit wir die Möglichkeit für diesen Kurierdienst haben, schreiben wir zur Gemeinschaft (Gruppe), dass sie sich immer daran erinnern müssen, was das Allerwichtigste ist, das wir nicht aus den Augen verlieren dürfen. Nach alledem, die Alliierten werden siegreich sein. Nach dem Sieg werden sie noch einmal die Welt unter den Nationen aufteilen, wie sie es am Ende des ersten Weltkrieges machten. Damals haben sie den Weg für uns aufgemacht für den ersten Schritt, und jetzt, wenn der Krieg endet, müssen wir alles tun, damit aus Erez Israel ein jüdischer Staat wird. Wichtige Schritte wurden in dieser Angelegenheit bereits unternommen.*
> *Was den Schrei aus eurem Land betrifft, müssen wir uns darüber im Klaren sein, dass alle Nationen der Alliierten viel Blut vergießen, und wenn wir keine Opfer bringen, wie sollen wir dann das Recht erlangen, mit am Tisch zu sitzen, wenn sie die Aufteilung der Nationen und Gebiete nach dem Krieg übernehmen?*
> *Und so wäre es närrisch und impertinent (unverschämt) von unserer Seite, die Nationen, deren Blut vergossen wird, zu bitten, unser eigenes Blut zu schützen. Denn ‚rak b'dam tihyu lanu Haaretz' (nur durch Blut wird das Land uns gehören). Und was euch selbst, Mitglieder der Gemeinschaft betrifft, ihr werdet rauskommen, und zu diesem Zweck werden wir den Kurier mit den nötigen Mitteln ausstatten.“*

Shonfeld schreibt zu diesem Brief: „*Hier hat Mr. Schwalb die komplette zionistische Ideologie ausgedrückt, klar und öffentlich die Politik der zionistischen Führer in der Ära der Rettung festgesetzt: Das Vergießen von jüdischem Blut in der Diaspora ist notwendig in unserer Absicht für die Etablierung eines „Jüdischen“ Staates vor einer Friedenskommission. Geld wird gesendet werden, um eine Gruppe von Pionieren zu retten, während sich die Reste der tschechischen Juden mit der Vernichtung in den Krematorien von Auschwitz abfinden müssen.*"[217]

Die bürgerliche ebenso wie die zionistische Geschichtsaufarbeitung vermitteln den Eindruck, dass die zionistische Bewegung, und als ihre Vertretung die Jewish Agency, mit Zähnen und Klauen für die Rettung der jüdischen Menschen gekämpft hätte. Tatsächlich war aber das einzige Interesse der zionistischen Führung, wie sie die Katastrophe in Europa für ihre Zwecke, die Gründung eines Staates, nutzen könnte.

> *Ben Gurion identifizierte die Rettung fast ausschließlich mit der Immigration nach Palästina ... „Die Katastrophe, der sich die europäischen Juden gegenübersehen, ist nicht direkt meine Angelegenheit", sagte er einmal.*[218]

Und er verkündete das zionistische Credo, dass der Antisemitismus nur durch die Existenz von Exiljuden ausgelöst werde.[219] Die Zionisten verachteten die jüdischen Gemeinden, die sich freiwillig in der Diaspora aufhielten, während sie propagierten, eine Heimstätte, ein „Vaterhaus" für alle Juden aufzubauen.

> *Gleichzeitig gab es aber eine stark gegenläufige Tendenz, „das Exil (zu) negieren" und eine neue, stolze hebräische Rasse schaffen zu wollen, die für sich einstehen und sich verteidigen könnte – Teil einer neuen, gesunden und gerechten nationalen Gesellschaft. In den Jahren des Holocaust wuchs die zweite und dritte Generation junger Leute heran, die in diesem Geist aufgewachsen und erzogen worden waren, „stolz, großzügig und grausam" zu sein, wie Jabotinsky es formulierte.*[220]

Die Verfolgung der europäischen Juden und der schließliche Massenmord wurden auf den zionistischen Plenarsitzungen und Kongressen bestenfalls sekundär behandelt.

> *Auf einer im Mai 1943 abgehaltenen Sitzung des Exekutivkomitees der Histadrut war das Thema „Rettungsbemühungen" als sechstes von acht Tagesordnungspunkten vorgesehen. Bei den zuvor behandelten Punkten ging es unter anderem um ein Erschließungsprojekt am Toten Meer sowie die Feiern zum 1. Mai.*[221]

---

[217] Shonfeld, Rabbi, „the Holocaust victims accuse", Part 1, New York 1977 p. 28; zit. in "Zionism's Failure to Support Resistance", www.codoh.com/zionweb/zioncodemn.htm, S. 5

[218] Segev, Tom, „Die siebte Million", S. 136

[219] Ebda. S. 435

[220] Ebda. S. 151

[221] Sekretariatssitzung des Histadrut-Ek am 29.4. 1943, AA; zit. in Segev, Tom, „Die siebte Million", S. 149

Zusammenarbeit von Zionisten und Nazis im „Einzugsgebiet des Deutschen Reichs"

Die Judenräte

Die Diffamierungskampagne gegen Hannah Arendt wurde bereits im vorigen Kapitel angesprochen. Als 1964 ihr Buch „Eichmann in Jerusalem" – die Dokumentation des Strafverfahrens gegen den aus Argentinien entführten Kriegsverbrecher Adolf Eichmann bzw. eigentlich die Zusammenfassung von fünf Essays nach Arendts persönlicher Prozessbeobachtung im Auftrag der Zeitschrift „New Yorker" – veröffentlicht wurde, gab es einen Sturm der Entrüstung in ihrem zionistischen Umfeld. Sie erzählte, dass Druck auf sie ausgeübt wurde, ihr Buch aus dem Handel zu nehmen und es gab den Versuch, das Erscheinen der deutschen Ausgabe zu verhindern. Ehemalige Freunde und Unterstützer brachen den Kontakt zu ihr ab, andere starteten eine Kampagne gegen die bis dahin hoch angesehene Schriftstellerin.

Der Grund für diese zumindest für die Autorin überraschende Feindseligkeit lag darin, dass Hannah Arendt ungefiltert über alles berichtete, was in dem Prozess zur Sprache kam – auch über die Kollaboration von Zionisten mit den Nazis. Neben den in anderen Kapiteln beschriebenen Kontakten manifestierte sich diese Zusammenarbeit vor allem in der Arbeit des Judenrates in den Ghettos, der Ghettopolizei, den Kapos und Sonderkommandos. Ein Thema, das nach dem Wunsch der israelischen Regierung nicht an die Öffentlichkeit gelangen sollte. Ihre Absicht war es eher, das Gegenteil zu suggerieren, nämlich, dass der jüdische Widerstand in den Ghettos vor allem ein zionistischer gewesen sei, eine Geschichtsklitterung, die später von anderen prozionistischen Autoren und Autorinnen wie Ingrid Strobl wiederholt wurde. Zur Kollaboration kommentierte Hannah Arendt:

> *„Vermutlich wollte Herr Hausner[222] (oder Premierminister Ben-Gurion) demonstrieren, dass aller Widerstand gegen die Nazis von Zionisten ausgegangen sei, als ob die Zionisten als einzige unter den Juden wüssten, dass es, in Zuckermanns[223] Worten, aller Mühe wert ist, die Ehre zu retten, wenn schon das Leben verloren ist; ... Im übrigen traf jene Absicht ins Leere, denn die Zeugen hielten sich an die Wahrheit und sagten dem Gericht, dass im Widerstand alle jüdischen Organisationen und Parteien vertreten gewesen waren und dass der entscheiden-*

[222] Gemeint ist Gideon Hausner, der leitende israelische Staatsanwalt im Prozess gegen Eichmann

[223] Gemeint ist Zivia Lubetkin Zuckermann, die der jüdischen Widerstandsbewegung gegen die Nazis angehörte und im Eichmannprozess als Zeugin aussagte

de Unterschied nicht zwischen Zionisten und Nicht-Zionisten, sondern zwischen Organisierten und Nichtorganisierten lag und, wichtiger noch, zwischen jungen Menschen und den mittleren und älteren Jahrgängen."[224]

Tatsächlich war Hannah Arendt nicht die Einzige, die sich anlässlich des Eichmannprozesses mit der Rolle der Judenräte beschäftigte. Es wird berichtet, dass beim Anwalt Eichmanns, Robert Servatius, fünfzehn israelische Bürger anfragten, ob es ihnen möglich wäre, vor Gericht über die Mitglieder des Judenrats auszusagen. Ein Angebot, dass die Verteidigung nicht wahrnahm, um nicht von Eichmann selbst abzulenken.
Die Nazis ernannten die Judenräte vor allem aus dem Kreis der jüdischen Führer, mit denen sie bereits während der forcierten Auswanderung zusammengearbeitet hatten und die sich vor allem aus zionistischen Organisationen rekrutierten, die ja als einzige noch legal arbeiten konnten und den Nazis eine gewaltige Ausweitung ihrer Machtfülle verdankten.

„Der Judenrat diente als Instrument, die Ruhe zu bewahren. Es wiegte sowohl Junge wie Alte in einem falschen Sicherheitsgefühl, damit sie nicht an Rettungsmaßnahmen dachten. Unglücklicherweise waren die meisten Mitglieder der Judenräte Zionisten. Sie dachten, dass sie mit der Zusammenarbeit mit den Deutschen etwas Gutes täten. Durch die Aufstellung von Listen von Juden, die in den Tod geschickt wurden, glaubten sie andere Juden zu retten. Die Leiter der Judenräte litten an einem Superioritätskomplex, in der Annahme, dass sie etwas Epochemachendes täten, um die Nation zu retten – und die ganze jüdische Bevölkerung fürchtete sie".[225]

"So war auch das erste, was die Nazis in Oberschlesien taten, die Errichtung eines „Judenrats" und, wie überall, machten sie zionistische Aktivisten zu Leitern des Rats."[226]

Autorinnen wie Ingrid Strobl versuchten die Rolle der Judenräte zu relativieren, die Kollaboration der Zionisten mit dem Hinweis auf die Beteiligung zionistischer Organisationen bei den Ghettoaufständen als reine Notmaßnahme darzustellen, um so viele Juden wie möglich zu retten. Es ist daher nötig, sich die reellen Ereignisse jener Tage näher anzusehen.

---

224 Arendt, Hannah, „Eichmann in Jerusalem", R. Piper & Co Verlag, München 1964, Neuausgabe August 1986, S. 158/ 159

225 Shonfeld, Reb Moshe, „The Holocaust Victims Abuse", New York 77, pp.88, 119-121, zit. in „Die Zionisten und Nazideutschland", Faris Yahya, s.o. S. 42

226 Ebda., pp.88, 119-121, zit. in „Jüdische Autoren gegen Zionismus," ISF (Internationales Solidaritätsforum) Wien 1999

Warschauer Ghetto

In Warschau erlangte Abraham Ganzweich durch seine Tätigkeit traurige Berühmtheit. Ganzweich war der ehemalige Führer der Hashomer Hazair in der Tschechoslowakei und hatte sich damit Autorität und Ansehen erworben. 1940 forderte er die Juden des Ghettos auf, sich der „neuen Ordnung" der Nazis anzupassen. Auch rein äußerlich begannen sich die jüdischen Führer zu verändern und Stiefel zu tragen.[227] Die Faschisten erlaubten Ganzweich die Bildung einer Polizeitruppe, die aus 300 Leuten bestand. Shonfeld schreibt, dass die Polizei die

> *„Funktion einer amerikanischen Gangstertruppe wahrnahm; mit ihrer Hilfe zwang Ganzweich alle wichtigen Geschäftsleute im Ghetto, ... ihm Protektionsgeld zu zahlen, dass er mit seinen Nazibossen teilte." Er sieht darin „... eine Spionage- und Subversionsagentur. Zwei Rabbis, die zu der Agutath Israel Partei gehörten, Blumenfeld und Glicensztajn, machten unter den chassidischen Elementen für ihn Propaganda und sorgten dafür, dass keine Widerstandsideen in den religiösen Schulen und Universitäten Fuß fassten."* [228]

Ganzweich war auch der Anführer der berüchtigten 13, ein Ausführungsorgan der Sicherheitspolizei im Ghetto, benannt nach der Adresse in der Lesznostrasse 13. Bei der Bevölkerung war diese jüdische Polizeidienststelle gefürchtet und verhasst.
Eine illegale Zeitung des Ghettos schreibt zum Judenrat:

> *„Die verzweifelte Situation im Ghetto ist in erster Linie ein Ergebnis der deutschfaschistischen Politik. Der Judenrat in Warschau, seine Organe, besonders die Versorgungsabteilung, stehen unter der Herrschaft von Kaufleuten und Industriellen, die nur eine Politik durchführen: die Politik jener, die sich bereichern, die auf Kosten der jüdischen Not leben wollen. Für den Zustand im Warschauer Ghetto sind in erster Linie die Deutschen verantwortlich, aber ebenso auch der Judenrat."*[229]

Ein bekannter Ghettochronist, Erwin Ringelblum, beschuldigt den Judenrat ebenfalls, sich persönlich am Leid der Juden bereichert zu haben:

> *„... Die ganze Tätigkeit des Judenrats ist eine einzige Kette von Unrecht gegenüber der Armut, das nach Rache ruft. Gäbe es einen Gott auf der Welt, dann würde er mit Donner und Blitz dieses Nest von Grausamkeit,*

---

[227] Ringelblum, Emanuel „Notitsn fun Varshever", Warschau 1951, S. 291, zit. in Hilberg, Raul, „Die Vernichtung der europäischen Juden", S. 158

[228] Shonfeld, Reb Moshe, „The Holocaust Victims Abuse", Part 1, zitiert in „Zionismus und Faschismus", Infoverteiler 47, Wien, Dezember 1995, S. 97

[229] „Za Nasza i Wasza Wolnosc", Nr.7, August 1941

Heuchelei und Raub vernichten. Die gesamte Finanzpolitik des Judenrats ist ein einziger großer Skandal. ‚Alle glajch' – das ist die unglückselige Losung des Finanzministers."[230]

Mit ‚Glajchheit' war gemeint, dass alle die gleiche Höhe an Steuern zahlen mussten, unabhängig von Einkommen und Vermögen. 49 verschiedene Abgaben belasteten die verarmte Bevölkerung. In etwa waren von den Bewohnern des Ghettos monatlich folgende Steuern zu begleichen:

Bezahlung für Brotmarken	*1 Zloty je Kopf*
monatliche Abgabe	*2 Zlotys je Kopf*
Abgabe für Seuchenbekämpfung	*0,50 Zloty je Kopf*
Steuer für den Ordnungsdienst (Ghettopolizei)	*0,30 Zloty je Kopf*
Abgabe für die Müllabfuhr	*0,25 Zloty je Kopf*[231]

Der Bund, eine sozialistische jüdische Organisation, schreibt über eine Arzneimittelsteuer, die bei jedem Medikament einen 40prozentigen Preisaufschlag bedeutete, den der Judenrat kassierte.[232]
Die gleiche Organisation hat die Einkünfte des Judenrats aufgelistet, um nachzuweisen, dass vor allem die untersten Schichten am stärksten von der Steuerpolitik belastet werden:

aus dem Etat (Gemeindeabgaben)	*805.000 Zloty*
aus den Umsiedlerabgaben	*41.000 Zloty*
aus den Krankenhausabgaben	*900.000 Zloty*
aus den Abgaben für Lebensmittelkarten	*4.567.000 Zloty*[233]

Einige Mitglieder des Judenrats erwarben von den deutschen Behörden Lizenzen für Handels- und Industriegeschäfte; namentlich von den Ghettochronisten genannt werden Sctolcmann, Graff, Wolfowitcz, Kon und Heller, die erfolgreich Unternehmen im Ghetto führten, in erster Linie, indem sie den Okkupanten billige Arbeitskräfte lieferten und sich den Profit mit ihnen teilten.

---

230 „Oblicze klasowe Judenratu' (Das Klassengesicht des Judenrats), Archiv JHI, E. Ringelblum I/512

231 „Was gibt es Neues im Judenrat?", in „Morgen Frajhajt", Zeitung der Kommunisten im Warschauer Ghetto, Nr. 157, 21.01.1942

232 „Der Weker", Zeitung des „Bund" im Warschauer Ghetto, 15.02.1942

233 Ebda., 08.02.1942

„Die Räte und höheren Angestellten des Judenrats waren vermittels ihrer untergeschobenen Verwandten stille Teilhaber großer Monopolunternehmen und lizenzierter Firmen; sie waren oft an mehreren Unternehmen beteiligt und erwarben sich auf diese Weise große Vermögen."[234]

Viele, die sich nach dem Ende der Nazidiktatur gerne als „Retter des jüdischen Volkes" feiern ließen, profitierten persönlich von der Ausbeutung der Ghettobewohner und garantierten durch die Bereitstellung des entsprechenden Repressionsapparates (Ghettopolizei) den reibungslosen Ablauf vom Alltag im Ghetto bis zur Deportation in die Vernichtungslager.

„Diese aus dem Judenrat und den Fabrikanten zusammengesetzte Schicht saugte den Rest des Blutes, der nach den Ausplünderungen in den Adern des Ghettos verblieben war, aus.
Diese Schicht der oberen Zehntausend lebte nicht nur auskömmlich, sondern oft sogar luxuriös und unterstrich damit in ungeheuerlicher Weise die Unterschiedlichkeit des Lebensniveaus im Ghetto."[235]

Der Widerstand im Ghetto richtete sich daher nicht nur gegen die deutsche Besatzung, sondern auch gegen den Judenrat, mit dessen Maschinerie die Menschen viel unmittelbarer konfrontiert waren als mit den Nazischergen selbst.

„Mittwoch, 22.07.1942 ... Seit Mittag sind Treibjagden auf Menschen im Gange. Sie werden von der jüdischen Polizei ausgeführt. Die Deutschen mischen sich nicht weiter ein. Es gibt ihrer zwei Arten: schwarze und rote nach den Uniformen ..."[236]
„... Eine große Straßenrazzia. Man schleppt alte Männer und Frauen, Kinder, Jungen und Mädchen, weg. Es ergreifen sie Polizisten und Beamte des Gemeinderates. Letztere haben weiße Armbinden auf den Unterarmen. Sie helfen den Polizisten ... Wie versuchen die Juden, sich zu retten? Fiktive Heiraten mit Polizisten ...
Die Polizisten benehmen sich während der Razzien wie wilde Bestien. Ihre Grausamkeiten: Sie zerren Mädchen von Fahrrädern herunter, räumen Wohnungen aus, lassen die Habseligkeiten ein Raub der Flammen werden. Pogrome und Mord ohne Beispiel ..."[237]

---

[234] Tagebuch Bryskier,; Archiv JHI, 90, S. 218
[235] Aufzeichnungen Rozen; Archiv JHI, Ringelblum I/86
[236] „Die Liquidierung des Warschauer Ghettos", Geheime Militärische Verlagsanstalt, zitiert in Bartoszewski, Wladislaw, „Das Warschauer Ghetto – wie es wirklich war" Fischer, Frankfurt 1983, S. 35/36
[237] Tagebuchaufzeichnungen des Pädagogen und Historikers Abraham Lewin, zitiert in Bartoszewski, Wladislaw, „Das Warschauer Ghetto – wie es wirklich war" s.o., S. 39/40

Mehrere Verlautbarungen des Judenrates erfüllten die Funktion, die Bewohner des Ghettos in falscher Sicherheit zu wiegen und sie dazu zu bringen, sich widerstandslos den Transporten in die Vernichtungslager anzuschließen.

„Judenrat in Warschau
Warschau, den 22. Juli 1942
Bekanntmachung

1. *Auf Befehl der deutschen Behörden werden alle jüdischen Personen, gleich welchen Alters und Geschlechts, welche in Warschau wohnen, nach dem Osten umgesiedelt.*
2. *Ausgenommen von der Umsiedlung sind:*
   a) *alle jüdischen Personen, die bei den deutschen Behörden oder Betriebsstellen beschäftigt sind und den Nachweis hierüber bringen können;*
   b) *alle jüdischen Personen, die dem Judenrat angehören und Angestellte des Judenrates sind (Stichtag ist der Tag der Veröffentlichung der Anordnung);*
   c) *alle jüdischen Personen, die bei reichsdeutschen Firmen beschäftigt sind und den Nachweis hierüber erbringen können;*
   d) *alle arbeitsfähigen Juden, die bisher nicht in den Arbeitsprozess eingereiht sind, diese sind im jüdischen Wohnbezirk zu internieren;*
   e) *alle jüdischen Personen, die zum Personal der jüdischen Krankenhäuser gehören. Ebenso die Angehörigen des jüdischen Desinfektionstrupps;*
   f) *alle jüdischen Personen, die dem Jüdischen Ordnungsdienst angehören;*
   g) *alle jüdischen Personen, die engste Familienangehörige der unter a-f aufgeführten Personen sind.*

   Familienangehörige sind ausschließlich Ehefrauen und Kinder;
   h) *alle jüdischen Personen, die am ersten Tage der Umsiedlung in einem der jüdischen Krankenhäuser liegen und nicht entlassungsfähig sind. Die Entlassungsfähigkeit wird von einem von dem Judenrat zu bestimmenden Arzt festgestellt.*
3. *Jeder jüdische Umsiedler darf von seinem Eigentum 15 kg als Reisegepäck mitnehmen. es können sämtliche Wertsachen: Gold, Schmuck, Geld usw. mitgenommen werden. Verpflegung ist für drei Tage mitzunehmen.*
4. *Beginn der Umsiedlung am 22.7.1942 um 11 Uhr.*
5. *Strafen:*
   a) *jede jüdische Person, die mit Beginn der Umsiedlung das Ghetto verlässt, ohne dem unter Ziffer 2a und c aufgeführten Personenkreis an-*

zugehören und soweit sie bisher nicht dazu berechtigt war, wird erschossen;

b) jede jüdische Person, die eine Handlung unternimmt, die geeignet ist, die Umsiedlungsmaßnahmen zu umgehen oder zu stören, wird erschossen;

c) alle Juden, die nach Abschluss der Umsiedlung in Warschau angetroffen werden, ohne dem unter 2a-2h aufgeführten Personenkreis anzugehören, werden erschossen."[238]

Laut dem Chronisten verfasste der Judenrat die zitierte Quelle, deren fehlerhaftes Amtsdeutsch übrigens nicht an unkorrekter Transkription, sondern im Original begründet liegt, das nach einem Besuch von SS-Hauptsturmführer Hoefle samt „Gefolge" *(sic)* veröffentlicht wurde. Möglicherweise hatte Hoefle dem Ratsvorsitzenden Czerniakòw den Text im Wortlaut zitiert. Auch der Umstand, dass der Judenratsvorsitzende Czerniakòw nicht unterschrieben hat, wird zu seiner Verteidigung angeführt.
Die Frage nach der persönlichen Verantwortung ist tatsächlich nicht leicht zu beantworten, vor allem nachdem Czerniakòw an seiner Rolle als Befehlsempfänger der Deutschen zerbrach und sich am 23. Juli, einen Tag nach dieser Verordnung, das Leben nahm – als die Nazis schließlich von ihm verlangten, auch Kinder deportieren zu lassen.

„Am zweiten Tag der Aktion begeht der Vorsitzende des Judenrates, der Ingenieur Adam Czerniakòw, Selbstmord. Er wusste genau, dass die vermeintliche Umsiedlung nach Osten den Tod von Tausenden in den Gaskammern bedeutet und wollte dafür nicht die Verantwortung tragen. Da er keine Möglichkeit hatte, das Geschehen zu verhindern, wollte er lieber aus dem Leben scheiden. Damals waren wir der Meinung, er hätte nicht auf diese Weise handeln dürfen, es wäre seine Pflicht, die Pflicht des einzigen Menschen, der im Ghetto über eine Autorität verfügte, gewesen, die jüdische Bevölkerung über den tatsächlichen Stand der Dinge aufzuklären und alle Institutionen, vor allem aber die jüdische Polizei, die offiziell dem Judenrat unterstellt und von ihm geschaffen worden war, aufzulösen."[239]

Nicht zu vernachlässigen ist auch der Druck, den andere Führungspersonen des Judenrats gegenüber Czerniakòw ausübten, indem sie von ihm verlangten, dass er gegen den Widerstand vorgehen müsste. Beispielsweise waren

---

[238] Ebda., S. 35/36

[238] Ebda., S. 33/34

[239] Edelmann, Marek, „Das Ghetto kämpft", (Originalausgabe: „Getto walczy" Warschau 1945), deutsche Ausgabe: Harald-Kater-Verlag, Dieter Brünn, Berlin 1993, S. 48

sie der Auffassung, dass die Untergrundzeitungen *„unsägliches Leid über die jüdische Bevölkerung bringen würden.“*[240]

Czerniakòws Tod gab Rätsel auf; nicht alle glaubten an einen Selbstmord – jedenfalls dürfte einigen Mitgliedern des Rats der Tod des liberalen Vorsitzenden nicht ungelegen gekommen sein.
Das folgende vom Judenrat unterschriebene Dokument wurde einen Tag später veröffentlicht:

> ***„Judenrat in Warschau:***
> ***Bekanntmachung***
> 1. *Infolge nicht zutreffender, im jüdischen Wohnbezirk von Warschau kursierender Nachrichten im Zusammenhang mit der Aussiedlungsaktion ist der Judenrat in Warschau von der Behörde ermächtigt worden, bekannt zu geben, dass die Aussiedlungsaktion der Bevölkerung, die im jüdischen Wohnbezirk in Warschau nicht produktiv ist, tatsächlich in östliche Gebiete erfolgt.*
> 2. *Die Aussiedlungsaktion sollte im Interesse der Bevölkerung selbst im angegebenen Zeitraum durchgeführt werden. Der Judenrat in Warschau ruft die der Aussiedlung unterliegenden Personen auf, sich nicht zu verstecken oder die Aussiedlung zu umgehen, was die Durchführung der Aufgabe erschweren würde.*
> 3. *Im wohlverstandenen Interesse der meisten jüdischen Einwohner in Warschau ist es angebracht, dass die der Aussiedlung unterliegenden Personen, die die der Reihe nach gekennzeichneten Häuser bewohnen, sich freiwillig am Sammelpunkt in der Stawki Straße 6/8 melden.*
> 4. *Nach erhaltener Zusage werden Familien, die sich freiwillig stellen, nicht getrennt.*
>
> *Warschau, den 24. Juli 1942*
> *Der Judenrat in Warschau“*[241]

Nach Czerniakòws Selbstmord verlor der Judenrat keinen einzigen Tag Zeit und übergab seinem Stellvertreter Marek Lichtenbaum den Vorsitz. Die Deportationen wurden ohne Unterbrechung fortgesetzt.

> *„In drei öffentlichen Anschlägen – der letzte datierte vom 1. August – versprach die Judenpolizei (die in Abwesenheit des unter Korruptionsverdacht verhafteten Josef Szerynski von dessen Stellvertreter, Jacob Lejtin, geleitet wurde) jedem, der sich freiwillig am „Umschlagplatz“*

---

[240] Hilberg, Raul, „Die Vernichtung der europäischen Juden“, s.o., S. 350
[241] Bartoszewski, Wladislaw, „Das Warschauer Ghetto – wie es wirklich war“, Fischer, Frankfurt 1983, S. 41

des Ghettos einfinde, eine Sonderration von 3 Kilo Brot und 1 Kilo Marmelade."[242]

Die halbverhungerten Menschen wurden von solchen Versprechungen immer noch magnetisch angezogen und meldeten sich am Treffpunkt, obwohl der Widerstand verzweifelt versuchte, sie davon abzuhalten. Doch sein Einfluss war begrenzt, weil die Autoritäten sie für die Verschärfung der Situation verantwortlich machten. Vor allem befürchtete die Bevölkerung die drohenden Kollektivstrafen, die jeder antifaschistischen Aktion folgten.

Erst als die Aussichtslosigkeit des Stillhaltens, die drohende Vernichtung und die immer lächerlicher wirkenden Lügen und Beschwichtigungsversuche des Judenrats offensichtlich wurden, begannen sich vermehrt Ghettobewohner dem Untergrund anzuschließen. In öffentlichen Treffen, an denen auch Ratsmitglieder teilnahmen, wurden Widerstandspläne diskutiert, die vom Judenrat stets mit dem Argument der Folgen für die anderen Ghettoinsassen verworfen wurden. Trotzdem häuften sich Protest und Widerstandsaktionen, die Transporte wurden sabotiert, vermehrt gelangten Waffen ins Ghetto.
Über einen weiteren bekannten Kollaborateur in Warschau, der dem Untergrund das Leben erschwerte, schreibt Reb Moshe Shonfeld:

> *„Alfred Nussing, der alte Zionistenführer und persönlicher Freund von Herzl, schändete sein hohes Alter durch Informieren und Spitzeln im Warschauer Ghetto, wofür er vom Untergrund gerichtet und zum Tod verurteilt wurde."*[243]

Inwieweit auch die Widerstandsorganisationen selbst mit Spitzeln und Kollaborateuren zersetzt waren, darüber lässt sich nur spekulieren, denn es gibt heute nur mehr wenige überlebende Zeitzeugen, die noch darüber berichten könnten.

Die zionistischen Gruppen waren jedenfalls nicht die zahlenmäßig stärksten Organisationen, die an den Ghettoaufständen teilnahmen, auch wenn das von der zionistischen Geschichtsaufarbeitung oft suggeriert wird. Auch der berühmte Mordechai Anielewicz, ein junger Zionist, übernahm erst dann eine führende Position im Widerstand, „nachdem der erste Leiter des Aufstands, der Kommunist Andrzej Szmidt, gefallen war."[244] Neben den Bun-

---

[242] Hilberg, Raul, „Die Vernichtung der europäischen Juden", s.o. S. 352

[243] Shonfeld, Reb Moshe, „The Holocaust Victims Abuse", s.o., pp 22-23, New York 1977, zit. in Yahya, Faris, „Zionisten und Nazideutschland", s.o. S. 44

[244] Polkehn, Klaus, „Zusammenarbeit von Zionismus und deutschem Faschismus", in: Al Karamah Nr. 9, S. 18

disten und Kommunisten waren es vor allem die unorganisierten Kräfte, die an den Kämpfen teilnahmen.
Abgesehen davon war die stärkste Gruppierung unter den organisierten Zionisten, die sich doch an dem Ghettoaufstand beteiligte, nicht die Hashomer, wie viele glauben, sondern außerhalb der ZOB die Revisionisten und ihr militärischer Arm „Irgun Zwai Leumi".
Zionisten stellen den Aufstand aber so dar, als wäre er ausschließlich von ihren Organisationen getragen worden. Letztendlich war der vergleichsweise hohe Anteil zionistischer Teilnehmer beim Warschauer Aufstand (etwa ein Drittel, nach Meinung Tom Segevs der größte Teil der Aufständischen, was aber, wie erwähnt, nur auf die organisierten Kräfte zutrifft) auf mehrere Faktoren zurückzuführen:

- von den anderen Gruppen und Organisationen, insbesondere den Kommunisten, hatten die wenigsten die Säuberungsaktionen überstanden, die vom Rat und der Judenpolizei im Auftrag der Nazis durchgeführt wurden. Sie fanden sich auf den ersten Todeslisten, die vom Judenrat für die Transporte vorgeschlagen wurden. Mit anderen Worten: sie waren zur Zeit des Aufstands nicht mehr am Leben
- Menschen wurden deshalb Mitglieder von zionistischen Organisationen, weil das ihre Überlebenschancen erhöhte. Viele hatten auch damals bereits Idealistisches in den Zionismus hineininterpretiert, etwa, dass er gegen Antisemitismus und Faschismus auftreten würde, obwohl er seinen Hauptfeind immer nur in den „Assimilationisten" sah und diese gemeinsam mit den Antisemiten bekämpfte. Als sich diese enttäuschte zionistische Basis entgegen dem ausdrücklichen Befehl ihrer Führer am Widerstand beteiligte, verdeutlichte das auch eine Absage an Zionismus und Kollaboration. So wird von Faris Yahya auch das Testament von Mordechai Anielewicz, dem Führer der Jüdischen Kampforganisation – gerichtet an seinen Nachfolger – interpretiert:

„In dem Bewusstsein, dass uns unsere letzte Stunde bevorsteht, verlangen wir von dir, dich daran zu erinnern, wie wir betrogen worden sind. Der Tag der Abrechnung für unser unschuldig vergossenes Blut wird kommen. Schicke denen Hilfe, die in der letzten Schlacht den Händen des Feindes entkommen können, so dass sie den Kampf fortsetzen können."[245]

Auch sein Stellvertreter, Jizchak Zuckermann, der nach dem Krieg nach Israel kam und selbst überzeugter Zionist war, beklagte sich über die mangelnde Unterstützung des Jishuw.[246] Hier zeigt sich der tiefe Graben zwi-

---

[245] „Letter to Issac Cukierman, 26. April 1943, zit. in Yahya, Faris, „Die Zionisten und Nazideutschland", s.o., S. 48
[246] Segev, Tom, „Die siebte Million", s.o., S. 247

schen den Illusionen der Mitglieder der verschiedenen Fraktionen, der Basis und der zionistischen Realität, wie sie sich in den Entscheidungen der Führung präsentierte. Zusammenfassend muss man feststellen: nicht wenige hatten sich der zionistischen Bewegung angeschlossen, weil dies für jüdische Menschen die letzte legale Möglichkeit der Organisierung bedeutete. Sie hofften, dass der Zionismus eine oppositionelle Bewegung gegen den Faschismus darstellen würde und waren enttäuscht von der tatsächlichen Kollaboration.

Doch die Faschisten zeigten keine Dankbarkeit. Als die Zionisten ihre Schuldigkeit getan hatten, endeten ihre Privilegien, materiellen Vorteile und ihre gewonnene Machtfülle; jetzt wurden auch sie Opfer der Vernichtungspolitik. Die Phase der von den Faschisten geförderten Auswanderung war – laut den späteren Aussagen angeklagter Nazis – aus kriegsbedingten Gründen beendet. Immer deutlicher zeigte sich den Überlebenden, dass die einzige Chance der Widerstand war, um sich zu retten – wenn schon nicht das Leben, so doch die eigene Würde.

Die Unterschiede unter den Ghettobewohnern verblassten immer stärker, je mehr die Deportationen zunahmen. Die großen Unterschiede und die Kämpfe zwischen linken und rechten Ideologien wurden dem Aufstand größtenteils untergeordnet, auch wenn sich etwa die Revisionisten als eigenständige Fraktion mobilisierten, um nicht gemeinsam mit ihren Konkurrenten kämpfen zu müssen. Von ganz links bis ganz rechts nahmen Menschen am Aufstand teil. Organisierte Gruppierungen wie die Zionisten hatten den Vorteil, dass sie über eine bessere Infrastruktur, also auch Waffen, mehr Mittel und Kontakte nach außen verfügten.

Doch selbst jetzt noch kämpften große Teile der jüdischen Polizei auf Seiten der Nazis, um den Aufstand niederzuschlagen.

Die Deutschen entließen Szerinski aus dem Gefängnis, weil er ein zuverlässiger Nazikollaborateur war und beauftragten ihn, die Probleme bei den Deportationen zu beseitigen. Mit immenser Brutalität ziehen Szerinski und seine Polizisten von Haus zu Haus und schleppen die Menschen zu den Verladeplätzen. Doch nicht nur mit Gewalt, auch mit List arbeitet Szerinski, um Widerstandstätigkeiten zu verhindern und die Transporte ungestört weiterlaufen zu lassen.

> *„Nach der Schilderung eines Ghettochronisten trat gegen Mitte August eine Gruppe von jüdischen Lastträgern und Fuhrleuten an ihn heran, um ihn in einen ‚Widerstandsplan' einzuweihen. Szerynski teilte ihnen mit, er habe Postkarten von Deportierten aus Treblinka gesehen, aus*

denen hervorgehe, dass dort niemand in Gefahr sei. Die Lastträger glaubten ihm ‚mit der kindlichen Naivität von Athleten'.“[247]

Szerinski wird Opfer des ersten Schussattentats, das vom Widerstand durchgeführt wird – ironischerweise von einem Mitglied der gleichen zionistischen Organisation, der auch Szerinski angehörte. Damit wird auch die Richtung klar, die der Aufstand nehmen wird.
Entgegen der Propaganda war der Widerstand in den Ghettos jedenfalls kein Kampf der Zionisten gegen die Nazis, sondern gerade auch ein Kampf des Untergrunds – gleich ob seine Mitglieder ursprünglich aus zionistischen, kommunistischen oder anderen Organisationen kamen oder gänzlich unorganisiert waren – gegen die Zionisten als Teil der faschistischen Vernichtungsmaschinerie in Form des Judenrats oder der jüdischen Ghettopolizei.

So berichtet Wladyslav Bartoszewski, dass vom jüdischen Untergrund in Warschau allein zwischen Ende 42 und Anfang 43 mehr als sechzig Kollaborateure getötet wurden.
Auf Fotos ist es schwer, die Ghettopolizisten mit ihren Schaftstiefeln und Uniformen von den Nazis zu unterscheiden. Sie versuchten mit allen Mitteln, den Widerstand aufzuhalten und zu bekämpfen, deshalb gerieten sie auch als erste ins Fadenkreuz des Untergrunds. Raul Hilberg schreibt:

> *„Ihren ersten Schlag führte die Widerstandsbewegung gegen die jüdischen Kollaborateure der Judenratsmaschinerie. Am 21. August 1942, als die Deportationen ihren Höhepunkt erreicht hatten, feuerte ein gewisser Israel Kanal den ersten Schuss ab; er tötete den jüdischen Polizeichef, Joosef Szerinski. Sein Nachfolger, Jacob Laikin, wurde ebenfalls erschossen. Die Kugeln der Attentäter streckten Polizisten, Spitzel und Kollaborateure nieder, darunter den Leiter der Wirtschaftsabteilung des Judenrats, Israel First. Unter dem ständigen Feuer des jüdischen Untergrunds schrumpfte der Judenrat (unter seinem Vorsitzenden, Marek Lichtenbaum) allmählich zusammen und verlor schließlich jeden Einfluss."*[248]

Beim antizionistischen Widerstandskämpfer Marek Edelmann werden die Bestrafungsaktionen gegen Kollaborateure als wichtige Aufgabe des Wi-

---

[247] Ernest, Stefan, „Trzeci front: O wojnie Wielkich Niemiec z Zydami Warszawy 1939-1943“, unveröffentlichtes Manuskript in der Privatsammlung von Dr. Lucjan Dobroszycki, S. 143-145, zit. in Hilberg, Raul, „Die Vernichtung der europäischen Juden“, s.o. S. 353

[248] Hilberg, Raul, „Die Vernichtung der europäischen Juden“, s.o. S. 355

derstands beschrieben, darunter fällt auch die oben erwähnte Liquidierung von Alfred Nussing (nach Edelmanns Schreibweise Nosig):

> *„Nun führt die ZOB eine Aktion durch, um die jüdische Bevölkerung von feindlichen Elementen, sowie von jenen anstößigen Individuen, die sich an die Deutschen verkauft haben, zu befreien. Es werden Todesurteile vollstreckt, die das Kommando über fast alle jüdischen Gestapo-Agenten gefällt hat. Diejenigen, die die Hand unserer Gerechtigkeit nicht erreicht, fliehen heimlich auf die „arische Seite“. Keiner von ihnen wagt, sich im Ghetto blicken zu lassen. Als vier Gestapo-Männer einmal für eine halbe Stunde im Ghetto erscheinen, werden drei von ihnen getötet und der vierte schwer verletzt. Auch der berüchtigte Gestapo-Mann Dr. Alfred Nosig wird umgebracht, man findet bei ihm einen Gestapo-Ausweis aus dem Jahre 1933.“*[249]

Yitzhak Zuckermann bedauert in seinen Memoiren, dass der Widerstand nicht bereits früher gegen die Kollaborateure vorgegangen ist:

> *„Die Deutschen hätten ihr Vorhaben sicher nicht so einfach oder so schnell durchführen können, wenn es nicht die jüdische Polizei gegeben hätte. Denn die Juden wären sicher weggerannt, wenn sie einen Deutschen gesehen hätten, aber sie konnten sich nicht vorstellen, dass jüdische Polizisten sie in den Tod führen würden. Und die jüdische Polizei wusste, ... was Treblinka war, schließlich berichtete die jüdische Polizei selbst von dem Abschlachten dort. Man könnte sagen, dass sie an Treblinka mitgebaut haben, dafür gibt es hinreichend Beweise ...“*[250]

Und als hätte er Autoren wie Rabinovici gelesen, widerspricht er den Versuchen, die Zusammenarbeit mit den Nazis zu rechtfertigen:

> *„Aber welche Gefahr drohte der (jüdischen) Polizei? Doch allenfalls das, was allen Juden geschah. ... Es gibt Versuche, sie zu verteidigen, es gibt jene, die sagen, sie hätten keine Wahl gehabt. ... Natürlich hatten sie keine Wahl – von dem Moment an, in dem sie sich entschieden, Polizisten zu werden. ... Es gab keine „anständigen“ Polizisten, denn anständige Männer zogen die Uniform aus und wurden einfache Juden ... Kollaborateure und Gestapobeamte kann man nicht verteidigen! Jeder einzelne von ihnen hätte vernichtet werden sollen!“*[251]

---

[249] Edelmann, Marek, „Das Ghetto kämpft“, (Originalausgabe: „Getto walczy“ Warschau 1945), deutsche Ausgabe: Harald-Kater-Verlag, Dieter Brünn, Berlin 1993, S. 65

[250] „A Surplus of Memory“, Yitzhak Zuckermann, Berkeley 1993; S. 192-212; zit. in Finkelstein, Norman, „Palästina“, Heinrich Hugendubel Verlag, Kreuzlingen-München 2003, S. 233/234

[251] Ebda.

Als der Widerstand erkannte, dass der Kampf gegen die Deutschen ohne die Beseitigung der Kollaborateure sinnlos war, wurden Listen von allen erstellt, die mit den Nazis zusammen arbeiteten und auf Flugblättern ihre Verurteilung zum Tod bekannt gegeben.

> *„Was ich für unsere größte Schuld halte ...? Dass wir nicht sofort, vom ersten Tag an, einen gnadenlosen Krieg gegen die jüdische Polizei geführt haben! ... Alles, was wir hätten tun müssen, war, sie umzubringen ... Sie hätten an Laternenpfählen aufgehängt werden müssen ... Später, als wir damit anfingen, etwas in dieser Richtung zu unternehmen, war es schon zu spät.“*[252]

Gerade der Kampf gegen die Kollaborateure widerspricht der israelischen Propaganda, ausgerechnet den Warschauer Aufstand als zionistischen Widerstand darzustellen.
Auch Tom Segev geht davon aus, dass die Beteiligung von Mitgliedern zionistischer Jugendbewegungen am Aufstand keinerlei Rechtfertigung bietet, den Aufstand für den Zionismus zu vereinnahmen:

> *„Der Versuch der letzten Juden im Warschauer Ghetto, ‚ehrenvoll zu sterben‘ und ein Vermächtnis an jüdischem Heldentum zu hinterlassen – und dazu einige Deutsche mit in den Tod zu nehmen –, widersprach dem Vorurteil, dass die Juden in der Diaspora sich willig umbringen ließen. Israel besaß kein Monopol auf Helden. Die peinliche Wahrheit lautete, dass die Rebellen keinerlei Hilfe vom Jishuw bekommen hatten. Die Abgesandten des Jishuw, die vor dem Krieg in ihrer Mitte einquartiert worden waren, hatten alle rechtzeitig die Heimfahrt angetreten. Der Jishuw mit seinem Hang zur Mythenbildung löste dieses Problem auf seine eigene Weise – er nahm die Aufstände für sich in Anspruch, als habe er sie entfesselt.“*[253]

Fallbeispiel Wilnaer Ghetto

Der Kommunist Yitzhak Vitenberg gründete im Ghetto von Wilna eine Widerstandsbewegung. Trotz seiner Jugend, er war Anfang zwanzig, gelang ihm durch sein Charisma die Bildung einer kämpfenden Einheit, deren Ruf über das Ghetto hinaus zum Aufstand mobilisierte. Vitenberg wurde als das Rückgrat des Widerstands bezeichnet. Durch seine Aktivitäten zog er sich nicht nur den Hass der Nazis sondern auch des Judenrats und der Ghettopolizei zu und hier stoßen wir unvermeidlich auf den Namen von Jacob Gens:

---

[252] Ebda. S. 234/235

[253] Segev, Tom, „Die siebte Million“, s.o., S. 249

„Er ragt hervor, weil kein anderer Ghettoführer in seinen Diensten so weit ging wie Gens; kein anderer Ghettoführer benutzte seine Polizeigewalt zur Tötung von Juden. Noch spielte irgendein anderer Ghettoführer eine solche wirkungsvolle Rolle bei der Sabotage der jüdischen Beteiligung an der Partisanenbewegung ...
Er vereinigte lithuanischen Nationalismus mit der faschistischen Richtung des Zionismus, die durch Jabotinskis Anhänger repräsentiert war, als Mitglied der revisionistischen Brith Hakhayll (Militärorganisation) ...“
„Sobald die überlebenden Wilna-Juden am 6. und 7. September 1941 in zwei Ghettos zusammengepfercht waren, wurde Gens der stellvertretende Kommandeur der Ghettopolizei, deren Leiter, Muszkat, ein Warschauer Jurist und gleichfalls Revisionist war. Sein Programm und seine Philosophie unterschieden sich in keiner Weise von der des Barasz, Rumkowski, Merin oder anderer kollaborationistischer Ghettoführer: auch er argumentierte, dass ein Rest Juden überleben könnte, wenn sie sich für die deutsche Kriegsmaschinerie nützlich machen könnten. Es war jedoch nicht sein Erfolg bei der Errichtung von Arbeitsstätten im Ghetto, die ihn bei den Nazibehörden beliebt machte, sondern seine Skrupellosigkeit bei der Auslieferung von jüdischen Opfern und seine Nützlichkeit bei der Verhinderung der Flucht von jungen Juden in die Wälder, die sich den Partisanen anschließen wollten ...“
„Da die Arbeit nicht ausreichte, das Überleben seiner Juden zu garantieren, war er bereit, die Verantwortung für die Selektion der Opfer zu übernehmen, die den Nazi-Moloch füttern mussten. Und er tat dies so effektiv, dass die Gestapo ihn im Herbst 1942 zum Diktator nicht nur des Wilnaer Ghettos, sondern auch aller überlebenden ländlichen Ghettos im Gebiet von Wilna machte.“[254]

In der zionistischen Geschichtsschreibung kommt Gens erwartungsgemäß besser weg. So wird ihm entgegen der Berichterstattung der Überlebenden zugute gehalten, durch seine Kollaboration und die Auslieferung der Alten und Kranken die Nazis besänftigt und verhindert zu haben, dass eine noch größere Anzahl von Frauen und Kindern ermordet worden wären.

Im Oktober 1942 verlangten die Nazis von Gens, er solle 1.500 Juden aus dem Ghetto von Oshmany töten, erklärten sich aber bereit, *„die Zahl der Opfer auf 400 zu reduzieren unter der Bedingung, dass sie von Gens' Polizisten selektiert und getötet wurden.“* Nachdem sein Polizeichef Desler mit

---

[254] Ainzstein, Reuben, „Jewish Resistance in Nazi-Occupied Eastern Europe“, London 1974, pp.505-507, zit. in Yahya, Faris, „Die Zionisten und Nazideutschland“, Verlag NEUE EINHEIT (Hartmut Dicke Verlag, Berlin 1978, S. 37-39

30 Polizisten 410 alte und kranke Leute umgebracht hatte, sagte Gens: „*Es ist unsere Pflicht, die Starken und Jungen zu retten und uns nicht von Gefühlen beherrschen zu lassen.*"[255]

Im Sommer 1943 wurde auf Plakaten an den Wänden des Ghettos versprochen, dass alle Freiwilligen, die sich zu einem Transport nach Kovno melden würden, bessere Lebensbedingungen erwarten würden. Die Menschen vertrauten den Ankündigungen des Judenrats.

> *„Gens setzte sich für den Kovno-Plan ein und viele ahnungslose Opfer meldeten sich freiwillig für den Transport nach Kovno. Alles in allem bestiegen über 5.000 Juden die Züge ... Es wurde bald klar, dass die Züge, statt nach Kovno zu fahren, in Ponary entladen wurden und die Opfer mit Maschinengewehrfeuer niedergemäht wurden."*[256]

Nach dem Massaker in Ponary organisierten sich die Bewohner des Ghettos zum Widerstand. Mitglieder des Untergrunds verbreiteten die Nachricht über die Massenerschießungen auch in anderen Ghettos, etwa in Warschau. Große Berühmtheit erlangten die Frauen des jüdischen Untergrunds, die sich am furchtlosesten an der Organisierung und dem Kampf beteiligten, Kurierdienste in andere Ghettos übernahmen und versuchten, den Widerstand auch außerhalb von Wilna zu verbreiten. Namen wie Chayka Grossmann und Tamara Schneider oder auch Lea Kazibrodska, die eine eigene Widerstandsgruppe in Kowel organisierte und dafür von den Nazis hingerichtet wurde. Auch nichtjüdische Frauen wie Irena Adamowicz oder Jadzia Dudziec unterstützten den Widerstand.
Als Kommunist war Vitenberg dem rechtsradikalen Gens ein Dorn im Auge, da Widerstandsaktivitäten der zionistischen Strategie der Kollaboration und Selektion im Weg standen. Über Vitenbergs Verhaftung und Auslieferung an die Deutschen gibt es je nach Standpunkt verschiedene Dokumentationen, die aber alle die Rolle von Gens hervorheben:

> *„Einem Bericht zufolge, der aus Zeugnissen Überlebender zusammengefügt wurde, verlangten die Deutschen im Juli 1943 die Auslieferung Vitenbergs und drohten mit einer Beschießung des Ghettos, falls man ihrem Verlangen nicht nachkomme. Vitenberg verschanzte sich im Hauptquartier seiner Widerstandsgruppe und lehnte es ab, sich zu ergeben. Der Vorsitzende des Judenrats, Jacob Gens und sein Polizeichef, Sala Desler, riefen daraufhin die Ghettobewohner zusammen und beschworen sie, Vitenberg an die Deutschen auszuhändigen, da die Gestapo andernfalls „das Ghetto auf einen Schlag mit Bomben, Panzern,*

[255] Ebda.
[256] Tennenbaum, Joseph, „Underground", New York 1952, pp. 344-345, zit. in Yahya, Faris, „Die Zionisten und Nazideutschland", s.o., S. 39

Artillerie und allen Feuern der Hölle ausradieren" werde. Die Menge „raste wie vom Sturm gepeitscht vor das Hauptquartier der Widerständler und verlangte lauthals die Auslieferung Vitenbergs". Es hagelte Beschimpfungen und Steine. „Die Stimmung der Menge war unmissverständlich. Es hieß Vitenberg oder Blutvergießen."
Vitenberg forderte seine Kampfgefährten zu bedingungslosem Widerstand auf. Doch er fand keine Mehrheit für seine Haltung. Daraufhin wurde er vom Vereinigten Verteidigungskomitee, darunter seine eigenen kommunistischen Genossen, an die Deutschen übergeben. Am nächsten Morgen fand man seine verstümmelte Leiche."[257]

Obwohl Hilberg in seinem Bericht zwar von mehreren Chronisten schreibt, die darüber berichten, aber Tennenbaum als einzige Quelle anführt, sei hier darauf hingewiesen, dass die Auslieferung Vitenbergs bei Joseph Tennenbaum tendenziell etwas anders dargestellt wird:

„Eines Nachts wurde Witenberg durch eine List der jüdischen Polizei verhaftet, wurde jedoch von seinen alarmierten Genossen gerettet und kehrte unversehrt ins Hauptquartier zurück ... Unglücklicherweise legten der flexible Gens und sein skrupelloser Polizeikommissar Desler alle, einschließlich ihrer selbst, herein. Sie sandten ihre Polizeispürhunde mit Unterstützung durch den Abschaum des Ghettos aus, um die Menge zu einer dringenden Versammlung zusammenzurufen. Die Leute strömten gehorsam zusammen. Vor einer riesigen Versammlung erwies Gens sein ungewöhnliches Gespür für den Appell an den Angstinstinkt einer zitternden Mehrheit. Er bombardierte die Menge mit Warnungen, nicht die Sicherheit eines Mannes die Sicherheit aller gefährden zu lassen, und er berichtete über angebliche Pläne der Gestapo, das Ghetto in einem Schlag durch Bomben, Panzer, Artillerie und alle Feuer der Hölle auszulöschen, falls das Ultimatum an Witenberg nicht eingehalten würde. Unter dieser Erpressung stellte sich Witenberg zur angegebenen Stunde dem blutigen Desler, der ihn der Gestapo auslieferte ... Das Rückgrat der Bewegung war gebrochen. Eine Wolke des Terrors hing über allem. Es war nicht zu leugnen, dass die Gestapo einen entscheidenden Sieg ohne Kampf gewonnen hatte."[258]

Wie der Bericht verdeutlicht, hatte der Widerstand mit der Auslieferung Vitenberg nicht nur seine wichtigste Führungspersönlichkeit verloren, son-

---

[257] Hilberg, Raul, „Die Vernichtung der europäischen Juden", s.o. S. 273-274, auch er bezieht sich neben anderen Chronisten in erster Linie auf Tennenbaum, Joseph, „Underground", s.o., S. 349-350, 352-54, den er als einzige Quelle angibt, obwohl er den Vorfall wie gesagt anders darstellt

[258] Tennenbaum, Joseph, „Underground", New York 1952, 353-54

dern auch Strahlkraft und Initiative. Der verzweifelte Aufstand, der erst losbrach, als die Nazis bereits mit der Räumung des Ghettos begonnen hatten, konnte schon nach kurzer Zeit niedergeschlagen werden. Abraham Sutzkever schrieb darüber:

> *„Heute müssen wir den Irrtum jener Stabsentscheidung eingestehen, die Vitenberg nötigte, sich als Opfer für die 20.000 Juden hinzugeben ... Wir hätten mobilisieren und kämpfen sollen."*[259]

Nach Vitenbergs Tod versuchten die Zionisten, Einfluss auf die Widerstandsbewegung in Wilna zu nehmen, indem sie dafür sorgten, dass ein Zionist der führende Kommandeur der Untergrundstreitkräfte wurde, diesmal kein Revisionist, sondern der Repräsentant der „linken" Hashomer Hazair, Aba Kovner, der zuvor an der Seite Vitenbergs den bekannten Aufruf zum Aufstand mit unterzeichnet und mit verfasst hatte: „Lasst uns nicht wie die Schafe zur Schlachtbank gehen!" wurde darin Jesaja 53,7 rezitiert. Zionistische Quellen geben gerne Kovner als einzigen Autor des Aufrufs an, während andere Chronisten Vitenberg als Koautor sehen. Der Text erlangte auch dadurch Berühmtheit, dass er während des Eichmann-Prozesses dem Gericht von Kovner selbst vorgelegt wurde.

Im Gegensatz zum Mythos werfen ihm Überlebende vor, den Widerstand für die zionistischen Interessen gespalten zu haben.

> *„Doch sie benutzten ihre Ressourcen niemals gegen die Deutschen im Ghetto, folgerichtig schloss Kovner ein Abkommen mit dem Leiter des Ghettos (Gens) und dem Führer der jüdischen Polizei (Desler), demzufolge sie verpflichtet waren, im Tausch gegen das Stillhalten des Untergrunds keinem seiner Mitglieder Schaden zuzufügen und auch ihren Auszug aus dem Ghetto unmittelbar vor seiner Zerstörung zu versprechen. Diese drei – Gens, Desler und Kovner – waren einer Meinung, die auch die Ansicht von Dr. Weizmann und Nathan Schwalbs war, dem Vertreter der Jewish Agency in der Schweiz: die Älteren und die Menge zu opfern, und die „Elite"truppe der Jungen – „unsere Freunde" – zu retten ..."*[260]

Jedenfalls wird den zionistischen Organisationen vorgeworfen, dass sie nur die Mitglieder ihrer Gruppen bewaffneten und andere Ghettobewohner an der Flucht hinderten.

Es war anfangs noch nicht klar, dass mit der neuen Führung der Widerstand eine neue Richtung einschlägt. Zu spät bemerkte der Untergrund die Ab-

---

[259] Suzkever, Abraham, „Never Say This Is The Last Road", in Schwartz, „The Jews in the Sowjetunion",66-92, Zitat von S. 90, zit. in Hilberg, Raul „Die Vernichtung der europäischen Juden", s.o. S. 274

[260] Yahya, Faris, „Die Zionisten und Nazideutschland", s.o., S. 40

sichten Kovners, der sich und seine zionistischen Freunde in den Mittelpunkt seiner Aktivitäten stellte.

„Als Vertreter der Partisanen in Wilna eintrafen mit Nachrichten von der Endlösung und dem Rat an die Juden von Wilna, sich in die Wälder zu retten und in die Partisanenlager zu gehen – was tat Kovner da?

Kovner hielt die Vertreter der Partisanen isoliert, so dass sie nicht in Kontakt mit der Menge im Ghetto kamen und Gruppen einfacher Juden für die Flucht in die Wälder organisieren konnten.

Die Flucht in die Wälder bleibt den Einwohnern jedoch kein Geheimnis. Immer, wenn eine Gruppe geht, rennen ihnen ganze Horden hinterher und wollen sich ihnen anschließen. Doch Kovners Anordnungen zufolge wird eine gründliche Durchsuchung zum Zeitpunkt des Abmarsches durchgeführt und die Juden werden vom Tor vertrieben. Nur selten gelingt es einem, sich unter die Kämpfer zu mischen und mit ihnen hinauszugehen. Es ist interessant, dass gerade diese „Illegalen" später die besten Kämpfer in den Wäldern werden.

Die Juden beginnen über den Leiter der Organisation zu reden; in welcher Weise ist er besser als der Polizeichef? Der eine beschließt, wer sterben wird und der andere entscheidet, wer leben darf. Sie erlaubten, dass Hunderte von Juden geschlachtet wurden, die sicherlich einen wichtigen Beitrag zum Kampf gegen den Feind gemacht haben würden, und es sind Juden, die die Tore zur Rettung vor ihnen verschließen."

„Das Schicksal des Wilnaer Ghettos war besiegelt. Am Tage vor der Vernichtung verrät Kovner die Satzung seiner Organisation. Der Paragraph 22 der Satzung besagt: Wir werden nur als Ergebnis des Kampfes in den Wald gehen, nachdem wir unser Ziel erreicht haben. Wir werden die größtmögliche Anzahl von Juden mit uns nehmen und einen Weg zum Wald schlagen, von wo aus wir unseren Kampf gegen die mörderischen Eroberer fortsetzen werden.

In Wirklichkeit verspricht Kovner ausschließlich fünfzig seiner Freunde aus der Organisation den Auszug. Trotz aller Vorsichtsmaßnahmen wurde im Ghetto bekannt, dass die Kämpfer sich zum Verlassen anschicken. Zig junge, starke Leute versammeln sich im Hof und bitten Kovner, ihnen zu erlauben, sich den Gehenden anschließen zu können, doch Kovner verhärtet sein Herz, bedroht sie mit dem Revolver und schickt sie fort. Die Öffnung des Abwasserkanals wird sorgfältig von Kovners eigenen Leuten bewacht, so dass keine „Illegalen" durchschlüpfen können.

Auch in den Wäldern, als Kommandeur der Partisanen, verhindert Kovner weiterhin Rettungen und schickt jeden Juden, der nicht zu seinen

Freunden – den Mitgliedern der „Hashomer Hatzair" – zählte, in den Tod."[261]

Was Jacob Gens betrifft: Er wurde selbst bereits kurz nach Vitenbergs Tod von der Gestapo, für die er so effektiv gearbeitet hatte, ermordet.

Nachtrag zu Aba Kovner

Kovner gründete nach Kriegsende die Kampfgruppe „Nakam" (Rache), und plante gemeinsam mit mehreren Freunden aus der Hashomer Anschläge gegen Deutsche als Vergeltung für die Shoa. Die Nakam führte nicht nur Racheaktionen an ehemaligen SS- und Gestapomitgliedern durch, sondern trat in erster Linie für die Kollektivstrafe ein. Sechs Millionen Deutsche für sechs Millionen tote Juden wollte die Nakam ermorden. Kovner wollte in mehreren Großstädten das Trinkwasser mit Arsen vergiften, eine Aktion, die, obwohl Kovner lange Zeit dafür Propaganda machte, von weniger hartgesottenen Haganamitgliedern und auch späteren israelischen Regierungsmitgliedern, mit denen die Nakam verhandelte, abgelehnt wurde; wegen ihrer Folgen auf die Zivilbevölkerung oder zumindest wegen der zu erwartenden weltweiten Verurteilung solcher Rache.[262] Die Vorbereitungen waren jedenfalls weit fortgeschritten, die Operation wurde jedoch knapp vor ihrer Durchführung verschoben. Der Grund war, dass Kovner, als er mit dem Gift, das er mit Unterstützung Weizmanns (der wahrscheinlich nichts von dem Plan der Wasservergiftung wusste) und der Hagana erhalten hatte, aus Palästina nach Europa zurückkehrte, unter bis heute rätselhaften Umständen von den Briten verhaftet wurde. Dov Shenkal, ein anderes Nakam-Mitglied, der im Auftrag der Hagana in die Gruppe eingeschleust war, wurde verdächtigt, ihn verraten zu haben. Jedenfalls saß Kovner vier Monate in Kairo fest, währenddessen sich die Nakam entschied, eine andere Aktion durchzuführen, den sogenannten Plan B: sie vergifteten das Brot, das in ein Internierungslager für gefangene Deutsche, darunter viele SS-Angehörige und hochrangige Nazis, geliefert wurde. 1900, nach anderen Quellen 2.283 Lagerinsassen erkrankten am Gift, es dürfte aber keine Toten gegeben haben, da Dov Shenkal das Gift besorgt und vorsätzlich verdünnt hatte. Es gibt aber auch andere Berichte von der Vergiftungsaktion, die von Hunderten Toten sprechen, etwa in „We know that some died-it is not sure

---

[261] Shonfeld, Reb Moshe, „The Holocaust Victims Abuse", Part 1, New York 1977, pp.30-33, zit. in Yahya, Faris, „Die Zionisten und Nazideutschland", s.o., S. 40-41

[262] Darüber berichten mehrere Quellen, etwa G. Tobias, Jim/ Zinke, Peter, „Nakam – Jüdische Rache an NS-Tätern", Konkret Hamburg 2000, aber auch Segev, Tom, „Die Siebte Million".

just how many“ von Joseph Harmatz oder im Buch „Avengers“ von Michael Bar-Zohar. Andere Chronisten bezweifeln diese Angaben entschieden, da diese Todesfälle in den amerikanischen Archiven unerwähnt blieben.

Die Beweggründe für die Intervention der Hagana, Tote bei den Nakam-Aktionen möglichst zu vermeiden, erklärte Dov Shenkal folgendermaßen:

> *„Wir befanden uns in der amerikanischen Zone und wollten nicht das gute Verhältnis zur US-Besatzungsmacht durch überzogene Racheaktionen beeinträchtigen. Wir brauchten die Unterstützung der Amerikaner, um unsere Leute von Polen über Deutschland nach Frankreich und Italien zu bringen. Von dort aus wurden sie mit unseren Schiffen nach Palästina gebracht ...“*[263]

Die Nakam wurde von Ben Gurion und der zionistischen Bewegung in Palästina nur halbherzig unterstützt – galt es doch, die gute Beziehung mit Deutschland sobald wie möglich wieder aufzunehmen,obwohl es klar war, dass der nächsten deutschen Regierung mehrere Nazis angehören würden. Andererseits hatte die zionistische Bewegung Erklärungsnotstand, warum sie lange Zeit nichts gegen den Faschismus gesagt und schon gar nicht getan hatte; im Gegenteil, mit ihm kooperiert hatte. Für das zionistische Image konnten die Racheaktionen daher durchaus förderlich sein, solange sie sich in Maßen hielten und nicht den Plänen der Alliierten, insbesondere der USA, im Weg standen.

Die Finanzierung der Gruppe erfolgte durch gefälschte britische Pfundnoten – die im Zuge des Unternehmens „Bernhard“, das noch in einem eigenen Kapitel behandelt wird, von Inhaftierten im KZ Sachsenhausen und von den Nazis mit Hilfe von zum Teil zionistischen Agenten, verteilt wurden. Hier findet sich auch die Verbindung zwischen Kovner und dem Team Kastner vom zionistischen Rettungskomitee und Becher von der SS, über das ebenfalls an anderer Stelle berichtet wird.

Die Nakam war auch mit der Jewish Brigade und der „Deutschen Abteilung“ verbündet und wurde von diesen Gruppen zumindest teilweise unterstützt, es gab sogar personelle Überschneidungen. Auch diese Gruppen verübten Racheaktionen gegen Deutsche; darunter zählten neben der Liquidierung ehemaliger Nazis auch Anschläge gegen Zivilisten und organisierte Vergewaltigungen von deutschen Frauen.

> *„Manche Racheakte waren in seinen (Michael Ben-Gal, ein Hagana-Offizier) Augen ‚reines Rowdytum‘. So versteckten sich zum Beispiel einmal mehrere Heckenschützen an einer Strasse und schossen auf al-*

---

[263] Tobias, Jim G./ Zinke Peter, „Nakam – Jüdische Rache an NS-Tätern“, Konkret, Hamburg 2000, S. 52

les, was sich bewegte. In mindestens einem Fall töteten sie aus Versehen eine Jüdin, die den Holocaust überlebt hatte ...“[264]

Der Wunsch der Überlebenden nach Rache ist angesichts der Nazigräuel mehr als verständlich und kein fortschrittlicher Mensch wird Anschläge gegen die Verantwortlichen und Unterstützer der Nazis verurteilen. Die Aktionen gegen Zivilisten waren aber selbst zionistischen Weggefährten zu viel. Ein Hashomerführer (Meir Jari) beschuldigte Kovner, „parafaschistische“ Konzepte zu vertreten und schlug vor, ihn und seine Kämpfer auf „Umerziehung“ zu schicken.[265]

Aba Kovner zog bald nach Palästina und beteiligte sich als Ausbildungsoffizier an der Naqba von 1948. Später lebte er in einem Kibbuz, wo er wieder als Schriftsteller gearbeitet hat. Er prägte entscheidend den Mythos des heldenhaften israelischen Soldaten und brandmarkte die Bewohner des rechten Kibbuz Nizanims als Verräter und Feiglinge, weil sie sich der ägyptischen Armee ergeben hatten, statt sich erschießen zu lassen.[266]
Chaim Lazar erhob Vorwürfe gegen ihn, mit den Nazis kollaboriert zu haben, was aber keine weiteren Folgen nach sich zog, außer dass Lazar wider Erwarten nicht zum Eichmannprozess vorgeladen wurde, wo Kovner als prominenter Widerstandskämpfer auftrat.[267] Dort berichtete Kovner von Anton Schmid, einem Feldwebel der Wehrmacht, der gegen Ende des zweiten Weltkriegs Partisanen unterstützt hatte und dafür hingerichtet wurde.[268]
Der Kollaborateur, der sechs Millionen Deutsche vergiften wollte, sagte über den guten Deutschen aus, das war irgendwie paradox.
Er wurde Knessetabgeordneter, Vorsitzender des israelischen Schriftstellerverbandes, gewann den israelischen Literaturpreis und starb 1988.

Fallbeispiel: Das Ghetto in Lodz

In Lodz, das die Nazis in Litzmannstadt umbenannten, wurden die jüdischen Bewohner unmittelbar nach dem deutschen Überfall auf Polen konzentriert. Im Februar 1940 wurde offiziell ein völlig überfüllter Stadtteil abgeriegelt und zum Ghetto erklärt, das übrigens 1944 als letztes liquidiert wurde.

---

264 Segev, Tom, „Die siebte Million“, s.o. S. 203

265 Ebda. S. 196

266 Ebda. S. 644

267 Shonfeld, Reb Moshe, „Holocaust Victims Abuse“, s.o. p.30, zit. in Yahya, Faris, „Die Zionisten und Nazideutschland“, s.o., S. 68

268 Arendt, Hannah, „Eichmann in Jerusalem“, Piper & Co Verlag, 7. Auflage, München 1991, S. 275/276

Chaim Rumbovski, nach anderer Schreibweise Romkovsky, war der Judenälteste im Ghetto von Lodz. Er wurde Chaim I. genannt, ließ Geldscheine, Münzen und Briefmarken mit seinem Konterfei herausbringen und ließ sich in *„einer Art Karosse durch die Straßen kutschieren.“*[269]

> *„Romkovsky, der Jahrzehnte lang als Vorsitzender der Zionisten in Lodz amtierte, hatte sich unter der Schirmherrschaft der Nazis zum ‚König des Ghettos' gekrönt. Er behandelte sein ‚Wahlvolk' mit der Skrupellosigkeit eines wahnsinnigen Tyrannen, indem er Nazi-Erlasse durch seine eigenen ergänzte, mit methodischer Präzision und ohne jedes Mitleid alle Todestransporte organisierte, und sich selbst zum Standesbeamten für alle jungen Paare ernannte.“*[270]

In seinen Ansprachen an die Ghettobewohner pflegte Rumbovsky seine Identifizierung mit der deutschen Besatzung damit zu bekunden, dass er von „seinen Fabriken“, „seinen Juden“ und seinen „Kindern“ redete.[271]

> *Rumkowskis Geschichte ist die unerfreuliche und beunruhigende Geschichte der Kapos und Lagerfunktionäre, der kleinen Bonzen, die einem Regime dienen, vor dessen Schuld sie die Augen verschließen; der Untergebenen, die alles unterschreiben, weil eine Unterschrift wenig kostet; die Geschichte dessen, der zwar den Kopf schüttelt, aber dennoch zustimmt; dessen, der sagt: „Wenn ich es nicht täte, dann täte es ein anderer, der schlimmer wäre als ich.“*[272]

Rumkowski organisierte für die Faschisten die Zwangsarbeit und sorgte dafür, dass die Deportationen reibungslos über die Bühne gingen. Er ließ einen riesigen Industriekomplex aufbauen, der vor allem für die deutsche Rüstung arbeitete.[273] Ihm stand eine jüdische Polizei zur Seite, die mit rigoroser Gewalt gegen die Ghettobewohner vorging. Um die Machtfülle zu verdeutlichen, listet Hilberg die Dienststellen auf, die 1940 unter der Herrschaft des Judenrats tätig waren:

---

[269] Ebda. S. 155

[270] Shonfeld, „The Holocaust Victims Abuse“, s.o., pp 22-23, zit. in Yahya, Faris, „Zionisten und Nazideutschland“, s.o. S. 44

[271] Bloom, Solomon, "Dictator of the Lodz Ghetto“, in CommentaryFeb. 1949, S. 113-115. Tushnet, Leonard, „The Pavement of Hell“, New York 1972, S. 1-70, zit. in Hilberg, Raul, „Die Vernichtung der europäischen Juden“, S. 158

[272] Levi, Primo „Die Untergegangenen und die Geretteten“, Carl Hanser Verlag München, Wien; 1990, S. 67

[273] Loewy, Hanno und Schoenberger, Gerhard, „Unser einziger Weg ist Arbeit; Das Getto in Lodz 1940-1944“, (zu einer Ausstellung des Jüdischen Museums in Frankfurt), Löker Verlag, Frankfurt, 1990, S. 24

„Ältesten-Rat beim Ältesten der Juden
Zentrale
Präsidialabteilung
Personalbüro
Zentral-Verhandlungsstelle
Hauptkasse und Buchführung
Auskunftsstelle
Beerdigungsabteilung
Rabbinatsabteilung
Büro des Ältesten der Juden für die Kinderkolonien
Melde- und Standesamt
Meldeamt
Standesamt
Statistische Abteilung
Ordnungsdienst Kommando
Rechtsabteilung
Reviere (4)
Reserven (2)
„Hido“ (Hilfsordnungsdienst)
Sanitätskontrolle
Preisüberwachungsstelle
Sonderkommando
Feuerwehrabteilung
Postabteilung (Hauptpostamt und Filiale)
Kontrollkommission für im Ghetto gebliebenes Gut der Deutschen und Polen
Wohnungsamt
Finanz-Abteilung
Miete-Abteilung
Steuerabteilung
Vollstreckungsstelle
Bank (und Filiale)
Ankaufsstelle für Wertsachen und Kleidungsstücke
Wirtschafts-Abteilung
Häuserverwaltung
Hauswächter-Abteilung
Schornsteinfeger
Technische Renovierungsstelle
Müll- und Fäkalienabfuhr
Lagerräume
Verkaufsstelle von Wirtschaftsgebrauchsartikeln
Landwirtschaftliche Abteilung (Büro und Filiale)

Schulabteilung

Arbeits-Ressort Zentralbüro

Schneiderabteilungen (4)
Tischlerabteilungen (2)
Schuhmacherabteilung
Textilfabrikations-Abteilung

Abteilung für öffentliche Arbeiten

Arbeitsvermittlungsstelle
Bauabteilung

Verpflegungs-Abteilung

Waren-Empfangsstelle
Zentralbüro
Block-Buchführung

Hauptlager

Gemüse-Lager
Kohlen-Lager
Milcherzeugnisse
Fleisch-Lager
Fleisch-Kühllager
Zigaretten- und Tabaklager
Gemeinde-Bäckerei
Lebensmittel-Verteilungsstellen (36)
Verkaufsstellen von Milch, Butter und Lebensmitteln auf ärztliches Attest (17)
Fleischverkaufsstellen (14)

Fürsorgeabteilung

Abteilung für Geld- und Produkten- Unterstützung
Säuglingsheim
Waisenhäuser (2)
Altersheim
Krüppelheim
Sammelstelle für Obdachlose
Küchen
Kinder-Kolonien
Kinder-Erholungsheime

Gesundheitsabteilung

Zentralbüro
Krankenhäuser (4)
Ambulatorien (4)
Zahnklinik
Zentral-Apotheke (6 Apotheken)
Rettungsbereitschaften (2)

Laboratorium
Laboratorium für Bakterien-Untersuchung
Desinfektionsabteilung"[274]

Rumkowski sah sich selbst als Wohltäter, der durch ein rigoroses Regime die Arbeitsleistung des Ghettos enorm steigerte und dadurch die Nazis überzeugen konnte, Lodz nicht zu liquidieren. Seine Untertanen betrachteten ihn dagegen als größenwahnsinnigen Diktator, der die ohnehin schwierigen und katastrophalen Bedingungen ins Unerträgliche steigerte.

„Er besaß auch einen Königsmantel, und er umgab sich mit einem Hofstaat von Schmeichlern und Meuchelmördern; von seinen Hofpoeten ließ er Hymnen dichten, in denen sowohl seine „starke und machtvolle Hand" als auch der Friede und die Ordnung gefeiert wurden, die dank seiner Gaben und Fähigkeiten im Getto herrschten. Er gab in den erbärmlichen Schulen Anweisung, dass den Kindern, die Tag für Tag durch Epidemien, Unterernährung und Razzien der Deutschen hingerafft wurden, Aufsatzthemen zum Lob „unseres geliebten und weisen Vorstehers" gestellt würden. Wie alle Alleinherrscher organisierte er eilig eine leistungsstarke Polizei – offiziell zur Wahrung der Ordnung, de facto zum Schutz seiner Person und zur Durchsetzung seines Regiments; sie bestand aus 600 mit Knüppeln bewaffneten Männern und einer nicht genau bezifferten Anzahl von Spionen."[275]

Weitere Details – insbesondere über Rumkowskis Umgang mit weiblichen Ghettobewohnerinnen – erwähnt Lucille Eichengreen in ihrem Buch: „Rumkowski and the orphanage of Lodz", in dem sie autobiographische Erlebnisse verarbeitet. Unter anderem beschuldigt sie Rumkowski des sexuellen Missbrauchs von Minderjährigen.[276]

1944 sollte das Ghetto geräumt werden – 7.000 Juden waren nach Listen, die der Judenrat zusammengestellt hatte, nach Chelmno deportiert und dort ermordet worden. Die verbliebene Bevölkerung organisierte den Widerstand und weigerte sich, dem Drängen von Rumkowski, sich den Transporten anzuschließen, Folge zu leisten.
Die Nazis lösten den Ältestenrat auf und deportierten fast die gesamte Gettobevölkerung nach Auschwitz. Etwa 700 Lagerbewohner, die sich entweder der Gefangennahme entziehen konnten oder noch für Aufräumungsar-

---

[274] Hilberg, Raul, „Die Vernichtung der europäischen Juden", s.o., S. 167/168

[275] Levi, Primo: „Die Untergegangenen und die Geretteten", Carl Hanser Verlag München, Wien; 1990, S. 62

[276] vgl.: Eichengreen, Lucille: „Rumkovski and the orphanage of Lodz ", Mercury House, San Francisco 2000

beiten zurückgelassen worden waren, erlebten die Befreiung des Ghettos – von etwa einer Viertelmillion jüdischer Insassen und einigen Tausend Roma und Sinti, die seit Errichtung des Ghettos hier eingepfercht waren. Optimisten zufolge sollen noch ein paar Tausend ehemalige Einwohner von Lodz in anderen Lagern überlebt haben; trotzdem bleibt einem beim Zahlenvergleich die Spucke weg, wenn zionistische Autoren oder ehemalige Ratsmitglieder die Kollaboration des Judenrats mit dem häufig vorgebrachten Argument rechtfertigen, „man hätte keine andere Wahl gehabt, als eine Gruppe von Menschen in den Tod zu schicken, um die anderen retten zu können“.

Rumkowski selbst gehörte zu den letzten, die nach Auschwitz deportiert wurden, selbst hier noch in einem eigenen Waggon von seinen Untertanen getrennt. Dort wurde er mit seiner Familie ermordet. Über die genauen Umstände seines Todes gibt es unterschiedliche Versionen: Eine erzählt, dass er nicht von den Nazis, sondern unmittelbar nach seiner Ankunft von anderen Häftlingen – ehemaligen Ghettoinsassen, die sich rächen wollten – getötet wurde.

Am 19. Januar 1945 wurde Lodz von der Roten Armee befreit.[277]

Fallbeispiel Bialystok

In Bialystok wurde der Judenrat von Ephraim Barasz geleitet, dessen liberales Image seinen Aktivitäten nicht gerecht wurde. 1943 richteten die Nazis den Antrag an den Rat, 6300 Juden und Jüdinnen für die Ermordung auszuselektieren.

> *„Der Judenrat fügte sich und stellte Listen von Leuten zusammen, deren Sünde es war, arm zu sein oder aus den vernichteten Ghettos der Provinz nach Bialystok zu fliehen. Der Handel wurde in aller Heimlichkeit abgewickelt, ohne jede Warnung oder einen Hinweis von Barasz oder einem anderen Mitglied des Judenrats an die Ghettobevölkerung auf das, was sie erwartete ... Barasz kehrte ins Ghetto zurück und warnte niemand, dass den rund 40.000 noch vorhandenen Juden nur noch wenige Stunden blieben oder forderte sie zum Widerstand auf.“*[278]

Barasz suchte den Kontakt mit dem Untergrund, etwa mit dem bereits zitierten Kämpfer und späteren Chronisten Tennenbaum. Es kam jedoch bald zu einem Bruch, da Barasz versuchte, die Aufständischen zu spalten und eine bewaffnete Auseinandersetzung mit den Deutschen zu verhindern.

---

[277] „Enzyklopädie des Holocaust“, s.o., S. 1262

[278] Ainzstein, Reuben, „Jewish Resistance in Nazi-Occupied Europe“, pp. 521-547, zit. in Yahya, Faris, „Zionisten und Nazideutschland“, s.o. S. 44

Trotzdem gab es massiven Widerstand, den die Deutschen laut Reuben Ainzstein nur mit Einsatz von Artillerie und Luftwaffe niederschlagen konnten und der auch rund 100 Nazis das Leben kostete.
Es waren nur dreihundert entschlossene Kämpfer, die sich 1943 während der Liquidierung des Ghettos den etwa dreitausend bis an die Zähne bewaffneten deutschen Soldaten und Gestapomitgliedern entgegenstellten.
Barasz wurde mit dem gesamten Judenrat ins Konzentrationslager Majdanek deportiert. Nähere Umstände über seinen Tod sind nicht bekannt, es wird jedoch vermutet, dass er wie die anderen Deportierten aus Bialystok 1943 in Poniatowa ermordet wurde.[279]

Die Tätigkeit des Judenrats in den anderen Ghettos – abschließende Einschätzung

Wer die ausschließlich von Zionisten verfasste und von Yad Vashem herausgegebene „Enzyklopädie des Holocaust“ liest, bekommt den Eindruck, der Judenrat wäre eine reine Wohltätigkeitsorganisation gewesen und die Kritik der Nachwelt sei ausschließlich der Schwierigkeit seiner Aufgaben zu verdanken.

Es gibt aber eine Systematik in den Aufgaben des Judenrats, die weit über situationsabhängige Kollaboration hinausging.

> *„Monik (Moses) Merin, einer der zionistischen Aktivisten in der Gemeinde Sosnowiec, wurde von den Nazis als ‚Kaiser' aller ‚Judenräte' hochgejubelt, und er ernannte die Führer dieser Räte in jeder Gemeinde. Natürlich wählte er für die schandbaren Positionen nur seine ideologischen Freunde aus dem zionistischen Lager. Der satanische Plan der Nazis garantierte, dass das persönliche Geschick jedes Juden – ob Leben oder Tod – ausschließlich von den Entscheidungen des Judenrats abhing. Die Nazis entschieden von Zeit zu Zeit über eine allgemeine Quote für die Arbeit in den Lagern und die Vernichtung, doch die individuelle Selektion war den ‚Judenräten' überlassen, wobei die Durchführung von Kidnappings und Verhaftungen ebenfalls in den Händen der jüdischen Polizei lag (Kapos). Durch diese kluge Methode waren die Nazis sehr erfolgreich bei der Erzielung von Massenmord und der Vergiftung der Atmosphäre des Ghettos durch moralische Degeneration und Korruption ...*
> *Ein führender religiöser Jude in Bedzin, Reb Benim, warnte die Juden der Stadt, indem er ihnen eröffnete, dass sie in den Öfen verbrannt werden würden und dass sie sich selbst retten sollten, und nicht zur Depor-*

[279] „Enzyklopädie des Holocaust“, s.o. Bd. I, S. 155

tation erscheinen, wenn sie von dem Rat dazu aufgefordert würden. Reb Benim wusste, dass Merin sich grausam rächen würde, besonders da er sich geweigert hatte, an den Planungen der vergangenen zwei Jahre des Judenrats teilzunehmen.
Merins Rache ließ nicht lange auf sich warten. Er verriet der Gestapo, dass Reb Benims Söhne dem Untergrund angehörten, und sie wurden bald verhaftet und nach Auschwitz gesandt. Nach kurzer Zeit wurden auch Reb Benim und seine Frau verhaftet und nach Auschwitz geschickt."[280]

Hannah Arendt machte die Judenräte direkt oder indirekt für die hohe Zahl von jüdischen Opfern mitverantwortlich. Sie hätten sich für die Faschisten unentbehrlich gemacht und soweit instrumentalisieren lassen, dass die Vernichtungsmaschinerie ohne diese Mitarbeit und Funktionalisierung zusammengebrochen wäre:

„Von Polen bis Holland und Frankreich, von Skandinavien bis zum Balkan gab es anerkannte jüdische Führer, und diese Führerschaft hat fast ohne Ausnahme auf die eine oder andere Weise, aus dem einen oder anderen Grund, mit den Nazis zusammengearbeitet. Wäre das jüdische Volk wirklich unorganisiert und führerlos gewesen, so hätte die „Endlösung" ein furchtbares Chaos und ein unerhörtes Elend bedeutet, aber angesichts des komplizierten bürokratischen Apparats, der für das „Auskämmen" von Westen nach Osten notwendig war, wäre das Resultat nur in den östlichen Gebieten, die ohnehin der Kompetenz der „Endlöser" unterstanden, gleich schrecklich gewesen, und die Anzahl der Opfer hätte schwerlich die Zahl von viereinhalb bis sechs Millionen Menschen erreicht."[281]

Sie stellte fest, dass immer dort, wo sich Juden und Jüdinnen nicht nur dem Zugriff der Nazis, sondern auch des für sie arbeitenden Judenrats entzogen hatten, die Zahl der Überlebenden wesentlich höher war. Die Autorin kritisierte die Tatsache, dass diese Zusammenarbeit und die Verantwortung der Judenräte während des Schauprozesses gegen Eichmann absichtlich verharmlost wurden.

„Unter den Zeugen war nur ein einziger, der seinerzeit prominentes Mitglied eines Judenrats gewesen war: Pinchas Freudiger alias Baron Philipp von Freudiger aus Budapest, und nicht von ungefähr kam es während seiner Vernehmung zu dem einzigen schwerwiegenden Zwischenfall im Publikum: die Menschen schreien auf ungarisch und jid-

---

280 Shonfeld, Reb Moshe, „The Holocaust Victims Abuse", New York 77, pp.88, 119-121, zit. in Yahya, Faris, „Die Zionisten und Nazideutschland", s.o. S. 42-43

281 Arendt, Hannah, „Eichmann in Jerusalem", s.o. S. 162

disch auf den Zeugen ein, und das Gericht musste die Sitzung unterbrechen. Freudiger, ein orthodoxer Jude, war heftig erregt: „Hier gibt es Leute, die sagen, dass niemand ihnen geraten hat, zu fliehen. Aber von den Leuten, die geflohen sind, wurden 50 Prozent wieder eingefangen und getötet!" – dagegen stehen 99 Prozent Todesopfer unter denen, die nicht zu fliehen versuchten. „Wohin hätten sie denn gehen können? Wohin hätten sie fliehen können?" – er selbst aber war nach Rumänien geflohen, denn er war reich und Wisliceny hatte ihm geholfen."[282]

Der Eichmannprozess sollte aber eher dazu dienen, das Image Israels als antifaschistische Bastion zu festigen, nicht die Kollaboration zionistischer Organisationen und Führer aufzuzeigen, deshalb wurden vom Gericht die Fragen von Eichmanns zionistischen Freunden nur marginal und zufällig gestreift. Die diesbezüglichen Kommentare Hannah Arendts – obwohl sie insgesamt nur einen kleinen Teil ihrer Berichterstattung über den Prozess ausmachten – verärgern zionistische Lektoren bis heute.

„Zweimal berührten die Richter die Frage der Kooperation. Richter Yitzak Raveh holte aus einem der Widerstandszeugen das Geständnis heraus, dass die „Gettopolizei ein Instrument in der Hand von Mördern" gewesen sei und dass es eine „Politik der Zusammenarbeit des Judenrats mit den Nazis" gegeben habe; und aus Richter Halevis Kreuzverhör mit Eichmann ergab sich, dass die Nazis jene Zusammenarbeit als die eigentliche Grundlage ihrer Judenpolitik betrachtet hatten."[283]

Eichmann selbst hat während des Prozesses mehrmals auf sein gutes Verhältnis mit den jüdischen Führern hingewiesen und erklärt, dass sich der Judenrat hauptsächlich aus den Funktionären zusammensetzte, mit denen die Nazis auch schon während der Auswanderungsphase kooperiert hatten – und das waren fast ausschließlich Zionisten, die „anständigen, weil nationalen" Juden. Deshalb wurde der Verdacht laut, Israel habe Eichmann vor allem deshalb nach Jerusalem entführt, damit er in einem internationalen Verfahren nichts über diese Zusammenarbeit erzählen konnte.

„Dass er (Eichmann) die jüdischen Funktionäre auch jetzt noch dazu bewegen konnte, „mitzuarbeiten", war das A und O seiner Organisations- und Verhandlungskünste, wie es bereits bei seiner Tätigkeit in Wien der Fall gewesen war. Ohne diese Hilfe bei Verwaltungs- und Polizeimaßnahmen – die endgültige Festnahme der Juden in Berlin lag, wie bereits erwähnt, ausschließlich in den Händen von jüdischer Polizei – wäre entweder das völlige Chaos ausgebrochen, oder man hätte mehr

[282] Ebda. s.o. S. 160/161
[283] Ebda. s.o. S. 161

deutsche Arbeitskräfte heranziehen müssen, als man zu diesem Zweck einsetzen konnte."[284]

Hannah Arendt machte sich mit diesen Zeilen keine Freunde, wenn sie auch nur wahrheitsgetreu berichtete, was sie im Prozess beobachtete und sie selbst, die alles andere als eine Antizionistin war, nicht fassen und begreifen konnte. Sie zitierte auch eine andere wichtige Quelle, die der Frage der Kollaboration nachgegangen war, Robert Pendorfs „Mörder und Ermordete. Eichmann und die Judenpolitik des Dritten Reiches":

> *„Ob Widerstand oder auch nur die Weigerung mitzumachen etwas genützt hätte, steht dahin. Ganz ohne Zweifel aber wäre es ohne die Mitarbeit der Opfer schwerlich möglich gewesen, dass einige tausend Menschen, von denen die meisten obendrein in Büros saßen, viele Hunderttausende andere Menschen vernichteten ... Auf dem ganzen Weg in den Tod bekamen die polnischen Juden kaum mehr als eine Handvoll Deutsche zu sehen."*[285]

Hannah Arendt kommentierte, dass diese Tatsache noch viel stärker für Juden und Jüdinnen zutrifft, die aus den von den Nazis besetzten übrigen Ländern nach Polen deportiert wurden.

> *„Doch während die Mitglieder der Quisling-Kabinette für gewöhnlich aus bisherigen Oppositionsparteien genommen wurden, waren die Mitglieder der Judenräte in der Regel die anerkannten jüdischen Führer des Landes, in deren Hände die Nazis eine enorme Macht legten, die Macht über Leben und Tod – so lange, bis sie selbst auch deportiert wurden, immerhin gewöhnlich „nur" nach Theresienstadt oder Bergen-Belsen, wenn sie aus Mittel- und Westeuropa kamen, jedoch nach Auschwitz, wenn es sich um Ostjuden handelte.*
>
> *Diese Rolle der jüdischen Führer bei der Zerstörung ihres eigenen Volkes ist für Juden zweifellos das dunkelste Kapitel in der ganzen dunklen Geschichte."*[286]

Erst als viele Mitglieder zionistischer Organisationen erkannten, dass auch sie nicht verschont werden würden, ergriffen sie Partei für den Widerstand. Doch selbst jetzt noch lehnten ihre Führer antifaschistische Aktionen ab und halfen den Nazis gemeinsam mit den ihnen unterstellten jüdischen Polizeieinheiten bei der Niederschlagung der Ghettoaufstände.

---

284 Ebda. S. 153

285 Pendorf, R., „Mörder und Ermordete. Eichmann und die Judenpolizei des Dritten Reiches", Hamburg, 1961, zit. in „Eichmann in Jerusalem", Hannah Arendt, s.o. S. 153

286 Arendt, Hannah, „Eichmann in Jerusalem", s.o. S. 153

„In Amsterdam wie in Warschau, in Berlin wie in Budapest konnten sich die Nazis darauf verlassen, dass jüdische Funktionäre Personal- und Vermögenslisten ausfertigen, die Kosten für Deportation und Vernichtung bei den zu Deportierenden aufbringen, frei gewordene Wohnungen im Auge behalten und Polizeikräfte zur Verfügung stellen würden, um die Juden ergreifen und auf die Züge bringen zu helfen – bis zum bitteren Ende, der Übergabe des jüdischen Gemeindebesitzes zwecks ordnungsgemäßer Konfiskation. Auch verteilten sie den gelben Stern, und zuweilen wurde, wie z. B. in Warschau, „der Verkauf von Armbinden zum regelrechten Geschäftsunternehmen; da gab es gewöhnliche Armbinden aus Stoff und abwaschbare Luxusarmbinden aus Kunststoff". Noch heute bezeugen ihre von den Nazis beeinflussten, aber nicht diktierten Manifeste, wie sie ihre neue Macht genossen – „der jüdische Zentralrat ist mit der Vollmacht ausgestattet, über den gesamten geistigen und materiellen Besitz der Juden und über die vorhandenen jüdischen Arbeitskräfte zu verfügen", kündigte die erste Verlautbarung des Budapester Rats an ..."[287]

Auch Raul Hilberg, selbst einer der häufig zitierten Quellen Hannah Arendts, schreibt über den Judenrat und wurde deshalb von zionistischer Seite angegriffen, obwohl er in seiner Kritik an der Kollaboration zurückhaltender war und dem Judenrat unterstellte, letztendlich an der Rettung von Leben interessiert gewesen zu sein, was Arendt entschieden zurückwies. Doch so wohlwollend Hilbergs Haltung auch war, konnte er doch nicht völlig die Rolle übersehen, die jüdische Führer zu Komplizen der Nazis machte:
„Mit der Zunahme der Vernichtungsfunktionen der Judenräte wuchs bei vielen jüdischen Führern der unwiderstehliche Drang, es ihren deutschen Oberherren gleichzutun. Ein Nazibeobachter in Krakau zeigte sich im März 1940 verblüfft über den Kontrast zwischen Armut und Elend im Judenviertel auf der einen, dem geschäftsmäßigen Luxus des jüdischen Gemeindehauptsitzes, der mit wertvollen Karten, bequemen Ledersesseln und schweren Teppichen ausgestattet war, auf der anderen Seite!"[288]

Innerhalb der deutschen Behörden in Polen kommt es auf einem Treffen in Krakau zu Kompetenzstreitigkeiten, wer letztendlich über dieses wichtige Instrument des Judenrats herrschen sollte. (Letztendlich wurde die Verfügungsgewalt über die Judenräte den Regionalbehörden entzogen und der

---

287 Ebda. S. 154

288 Hilberg, Raul, „Die Vernichtung der europäischen Juden", S. 158, er zitiert: Dr. Redekker, Dietrich und seinen Artikel „Deutsche Ordnung kehrt im Ghetto ein", Krakauer Zeitung,13. März 1940

Sicherheitspolizei übergeben.) Diese Diskussionen zeigen, wie bedeutend diese Institution für die Nazis war.

> *„Von innen gesehen schien es daher keinen Zweifel daran zu geben, dass sich die Judenführer zu Herrschern aufgeschwungen hatten, die über die Ghettogemeinden mit absoluter Gewalt regierten und verfügten. Von außen gesehen war jedoch nicht ausgemacht, wem diese absoluten Herrscher tatsächlich verantwortlich waren."*[289]

Nicht nur Zionisten protestieren heute gegen die Einschätzung von Hannah Arendt oder von Rabbi Shonfeld. Sie verwehren sich gegen eine Pauschalverurteilung der Judenräte: Nicht überall saßen ausschließlich zionistische Führer in der Leitung der Judenräte, nicht alle Mitglieder des Rats waren Marionetten des faschistischen Regimes und selbst die willigsten Instrumente der Nazis hatten letztendlich nur eine geringe Überlebenschance. Dennoch muss festgehalten werden, dass Mitglieder der Judenräte und der ihnen unterstehenden Ghettopolizei bis heute von jüdischen Überlebenden der Komplizenschaft mit den Nazis bezichtigt und – wie später noch ausgeführt wird – zum Teil auch für diese Kollaboration zur Rechenschaft gezogen wurden.

---

[289] Hilberg, Raul, „Die Vernichtung der europäischen Juden", s.o. S. 158

Zionisten vereiteln Rettungsaktionen für jüdische Flüchtlinge

Der Europaplan

Rabbi Weißmandel und Gisi Fleischmann waren leitende Mitglieder der Widerstandsgruppe Pracovnà Skupina in der Slowakei, die sich Rettungsmaßnahmen für die bedrohten Juden und Jüdinnen überlegten – ihr bekanntestes Projekt war der sogenannte Europaplan.
Die folgende Geschichte wird, ähnlich wie der Verrat von Yitzhak Vitenberg, von verschiedenen Quellen unterschiedlich interpretiert und beurteilt.

> *„In Bratislawa, der Hauptstadt des nationalsozialistischen Marionettenstaates Slowakei, entwickelten ein Mann und eine Frau, die sonst wenig gemeinsam hatten, einen anderen Rettungsplan, der viel größer dimensioniert war als alle anderen. Der ultraorthodoxe Rabbi Michael Dov Ber Weißmandel war für seine Gelehrsamkeit und seinen scharfen Antizionismus bekannt; die reiche Witwe Gisi Fleischmann war in der zionistischen Frauenorganisation aktiv. ... 1942 war es ihnen gelungen, mit einem der unter Adolf Eichmann arbeitenden SS Offiziere einen Handel zu vereinbaren. Dieter Wisliceny erhielt von ihnen Zehntausende von Dollars, und seine Vorgesetzten wussten offenbar davon. Als Gegenleistung wurde die Vertreibung der Juden aus der Slowakei eingestellt ... Durch die den Nazis gezahlte Summe wurde die Vertreibung um zwei Jahre hinausgezögert. Gemäß ihrer Überzeugung von einer Weltherrschaft der Juden glaubten die Nazis, das Geld komme auf Anordnung des „Weltjudentums“ aus der Schweiz. In Wirklichkeit hatten Weißmandel und Fleischmann die Summe selbst aufgebracht. Sie mussten manche der Banknoten bügeln, damit sie so neu aussahen, wie es sich für jüdische Dollars aus der Schweiz gehörte.*
> *... Auf Briefpapier, das er noch aus der Vorkriegszeit von einem Hotelaufenthalt aus der Schweiz besaß, schrieb Weißmandel eine Bescheinigung, die ihn in verschlüsselter Sprache im Namen der „Repräsentanten der Rabbiner der Welt“ dazu bevollmächtigte, mit den Nazis Verhandlungen aufzunehmen, um die Vertreibung und Ermordung der Juden in allen von den Nazis besetzten Gebieten zu stoppen, und als Gegenleistung mehrere Millionen Dollar anzubieten. Das war der „Europaplan“.*[290]

Der Europaplan kam auch während des Eichmannprozesses zur Sprache – angeblich hätte Himmler sich bereit erklärt, dass er gegen ein Lösegeld von

[290] Segev, Tom, „Die siebte Million“, s.o. S. 126

zwei oder nach anderen Informationen drei Millionen Dollar „nur“ die polnischen Juden ermorden und die anderen „verschonen“ würde. Der Vorschlag sei 1942 von Wisliceny vorgebracht worden und wie Hannah Arendt in „Eichmann in Jerusalem“ schreibt, wurden auch „Abschlagszahlungen“ an Wisliceny geleistet.[291]
Die Nazis verlangten einen Vorschuss von 200.000 Dollar. Weißmandel wandte sich hilfesuchend an den Beauftragten des Joint Distribution Komitees in Genf, der die Angelegenheiten seinem Vorgesetzten in Genf weiterleitete. Die Leiter dieser Organisation lehnten das Gesuch zunächst einmal ab; die zionistische Bewegung reagierte genauso.

> *... Ben Gurion wandte ein, die Jewish Agency könne die Bestechungssumme nicht mit finanzieren, da sie bald für die Aufnahme von 5.000 Kindern aufkommen müsse und dafür viel Geld brauche. „Juden gibt es auch in Palästina.“ wandte er ein.*
> *Gisi Fleischmann und Rabbi Weißmandel wurden beide nach Auschwitz deportiert. Sie fand dort den Tod, während es ihm unterwegs gelang, aus dem fahrenden Zug zu springen.*
> *Weißmandel ließ sich nach dem Krieg in den Vereinigten Staaten nieder und verfasste dort später eine vernichtende Anklageschrift gegen die zionistische Bewegung.“*[292]

Mit Hilfe von Rabbi Shonfeld’s Buch „The Holocaust Victims Abuse“ wollen wir kurz die verschiedenen Phasen des Europaplans zusammenfassen:

> *1942 „schlossen Wisliceny und Hochberg ein Abkommen mit Rabbi Weißmandel, die Vertreibung von slowakischen Juden für die Summe von 50.000 Dollar zu stoppen.“*

Sali Mayer, der zionistische Repräsentant der Schweiz lehnte es schlichtweg ab, das Geld aufzutreiben und die Widerstandsgruppe um Weißmandel und Gisi Fleischmann griffen zu den oben beschriebenen Täuschungsmanövern, um die Transporte wenigstens vorübergehend aufzuhalten.

---

[291] Arendt, Hannah, „Eichmann in Jerusalem“, s.o. S. 240
[292] Segev, Tom, „Die siebte Million“, s.o., S. 126

Rabbi Michael Dov Ber Weißmandel

Weißmandel verhandelte ein Jahr später erneut mit Wisliceny und erhielt die Zusage, die Deportationen in den besetzten europäischen Ländern – mit Ausnahme Deutschlands und Polens – würden eingestellt werden, falls von den jüdischen Organisationen drei Millionen Dollar gezahlt würden.

> *„Sali Mayer und Nathan Schwalb (der Vertreter der Jewish Agency) waren von diesem herzzerreißenden Schrei nicht gerührt. 3 Millionen Dollar, die eine Million Juden gerettet hätten, können heute auf einer fröhlichen Feier für das Weizmann-Institut in den USA gesammelt werden. Doch in der Zeit der Not weigerten sich diese Nationalisten – die den Einfluss und das Geld hatten – das Geld für den höchsten Zweck, für den es aufgebracht worden war, herauszugeben: die zum Tod Verurteilten zu retten ...“*[293]

Ohne die Unterstützung der Agency waren die drei Millionen auch mit allen Mitteln aus der Trickkiste der Pracovnà Skupina nicht aufzutreiben und damit war der Europaplan gescheitert. Für die zionistische Geschichtsschreibung ist die Vorgehensweise der verantwortlichen Stellen, die sich nicht durch einen unglaubwürdigen Vorschlag der Nazis erpressen lassen wollten, nachvollziehbar; für die anderen ist es der schlichte Beweis der Gleichgültigkeit der zionistischen Bewegung gegenüber dem Schicksal der jüdischen Naziopfer.

Doch wie Shonfeld weiter schreibt, waren die Zionisten nicht immer so zögerlich, wenn es galt, Rettungspläne zu unterstützen:

---

[293] Shonfeld, Reb Moshe, „The Holocaust Victims Abuse“, s.o. pp.76, 82-86, zit. in Yahya, Faris, „Die Zionisten und Nazideutschland“, s.o., S. 59/60

„Nur in einem einzigen Fall hielt Mayer es für angebracht, seine Börse großzügig zu öffnen. Er gab Kastner (siehe Kapitel über Rudolf Kastner) Geld für die Rettung von 1700 Juden, von denen Kastner 688 von Eichmann gekauft hatte, und die von Ungarn über Bergen-Belsen in die Schweiz gebracht wurden. Hier, wo es um die Rettung der Elite ging – größtenteils zionistische Aktivisten und Verwandte von Kastner – vergaß Sali Mayer sein Prinzip, dem Feind kein Geld zu geben. Rabbi Weißmandel bat vergeblich um 3 Millionen Dollar für die Rettung von einer Million Juden, während 1.000 Dollar pro Kopf ohne weiteres gezahlt wurden. In diesem Falle handelte Sali Mayer auch in Übereinstimmung mit den Richtlinien, die ein Grundstein zionistischer Politik waren: Selektivität.“[294]

Die oben erzählte Aktion war nicht das einzige Engagement, das Weißmandel unternahm. Bekannt geworden ist ein Brief, den Weißmandel an die zionistischen Organisationen schrieb:

„Ihr, unsere Brüder in Palästina, und in allen freien Ländern, und ihr, die Verwalter des Königreiches (nach einer anderen Übersetzung: „Diener des Herrn“), wie könnt ihr vor so einem schrecklichen Gemetzel still sein? Ihr schweigt, während Tausende von Juden, bis zu sechs Millionen jetzt, ermordet werden. Und auch in diesem Moment, während weitere Zehntausende gemordet werden und warten, gemordet zu werden, schweigt Ihr. Die zerstörten Herzen schreien nach Euch um Hilfe und beklagen Eure Grausamkeit. Brutal und herzlos seid Ihr, Ihr selbst seid Mörder, wegen der Kaltblütigkeit Eures Schweigens, mit dem Ihr zuschaut, weil Ihr mit gefalteten Händen dasitzt und keinen Finger rührt, obwohl es Euch möglich wäre, den Mord an vielen Juden zu verhindern oder aufzuschieben.“[295]

Im Juli 1944 schickte Rabbi Weißmandel eine neuerliche Botschaft an die zionistischen Organisationen und unterbreitete ihnen Vorschläge zur Rettung der überlebenden Juden und Jüdinnen:

1) *Mithilfe einer genauen Eisenbahnkarte die Gleise zu bombardieren, auf denen ungarische Juden in die Krematorien transportiert werden;*
2) *die Öfen in Auschwitz zu bombardieren;*
3) *mit Fallschirmen Munition an die 80.000 Gefangenen in Auschwitz zu bringen;*

---

[294] Ebda.

[295] Weißmandel, Rabbi Dov, „Letter to the Zionist Leaders“, 15.05.1944, zit. in Risala Nr.3. S. 166, Theorie und Praxisverlag Hamburg 1997

4) *mit Fallschirmen Saboteure abzusetzen, die alle Vernichtungseinrichtungen in die Luft jagen würden, und damit eine Unterbrechung in der täglichen Verbrennung von 13.000 Juden zu bewirken;*
5) *bei einer Ablehnung durch die Alliierten, Flugzeuge zu besorgen und jüdische Freiwillige zu rekrutieren, die die Sabotage durchführen würden.*

Diesem Brief fügte er die schmerzliche Frage hinzu:
,Warum ist das bisher nicht geschehen? Warum geschieht es nicht jetzt? Wer ist schuld an dieser schrecklichen Nachlässigkeit? Seid ihr nicht schuldig, jüdische Brüder: Ihr, die ihr das größte Glück in der Weltfreiheit habt?'
... Während des Kastnerprozesses wurde immer wieder die Frage gestellt, warum die Leiter der Jewish Agency sich mit dieser Forderung (die Vernichtungslager von Auschwitz zu bombardieren) nicht an die Alliierten wandten. Es war keine Antwort von ihnen zu bekommen. Ben Gurion und Sharett vermieden es sogar, vor Gericht zu erscheinen, um das Fehlen jener bedeutenden Aktion zu erklären. Erst vier Jahre später im Prozess gegen Eichmann legte die Jewish Agency, die weitere peinliche Schwierigkeiten antizipierte, dem Gericht aus eigener Initiative Dokumente vor, die bewiesen, dass Anträge zur Bombardierung von Auschwitz an die britische Regierung gestellt worden waren. Welch ein Wunder! So viele Jahre war von diesen Dokumenten nichts bekannt, und plötzlich wurden sie in den Archiven der Jewish Agency entdeckt! Doch auch jetzt verzichteten Ben Gurion und Sharett darauf, mündliche Erklärungen vor Gericht abzugeben, und der Staatsanwalt drehte und wendete sich mit erstaunlicher Virtuosität, damit er sie nicht brauchte.“[296]

Nach dem Krieg veröffentlichte Rabbi Weißmandel das von Tom Segev erwähnte Manifest gegen den Zionismus. Er starb 1956.

Fallbeispiel: „Lastwagen für Blut“

Auch Joel Brand vom „Zionistischen Rettungs- und Hilfskomitee“ in Ungarn (WAAD HAEZRA BUDAPEST), der ursprünglich aus der kommunistischen Bewegung kam und ehemaliger Agent der Komintern war, bemühte sich um eine Rettungsaktion, die von Seiten der zionistischen Führung sabotiert wurde. Er wurde von Kastner, der im nächsten Kapitel ausführli-

---

[296] Shonfeld, Reb Moshe, „The Holocaust Victims Abuse“, New York 77, pp. 63-65, zit. in Yahya, Faris, „Die Zionisten und Nazideutschland“, s.o. S. 51-52

cher behandelt wird, mit einem ganz bestimmten Auftrag zu Eichmann, den Alliierten und nach Palästina geschickt.
Kastner vom Rettungskomitee hatte mit Eichmann und dem SS-Offizier Kurt Becher ein Geschäft „Menschen gegen Waren“ ausgemacht, nämlich, dass die Nazis für 10.000 Lastwagen einer Million Juden die Ausreise ermöglichen sollten.[297] Nach anderen Quellen wären aber auch hunderte Tonnen an Kaffee, Seife und anderen Grundnahrungsmitteln im Vorschlag enthalten gewesen, die von deutscher Seite verlangt wurden.
Ursprünglich kam die Idee von Himmler; Eichmann behauptete noch während seines Prozesses, dass der Vorschlag durchaus ernst gemeint war. Bedingung der Nazis war, dass die eine Million weder in Ungarn bleiben noch nach Palästina ausreisen dürfe – letzteres weniger wegen des guten Verhältnisses zum Mufti von Jerusalem, wie Zionisten gerne erzählen, sondern aus kriegstaktischen Überlegungen: Deutschland hatte seine Pläne verschoben, mit Hilfe der Zionisten ein deutsches Protektorat in Palästina zu errichten – vor allem nicht mit der Jewish Agency, die sie zu der Zeit als Angestellte der britischen Mandatsmacht betrachteten. Für die Nazis war es auch eine gute Gelegenheit, den eigenen Antisemitismus ihrer Kriegsgegner aufzuzeigen und deren Kritik an Deutschlands Judenpolitik als inkonsequent darzustellen. Schließlich weigerten sich die westlichen Länder beharrlich, jüdische Flüchtlinge über – und manchmal auch unterhalb – der vorgegebenen Quoten aufzunehmen und unterstützten damit sowohl die Migrationspolitik nach Palästina als letztlich auch die Vernichtungspolitik der Nazis.
Joel Brand fuhr also zu Eichmann, der ihm erzählte, *„dass jetzt ein ‚idealistischer Deutscher' zu ihm, einem ‚idealistischen Juden' spräche, die sich während einer Kampfpause als Gleiche begegneten. Eichmann habe zu ihm gesagt: ‚Morgen werden wir uns vielleicht in der Schlacht wieder treffen.'“*[298]

Brand interessierte sich weniger für das phrasenhafte Gewäsch Eichmanns, sah aber eine konkrete Chance, die überlebenden ungarischen Juden und Jüdinnen zu retten.
Eichmann hatte Brand Sicherheiten versprochen, um die Glaubwürdigkeit des Angebots zu unterstreichen:

> *„Jetzt werde ich Ihnen den Beweis geben, dass ich zu euch mehr Vertrauen habe als ihr zu mir. Wenn Sie aus Konstantinopel zurückkommen und mir mitteilen, dass das Angebot angenommen wurde, dann löse ich Auschwitz auf und stelle Ihnen zehn Prozent der versprochenen Million an die Grenze. Sie übernehmen diese hunderttausend Juden und liefern*

[297] Segev, Tom „Die siebte Million“, S. 343
[298] Arendt, Hannah „Eichmann in Jerusalem“, s.o. S. 240/ 241

mir nachträglich tausend Lastautos. Und dann geht das Geschäft Zug um Zug weiter. Je tausend Lastautos für hunderttausend Juden. Da kommt ihr noch billig davon."[299]

Hilfestellung bei der Vermittlung des Treffens hatte dabei auch ein Nachrichtenhändler geleistet, der sowohl für die Nazis als auch für das Rettungskomitee arbeitete, Andor Gròsz, der Brand begleiten sollte, als dieser Vertreter von jüdischen Organisationen und westlichen Alliierten treffen wollte, um die Lastwägen aufzutreiben. Doch von Anfang an war die Mission zum Scheitern verurteilt.
Brand fuhr 1944 von Budapest aus nach Istanbul, gemeinsam mit Obersturmbannführer Krumey, führend in Eichmanns Mitarbeiterstab. Gròsz reiste ihnen nach. Brand war gesagt worden, Chaim würde auf ihn warten und er dachte bei so einer wichtigen Angelegenheit natürlich an Weizmann. Sie wurden jedoch nur von lokalen Vertretern des JOINT RESCUE COMITTEES empfangen, davon hieß auch einer Chaim, nämlich Chaim Barlas, ein Repräsentant der Agency; doch es handelte sich nicht um ein bloßes Missverständnis. Das war nämlich nicht der einzige Grund, warum sich Brand verraten fühlte, denn auch die türkische Polizei und britische Geheimdienstagenten warteten auf ihn.
Es war eine Falle.
Seine Frau wurde währenddessen von der ungarischen Polizei verhört und angeblich auch gefoltert, um herauszubekommen, welches Ziel Brands Mission verfolgte.[300] Tagelang wurde Brand festgehalten, angeblich um der Gesetzeslage genüge zu tun und ihm ein türkisches Visum zu beschaffen, obwohl er ohnehin nach Palästina wollte, um mit den zionistischen Führungspersönlichkeiten zu verhandeln.

„Die Jewish Agency beschloss, Brand nach Aleppo im britisch besetzten Syrien zu bringen, dort sollte Shertok) (Sharett) mit ihm zusammentreffen. Am 5. Juni 1944, nach vierzehn Tagen vergeblichen Wartens in Konstantinopel, bestieg Brand mit einem britischen Visum in seinem deutschen Pass den Taurus-Express. Als der Zug in Ankara hielt, stieg ein Vertreter der Jüdischen Revisionisten (Irgun) in Begleitung eines Mitglieds der Orthodoxen Partei zu, um ihn zu warnen, dass er direkt in eine ‚Falle' fahre. Shertok habe kein Visum erhalten, weil die Engländer Brand auf britisch kontrolliertes Gebiet locken wollten, um ihn dort verhaften zu können. Die Engländer seien in dieser Frage keine Verbündeten. Sie wünschten nicht, dass seine Mission Erfolg habe. Falls er

---

[299] Hilberg, Raul, „Die Vernichtung der europäischen Juden", s.o., S. 768
[300] Segev, Tom, „Die siebte Million", s.o., S. 616

seine Reise fortsetze, werde er nie mehr zurückkehren; er würde verhaftet werden."[301]

Brand entschließt sich dennoch, weiterzureisen. Dann überstürzen sich die Ereignisse:
Erst wurde der zuvor aus der Türkei ausgewiesene Nazikollaborateur Gròsz, sein Begleiter, an der syrischen Grenze von den Briten verhaftet, danach Brand selbst bei Aleppo. Erst vier Tage später gab es den gewünschten Kontakt mit Moshe Sharett, damals politischer Leiter der Jewish Agency, der ihm mitteilte, laut der Anordnung der Engländer müsse er „weiter nach Süden fahren". Joel Brand warf ihm offen vor, durch die Sabotierung der Rettungsaktion sei die Agency verantwortlich für den Tod der ungarischen Juden und Jüdinnen.

> *„Wisst ihr, was ihr tut? Das ist doch einfach Mord! Das ist Massenmord! Wenn ich nicht zurückkehre, werden unsere besten Leute geschlachtet! Meine Frau! Meine Mutter! Meine Kinder kommen als erste dran! Ihr müsst mich zurücklassen. Ich bin als Parlamentär gekommen. Ich habe eine Botschaft überbracht. Ihr könnt annehmen oder nicht, aber ihr habt kein Recht, den Abgesandten festzuhalten ... Ich bin hier der Abgesandte einer Million zum Tode verurteilter Menschen! ... Was wollt ihr von uns? Was wollt ihr von mir?"*[302]

Brand wurde von den Briten nach Kairo gebracht und dort verhört, währenddessen verstrich wichtige Zeit. Er saß im Gefängnis, während die, die er retten wollte, von den Nazis ermordet wurden.
Die Jewish Agency diskutierte während seiner Haft die laut dem Vorsitzenden des Rettungskomitees Grünbaum „diabolische Provokation" und kam überein, sich nur mit halbherzigem Skeptizismus um die Sache zu kümmern – so die offizielle und wohlwollende Version. Inoffiziell dürfte aber der Umstand im Vordergrund gestanden haben, dass die Flüchtlinge aus Ungarn nicht nach Palästina ausreisen würden – oder dass sie großteils einer anderen Fraktion als der Mapai angehörten, wie es von revisionistischer Seite behauptet wurde. Später antworteten die Zionisten auf solche Vorwürfe, sehr wohl mit den Alliierten Kontakt aufgenommen und den Plan diskutiert zu haben.
Das stand aber ohnehin außer Frage. Was Brand ihnen vorwarf, war die zögerliche und gleichgültige Art und Weise, mit der sie sich für die Durchführung eingesetzt hatten. Gleichzeitig verdächtigte er die Agency, sie hätten hinter den Kulissen dafür gesorgt, dass die Briten ihn wie einen Staatsfeind behandelten, verhafteten und den Plan schließlich ablehnten – er war

---

[301] Hilberg, Raul, „Die Vernichtung der europäischen Juden", s.o., S. 770
[302] Ebda. S. 771

auch der Meinung, dass die Zionisten ohne die Alliierten hätten aktiv werden müssen. Anders ausgedrückt: weil die geretteten Juden und Jüdinnen nicht nach Palästina gekommen wären, hatte die zionistische Bewegung kein Interesse an ihnen; es war ihnen egal, ob sie lebten oder starben. Dass sie sich überhaupt engagierten, wäre eine reine Alibi-Aktion und in Wirklichkeit Sabotage gewesen. So der Vorwurf von Joel Brand und den Angehörigen der Ermordeten.

Brand war der Überzeugung, dass hunderttausend Juden und Jüdinnen auf jeden Fall freigekommen wären, wenn er bloß hätte zurückkehren können, auch wenn er die Nazis über eine positive Zusage der Alliierten hätte täuschen müssen – schließlich war das der Glaubwürdigkeitsbeweis, den Eichmann gefordert hatte.

> *„Das Jewish-Agency-Direktorium unterstützte ihn nicht. Im Gegenteil: Brand wurde an die Briten ausgeliefert, die seine Rückkehr nach Budapest verhinderten. Der in Kairo internierte Brand war überzeugt, dass die tagtäglichen Deportationen nach Auschwitz gestoppt werden könnten, wenn er mit der von der SS gewünschten Meldung nach Budapest zurückkehre, selbst wenn diese nur fingiert wäre. Die Alliierten hätten sich also gar nicht ernsthaft verpflichten müssen und hätten, im Gegensatz zu Brand, der damit sein Leben aufs Spiel setzte, nichts zu verlieren gehabt ...“*[303]

In der Nachkriegsära wurde diese Episode nochmals zum innenpolitischen Thema im neu gegründeten Israel. Mehrere Thesen standen im Raum: zum einen war offensichtlich, dass die Führung der Jewish Agency ihre Entscheidung von der mit ihr verbündeten Mandatsmacht abhängig machte. Großbritanniens Agenten misstrauten Brand, den sie anfangs – wohl auch nach den Informationen, die ihnen die Agency hatte zukommen lassen und der Begleitung eines ranghohen deutschen Befehlshabers – für einen Spion hielten, der entweder von den Nazis oder wegen seiner politischen Vorgeschichte von der Komintern geschickt war und hielten den Plan für absurd, womit sie auf einer Linie mit der Jewish Agency lagen. Außerdem, so wurde argumentiert, wollte kein Kriegsgegner den Deutschen Lastwagen oder sonstige Ausrüstung liefern, auch wenn die Faschisten versprochen hatten, die Lastwagen nur für zivile Zwecke einzusetzen. Es hätte eine Verzögerung der deutschen Niederlage bedeuten können.

Angesichts der sonstigen Geschäfte der Alliierten mit Nazideutschland dürfte ein viel wichtigerer Grund für das Misslingen der Mission schlicht ein rassistischer gewesen sein, denn alle westlichen Länder hatten ihre Grenzen für jüdische Flüchtlinge gesperrt – und es hätte

---

[303] Elam, Shraga, „Hitlers Fälscher“, s.o., S. 56

„... der ‚Lastwagen für Blut-Handel' bei erfolgreicher Durchführung einen Massenexodus in den Westen bedeutet und dementsprechend die Frage aufgeworfen, wohin sie hätten gehen sollen. Niemand wusste, was er mit einer Million Juden anfangen sollte. Also taten die Briten dasselbe, was sie schon in der Transnistrien-Affäre gemacht hatten: sie spielten die Geschichte der Presse zu und legten dadurch die Verhandlungen praktisch lahm.“[304]

Ähnliches berichtete Brand selbst, der noch in Kairo in den Britisch-Ägyptischen Klub eingeladen wurde und mit einem Mann sprach, den er für Lord Moyne hielt und der ihm an den Kopf warf:

„Aber Mr. Brand, was soll ich mit einer Million Juden anfangen? Wo soll ich sie hinschaffen?“[305]

Diese beschämende Haltung hatte England auch dadurch unter Beweis gestellt, dass es von Jugoslawien verlangte, dass jüdischen Flüchtlingen ein gut sichtbares „J“ in die Ausreisepapiere gestempelt werden musste, um sie an der Einreise zu hindern.

Shraga Elam geht bei der Behandlung der Affäre davon aus, dass die Briten versucht hätten, das

„Konfliktpotential in der wirtschaftlich und strategisch wichtigen Region (Ölfelder und Suezkanal) zu entschärfen.

Das Direktorium der Jewish Agency, dem diese Sachlage bekannt war, ließ sich im Zusammenhang mit der Brand-Mission nur allzu gern mit einem ‚Zückerchen' beruhigen: Es erhielt grünes Licht für die Errichtung der lang ersehnten jüdischen Brigade im Rahmen der britischen Armee. Denn für diese Führung stand nicht die Rettung der europäischen Juden, sondern die Errichtung eines jüdischen Staates im Vordergrund – und dazu gehört nun einmal auch ein ausgebildetes Militär.“[306]

Die Agency verhielt sich bei den Rettungsbemühungen der europäischen Juden bestenfalls passiv, manchmal sabotierte sie, wie im Fall Brand, auch die Privatinitiativen engagierter Aktivistinnen und Aktivisten.

„Auch die JA scheute den Konflikt mit den Alliierten und war mehr mit sich selbst und dem Aufbau des Staates in Palästina als mit dem Schicksal der europäischen Juden beschäftigt.“[307]

---

304 Segev, Tom, „Die siebte Million“, s.o. S. 131/132

305 Hilberg, Raul, „Die Vernichtung der europäischen Juden“, s.o., S. 772

306 Elam, Shraga, „Hitlers Fälscher“, Ueberreuter, 2000 Wien, S. 63/64

307 Ebda. S. 67

Auch die USA weigerten sich entschieden, auf den Handel einzugehen und verwiesen auf den „Trading with the enemy"-Akt, gegen den das Abkommen verstoßen würde.

„Schlussendlich entpuppt sich auch die US-Argumentation gegen eine Bezahlung von Lösegeldern in Form von LKWs oder Traktoren als absolut zynisch. Denn die US-Vertreter in der Schweiz wie Botschafter Leland Harrison und der Handelsattachè Daniel J. Reagan, die Saly Mayer bei den Verhandlungen mit dem Argument, Handel mit dem Feind sei nicht erlaubt, immer wieder einengten, waren gegenüber den Vertretern der Standard Oil bei ihren Bemühungen um eine Öl-Exportbewilligung nach Deutschland sehr hilfsbereit. Zu dieser Zeit, im Sommer 1944, exportierte Standard Oil monatlich 48.000 Tonnen Erdöl ins Dritte Reich, General Motors und Ford bauten dort Lastwagen und anderes wichtiges Kriegsgerät."[308]

Elam verweist noch auf andere ‚joint ventures' und das Engagement amerikanischer Konzerne auf dem deutschen Markt, die auch durch den Machtantritt des Faschismus nicht beeinträchtigt wurden.

„Yergin nannte diese Lobby ‚Riga-Gruppe'. Diese propagierte eine strikt antisowjetische Haltung und sah in Hitler ein Bollwerk gegen die ‚Bolschewisierung' Europas. Prominentester Sprecher dieser Gruppe war niemand anderer als John Forster Dulles, der dann konsequenterweise als US-Außenminister in den 50-er-Jahren für eine Politik des ‚roll back', des Zurückdrängens des Kommunismus eintreten sollte."[309]

Die andere Version behauptet, dass die Rettungsaktion nur ein Nebenschauplatz einer aus Deutschlands Sicht wichtigeren Aktion gewesen sei – die Verhandlungen Deutschlands über einen Separatfrieden mit den westlichen Alliierten. Deshalb sei auch einer der engsten Mitarbeiter Eichmanns, Krumey, mitgereist, der tatsächlich die diesbezüglichen Verhandlungen aufgenommen haben soll.

„Es scheint, dass dem State Department, also dem Außenministerium der USA, ebenso wie dem ‚Big Business' die Zerstörung des britischen Imperiums und die Öffnung der Weltmärkte für die eigene Wirtschaft als eines der wichtigsten Ziele des Krieges erschien – wenn nicht gar als das wichtigste. Eine frühzeitige Beendigung des Krieges wäre unter die-

---

308 Elam nennt zwei Quellen, die diesbezüglich berichten: Higham, Charles, „Trading with the enemy. An Exposè of The Nazi-American Money Plot 1933-1949", Delacorte Press, New York 1983 und Wyman, David S./ Hüber, Max, „Das unerwünschte Volk, Amerika und die Vernichtung der europäischen Juden", Ismaning bei München, 1986, S. 296, zit. in Elam, Shraga, „Hitlers Fälscher", Ueberreuter, 2000 Wien, S. 65

309 „Hitlers Fälscher", Shraga Elam, Ueberreuter, 2000 Wien, S. 105

sen Voraussetzungen sehr ungelegen gekommen, also sollten keine Verhandlungen mit den Deutschen stattfinden, die zu einer Kriegsverkürzung führen könnten.
Bei diesen Überlegungen des State Department spielte das Schicksal einiger Millionen jüdischer Menschen keine wichtige Rolle. Verhandlungen mit den Deutschen zur Rettung einer großen Anzahl Juden waren vielmehr unerwünscht, weil sie mit der ‚Gefahr' eines frühzeitigen Friedens verknüpft waren.“[310]

Weil auch die Sowjetunion gegen einen Separatfrieden war, der sich natürlich gegen sie gerichtet hätte, versuchten die Führer der Jewish Agency ihr das Scheitern von Brands Mission anzuhängen und sagten: *„Die Sache wurde letztendlich in Moskau entschieden.“*[311]
Brand war anderer Meinung. Später schrieb er einen Brief an die Führer der Zionistischen Bewegung, die er für das Fiasko verantwortlich machte:
„Genossen, niemand hat mich beauftragt, Euch die Grüße des ungarischen Judentums zu überbringen, und ich lehne es ab, von Euch begrüßt und gefeiert zu werden. Ich kam nach Konstantinopel, um den letzten Rest unseres Volkes in Mitteleuropa vor der Vernichtung zu retten. Ihr ward die einzige Hoffnung von Hunderttausenden, die zum Tode verurteilt waren. Ihr habt versagt. Ihr habt zugelassen, dass ich im Gefängnis von Kairo sitzen musste, während die Menschen, deren Abgesandter ich war, in den Gaskammern von Auschwitz starben. Ihr habt Euch an die Legalität gehalten. Ihr habt keine Generalstreiks erklärt. Wenn es nicht anders ging, hättet ihr mich mit Gewalt aus dem Gefängnis holen sollen. Ich musste zurück nach Ungarn, um zu retten, was zu retten war. Ihr habt mir nicht geholfen und dadurch diejenigen verraten, die mich geschickt haben.“[312]

Auch Rabbi Shonfeld wirft der zionistischen Führung vor, die Mission von Brand absichtlich sabotiert zu haben:
„Diese Verhandlungen verliefen im Sande und endeten mit der Vernichtung der ungarischen Juden, während die zionistische Führung die Mission Joel Brands absichtlich zum Scheitern brachte.“[313]

---

310 Elam, Shraga, „Hitlers Fälscher“, s.o., S. 65
311 Segev, Tom, „Die siebte Million“, s.o. S. 131
312 Weissberg, Alex, „Die Geschichte von Joel Brand“, Köln und Berlin 1956, S. 234f., zit. in Billen, Hans-Jürgen, „Zionismus und Antisemitismus, Trikont Duisburg 1983, S. 117
313 Shonfeld, Reb Moshe, „The Holocaust Victims Abuse“, New York 77, pp. 63-65, zit. in Yahya, Faris, „Die Zionisten und Nazideutschland“, s.o. S. 59

Versöhnlicher, aber ebenfalls kritisch, betrachtet Tom Segev die Affäre. Er ging von keiner inszenierten Sabotage, sondern nur von zu geringem Engagement der Jewish Agency aus und zieht folgendes Resümee:

„Allein war die Jewish Agency nicht in der Lage, dem ‚Dritten Reich' 10.000 Lastwägen zu liefern und genau so wenig konnte sie ohne die Zustimmung der Alliierten im Gegenzug eine Million Juden aufnehmen. Andererseits hat die Agency, wie es scheint, nicht alles ihr Mögliche getan, um die Deutschen hinter dem Rücken der Briten zu weiteren Verhandlungen zu bewegen. Die Zionisten wussten längst, dass die Briten an der Rettung von Juden nicht interessiert waren und man deshalb von ihnen keine Hilfe erwarten konnte. Es war Zeit für einen großen Bluff. Die Jishuwführer hätten sich über die britischen Anweisungen hinwegsetzen, heimlich mit den Nazis verhandeln und als Bevollmächtigten jemand aus einem neutralen Land schicken können. Statt Lastwagen hätten sie den Deutschen eine entsprechende Geldsumme anbieten können oder zumindest eine Vorschusszahlung – alles nur, um Zeit zu gewinnen, denn die Russen waren von Ungarn nicht mehr weit entfernt. Daran scheinen die Jishuwführer zwar einmal gedacht zu haben, unternommen haben sie jedoch nichts. Sie erwiesen sich in dieser Angelegenheit als kleine, einfallslose Leute, deren Selbstbild als geachtete Staatsmänner sie daran hinderte, sich an betrügerischen, heimlichen Aktionen zu beteiligen."[314]

Nachdem Brand aus dem Gefängnis entlassen wurde, schloss er sich der rechtsradikalen Lechi in Palästina an, um sich bei der Mapai, deren Sympathisant er vorher war, für die misslungene Mission zu revanchieren. Yitzhak Shamir überredete ihn später, ein Buch über die „Lastwagen gegen Blut"-Affäre zu schreiben. Teddy Kollek versuchte ihn unter Druck zu setzen und riet ihm, die Angelegenheit zu vergessen. Schließlich erschien das Buch in einer zensierten Fassung in einem Mapai-Verlag mit einem Nachwort von Moshe Sharett.

„Der Versuch, Brand an der Publikation des Buches zu hindern, führte zu einem zweiten, das Brand gemeinsam mit seiner Frau verfasste. Darin zitierte er aus den Briefen, die Kollek ihm geschrieben hatte. Beide Bücher zeugen von der ungeheuren Nervosität, die die Mapai an den Tag legte, sobald ihre Rolle bei den Rettungsversuchen zur Sprache kam."[315]

---

314 Segev, Tom, „Die siebte Million", s.o. S. 132/133

315 Ebda. S. 619

Auch während des Kastner-Grünwaldprozesses (siehe Kapitel über Rudolf Kastner) kam die Affäre zur Sprache, als Grünwalds Verteidiger Tamir versuchte, die Mapai in Bedrängnis zu bringen:

> „... *Hier wie dort gab es Kollaborateure: Mapai in Budapest, Mapai in Tel Aviv – eine einzige Partei mit einer einzigen Mentalität.*
> *Mit dieser These untermauerte Tamir seine Interpretation verschiedener Episoden, zu denen auch Joel Brands Auftrag gehörte. Kastner hatte an den vorbereitenden Treffen mit Adolf Eichmann teilgenommen, aus denen sich diese Mission ergeben hatte. Tamir holte den Vorfall absichtlich aus der Versenkung, um die Mapai zu verunglimpfen. Moshe Sharett, der Ben Gurion im Januar als Ministerpräsident abgelöst hatte, aber auch andere enge Vertraute Ben Gurions wie Echud Avriel und Teddy Kollek, wurden von Tamir des Verrats bezichtigt. Er unterstellte ihnen, sie hätten während ihrer Tätigkeit bei der Jewish Agency wissentlich eine Mission sabotiert, die Hunderttausenden von Juden, vielleicht sogar einer Million, das Leben gerettet hätte* ...“[316]

Nun haben wir schon bei der Affäre um Rabbi Weißmandel gesehen, dass Großbritannien nur wenige Flüchtlinge, streng nach Quoten geregelt, aufnahm – die Festung Europa existierte bereits zur Zeit der Naziverfolgungen. Ähnliches gilt für die anderen westlichen Staaten und natürlich auch für die USA. Einerseits hatte das die gleichen rassistischen Gründe, die noch heute unsere bürgerlichen Demokratien beschämen, andererseits sehen wir ein offensichtliches Interesse der westlichen Elite, den Flüchtlingsstrom nach Palästina zu kanalisieren.

Im Falle der Mandatsmacht England schaut das angesichts des Weißbuchs, das auch die jüdische Migration nach Palästina beschränkte, wie ein Widerspruch aus, doch eben nur auf den ersten Blick. Um das zu verstehen, müssen wir uns zwei komplexe Erscheinungen vor Augen führen. Zum einen die Spaltung der zionistischen Bewegung: immerhin kämpfte eine Fraktion offen auf der Seite Deutschlands, während ein anderer Flügel die spätere Ablösung der durch das Mandat bestehenden britischen Oberhoheit über Palästina vorbereitete. Großbritannien wollte zwar die Entstehung eines zionistischen Staates, wie spätestens seit der Balfour-Deklaration allen Beobachtern klar war, aber eben unter in erster Linie britischem Einfluss, als proimperialistische Kolonie, die den Job besser erledigen würde als die stationierte englische Armee. Dass die Zionisten letztendlich vorhatten, die Mandatsmacht abzusetzen – auch die Verbündeten in der Jewish Agency und der Hagana – hat die britische Einwanderungspolitik nach Palästina maßgeblich beeinflusst.

---

[316] Ebda. S. 363

Zum anderen war der Widerstand der arabischen Völker im Allgemeinen und der Palästinenser im Besonderen gegen die Installierung eines prowestlichen Staates auf ihren Ruinen erstarkt. Das veranlasste die Mandatsmacht zur diplomatischen Vorsicht und der Verheimlichung späterer Pläne, was auch zu einer langsameren und subtileren Einwanderung führte. Dies auch aus Rücksicht auf ein Bündnis, das heute oft vergessen wird: die Alliierten hätten ohne ihre verbündeten, arabischen Armeen den Krieg gegen Nazideutschland und das faschistische Italien in der Region verloren. Die Offenlegung der Strategie, durch einen zionistischen Staat den Kolonialismus zu zementieren, hätte dieses Bündnis verunmöglicht. Also können wir das Weißbuch als eine Neuauflage des MacMahoun-Abkommens bezeichnen – ein Täuschungsmanöver, um die Kolonisierten bei Laune zu halten.

Von zionistischer Seite gab es außerdem den Anspruch auf Selektion, wie sie bereits in einigen Kapiteln beschrieben wurde. Darauf werden wir später bei unserem Kapitel über die Migration in der Nachkriegsära eingehen. Jedenfalls sollte die Quote für die Einwanderung nach Palästina auch unter diesem Gesichtspunkt betrachtet werden.

> *Auch die Jewish Agency hielt es natürlich für erforderlich, in Palästina eine jüdische Majorität zu schaffen, wollte dies aber durch eine selektive Immigration erreichen und nicht durch Massenevakuierung ...*
> *Die idealen Siedler waren folglich die ‚Pioniere' oder Haluzim, also diejenigen, die beim Aufbau neuer landwirtschaftlich ausgerichteter Siedlungen halfen oder sich bestehenden anschlossen ...*
> *Wenn man Immigrationszertifikate an Pioniere austeilte, dann sollte dadurch die landwirtschaftliche Entwicklung gefördert, gleichzeitig aber auch die Arbeiterbewegung im Jischuw gestärkt werden. Die Mitglieder des ausgesprochen städtisch geprägten Betar vergaben die ihnen zugeteilten Einwanderungsgenehmigungen gemäß ihren eigenen politischen Kriterien: sie bevorzugten Immigranten, die bereit und fähig waren, im Ezel zu dienen. Genau wie die Jewish Agency lehnte es auch der Betar ab, Personen zu helfen, die lieber in andere Länder gehen wollten.*
> *Die Frage war, was man mit jenen Flüchtlingen machen sollte, die weder Zionisten waren noch dafür geeignet schienen, beim Aufbau der neuen Gesellschaft in Palästina zu helfen. „Gott allein weiß, wie es dem armen kleinen Land Israel möglich sein soll, diesen Strom von Menschen aufzunehmen und daraus mit einer gesunden Sozialstruktur hervorzugehen", schrieb Chaim Weizmann.*[317]

---

[317] Ebda, S. 62/63, Zitat von Weizmanns Brief an Blanche Dagdale, 1.12.1935, in Litvinof, Barnet (Hg.), „The Letters and Papers of Chaim Weizmann", New Brunswick, N.J. 1978

In Palästina selbst führte diese Diskussion unter der zionistischen Gemeinde zu hitzigen Debatten über Sinn und Unsinn von Rettungsaktionen und den Nutzen oder Schaden, der daraus für die künftige Staatsgründung gezogen werden konnte:

> *War es richtig, für die Rettung europäischer Juden Gelder zu verwenden, die für die Entwicklung des Jishuw bestimmt waren?*
> *Ein Führer der ultraorthodoxen Agudat Jisrael, Rabbi Jizchak Itsche Meir Levin, war dieser Ansicht: „Nehmt die Gelder des Jüdischen Nationalfonds. (...) Wollt ihr nicht in einer Zeit, in der Hunderttausende, ja Millionen von Juden umgebracht und abgeschlachtet werden, die Arbeit in Palästina anhalten? Nehmt die Gelder für diesen Zweck, statt neue Siedlungen zu errichten."*
> *Jitzhak Grünbaum meinte hingegen, dass die Bedürfnisse des Jischuw Priorität hätten: „Ich glaube, es ist nötig, hier zu sagen: Zionismus über alles!" ...*
> *„Man wird mich einen Antisemiten nennen", entgegnete Grünbaum, „und sagen, dass ich kein warm jiddisch Herz habe. (...) Sollen andere doch sagen, was sie wollen. Ich werde nicht von der Jewish Agency fordern, 300.000 oder 100.000 Pfund Sterling bereitzustellen, um den europäischen Juden zu helfen. Und ich meine, wer so etwas fordert, handelt antizionistisch." Zu diesem Wortwechsel kam es im Januar 1943 – zu einer Zeit, als Juden in großer Zahl ermordet wurden.*[318]

Segev zitiert in diesem Zusammenhang auch einen polnischen Aktivisten des Rettungskomitees, Apolinari Hartglass, der ein fünfseitiges Thesenpapier mit dem Titel „Anmerkungen zu Hilfs- und Rettungsmöglichkeiten" veröffentlichte, das den zionistischen Standpunkt deutlich widerspiegelt.

> *„... Wenn die Anstrengungen des Komitees daher voraussichtlich nur zu äußerst geringen Ergebnissen führen, müssen wir aus ihnen wenigstens politischen Nutzen ziehen. Dies erreichen wir aus zionistischer Sicht dann,*
>
> *a) wenn alle Welt weiß, dass Palästina als einziges Land bereit ist, die geretteten Juden aufzunehmen, und der Jischuw die einzige Gemeinde ist, die sie integrieren will;*
> *b) wenn alle Welt weiß, dass die Initiative zur Rettung der europäischen Juden von zionistischen Kreisen ausgeht;*

---

318 Jitzhak Gruenbaum und andere auf der Sitzung des Zionistischen Exekutivkomitees am 18.01.1943, ZZA, S/25 1851; Gruenbaum, Tage der Zerstörung; Eingangszitat von Golda Meir auf der Sekretariatssitzung des Histadrut – Eks 6 Tage später, am 24.01.1943, AA; beide Quellen in Segev, Tom, „Die siebte Million", s.o., S. 141/142

c) *wenn die vor der Vernichtung bewahrten Juden im Laufe des Krieges oder nach Kriegsende erfahren, dass die zionistische Bewegung oder der Jischuw versucht haben, sie zu retten.*

... Rein philanthropische Rettungsaktionen wie die Rettung der deutschen Juden (...) können aus zionistischer Sicht nur schaden, vor allem, wenn die Möglichkeiten so begrenzt sind und das Unglück so groß ist. Wir haben diese Methode auf die deutschen Juden anwenden können, weil sie einen Vorteil boten: sie brachten Besitz mit. Dieses Plus haben die jetzigen Flüchtlinge nicht mehr, denn sie kommen ganz ohne Habe an. Insofern geben sie dem Jischuw auch nichts, und wir werden bei ihnen nur mehr von dem zu sehen bekommen, was wir schon von einem Großteil der deutschen Juden her kennen: völlige Entfremdung, manchmal eine geradezu feindselige Haltung gegenüber dem Land Israel und Respektlosigkeit gegenüber allem Jüdischen und Hebräischen ..."[319]

Ähnliches äußerte das Mapai-Mitglied im Exekutivkomitee der Jewish Agency, Eliahu Dobkin, der deutsche Juden, die bloß als Flüchtlinge nach Palästina kamen, als „unerwünschtes Menschenmaterial" betrachtete:[320]

„Ich verstehe sehr gut, in welcher besonderen Situation sich die Einrichtungen in Übersee befinden, die mit deutschen Flüchtlingen zu tun haben, aber ich hoffe, Sie sind genau wie ich der Ansicht, dass wir an diese Frage nicht von einem philanthropischen Standpunkt aus herangehen dürfen, sondern die Erfordernisse des Landes im Auge haben müssen", schrieb Dobkin einem seiner Kollegen. „Ich meine, dass wir von den Flüchtlingen nur diejenigen herbringen dürfen, die diese Bedingung erfüllen."[321]

Auch andere zionistische Führer unterstützten diese Position. Bereits 1935 wurde ein Beschluss verfasst, der Händlern und Flüchtlingen mit ähnlichen Berufen die Einwanderungserlaubnis verweigerte, nur „bewährte Zionisten" wurden davon ausgenommen. Darin stand auch, dass Personen über 35 Jahren nur dann eine Genehmigung zur Einreise erhalten sollten, *„wenn kein Grund zur Annahme vorliegt, dass sie hier zur Last fallen."*[322]
Diese Haltung kam auch im außenpolitischen Engagement zum Ausdruck.

---

319 Hartglass, Apolinari, „Anmerkungen zu Hilfs- und Rettungsmöglichkeiten", undatiertes Memorandum, ZZA, S/261232, mit stilistischen Korrekturen zitiert in Segev, Tom, „Die siebte Million", s.o., S. 137-142

320 Segev, Tom, „Die siebte Million", s.o., S. 65

321 Eliahu Dobkin an Martin Rosenblüth, 15. Januar 1936, ZZA, S/63637, zit. in Segev, Tom, „Die siebte Million", s.o., S. 65

322 Ergebnisprotokoll der Sitzung vom 6. Januar 1935, ZZA, S/252576 Segev, Tom, „Die siebte Million", s.o., S. 64/65

Die Evian-Konferenz und andere verpasste Möglichkeiten

Diese Konferenz wurde bereits im Sommer 1938 abgehalten, um eine internationale Lösung für die deutschen Juden und Jüdinnen zu finden. Die zionistische Führung sabotierte alle Pläne, die eine Fluchtmöglichkeit außerhalb Palästinas beinhalteten:

> *„Deshalb sei es Aufgabe der zionistischen Delegation, unter Beteiligung von Golda Meir gewesen, die Rettungsansätze an der Evian-Flüchtlingskonferenz zu verhindern. Gestützt auf Dokumente stellt Beth-Zvi – gegen die gängige Meinung – die Theorie in den Raum, es wäre damals ohne diese Sabotage möglich gewesen, eigentlich für alle bedrohten Juden Unterschlupf zu finden."*[323]

Die Wiener Delegation wurde vertreten durch Josef Löwenherz, Heinrich Neumann von Hethars und Berthold Storfer. Sie übergaben dem Auswanderungsamt einen Bericht über die Konferenz:

> *„Eine unfreundliche Kritik gegenüber Deutschland ist im Rahmen der Konferenz unseres Wissens nicht zu verzeichnen. (...) Es ist überflüssig hervorzuheben, dass wir bei jeder Gelegenheit in diesem Sinne bedacht waren (...) dass wir unsere Mission nicht nur im Interesse aller auswandernden Juden, sondern auch in den Intentionen der staatlichen Behörden ausgeführt haben, deren Unterstützung wir als außerordentlich schätzenswert erachten und hiermit erbitten."*[324]

Die zionistischen Führer unterbreiteten in Evian den Vorschlag, ein bis zwei Millionen Juden in Palästina anzusiedeln.

> *Als das – zwangsläufig – abgelehnt wurde, waren die Zionisten an der ganzen Konferenz nicht mehr interessiert. Sie, so schreibt der prozionistische Autor Christopher Sykes, „machten sich wegen ihres Scheiterns keine Sorgen." Denn: „Von Anfang an betrachteten sie das ganze Unternehmen mit gleichgültiger Feindseligkeit ... Die Wahrheit ist, dass das, was in Evian angestrebt wurde, der Idee des Zionismus in keiner Weise entsprach."*[325]

Wir haben also folgende Situation: Immer noch hätte es für hunderttausende JüdInnen die Möglichkeit gegeben, gerettet zu werden, aber die westli-

---

[323] Elam, Shraga, „Holocaust-Industrie und Holocaust-Religion", http://www.haefely.info/gesellschaft+politik_holocaust-theologie+industrie.htm, S. 4/5

[324] Neumann, Heinrich und Storfer, Berthold: Bericht über die Evianer Konferenz für das Wanderungsamt; 23.7.1938; nach Anderl, Storfer, S. 23, zit. in Rabinovici, Doron, „Instanzen der Ohnmacht", s.o., S. 186

[325] Polkehn, Klaus, „Zusammenarbeit von Zionismus und deutschem Faschismus", veröffentlicht in Al Karamah Nr.9., S. 14

chen Staaten hatten ihre Grenzen weitestgehend geschlossen. Nur manchmal empörte sich eine liberale Öffentlichkeit über diese rigorosen Einwanderungsbestimmungen, die der Propaganda widersprachen. Schließlich präsentierten sich diese Regierungen als Gegenpol zum rassistischen, antisemitischen Deutschland. So waren sie unter politischem Druck öfter bereit, ihre Quoten zu erhöhen und mehr Flüchtlinge als bisher aufzunehmen.
Eine Kampagne in den USA forderte die Rettung der Flüchtlinge und die Gewährung von Asyl. Die Konsequenz war der sogenannte Roosevelt-Plan,

> *„ein Projekt, das einigen hunderttausend Juden die Einreise in die USA und Großbritannien ermöglicht hätte ...*
> *Es steht außer Zweifel, dass Vertreter der zionistischen Bewegung in den USA versuchten, den Plan zu sabotieren, demzufolge jüdische Flüchtlinge gerettet werden sollten, indem sie in die USA oder irgendein anderes Land außerhalb von Palästina gebracht wurden. Tatsächlich benutzte Roosevelt selbst den zionistischen Druck gegen die Einwanderung als einen Vorwand, um die freie Einwanderung nicht zuzulassen. Morris L. Ernst, ein berühmter New Yorker Anwalt und einer der leidenschaftlichsten Aktivisten bei dem Bemühen, den Juden die Tore in die USA zu öffnen, fasst die Reaktion der zionistischen Führer auf seine humanitären Bemühungen zusammen:*
> *‚Ich war erstaunt und verletzt, als aktive jüdische Führer mich heruntermachten, verhöhnten und schließlich angriffen, als ob ich ein Verräter wäre. Bei einem Geschäftsessen wurde ich offen angeklagt, den Plan für freie Einwanderung zu fördern, um den politischen Zionismus zu untergraben. Diejenigen jüdischen Gruppen, die für die Öffnung unserer Tore waren, zollten dem Roosevelt-Programm praktisch nur Lippendienst. Zionistische Freunde von mir waren dagegen.'“*[326]

Auch England war dank einer besorgten Öffentlichkeit des Öfteren bereit, seine Grenzen für jüdische Flüchtlinge zu öffnen. 277 Parlamentsabgeordnete hatten die Regierung aufgefordert, *„in Gebieten britischer Oberhoheit Asyl für die Opfer der Naziverfolgung bereitzustellen“.*[327]

Es war tatsächlich eine Möglichkeit, die allgemeinen restriktiven Einreisebeschränkungen zu lockern, denn die Regierung verhandelte ernsthaft mit dem Rettungskomitee, das vom englischen Großrabbinat gegründet wurde, über ihre Anliegen.

---

[326] Cohen, Izzi, „The Cruel Zionism (article in Mazpen, April 1974)”. Das Zitat stammt aus „So far So Good“ von Ernst, Morris L., London, 1953, pp.138-139, zit. in Yahya, Faris, „Die Zionisten und Nazideutschland“, s.o. S. 78

[327] Yahya, Faris, „Die Zionisten und Nazideutschland“, s.o. S. 51

Rabbi Shonfeld zufolge „sprach meine Erfahrung in den Jahren 1942-43 für die Bereitschaft der Briten zu helfen, offen, konstruktiv und umfassend, und dass diese Bereitschaft auf den Widerstand bei den zionistischen Führern stieß, die darauf bestanden, dass die einzige akzeptable Form der Hilfe die Rettung nach Palästina sei.“[328]

Die zionistische Führung muss sich also den Vorwurf gefallen lassen, dass sie es nicht nur unterlassen hat, den von den Faschisten verfolgten Juden zu helfen, sondern auch massiv Hilfsangebote vereitelt hat, wenn diese ihren Plänen im Wege standen.

„... die Regierung Ihrer Majestät stellt in der Tat einige hundert Einwanderungsgenehmigungen für Mauritius und andere Gebiete aus – tatsächlich zugunsten jeder bedrohten jüdischen Familie, die wir nannten.“

Dann „während der parlamentarischen Versammlung vom 27. Jänner 1943, als die nächsten Schritte von über 100 Lords und Abgeordneten energisch vorangetrieben wurden, kündigte ein Sprecher der Zionisten an, dass die Juden diesen Antrag ablehnen würden, da er Palästina nicht erwähne. Einige Stimmen erhoben sich zugunsten der Ansicht der Zionisten, es gab eine lebhafte Debatte und danach war der Antrag gefallen. Sogar seine Befürworter waren verzweifelt: wenn sich die Juden untereinander nicht einigen können, wie können wir helfen?“[329]

Diese Vehemenz bei der Bekämpfung von Rettungsbemühungen jenseits der Verwertung der Flüchtlinge für zionistische Zwecke kam bei mehreren Gelegenheiten zum Ausdruck.

„Sowohl vor als auch nach dem Krieg waren die Zionisten mächtig genug, um Bemühungen zu vereiteln, Zuflucht für die Unterdrückten außerhalb von Palästina zu finden. Der amerikanische Außenminister wurde während der Dreißiger Jahre dazu bewegt, sich gegen die Ansiedlung jüdischer Flüchtlinge als Grundbesitzer in Alaska auszusprechen, und dann wurde Druck auf die australische Regierung ausgeübt, das ‚Kimberley'-Projekt für die Ansiedlung jüdischer Flüchtlinge fallen zu lassen, das von der Freeland League gefördert und teilweise ‚Unterstützung' gefunden hatte. In ihrer Publikation fragte die Freeland-League später:

‚Wer vermag zu sagen, wie viele jüdische Leben hätten Hitlers Klauen entrissen werden können, wenn nicht dieser antijüdische Druck von Juden ausgeübt worden wäre? Wer vermag zu sagen, wie viele Tausende

---

[328] Letter to the Times, 6th June 1961, zit. in „Die Zionisten und Nazideutschland“, Yahya, Faris, s.o. S. 51

[329] Ebda.

ein neues Leben in Kimberley hätten starten können, statt in Auschwitz zu sterben?'"[330]

Das stand durchaus im Einklang mit der Politik der zionistischen Führung in Palästina, wenn wir uns an den bereits zitierten Satz aus Ben Gurions Brief an die Exekutive erinnern: *„Wenn wir eine Trennung zwischen dem Flüchtlingsproblem und dem Palästinaproblem zulassen, riskieren wir die Existenz des Zionismus ..."*[331]

Shraga Elam weist auf den Widerspruch zwischen der Untätigkeit der Agency während der Nazidiktatur und ihrem späteren Engagement hin:

> *„Verschiedene Aussagen Ben Gurions, des damals wichtigsten zionistischen Politikers, erwecken den Eindruck, dass er und die Jewish Agency sehr darauf bedacht waren, aus der Not der europäischen Juden politisches und materielles Kapital zu schlagen. Ganz pragmatisch."*[332]

Es fanden auch zionistische Kongresse während der Nazidiktatur statt, die diese Linie bestätigten. Nicht nur antizionistische Juden und Jüdinnen, auch solche, die den Zionismus bisher unterstützt hatten, fühlten sich durch diese Position vor den Kopf gestoßen. Sie dachten in ihrer Naivität, der Zionismus sei angetreten, um die jüdischen Verfolgten vor dem Antisemitismus zu retten.

> *„Wenn man zugibt, dass die Juden Europas unbeschreiblich gelitten haben, warum in Gottes Namen sollte das Schicksal dieser unglücklichen Menschen dem Ruf nach einem Staatswesen untergeordnet werden? Ich kann mich des Gefühls nicht erwehren, dass die unglücklichen Juden in Europas Verschlepptenlagern hilflose Geiseln waren, für die das Staatswesen das einzige Lösegeld war."*[333]

Ein weiteres Beispiel für das primäre Interesse an der Staatsgründung war die Einladung, die Henry Monsky, Präsident des ultrazionistischen B'nai B'rith, im Januar 1943 zu einem Vorbereitungstreffen für eine Konferenz an 34 jüdische Organisationen in Amerika aussandte und die jeden Kommentar zum Schicksal der europäischen Juden vermeidet:

> *„Die amerikanischen Juden, die in großem Maße die Verantwortung übernehmen müssen, auf der Sieges- und Friedenskonferenz die Interes-*

---

[330] Lilienthal, Alfred, „The Other Side of the Coin", New York 1965, p.20, zit. in Yahya, Faris, „Die Zionisten und Nazideutschland ", s.o. S. 78

[331] Yahya, Faris, „Die Zionisten und Nazideutschland", s.o., S. 76

[332] „Hitlers Fälscher", Shraga Elam, Ueberreuter, 2000 Wien, S. 67

[333] Arthur Hayes Sulzberger, New York Times, 27. 10.1946, zit. in zit. in „Die Zionisten und Nazideutschland", Faris Yahya, s.o. S. 79

sen unseres Volkes zu vertreten, müssen bereit sein, die Ansicht der amerikanischen Juden zusammen mit der anderer jüdischer Gemeinden der freien Länder über den Nachkriegsstatus der Juden und den Aufbau eines jüdischen Palästina zum Ausdruck zu bringen."[334]

Hilberg stellte fest, dass es angesichts des bekannten Schicksals der europäischen Juden auffällig erscheint, wenn in dieser Einladung allein auf die Nachkriegsära und die Wiedergutmachung fokussiert wurde. Die Gegenwart und mögliche Alternativen zum aktuell stattfindenden Massenmord spielten dabei keine Rolle mehr.

Ein Beispiel der Zusammenarbeit der zionistischen Arbeiterpartei mit den Nazis:

Die Affäre Rudolf Kastner

Dr. Rudolf Kastner war während der Naziherrschaft Vizepräsident der zionistischen Organisation in Budapest und stand auch dem jüdischen Rettungskomitee in Ungarn vor. *Ihm wird vorgeworfen, dass er „1944 zusammen mit Adolf Eichmann wissentlich die Deportation nach Auschwitz mit organisiert hat – und dies nach vorheriger Absprache mit dem JA* (Jewish Agency)-*Direktorium.*"[335]

Zwischen Kastner und den Nazis entwickelte sich in Ungarn eine intensive Form der Kollaboration, deren Nachwirkungen noch viele Jahre später die israelische Innenpolitik erschütterten, aber auch die nach außen hin repräsentierte Legitimation des Siedlerstaates in Frage stellten.

„Auch zeigte sich, dass die zionistischen Funktionäre in Ungarn größere Privilegien erhalten hatten als die übliche zeitweilige Immunität gegen Arrest und Deportation, die den Mitgliedern des Judenrats immer zugestanden wurde. Die Zionisten hatten große Bewegungsfreiheit, sie brauchten den gelben Stern nicht zu tragen, sie bekamen Besuchserlaubnis für die Konzentrationslager, und etwas später konnte Dr. Kastner, der ursprüngliche Gründer des Rettungs – und Hilfskomitees, sogar in Nazideutschland herumreisen, ohne dass aus seinen Ausweispapieren hervorging, dass er Jude war."[336]

---

334 „Die Vernichtung der europäischen Juden", Raul Hilberg, s.o., S. 760
335 „Hitlers Fälscher", Shraga Elam, s.o. S. 34/35
336 „Eichmann in Jerusalem", Hannah Arendt, s.o. S. 241

Kastners Person kam nicht erst im Prozess gegen Eichmann mehrmals zur Sprache. Die Kritik an seiner Kollaboration mit Größen wie Eichmann hatten bereits zuvor zu einem Verfahren in Israel geführt, das Kastner gegen einen politischen Aktivisten namens Malkiel Grünwald anstrebte, der ihn bezichtigt hatte, sich durch die Zusammenarbeit mit den Nazis persönlich bereichert zu haben. Aus dem Prozess gegen Grünwald entwickelte sich der berüchtigte „Kastner-Prozess" – der nach Tom Segev eigentlich einen Prozess gegen die Mapai darstellte, die viel Geld und Energie in Kastners Verteidigung gesteckt hatte.

Grünwald, ein ehemaliger Ezel-Anhänger und Besitzer eines Hotels, das er ursprünglich „Austria" und später „Berg Zions" nannte, verfasste regelmäßig kleinere Pamphlete, in denen er Mitglieder der zionistischen Linken kritisierte. Über Kastner schrieb er:

> *„Auf Grund seiner Machenschaften und seiner Kollaboration mit den Nazis ... betrachte ich ihn als indirekten Mörder meiner lieben Brüder."*
> *Als spräche er Kastner direkt an, fuhr er fort: „Für wen und auf wessen Kosten sind Sie 1946, heimlich, wie ein Dieb in der Nacht, nach Nürnberg gefahren, um beim Prozess gegen die größten Kriegsverbrecher aller Zeiten als Zeuge der Verteidigung für SS Obersturmbannführer Kurt Becher auszusagen, diesen Mörder, Dieb und Blutsauger, der unsere Brüder in Ungarn ausgebeutet hat? ... Warum haben Sie Becher vor dem Strang gerettet, den er verdient hat? ...*
> *Er handelte aus Eigennutz, damit Becher dem Internationalen Gerichtshof ihre Geschäfte und gemeinsamen Diebereien nicht verraten würde ... Wo ist das Geld ungarischer Juden, von dem Millionen spurlos verschwunden sind? ... Er hat nicht weniger als 52 seiner Verwandten gerettet, und Hunderte anderer Juden, von denen sich die meisten zum Christentum bekehrt hatten, erkauften sich ihre Rettung, indem sie ihm zahlten!"*[337]

Grünwald warf ihm auch vor, dass er ausschließlich Mitglieder der Mapai gerettet hätte und nicht nur nichtzionistische Juden, sondern auch rechte oder ultrareligiöse Zionisten den Nazis ausgeliefert hätte.

Kastner hatte im Zuge seiner Tätigkeit jedenfalls mehrmals mit Eichmann verhandelt und ein enges Verhältnis zu ihm aufgebaut. Eichmann selbst bezeichnete Kastner als den größten Idealisten, den er jemals kennengelernt hatte.[338] Kastner hatte für die erlaubte Ausreise von etwas mehr als 1500 Juden nach Palästina für die Ruhe in den Lagern garantiert, aus denen

---

[337] Segev, Tom, „Die siebte Million", s.o. S. 344/345

[338] Arendt, Hannah, „Eichmann in Jerusalem", R. Piper & Co Verlag, München 1964, Neuausgabe August 1986, S. 70

Hunderttausende in die Vernichtungslager, der Großteil nach Auschwitz, geschickt wurden.

> *„Da die wenigen Tausend, die durch diesen Handel gerettet wurden, prominente Juden und Mitglieder der zionistischen Jugendbewegung waren, also im Sinne Eichmanns „bestes biologisches Material", hatte Dr. Kastner eben die anderen Juden seiner „Idee" geopfert, wie es sich für einen Idealisten gehört."*[339]

Kastner verteidigte seine Kollaboration mit dem Argument, dass er unter den herrschenden Umständen keine andere Wahl hatte und dadurch immerhin viele Juden gerettet hätte. Tatsächlich gab es Israelis, die sich schützend vor Kastner stellten, genauso, wie ihm viele die Schuld gaben, an der Ermordung ihrer Familienangehörigen beteiligt gewesen zu sein. Er selbst war stolz darauf, immerhin mehrere prominente Juden vor der Vernichtung bewahrt zu haben. „Prominente oder Meterware" war sein Motto, das behauptete zumindest SS-Standartenführer Becher, der mit ihm intensiv zusammengearbeitet hatte. Für Kastner war seine Tätigkeit in erster Linie eine Unterstützung für künftige zionistische Pläne. Angesichts der widrigen Umstände, so seine Verteidigung, durfte die Selektion weder den Nazis noch dem Zufall überlassen werden.

Als Herr über Leben und Tod wären die Zionisten in der zweifelhaften Situation gewesen, durch die Auslieferung der jüdischen Gemeinden wenigstens einige zionistische Funktionäre und Tausende zu retten, die für den Aufbau eines künftigen Staates geeignet waren.

Die Schattenseite dieser Abkommen waren die reibungslosen Deportationen der Massen, die keinen Platz unter diesen Auserwählten fanden. Dafür war es notwendig, sie nicht nur im Unklaren über das tatsächliche Ausmaß der Vernichtung zu lassen, sondern sie auch bewusst durch Lügen und Propaganda gefügig zu machen.

> *„Ein Augenzeuge, der Auschwitz überlebt hatte, sagte aus, dass Abgesandte Kastners ins damals noch ungarische Klausenburg (ungar. Koloszvar, rumän. Cluj) gekommen seien, um unter den 20.000 jüdischen Einwohnern mit Postkarten Propaganda zu machen. Auf diesen Karten empfahlen Deportierte den Klausenburger Juden – die sich damals über die nur drei Kilometer entfernte Grenze nach Rumänien hätten retten können – so schnell wie möglich die wartenden Züge in die paradiesische neue Siedlung, dem fiktiven Kenyermeze (in Wirklichkeit Auschwitz), zu besteigen – wer zuerst kommt, mahlt zuerst.*
>
> *Der Hintergrund dazu: Kastner habe – so die Aussage – mit Adolf Eichmann den Handel abgeschlossen, dass er als Gegenleistung für die-*

---

[339] Ebda.

se Zusammenarbeit 388 ausgewählte Juden, darunter seine persönliche Sippschaft, aus Cluj retten durfte."[340]

Auch Hannah Arendt fällt ein vernichtendes Urteil über die Kriterien, nach denen die Rettungskomitees ihre Auswahl getroffen haben.

Wir wissen, wie den jüdischen Funktionären zumute war, als man sie zu Werkzeugen des Mordens machte – wie Kapitänen, „die das sinkende Schiff doch noch sicher in den Hafen bringen, weil sie einen großen Teil der kostbaren Ladung über Bord geworfen hatten", wie Rettern des jüdischen Volkes, die „mit hundert Opfern tausend Menschen retten, mit tausend Opfern zehntausend". Die Wirklichkeit sah noch erheblich anders aus: Dr. Kastner z. b. erkaufte in Ungarn die Rettung von genau 1684 Menschen mit ungefähr 476.000 Opfern. Da man noch nicht einmal mit ‚tausend Opfern hundert Menschen' rettete, durfte man in der Meinung der Judenräte auf keinen Fall die Auswahl dem ‚blinden Zufall' überlassen; und diejenigen, die dem Zufall zuvorkamen, waren der Meinung, sie seien im Besitz ‚wahrhaft heiliger Grundsätze' als ‚Lenker der schwachen menschlichen Hand, die den Namen des Unbekannten aufs Papier schreibt und damit über Leben und Tod entscheidet'. Und wen schrieben die heiligen Grundsätze vor?

Diejenigen, die ‚zeitlebens für den Zibur (die Gemeinschaft) gewirkt hatten', also die Funktionäre, und die ‚prominentesten Juden' – wie im Kastner-Bericht nachzulesen ist.[341]

Nach dem Krieg galt Kastner in Israel als Held – die Toten konnten ihn nicht mehr anklagen und nicht wenige der Überlebenden verdankten ihre Rettung Kastners Selektion. Zwar gab es Gerüchte über seine Tätigkeit in Ungarn, die einmal sogar dazu geführt hatten, dass Kastner von der Polizei verhört wurde, doch die Ermittlungen verliefen im Sand.

In Nürnberg war Kastner der Entlastungszeuge für Becher, mit dem er während der Naziära in Ungarn Millionengeschäfte gemacht hatte und der dank Kastners Aussagen unbehelligt von der internationalen Justiz eine zweite Karriere als erfolgreicher Kaufmann startete. Es kann nur geraten werden, wie viel von Bechers späterem Reichtum aus dem geraubten Besitz der ungarischen Juden stammte.

„In diesem Zusammenhang rätselte man über eine spannende Frage: Wohin war der angebliche „Schatz" geraten, den Becher von den unga-

---

340 Elam, Shraga, „Hitlers Fälscher", s.o., S. 66, Als Quelle gibt Elam an: Shalom Rosenfeld: Kriminalakte 124, der Prozess Grünwald-Kastner, Karni Verlag, Tel Aviv 1955, S. 319 (hebr.)

341 Arendt, Hannah, „Eichmann in Jerusalem", R. Piper & Co Verlag, München 1964, Neuausgabe August 1986, S. 154

rischen Juden in Form von Geld und Wertsachen erhalten hatte? Es handelte sich um mehrere Koffer voller Juwelen und Goldmünzen im Wert von einer Million Dollar. Nach dem Krieg gab Becher immerhin einen Teil davon zurück, doch der größte Teil blieb unauffindbar. Dies hatte Kastner zu seinem Brief an Finanzminister Kaplan veranlasst. „Mir scheint, dass es jetzt zu spät ist, die Umstände des Verschwindens jener Wertsachen aufzudecken. Meines Erachtens muss man denjenigen Vertretern der Jewish Agency fehlenden Überblick vorwerfen, die dazu ausersehen waren, die Koffer sorgfältig zu überwachen", schrieb Kastner an Kaplan. Becher und Kastner könnten den Schatz unter sich aufgeteilt haben, aber Kastner starb nicht als reicher Mann. Tamir (der Anwalt von Grünwald und Mitglied der Herut) sparte nicht mit Andeutungen, dass Bechers Schatz seines Erachtens in die Taschen der Mapai gewandert war ...[342]

Was diesen Verdacht erhärtete, war die Tatsache, dass Kastner seine Entlastungsaussage für Becher ausdrücklich „nicht im eigenen Namen, sondern in dem der Jewish Agency und des Jüdischen Weltkongresses"[343] tätigte.

„Seine Verteidiger wie Prof. Yehuda Bauer konnten Argumente finden, die seine Aktivitäten in Ungarn vom Kollaborationsvorwurf entlasten, seine Aussage in Nürnberg vermochten sie aber nicht wegzudiskutieren. Deshalb behauptete Bauer, dass Kastner in Nürnberg als Einzelperson handelte, um sich wichtig zu machen. Abgesehen davon, so Bauer, hätten diese Nachkriegsereignisse keine Beweiskraft bezüglich einer vermeintlichen Kollaboration während des Krieges.

Dass Kastner nicht aus Eigeninitiative in Nürnberg, sondern im Auftrag des Jewish-Agency-Direktoriums bzw. der israelischen Regierung ausgesagt hatte, bewies ausgerechnet eine Schülerin Bauers. Shoshana Eshoni-Beri berichtete 1986 im Rahmen ihrer Magisterarbeit – die übrigens erst 1995 veröffentlicht wurde – von Dokumenten im Zionistischen Zentralarchiv, die klar aufzeigen, dass Kastner sehr wohl im Auftrag der Jewish Agency gehandelt hatte ...[344]

Die Historikerin Shoshana-Beri stellte fest, dass alle Reisen, die Kastner nach Nürnberg unternommen hat, von zionistischen Organisationen, darunter auch Jewish Agency und Jüdischer Weltkongress, finanziell unterstützt

342 Segev, Tom, „Die siebte Million", s.o., S. 361

343 Affidavit before Mr. Benno H. Selcke Jr., of American Evidence Division, International Military Tribunal, Nuremberg, 4. August 1947, zit. in Yahya, Faris, „Die Zionisten und Nazideutschland", s.o. S. 58

344 Elam, Schraga, „Hitlers Fälscher", Ueberreuter, 2000 Wien, S. 73

wurden und sieht als Beweggrund dafür die Bemühungen der Zionisten, an die geraubten Vermögen der jüdischen Ermordeten heranzukommen.[345] Becher hat übrigens als Besitzer mehrerer Firmen auch mit Israel Geschäfte gemacht – Gerüchten zufolge noch dazu im Rahmen der Reparationszahlungen.[346] Seine Gewinne verwendete er beispielsweise auch dafür, die Flucht von gesuchten Nazikriegsverbrechern zu finanzieren und beim Aufbau einer südamerikanischen Nazikolonie mitzuwirken.

> *„Die Korrespondenz Rudolf Kastners mit Elieser Kaplan sowie Dokumente im Schweizerischen Bundesarchiv beweisen, dass Becher Geld und andere Raubgüter in der Schweiz bei Banken und Treuhändern deponiert hatte. Becher war bereit, Teile dieses Vermögens, deren genauer Umfang nicht zu eruieren ist, an die jüdischen Organisationen abzutreten. Dass er sich damit eine neue Existenz erkaufen konnte, ist eindeutig.“*[347]

Kastner hat sich im Auftrag des Jewish Agency-Finanzchefs Elieser Kaplan auch für andere SS-Führer eingesetzt, denen damit der Sprung in eine erfolgreiche Entnazifizierung gelang. Einer davon ist Eichmanns Kollege Hermann Krumey (siehe Kapitel über Joel Brand), der vor Kastners Aussage laut Anklageschrift für den Tod von drei Millionen Juden und Jüdinnen zumindest mitverantwortlich gemacht wurde. Ein anderer war Hans Jüttner, der „Kommandant aller Konzentrationslager“, der ebenfalls beim „Wiedererlangen von Vermögen“ behilflich gewesen sein soll, wie Kastner betonte.[348]

Kastners Reisen nach Nürnberg, wo er seine eidesstattlichen Erklärungen zugunsten der Naziverbrecher abgab, wurden von zionistischen Organisationen nicht nur mitfinanziert, wie das schon die oben zitierte Historikerin Eshoni-Beri dokumentiert,[349] sondern er handelte auch in deren direktem Auftrag.

> *Dass Kastner nicht aus eigener Initiative nach Nürnberg ging, sondern mit Kenntnis des Direktoriums der Jewish Agency bzw. der israelischen Regierung handelte, geht aus seinem Brief an den nunmehrigen Finanzminister Elieser Kaplan hervor: „Vor ca. drei Monaten wurde ich als Zeuge nach Nürnberg eingeladen. Ich benutzte die Gelegenheit, um mich mit Kurt Becher zu unterhalten. Wie bekannt, war Becher ein SS-Oberst und fungierte als Verbindungsoffizier zwischen mir und Himmler während der Rettungsaktionen. Er (Becher; Anmerkung von Shraga*

345 Ebda. S. 73/74
346 Segev, Tom, „Die siebte Million“, S. 361
347 Elam, Schraga, „Hitlers Fälscher“, s.o., S. 75
348 Ebda., S. 69
349 Ebda. S. 70

Elam) wurde inzwischen durch die Besatzungsbehörde dank meiner persönlichen Intervention freigelassen. Das Gespräch drehte sich um die finanziellen Angelegenheiten, die uns interessieren. (...) Es ist nicht ausgeschlossen, dass es noch eine Chance gibt, beträchtliche Teile der Beträge – abgesehen vom Koffer (‚Becher Deposit') – die wir Becher aushändigten, zurückzubekommen. Vorausgesetzt, dass man diesem Ziel viel Energie, Aufmerksamkeit und Vorsicht widmet. (...) Ich verlangte und erhielt von Becher die notwendigen Atteste zu diesen Angelegenheiten.

Das Wiedererlangen dieser Gelder ist mit komplizierten politischen und juristischen Problemen verbunden. Trotzdem bin ich der Meinung, dass es sich lohnt, die erforderlichen Schritte zu ergreifen, um an diese Beträge zu kommen.

Auf dem Rückweg fuhr ich über Genf, dort informierte ich unseren Genossen Chaim Pozner über alle diese Angelegenheiten."[350]

Um dieses Zitat vollständig zu begreifen, ist es wichtig, sich eine der skurrilsten Episoden der Kollaboration vor Augen zu führen: Becher hatte gegen Ende des Krieges drei Koffer voll mit Gold, Schmuck und Bargeld – die als „Becher-Depositen" traurige Berühmtheit erlangten – an die Jewish-Agency übergeben, darunter befanden sich auch gefälschte britische Pfundnoten aus der Aktion „Bernhard".[351] Die Jewish Agency beanstandete, dass der Betrag enttäuschend niedrig wäre und nur einen Bruchteil des in Bechers Besitz befindlichen geraubten jüdischen Vermögens – dass von den zionistischen Vertretern als selbsternannte Erben schließlich beansprucht wurde – darstellen würde. Die Intervention der Jewish Agency zielte offensichtlich auf den Erwerb der restlichen Millionen. Es gab auch Vermutungen, dass Becher – *„in der Hoffnung, sich damit freikaufen zu können"* – ursprünglich mehr übergeben hatte als die offiziell bekannten Summen und es entstanden Gerüchte, dass sich einige Leute aus dem verschwundenen Vermögen selbst bedient hätten.

„So ist es durchaus möglich, dass sich Mitglieder der Rettungskomitees damit bereichert haben, wie viele ungarische Juden behaupteten. Auch der ‚Joint'-Vertreter in der Schweiz, Saly Mayer, verdächtigte Andreas Biss, der – so Mayer – vor dem deutschen Einmarsch beinahe bankrott war, nach dem Krieg aber sehr reich wurde.

Hinzu kam, dass mehrere hundert Juden ihr Vermögen beim Rettungskomitee eingezahlt hatten und doch keinen Platz mehr im rettenden Zug

350 Brief Kastners an Elieser Kaplan, Finanzminister, 26.7. 1948, Yad Vashem-Archiv, Handakten Pozner, P-12/63, Hervorhebungen durch Elam, Einleitung und Zitat in Elam, Schraga, „Hitlers Fälscher", s.o., S. 69

351 Elam, Shraga, „Hitlers Fälscher", s.o., S. 60/61

erhielten. Nach dem Krieg erhoben sie ihre berechtigten Ansprüche auf die Besitztümer. Dass diese aber jeweils abgelehnt wurden, gab den Gerüchten über Korruption innerhalb der Rettungskomitees zusätzlich Nahrung ..."[352]

Obwohl Elam auch noch die Möglichkeiten einräumt, dass Teile der Beute aus den Becher-Depositen von den amerikanischen Soldaten, die sie transportierten, gestohlen oder von Becher selbst unterschlagen wurden, zeigt eine Stelle seines Zitats sehr deutlich die Haltung der zionistischen Rettungskomitees: sie ließen sich viel Geld dafür zahlen, jüdische Flüchtlinge zu retten und auf ihre selektiven Listen zu setzen.

Ben Hecht geht von einer anderen Vorgeschichte aus, die Kastners Engagement für Becher erklären könnte: Ein Abkommen, das während der Kollaborationsphase zwischen Zionisten und Nazis geschlossen worden war und die zukünftige Nachkriegsära berührte. Dabei waren von faschistischer Seite neben Becher noch Eichmann, Krumey und Wisliceny involviert, von zionistischer Seite Rudolf Kastner.

„Die vier SS-Obersten und der Chef der Jewish Agency, Kastner, schmiedeten ihre Fluchtpläne in der Zeit der Judenmorde."

„Nicht genauso, als ob man eine Bankfusion arrangiert. Es gab zu viele Imponderabilien. Doch sie arrangierten es nach einem allgemeinen Modus operandi. Drei der Obersten sollten nach Deutschland zurückkehren und es darauf ankommen lassen, ob sie verhaftet oder als Kriegsverbrecher verurteilt würden. Dr. Kastner in seiner Eigenschaft als hoher Funktionär in der jüdischen Hierarchie würde dann zur Rettung der Drei herbeieilen und sich für sie als Retter der Juden einsetzen und sein Zeugnis würde den drei Ausrottern die Freiheit verschaffen."

„Alle drei, und so Kastner, würden die Schuld des Budapester Quartetts auf den fehlenden Vierten schieben, nachdem sie dem Sündenbock zur Unsichtbarkeit verholfen hätten. Das Mitglied des Quartetts, das untertauchen sollte, um das einzige Symbol für das Naziübel in Ungarn zu werden, war Adolf Eichmann."[353]

Welche sonstigen Abkommen zwischen Nazigrößen und Zionisten außerdem geschlossen wurden, darüber kann nur spekuliert werden, da Israel enorme Anstrengungen unternahm, um diese Deals zu verbergen. Jedenfalls wurde die Kollaboration mit dem Niedergang des deutschen Faschismus nicht beendet, kann also nicht mehr ausschließlich mit dem Verweis

---

[352] Ebda. S. 60

[353] Hecht, Ben, „Perfidy", s.o., p. 2000, zit. in Yahya, Faris, „Die Zionisten und Nazideutschland", s.o., S. 67

auf den Ausnahmezustand unter dem faschistischen System und die damit verbundene existentielle Bedrohung begründet und entschuldigt werden.

„Hinzu kommt, dass die Akten des ‚Joint'-Vertreters in der Schweiz, Saly Mayer, Belege enthalten, wonach dieser bis zu seinem Tod im Jahre 1950 Becher Unterstützungspakete mit dem Absender des Schweizerischen Hilfsvereins für jüdische Auswanderung zu schicken pflegte. Nach dessen Ableben meldete sich Becher mit angeblich offenen Ansprüchen in der Höhe von 20.000 Schweizer Franken. Was diese Sendungen tatsächlich enthielten und was deren Hintergrund war, ist nicht klar: Dass es hier um die Erfüllung etwaiger Versprechungen ging, die während des Krieges gemacht wurden, ist ziemlich unwahrscheinlich. Viel wahrscheinlicher ist, dass Becher auch hier eine wie immer geartete Gegenleistung erbrachte."[354]

Erst der besagte Artikel des israelischen Journalisten und Hoteliers Malkiel Grünwald und der darauf folgende Verleumdungsprozess brachte Kastners zwielichtige Geschäfte ans Licht. Der Prozess gegen Grünwald entwickelte sich zum schließlichen Tribunal gegen Rudolf Kastner.

„Bezirksrichter Halevy ... fasste schließlich unter vier Hauptpunkten zusammen:

1) *Kollaboration mit den Nazis*
2) *indirekter Mord oder Beihilfe zum Mord an den ungarischen Juden*
3) *gemeinsame Sache mit einem Nazi-Kriegsverbrecher bei Diebstahlsdelikten*
4) *Rettung des Kriegsverbrechers nach dem Krieg.*

Ein ungarischer Misrachi Funktionär ... beschuldigte Kastner, eine halbe Million Dollar, die dazu bestimmt gewesen sei, Juden zu retten, zu anderen Zwecken verwendet zu haben."[355]

Halevy stellte fest, dass die „Protektion der Nazis ein untrennbarer Bestandteil ihres psychologischen ‚Krieges' zur Judenvernichtung" war.[356]

Der Prozess verhinderte den weiteren Aufstieg und die politische Karriere Rudolf Kastners, denn die Mapai hatte ihn als Kandidaten aufgestellt, um mit seinem Heldenmythos zu punkten. Als hoher Regierungsbeamter hatte er mehr als nur seinen guten Ruf zu verlieren und er verteidigte sich mit dem Argument, seine Handlungsweise wäre mit den Führern der Jewish

---

[354] Elam, Shraga, „Hitlers Fälscher", s.o., S. 74, Elam zitiert aus dem Brief des Hilfsvereins für jüdische Auswanderung von Herrn Mayer 16.7.1948, Saly-Mayer-Archiv, Mikrofilm Nr.16

[355] Segev, Tom, „Die siebte Million", S. 344/345

[356] Ebda. S. 376

Agency abgesprochen gewesen. Dieses Zugeständnis führte zur Aufarbeitung einer unrühmlichen Geschichte, und plötzlich wurde die gesamte Arbeiterpartei der Komplizenschaft mit den Nazis beschuldigt: das Haàvara-Abkommen, die Judenräte und die Geheimverhandlungen mit Nazigrößen über die Auswanderung einer ausgesuchten Minderheit zum Preis der Auslieferung hunderttausender Juden und JüdInnen, die nicht ins zionistische Konzept gepasst hatten.

> *„... Kastner war der bekannteste Israeli, der je der Kollaboration mit Nationalsozialisten beschuldigt wurde, aber er war nicht der einzige. Nach dem Krieg geschah es immer wieder, dass Überlebende des Holocaust – wenn sie eine Strasse entlang gingen, am Strand lagen, mit dem Bus fuhren oder vor einem Kino anstanden – sich plötzlich einem bekannten Gesicht gegenübersahen, einem jener ‚jüdischen Verräter, die der Vernichtung ihres Volkes Vorschub geleistet haben', wie es der Knesset Abgeordnete Mordechai Nurok ausdrückte."*[357]

Viele ehemalige Kollaborateure waren nach dem Krieg nach Palästina emigriert, um sich am zionistischen Projekt zu beteiligen. Dabei handelte es sich nicht nur um frühere Mitglieder der Judenräte, auch ehemalige Kapos wurden von ihren früheren Opfern erkannt und in einigen Fällen verprügelt, in anderen der Polizei übergeben.[358] Die Juristen des neuen israelischen Staates wussten nicht, wie sie mit den Beschuldigten verfahren sollten, ohne die Aufmerksamkeit zu stark auf die zionistische Kollaboration zu lenken. Nurok beklagte das Fehlen eines Gesetzes, mit dem Kollaborateure angeklagt werden könnten:

> *„Der Staat Israel ist das einzige Land der Welt, in dem es unmöglich ist, Nazi-Mörder und ihre Helfershelfer vor Gericht zu stellen und zu verurteilen."*[359]

Schließlich wurde nach langem Zögern ein „Gesetz gegen jüdische Nazi-Kollaborateure" erlassen und gegen etwa dreißig israelische Bürger ermittelt. Einige Prozesse wurden in Israel mit großer Aufmerksamkeit verfolgt, international wurde jedoch nur der Kastner-Prozess beachtet.
Der Journalist Moshe Keren schrieb eine Serie über die Affäre und beschuldigte Kastner genauso wie die Spitzen der Jewish Agency der Zusammenarbeit mit den Nazis:

> *„Kastner muss als Nazi-Kollaborateur angeklagt werden. Und in seinem Prozess sollte sich Kastner als Privatmann und nicht durch die is-*

---

[357] Ebda. S. 345

[358] Ebda. S. 346

[359] Nurok, Mordechai, 29.11.1949, KP,III:187 ff: in Segev, Tom, „Die siebte Million", s.o., S. 348

raelische Regierung verteidigen lassen... Das Echo des Kastner-Prozesses will noch auf Jahre hinaus bei uns nachhallen. Es wird die Luft über uns vergiften, wie jene berühmten historischen Prozesse, nach denen alte Regierungen gestürzt wurden und neue zur Macht kamen. Israel wird nach diesem Urteil nie wieder das alte sein.“[360]

Keren starb während seiner Recherchen – er plante, Kurt Becher zu interviewen – in einem Hotel in Deutschland, angeblich an einem Herzanfall, an den aber keiner so richtig glauben wollte.

Auch Kastners ehemaliger Assistent in Ungarn, Andre Biss, befasste sich mit den Vorwürfen gegen die ungarischen Zionisten und die Mapai. Er schrieb ein Buch, das eigentlich angelegt war, Kastner zu entlasten, doch der Versuch geriet zum Schuss nach hinten – denn Biss schrieb auch über die bisher verheimlichten Kontakte zur Militärspionage der Nazis:

„Schon seit langer Zeit waren (Canaris Leute) in Kontakt mit jüdischen Kreisen, vor allem den Zionisten, und dem Vertreter der amerikanischen Jüdischen Wohlfahrtsorganisation, die als American Joint Distribution Committee bekannt war.“

„Im Jahre 1943 erhielt Kastners engster Mitarbeiter Samuel Springmann eine Einladung von seinen Freunden in Palästina, sie zu besuchen und einen detaillierten Lagebericht zu geben. Er war derjenige, der die bereits erwähnten Kontakte zwischen den Zionisten und den Mitgliedern von Canaris deutscher Gegenspionage hergestellt und aufrechterhalten hatte. Durch seine diskrete und gute Arbeit hatte Springmann wichtige Resultate erzielt.“[361]

Andre Biss selbst wurde nach dem Krieg vom Joint Vertreter Saly Mayer der Bereicherung an Bechers Schatz – der den ungarischen Juden und Jüdinnen gehörte – beschuldigt.

Während des Prozesses gegen Kastner fanden sich immer mehr Zeugen, die ihn verdächtigten, entweder zum eigenen Vorteil oder im Auftrag der Jewish Agency die große Mehrheit der ungarischen Juden zugunsten einer Minderheit geopfert zu haben. Der Richter beschuldigte Kastner im Urteil, „seine Seele dem Teufel verkauft zu haben.“ Er hielt außerdem fest:

„Die Juden der Ghettos hätten den Nazis oder ungarischen Herrschern nicht getraut. Doch sie vertrauten ihren jüdischen Führern. Eichmann und andere benutzten dieses Faktum als Teil ihres kalkulierten Plans,

[360] Haaretz, 14.07.1955, zit. in Yahya, Faris, „Die Zionisten und Nazideutschland“, s.o., S. 59

[361] Biss, Andre, „A Million Jews to Save“, London, 1975, pp.21, 37; zit. in Yahya, Faris, „Die Zionisten und Nazideutschland“, s.o. S. 60/61

die Juden zu täuschen. Sie konnten die Juden zu ihrer Ausrottung mit Hilfe ihrer jüdischen Führer bringen ... Jene Juden, die versuchten, ihren Freunden die Wahrheit zu sagen, wurden von den jüdischen Führern verfolgt, die die lokale ‚Rettungsarbeit' leisteten. Das Vertrauen der Juden in die irreführende Information und ihr fehlendes Wissen, dass ihre Frauen, Kinder und sie selbst demnächst in die Gaskammern von Auschwitz transportiert werden würden, veranlasste die Opfer, sich in ihren Ghettos ruhig zu verhalten ...
Die Nazi-Patronage von Kastner und ihre Erlaubnis, 600 prominente Juden zu retten, waren Teil des Ausrottungsplans für die Juden ... Die Gelegenheit, prominente Leute zu retten, sprach ihn sehr an. Er sah die Rettung der wichtigsten Juden als einen großen persönlichen Erfolg und als Erfolg des Zionismus ...“
„Die Opferung der Überlebensinteressen der Mehrheit der Juden für die Rettung von Prominenten war das Grundelement in dem Abkommen zwischen Kastner und den Nazis. Dieses Abkommen hielt die Teilung der Nation in zwei ungleiche Lager fest, eine kleine Gruppe Prominenter auf der einen Seite, die zu retten die Nazis Kastner versprachen und die große Mehrheit der ungarischen Juden, die die Nazis für den Tod bestimmten, auf der anderen. Eine zwingende Bedingung für die Rettung des ersten Lagers durch die Nazis war, dass Kastner nicht in die Aktion der Nazis gegen das andere Lager eingreifen würde und sie nicht an der Ausrottung hindern würde. Kastner erfüllte diese Bedingungen ... Die Kollaboration zwischen dem Rettungskomitee der Jewish Agency und den Mördern der Juden wurde in Budapest und Wien konsolidiert. Kastners Pflichten waren integraler Bestandteil der SS. In Ergänzung zu ihrer Vernichtungs- und Plünderungsabteilung eröffnete die Nazi-SS eine Rettungsabteilung unter der Regie von Kastner.“[362]

Kastner verteidigte sich hartnäckig gegen die Vorwürfe und gab den Schwarzen Peter an seine Partei zurück. Vor allem wollte er nicht gelten lassen, er hätte sein Wissen über die Massenmorde verheimlicht. Zwar sei er selbst nicht an die Öffentlichkeit gegangen, aber immerhin hatte er andere zionistische Stellen über die Verbrechen der Nazis informiert.

Es gibt keinen Zweifel über die Tatsache, dass die zionistische Führung Stillschweigen über den Holocaust bewahrte, während er passierte. Kastner konnte sein eigenes Schweigen über Auschwitz damit entschuldigen, dass er dem Gericht erzählte, dass andere Repräsentanten der

[362] „Judgement given on 22nd June 1955, Protocol of Criminal Case 124/53 in District Court, Jerusalem, zit. in Yahya, Faris, „Die Zionisten und Nazideutschland“, s.o. S. 56/57

Jewish Agency die Nachrichten, die er ihnen zukommen ließ, unterdrückten, solange die Verhandlungen andauerten:

„Ich lernte, dass die Vertreter der Jewish Agency und das Joint Distribution Komitee in der Schweiz, Moshe Schwalb und Sali Mayer, die Informationen über die Massenmorde nicht der Presse mitteilten. Sie verabsäumten es, der Presse die Nachrichten weiterzugeben, die ich aus Budapest schickte. Ich sandte auch Telegramme an das Istanbuler Rettungskomitee (der Jewish Agency). Sie wurden ebenfalls vor der Presse geheim gehalten. Ich habe sie beinahe täglich telegraphisch über die fortschreitende Vernichtung informiert. Meine Telegramme sind niemals irgendwo publiziert worden."[363]

Auch in der **Fallschirmspringeraffäre** hatte Kastner seine Finger im Spiel. Die Vorgeschichte zu dieser heute mystifizierten Episode lag in der Strategie der zionistischen Bewegung in Palästina, sich nach dem Krieg als legitimer Nachfolger der verfolgten und ermordeten Juden darzustellen:

„Gegen Kriegsende übernahm die Hagana wieder eine aktive Rolle bei der illegalen Einwanderung – allerdings nicht nur, weil nun die organisatorischen Schwierigkeiten nachgelassen hatten. Die Jewish-Agency-Führung hielt es für nötig, den Überlebenden des Holocaust zu beweisen, dass die zionistische Bewegung sie nicht ihrem Schicksal überlassen hatte. Damit begann der Kampf um die Gedankenwelt der Überlebenden. Die Jewish-Agency befürchtete, dass die meisten von ihnen nach dem Krieg statt nach Palästina lieber wieder in ihre alte Heimat zurückkehren würden. Der Hagana-Führer Eliahu Golomb warnte vor dem ‚antizionistischen Gift', das die Überlebenden wohl verspritzen würden, wenn sie bemerkten, dass man ihnen nicht geholfen hatte. Er schlug vor, die illegale Einwanderung wieder aufzunehmen. „Dass die Juden Palästinas die Rettungsaktionen geleitet haben, ist ein wichtiges zionistisches Argument", sagte Ben Gurion und dachte dabei unter anderem daran, dass die Zionisten ein höheres Spendenaufkommen brauchten."[364]

Eine Aktion für die passende Public Relation war der – verspätete – Einsatz von Fallschirmspringern, die mit Hilfe der Briten in Ungarn, Rumänien, Jugoslawien und anderen Ländern Sabotageaktionen gegen die Nazis ausführen sollten. Es waren etwa 30 Personen, die aus 200 Bewerbern ausge-

[363] "Zionism's Failure to Support Resistance", excerpted from "Nazi-Zionist Collaboration", pamphlet published in 1981 by BAZO-PS-British Anti-Zionist Organization/Palestine Solidarity, London, http://www.codoh.com/zionweb/zioncondemn.htm, S. 5 von 15, das angeführte Zitat stammt aus Hecht, Ben, „Perfidy", s.o. p. 91,

[364] Segev, Tom, „Die siebte Million", s.o. S. 120

wählt worden waren, um sich an Rettungsaktionen zu beteiligen – oder, nach Meinung anderer – auch nur für die zionistische Legendenbildung verheizt zu werden:

> *„Am Vorabend ihrer Abreise kamen die Fallschirmjäger mit den Führern des Jishuw zusammen, darunter Berl Katznelson, David Ben Gurion und Golda Meir. Sie wollten wissen, was man von ihnen erwartete, doch statt Anweisungen für den bevorstehenden Einsatz bekamen sie nur ermutigende Worte zu hören. Ben Gurion forderte sie auf, dafür zu sorgen, „dass die Juden das Land Israel als ihr Land und ihre Festung begreifen", damit sie nach dem Krieg zu Tausenden dorthin kämen. Eliahu Golomb erklärte ihnen, dass es das Ziel des Einsatzes sei, den Juden zu zeigen, wie man „stolz für etwas einsteht". Ein Jewish-Agency-Funktionär meinte, sie sollten den Juden in der Diaspora den ‚Messias' bringen. Golda Meir weinte nur, wie Fallschirmspringer Joel Palgi sich später erinnerte ... Genau wie die Aktionen zur illegalen Einwanderung erwuchs auch der Fallschirmjägereinsatz aus dem Gefühl, man werde schon bald die Überlebenden des Holocaust davon überzeugen müssen, dass sie vom Jishuw nicht im Stich gelassen worden waren."*[365]

Wie Tom Segev weiter berichtet, wurden die Fallschirmspringer weder von den alliierten Soldaten noch von den Partisanen noch von den jüdischen Widerstandskämpfern besonders willkommen geheißen, als sie hinter den feindlichen Linien landeten. So zitiert er Haike Grossmann, Kämpfer in Bialystok, und späterer israelischer Abgeordneter:

> *„Man hat mich einmal gefragt, was ich getan hätte, wenn Fallschirmspringer aus Palästina dort eingetroffen wären, wo die Partisanen kämpften. Meine Antwort lautete: ‚Als erstes hätten wir für sie einen Ort finden müssen, wo sie sich hätten verstecken können!'"*[366]

Auch in der Slowakei wurden sie von jüdischen Kämpfern aufgefordert, nach Palästina zurückzukehren, da sie nur eine zusätzliche Belastung und Verantwortung für den Widerstand bedeuten würden. Zu deutlich war für alle Beteiligten der überhastete Hintergrund der verspäteten und unausgereiften Aktion, zu schwach das Vertrauen in die Kämpfer aus der palästinensisch-zionistischen Gemeinde. Dennoch sei zur Rehabilitierung der Kommandos aus Palästina gesagt, dass ihre Beteiligung am antifaschistischen Kampf die entsprechende Würdigung verdient. Die Kritik richtet sich an die Absichten der zionistischen Führung, die sich nicht interessierten, wie erfolgreich der Kampf gegen die Nazis verlief, sondern denen haupt-

---

365 Ebda., S. 121/122
366 Ebda., S. 122

sächlich am Image des Jishuw gelegen war und wie sich künftig die geschaffenen Legenden verkaufen ließen.

„Einige der Fallschirmjäger kämpften in den Reihen der Partisanen, andere führten Aufklärungs- und Sabotageeinsätze durch. Manche stellten – hauptsächlich in der Endphase des Krieges – Kontakt zu jüdischen Gemeinden her. Einige sahen sich vor Ort unverhofft in politische Zwistigkeiten verwickelt: die Zionisten bekämpften mit ihrer Hilfe die Kommunisten. Fast die Hälfte der Fallschirmjäger aus Palästina geriet in Gefangenschaft und sieben wurden hingerichtet."[367]

Hier stoßen wir wieder auf die Person von Rudolf Kastner, der von abgesetzten Kämpfern aus Palästina aufgesucht wurde, unter ihnen auch Joel Palgi. Sie hofften, bei ihm Unterstützung und eine genauere Aufgabenzuteilung zu erhalten.

„Tamir rief Katarina Senesch, die Mutter der legendären Fallschirmspringerin Hannah Senesch in den Zeugenstand. Sie erzählte, wie sie Kastner während all der Zeit, in der ihre Tochter gefangen genommen, gefoltert und schließlich hingerichtet worden war, völlig ignoriert hatte. Daraus musste man stillschweigend folgern, dass Kastner der Gehorsam gegenüber den Nazis wichtiger gewesen war als die Unterstützung der jüdischen Agenten aus Palästina. Tamir ließ den Fallschirmspringer Joe Palgi berichten, wie Kastner ihn und seinen Kameraden Peretz Goldstein veranlasst hatte, sich der Gestapo zu ergeben und ihn so daran gehindert hatte, eine jüdische Widerstandsbewegung ins Leben zu rufen. Laut Palgi hatte Kastner angenommen, dass die Nazis ohnehin von der Anwesenheit der Fallschirmspringer in Budapest wüssten. Er hatte befürchtet, dass er und die ganze jüdische Gemeinde zur Rechenschaft gezogen und bestraft würden, wenn Palgi und Goldstein sich nicht ergäben. So informierte er die Deutschen und überredete Palgi, sich zu stellen. Unter dem Vorwand, er solle eine Nachricht von Brand überbringen, ging Palgi zur Gestapo. Obwohl er sofort verhaftet wurde, kam er mit dem Leben davon. Goldstein starb in einem deutschen KZ."[368]

Im Kastner-Prozess brachte die israelische Rechte, vertreten durch Grünwalds Anwalt Tamir, auch die Fallschirmspringeraffäre zur Sprache, um die Mapai der Kollaboration mit den Nazis anzuklagen:

„Kurz vor Beginn des Prozesses hatte Palgi seine Erinnerungen veröffentlicht; er galt als israelischer Held. Tamir zwang ihn zu dem Eingeständnis, dass er in seinem Buch gelogen hatte, um seinen Parteigenossen Kastner zu decken. Palgi verließ das Gericht mit dem Odium eines

---

[367] Ebda., S. 123

[368] Ebda., S. 363/364

Feiglings, fast schon eines Deserteurs. Nach dieser Version der Ereignisse hatte die Mapai die Fallschirmspringer in Absprache mit den Briten nach Ungarn gesandt und Kastner hatte sie den Nazis ausgeliefert, um seine eigene Position nicht zu gefährden. Kastner wiederum hatte Brand in Absprache mit den Deutschen nach Palästina geschickt und die Mapai hatte ihn den Briten ausgeliefert, um ihre Position nicht zu gefährden. Damit war aus dem Kastner-Prozess ein Prozess gegen die Mapai geworden."[369]

Als Anekdote, wie die Arbeiterpartei versuchte, nach diesen Prozesstagen die Stimmung im Land zu ihren Gunsten zu beeinflussen, erzählt Segev, wie Ministerpräsident Moshe Sharett sechs Wochen später eine Massengedenkfeier zu Ehren der Fallschirmspringer abhalten ließ.

„Sharett gab sich bei der Vorbereitung seiner Rede große Mühe, diktierte stundenlang, strich, korrigierte und formulierte wieder neu. Wenige Minuten vor der Rede sollte ein Leichtflugzeug gedruckte Grußkarten auf die Gäste hinabrieseln lassen. Als es soweit war, stürzte das Flugzeug nur wenige Meter von Sharett entfernt in die Menge. Es gab Tote; unter ihnen befanden sich vier der Fallschirmspringer, die zehn Jahre zuvor heil von ihren Kriegsmissionen aus Europa zurückgekehrt waren ..."[370]

Tamir machte kein Hehl aus seiner Absicht, die Arbeiterpartei über den Kollaborationsvorwurf zu stürzen; das zeigte sich besonders, als er nach dem Kreuzverhör mit dem in diesem Buch auch beim Eichmannprozess bereits erwähnten Pinchas Freudiger (aus dem Budapester Judenrat) der Mapai vorwarf, dass sie es stets vermieden habe, eine Untergrundbewegung zu gründen:

„Dies sei identisch mit der Mentalität der Mapai, erklärte Tamir. Darum habe sie auch den Briten gehorcht und ihnen Mitglieder von Ezel und Lechi ausgeliefert. „Während Ihre Kameraden mit den Briten kollaborierten und Sie mit den Nazis, kämpften wir um das Leben der Juden", rügte Tamir Kastner. „Kennen Sie das Flugblatt von 1944, das sich mit der Rettung von ungarischen Juden befasst?" fragte er einen Zeugen. „Wissen Sie, dass Mitglieder der Ezel und Lechi von der Hagana verhaftet wurden?" Er schleppte ganze Sammelbände von ‚Dawar' ins Gericht, um zu beweisen, dass die Zeitung, die die Mapai vertrat,

369 Ebda., „Die siebte Million", s.o., S. 364

370 Sharett, 29.7., Persönliches Tagebuch, II: 562, zit. in Segev, Tom, „Die siebte Million", s.o., S. 375

sich mehr für den von den Briten geförderten Krieg gegen Ezel und Lechi interessierte als für den Krieg gegen die Nazis.“[371]

Tatsächlich hatte die „Dawar“ britische Steckbriefe von gesuchten revisionistischen Terroristen veröffentlicht, unter anderem von Jizchak Jesernitzky, der sich später Shamir nannte und Premierminister von Israel wurde.[372] Eine öffentliche Diskussion war die Folge, die den eigentlichen Grund des Prozesses in Vergessenheit geraten ließ. Linke und rechte Zionisten bezichtigten sich einmal mehr gegenseitig der Kollaboration und nicht zuletzt diesem Umstand verdankt eine interessierte Öffentlichkeit die Informationen über die jeweiligen Verbindungen zum deutschen Faschismus. Die zionistische Zensur konnte vor allem durch innerzionistische Konkurrenz durchbrochen werden.

In der rechten „Cherut“ wurde daran erinnert, dass Weizmann die jüdischen Massen in Europa ‚menschliche Trümmer’ genannt hatte; während Jabotinsky für eine schnelle Evakuierung aller jüdischen Flüchtlinge eintrat, hatte Weizmann auf der Selektion bestanden.[373] Der nach der Gründung Israels in den Hintergrund gerückte Konflikt lebte während des Kastner-Prozesses neu auf und beschäftigte die israelische Presse.

Bevor der Prozess abgeschlossen werden konnte, der mit Kastners Freispruch endete, hat 1957 ein angeblich Unbekannter Rudolf Kastner ermordet. Tatsächlich handelte es sich beim Mörder um Zeev Eckstein, einem ehemaligen Mitglied des israelischen Geheimdienstes.[374] Offensichtlich sollte vermieden werden, dass noch mehr belastendes Material gegen prominente Zionisten an die Öffentlichkeit gelangen würde. Eckstein und seine zwei Komplizen wurden zu lebenslanger Haft verurteilt, aber bereits nach drei Jahren begnadigt, woran die persönliche Intervention Ben Gurions eine nicht unwesentliche Rolle gespielt haben soll.[375]

---

371 Segev, Tom, „Die siebte Million“, s.o., S. 366

372 Ebda. S. 146

373 Segev, Tom, „Die siebte Million“, S. 379

374 „Perfidy“, Ben Hecht, New York 1961, pp.58-59, zit. in Yahya, Faris, „Die Zionisten und Nazideutschland“, s.o., S. 57

375 Segev, Tom, „Die siebte Million“, s.o., S. 409/410

Das „Unternehmen Bernhard“: Das Falschgeld der Nazis als Finanzierungsquelle der zionistischen Auswanderung

Shraga Elam hat sich mit dieser Episode, die sich wie ein schlechter Kriminalroman liest, aber deren reelle Nachbeben die Kollaboration in seiner ganz banalen Brutalität beschreibt, ausführlich in seinem Buch „Hitlers Fälscher“ auseinandergesetzt. Die Links dieser Falschgeldaffäre führen uns zurück zu Kastner, der Jewish Agency und Kastners Entlastung für Becher und andere Nazis.

Die Faschisten verbreiteten gerne das Gerücht über angebliche Wunderwaffen, die ihre sich ankündigende Niederlage verzögern sollten. Was sich militärisch als heiße Luft und Propaganda herausstellte, gelang im ökonomischen Bereich durch eine Initiative, die in höchsten SS-Kreisen entwickelt und vom Regime abgesegnet worden war.

Die ursprüngliche Absicht des erst „Andreas“ und ab 1942 „Bernhard“ genannten Unternehmens bestand in der Fälschung britischer Pfundnoten – der wichtigsten Währung der Zeit – zur Destabilisierung der englischen Wirtschaft. Später trat dieses Ziel in den Hintergrund und das Falschgeld diente als eine wichtige, schier unerschöpfliche Finanzierungsquelle für viele faschistische Aktivitäten und unterstützte in Zeiten der Devisenknappheit die angeschlagene deutsche Wirtschaft. Als der Krieg für Deutschland verloren war, planten die Nazis mit Hilfe der Falsifikate ihre Flucht und den Aufbau einer postfaschistischen Zukunft.

Nachdem der Probelauf geglückt war und die ersten Fälschungen unerkannt in Umlauf gesetzt werden konnten, wurde die Produktion ins KZ Sachsenhausen verlegt.

> *„Die SS war offensichtlich mit der geleisteten Arbeit sehr zufrieden, denn Krüger beantragte, so Höttl, 1943 die Verleihung von Kriegsverdienstmedaillen; dies nicht nur für SS und zivile Mitarbeiter des ‚Unternehmens Bernhard‘, sondern sogar für 12 KZ-Insassen, darunter drei Juden.“*[376]

Das Zentrum dieses Netzwerks war die „Gruppe Wendig“, benannt nach dem Aliasnamen von Friedrich Schwend, eines Geschäftsmannes und NSDAP-Mitglieds, dessen Karriere sich im Graubereich zwischen Halblegalität und organisiertem Verbrechen entfaltete. Seine ökonomischen Qualitäten waren – aus kapitalistischer Sicht – seiner Zeit weit voraus, was ihn öfter in Schwierigkeiten mit der Parteispitze und der Gestapo brachte. Er trat für internationale Handelsbeziehungen ein und lehnte das Prinzip der

---

[376] Elam, Shraga, „Hitlers Fälscher“, s.o., S. 16

Selbstversorgung, wie sie der von ihm kritisierte konservative Flügel propagierte, als Isolationismus ab.

Mit den gefälschten Pfundnoten schenkte sich das deutsche Reich einen Profit von etwa einer Million Reichsmark. Für Produktion, Vertrieb und Waschen der Falsifikate wurde ein kompliziertes Netzwerk gesponnen, das sich weit über Deutschland hinaus erstreckte und dessen Fäden stark genug waren, um nach dem Zusammenbruch des Nationalsozialismus noch etlichen Nazigrößen die Flucht zu ermöglichen.

1947 schrieb ein amerikanischer Agent, Vincent La Vista, über seine Untersuchungen zu dieser Affäre einen Bericht, der aber erst 1984 veröffentlicht wurde:

> *„Auf der Brennerpassroute, von Österreich herkommend, ist die erste Station an der Untergrundlinie in Italien ein Schloss in Meran, dessen Direktoren deutsch sprechen. Es heißt offenbar ‚Schloss Rametz' und gehört Crastan Albert, einem Juden, der sich als Schweizer Konsul und Mitglied des Roten Kreuzes ausgibt. Während des Krieges war er Mitglied einer SS-Sondereinheit, ‚Schloss Labers' oder auch ‚Wendig-Gruppe' genannt, welche Oberst Friedrich Schwend unterstand, der nur gegenüber Kaltenbrunner und Himmler Verantwortung zu tragen hatte. Vier andere jüdische Agenten dieser Gruppe sind auf freiem Fuß. Ein gewisser Van Harten, Jaac, im Moment in der Hayarkonstrasse 184 in Tel Aviv/Palästina wohnhaft, verlangt von der Amerikanischen Regierung fünf Millionen Dollar, welche eine Beute von der SS-Gruppe war, die in Schloss Rametz und Schloss Labers – dem Hauptquartier Schwends – und anderen Gebäuden in Meran lagerte. Bestandteil dieser Beute ist eine große Anzahl gefälschter britischer Pfundnoten. (...) Ein anderer Agent Schwends ist Lovioz, Carlo, ebenfalls Jude, ehemals Chef der ‚Banca Commerciale' in London und derzeit Direktor der ‚Banca Commerciale' in Como. Dieser hat einen Bruder, der die ‚Basler Bank' in der Schweiz leitet. Bei den anderen beiden handelt es sich um die Gebrüder Manser, von denen der eine während der Nazibesetzung regelmäßig die deutsche Botschaft in Rom mit einem IKRK-Nummernschild besuchte. (...) Die genaueren Beziehungen zwischen dem Rest von ‚Schloss Labers' und dem jüdischen Untergrund sind im Moment nicht bekannt, aber eine Verbindung scheint zu bestehen."*[377]

[377] „Illegal emigration movements in and through Italy, Vincent La Vista, 15.05.1947, U.S. National Archives, Record Group 59, FW 800.0128/75-1547, Appendix C, S. 4, zit. in Elam, Shraga, „Hitlers Fälscher", s.o., S. 7/8

Der Report verwirrte seine wenigen Leser aus dem Geheimdienst und der Regierungsclique, die sich entschieden, den Text nicht freizugeben und für die nächsten Jahrzehnte ad acta zu legen. Der Inhalt war zu brisant für die Veröffentlichung, denn aus den einstigen Kollaborateuren wurden spätere israelische Staatsbürger, die nicht nur an der Herstellung und dem Vertrieb der Falsifikate beteiligt gewesen waren, sondern sich auch die Beute mit den Nazis teilten, um spätere Operationen finanzieren zu können, in erster Linie die Migration nach Palästina. Wie bereits beim Haàvara-Abkommen profitierten die Zionisten auch diesmal materiell von den kriminellen Machenschaften der Nazis.
Darüber schrieb auch Tom Segev; dabei ist die unterschiedliche Schreibweise der englischen Transkription und dem fehlenden Artikel geschuldet (Ha'bricha = die Flucht).

> *„Die Operation Bricha benötigte Bargeld. Während des Krieges waren im KZ Sachsenhausen gefälschte britische Banknoten für den deutschen Geheimdienst produziert worden. Nach dem Krieg gerieten viele dieser Scheine in die Hände jüdischer Geschäftsleute in Holland, die sie der Bricha zur Verfügung stellten. Diese Banknoten waren für das Unternehmen eine der ersten Geldquellen."*[378]

Mit den holländischen Geschäftsleuten kann kein Anderer gemeint sein als der im La-Vista Report erwähnte Jaac van Harten, ein jüdischer Nazikollaborateur und führender Mitarbeiter der Gruppe Wendig, der ursprünglich den Namen Yaakov Lewis Levy getragen haben soll. Er hat neben seinen Geschäften mit dem deutschen Faschismus auch zeitweise mit den ungarischen Rettungskomitees gearbeitet, was er oft und gerne betonte. Wie im Fall Kastner geriet auch van Harten, der nach dem Krieg nach Tel Aviv gezogen war, die Zusammenarbeit mit den Faschisten zum Verhängnis und zerstörte sein Image als Fluchthelfer und Retter von jüdischen Naziopfern. Dass er nach dem Krieg und nach eigenen Aussagen auch bereits gegen Kriegsende die Emigration unterstützte, dürfte weniger mit Hartens Ideologie als mit der Notwendigkeit zusammenhängen, sich für die Zukunft ein Alibi für die Zusammenarbeit mit den Nazis zu besorgen. Wie andere Nazis und ihre Kollaborateure war van Harten 1944, nachdem er unter fragwürdigen Umständen seine Budapester Firma „Transkontinental Import Export Gesellschaft" den Nazis verkauft hatte, aus Ungarn nach Meran geflohen, wo er an der Korrektur seiner Biographie arbeitete. Die Nazis bezahlten van Harten für seine Firma mit Devisen, die sie ihm nach gelungener Flucht nach Italien überwiesen.

---

[378] Segev, Tom, „Die siebente Million", s.o., S. 174, der sich bezieht auf Gelber, „Geschichte der Freiwilligen", III: 534

„Für ein derartiges Vorgehen benötigte man schon außergewöhnlich gute Beziehungen zu den deutschen Behörden. Denn die waren über die Ausfuhr von Devisen alles andere als glücklich. Nur Nazibonzen besaßen dieses Privileg und selbst die durften es nicht allzu offen nutzen.“[379]

Nach eigenen Angaben sei van Harten nach Südtirol gezogen, um Rettungsaktionen zu koordinieren; nach Einschätzung von Shraga Elam war er aber in deutschem Auftrag unterwegs, um die Nachkriegszukunft für die Gruppe Wendig aufzubauen.

„Laut Jaac van Harten besetzten die Alliierten am 21. April 1945 Meran. Der „Bernhard“-Einkäufer erzählte später in Israel, dass er damals zwei jüdische Soldaten aus Palästina, Moshe Ben David und Levi Kopilowitsch, getroffen habe. Dabei übergab er den Soldaten unaufgefordert 20.000 britische Pfund und Tausende von IKRK-Reisepapieren, um damit eine Hilfsaktion zu lancieren.“[380]

Van Harten erklärte später in Israel, dass er selbst nicht mehr wusste, welches Geld gefälscht war und welches nicht. Ein Teil dieser Spenden erwiesen sich jedenfalls später als Falsifikate, als zwei Mitglieder der jüdischen Brigade damit verhaftet wurden. Der Kooperation mit Chaim Pozner und anderen zionistischen Funktionären hat dieses Missgeschick aber nicht geschadet, wie der weitere Verlauf der Geschichte zeigt. Denn van Harten finanzierte mit seinem Falschgeld auch weiterhin die Aktivitäten der zionistischen Organisationen.

Die Route der Bricha wurde übrigens auch von den Nazis und den zionistischen Kollaborateuren genutzt, denen auf diesem Weg ihre Flucht gelang.

„In diesen Besprechungen erfuhr Pozner, dass mit den aus Meran zurückkehrenden IKRK-Lastwagen 72 Menschen in die Schweiz transportiert wurden. Es gab Hinweise, wobei es sich bei den Transportierten um französische Nazikollaborateure handelte, welche mit van Hartens Hilfe bzw. auf Veranlassung Schwends in dieser IKRK-Kolonne mitreisen durften.“[381]

Im „La-Vista“-Report wurden die Hintergründe dieser seltsamen Liaison analysiert:

---

[379] Elam, Shraga, siehe „Hitlers Fälscher“, s.o., S. 85

[380] Ebda. S. 133

[381] Ebda. S. 98

„Es wurde festgestellt, dass zu diesem Zeitpunkt wichtige Mitglieder des jüdischen Untergrunds langsam in den Handel mit Ausweisen (d.h. Kaufen und Verkaufen) – egal mit wem auch immer – verwickelt werden."[382]

Es steckt eine gewisse Systematik hinter der Tatsache der zionistischen Fluchthilfe für verschiedene Nazis, so dass dabei wohl kaum von einem Betriebsunfall gesprochen werden kann. Vereinzelt könnte es zwar vorgekommen sein, dass sich Faschisten ohne Wissen der Bricha-Agenten unter die jüdischen Flüchtlinge geschmuggelt haben, doch die auch von zionistischen Autoren genannte große Zahl solcher „Einzelfälle" widerspricht dieser These.

> *Die israelische Journalistin Carmit Gai beschreibt, wie der „Ha'bricha" Agent Elieser Sadeh eines Tages vom ungarischen Innenminister Laszlo Rajk vorgeladen wurde.*
> *„Sind Sie hier für die illegale jüdische Auswanderung verantwortlich?" fragte Rajk. „Ja."*
> *„Ich werde es Ihnen zeigen", brüllte er ihn an, „diese Sache bringt Korruption in meinen Apparat. Sie verteilen Schmiergelder und Sie bieten den Nazis eine Möglichkeit zu flüchten."*
> *Damit hatte Rajk recht. Unter die fünfzigtausend jüdischen Menschen, welche Ungarn mit der Hilfe der „Ha'bricha" verließen, mischten sich auch einige Dutzend Naziverbrecher."*[383]

Auch Oberst Modic von der kroatisch-faschistischen Ustascha nutzte die Bricha, um sich mit seiner Familie nach Südamerika abzusetzen.[384]
Simon Wiesenthal beschrieb in seinem Buch „Doch die Mörder leben", wie die Bricha und die Odessa, also die Fluchtorganisation der Nazis, nicht nur dieselben Routen, sondern zumindest in einem Fall auch dieselbe Unterkunft benutzten.[385] Shraga Elam vermutet das Organisationstalent van Hartens hinter diesen seltsamen Zufällen und den Ort der gemeinsamen Unterkunft sieht er im bereits genannten Schloss Labers, das von der „Gruppe Wendig" als Treffpunkt und Umschlagplatz verwendet wurde.

Jedenfalls wurde van Harten wegen seiner Nazikollaboration im Mai 1945 von amerikanischen Soldaten in Meran verhaftet und verbrachte fast ein Jahr im Lager von Terni. Auslöser seiner Festnahme war der Fund von Na-

---

382 „Illegal emigration", La Vista, Appendix C, S. 2 in Elam, Shraga, „Hitlers Fälscher", s.o., S. 176
383 Ebda.
384 Ebda.
385 Wiesenthal, Simon, „Doch die Mörder leben", Droemer Knaur, München/Zürich 1967, S. 109, zit. in Elam, Shraga, „Hitlers Fälscher", s.o., S. 151

ziraubgütern – die van Harten mit Gütesiegeln des Roten Kreuzes versehen hatte, um sie nicht in die Hände der Alliierten gelangen zu lassen – durch amerikanische Militärs. Er soll auch deswegen als Kollaborateur angeklagt worden sein, weil er sich weigerte, über den Verbleib des ungarischen Kronschatzes auszusagen, der ihm nach eigenen Angaben von Angehörigen der faschistischen Kurzzeitregierung Szàlasi anvertraut wurde. Der Grund, weshalb gerade van Harten diese Reichtümer in die Hände gefallen sein sollen, lag an einem seiner üblichen Hochstapeleien: Er hatte sich als Bevollmächtigter des Roten Kreuzes ausgegeben, was von später befragten Verantwortlichen des IKRK heftigst dementiert wurde.[386]

> *„Die US-amerikanischen Soldaten fanden mehrere Gebäude in Meran voller Raubgüter, welche alle mit Schildern ‚Unter dem Schutz des IKRK' ausgestattet waren. In Caserna Alpini lagerten beispielsweise Militärausrüstung, 60 Boxen Vermouth, acht Boxen Buton Cognac, Seide, Wolle usw. Es wurden 248.000 IKRK-Identitätsausweise gefunden, die von den Nazis in Meran gedruckt worden waren. Van Harten behauptete gegenüber den amerikanischen Soldaten, dass er IKRK- Chef in Budapest gewesen sei, aber es fiel ihnen gleichzeitig auf, dass die SS-Mannschaften, wenn sie ihn oder sein Auto sahen, sofort salutierten.*
> *In einem Brief an das Allied Military Government (AMG, die Alliierte Militärregierung) distanzierte sich das IKRK von van Harten und stellte fest, dass er unberechtigterweise im Namen des Komitees auftrete.“*[387]

Chaim Pozner, Funktionär des Genfer Palästina-Amtes, der Jaac van Harten bereits 1940 ein Einreisezertifikat für Palästina verschafft hatte, setzte sich intensiv für seine Freilassung ein, ersuchte das Rote Kreuz um eine Intervention und argumentierte dabei mit der Hilfe, die van Harten bei der Freilassung von jüdischen KZ-Häftlingen in Bozen geleistet haben soll.

> *Er schwächte aber seine Aussage massiv ab, als er schrieb: „Was van Harten in nichtjüdischen Dingen unternommen hat, entzieht sich meiner Kenntnis, ich habe nur in den erwähnten jüdischen Angelegenheiten mit ihm zu tun gehabt und hier den Eindruck gewonnen, dass er sich in außerordentlicher Weise für die Rettung jüdischer Menschen und ihrer Vermögen sowohl in Budapest wie in Italien eingesetzt hat.“*

---

[386] Aber auch an der Version seiner Geschichte mit dem Kronschatz bestehen trotz der Vorlage einer Vollmacht des Außenministers des ungarischen Kurzzeit-Regimes Zweifel, da Szàlazi selbst seine Kronjuwelen bei sich hatte, als er von Angehörigen der amerikanischen Armee verhaftet wurde. siehe Elam, Shraga, „Hitlers Fälscher“, s.o., S. 97/98

[387] Undatierter Bericht von Rock Ferris, AMG 5th. Army, AIKRK G61 Dossier van Harten; sowie Brief von Albert Lombard, IKRK-Vizepräsident, an AMG, 30.5.1945, AIKRK G61 Dossier van Harten, beide Quellen siehe Elam, Shraga, „Hitlers Fälscher“, s.o., S. 85/86

Pozner verhehlte sein Interesse an van Hartens Schicksal nicht: van Harten unterrichtete „mich von seinen Plänen zur Ausforschung geraubter jüdischer Vermögen, um sie, soweit die Eigentümer nicht mehr am Leben sind, der jüdischen Gemeinschaft nutzbar zu machen. (...) In St. Moritz hat mir van Harten weiter erklärt, er beabsichtige einen sehr großen Betrag für jüdische Zwecke zur Verfügung zu stellen, und um meinen Rat gebeten, wofür im Einzelnen er diese Mittel bestimmen solle. Ich habe ihm empfohlen, sie für den Aufbau Palästinas zu verwenden, was er versprach.“[388]

Tatsächlich hofften die Zionisten, den ungarischen Kronschatz, so er wirklich in van Hartens Besitz sein sollte, in die Hände zu bekommen, was ihr großes Bemühen um die Enthaftung des Nazikollaborateurs verständlich macht:

„Dr. Pozner vertrat die Meinung, dass dieser Schatz unbedingt in die Schweiz hätte gebracht werden sollen, um da für die Juden verwendet werden zu können, d.h. Transferierung nach Palästina ...“[389]

Es handelte sich fast ausschließlich um das Falschgeld der Nazis, das während der ersten Monate in der Nachkriegsära die zionistische Emigration finanzierte. Auch danach blieben die Falsifikate die wohl wichtigste materielle Basis für die Bricha:

„Bis zum Herbst 1945 wurden alle Ha'bricha-Aktionen durch die van Hartens finanziert: durch Jaac van Harten ... vor seiner Verhaftung, durch Viola van Harten danach.“[390]

Der zionistische Agent Schalhewet Freier setzte sich engagierter als jeder andere für die Entlassung von van Harten aus der Haft ein und erzählte mehr über die Herkunft des Schmucks, der aus seinem Gepäck in den Besitz der Jewish Agency überging.

„Ich fand in van Hartens Koffern – soweit ich mich erinnern kann – abgesehen von echtem Geld auch Pakete mit englischen Fünfpfundnoten, die ich nicht als gefälscht erkennen konnte und die sehr neu aussahen. (...) Außerdem vermag ich mich noch an Schmuckpakete zu erinnern, die sehr schön verpackt waren. Ich glaube, die Geschichte dazu lautete, dass es sich um Schmuckstücke handelte, die sie (die van Hartens) von Juden in Ungarn zur Aufbewahrung bekommen hätten. (...) Ich glaube,

[388] Erklärung Pozners, undatiert, Yad Vashem P-12/39. zit. in Elam, Shraga, „Hitlers Fälscher“, s.o., S. 139

[389] Abhörprotokoll Alfred Manser, BA Locarno SBAr, 30.8.1945, E4320(B), 1973/Bd.75, Aktenzeichen: C.2.17271, S. 19, zit. in Elam, Shraga, „Hitlers Fälscher“, s.o., S. 97

[390] Elam, Shraga, siehe „Hitlers Fälscher“ s.o., S. 155

später sah ich im Büro von Yehuda Arasi (der die Bricha aus Italien organisierte, d.A.) einen Sack voller Eheringe, die wahrscheinlich von KZ-Juden stammten. (...) Es wurde beschlossen, Frau van Harten nach Palästina zu bringen und dieses Vermögen zu übernehmen. Auf jeden Fall sollte ich das Geld nehmen, um damit Schiffe zu erwerben, Frau van Harten dafür eine Quittung ausstellen und nach Eretz-Israel die Instruktionen senden, dass ihr dort das Geld zurückgezahlt werde."[391]

In den sechziger Jahren wurde der zionistische Aktivist Eliyahu Ben-Chur von der Journalistin Nana Nusinow über die enormen Anstrengungen gefragt, die zur Freilassung van Hartens unternommen wurden:

„Ich will was fragen: Es gab hier einen Juden, den man der Kollaboration mit den Nazis verdächtigte; Ihr habt mit ihm zusammengearbeitet und ohne Vorbehalt Geld angenommen (...)

Ben-Chur: Erstens: Ich war bereit – ohne auch nur einen Moment zu zögern –, Geld von irgendjemandem zu nehmen. Es ist schade, dass wir nicht mehr genommen haben. Wir haben, soweit es uns möglich war, diesen Punkt, die Beziehungen (van Hartens) mit den Nazis nachgeprüft. Ich glaube, dass ich bis zur Schweizer Grenze gefahren bin und mich dort mit einem Vertreter der Jewish Agency, der Mitglied des Kibbuz ‚Chulda' war – ich weiß seinen Namen nicht mehr (nach Meinung von Shraga Elam muss es sich dabei um Nathan Schwalb gehandelt haben, d.A.) – getroffen habe und der Sache nachgegangen bin. Dies deshalb, weil sie (die van Hartens) danach hier (in Israel, d.A.) wegen diesen Verdächtigungen Schwierigkeiten hatten. Soweit wir es überprüfen konnten, (...) traf es nicht zu, dass sie mit den Nazis kollaborierten. Als IKRK-Delegierte haben sie mit den Nazis zusammengearbeitet, sie haben aber den Juden viel geholfen ...[392]

Über die Rettungsaktivitäten van Hartens sind sich die Biographen uneins: für die einen ist er nicht nur ein Kollaborateur, sondern auch jemand, der sich – wie es Shraga Elam formulierte – gern mit fremden Federn schmückte und daher wären seine Angaben über das Engagement für jüdische Gefangene mit Vorsicht zu genießen. Den anderen ist seine Zusammenarbeit mit den Faschisten nicht so wichtig wie die Tatsache, dass er einen Großteil des gemachten Gewinns der Etablierung eines zionistischen Staates zur Verfügung gestellt habe. Deshalb setzte sich auch die spätere Ministerpräsidentin Golda Meir dafür ein, dass er ungestört in Israel leben konnte, wo er in einer Nobelsiedlung in der Nähe von Tel Aviv einen Juwelierladen er-

---

391 Ebda. S. 146/147

392 Interview Nana Nusinow mit Eliyahu Ben Chur, Hagana-Archiv 100.11 (hebr.), in Elam, Shraga, „Hitlers Fälscher", s.o., S. 143/144

öffnete – vermutlich mit Hilfe seines Anteils an der Beute aus den geraubten Vermögen ungarischer Juden und dem Gewinn aus der Falschgeldproduktion der Nazis.

Van Harten und das Nazifalschgeld reichten aber als einzige Geldquelle für die zionistische Migration nach Palästina nicht aus und so wurden wohlhabendere Juden um die fehlenden nötigen Mittel gebeten. Das lief nicht immer freiwillig ab – genau genommen wurde ihnen jetzt von den Zionisten abgenommen, was die Nazis bei der Arisierung übersehen hatten.

> *„In Polen flossen der Bricha Gelder zu, die von Juden stammten, die während des Krieges Gold und Schmuck verstecken konnten und bereits auf dem Schwarzmarkt Profite gemacht hatten. Manche lehnten es ab, sich von ihrem Geld zu trennen, und die Bricha-Agenten mussten es ihnen unter Zwang abnehmen."*[393]

Auch die Racheaktionen an Deutschen (siehe Kapitel „Nachtrag zu Aba Kovner") durch Angehörige der Jewish Brigade und vor allem der Nakam wurden mit den Blüten der Nazis bezahlt.

Dafür blieben sowohl beteiligte Kollaborateure als auch die eigentlichen Drahtzieher weitestgehend unbehelligt von der Nachkriegsjustiz; sie wurden entweder nicht angeklagt oder es wurde bei Gericht für sie interveniert.

Schwend, alias Wendig, selbst hatte sich gründlich auf die Nachkriegsära vorbereitet und war in die Separationsverhandlungen mit den westlichen Alliierten eingebunden. Er begann für den CIC (CIA-Vorläufer) zu arbeiten, erhielt eine amerikanische Uniform und seinen eigenen Chauffeur, konnte also, wie viele andere Nazis auch, unbehelligt die Seite wechseln. Kurzzeitig wurde Schwend zwar verhaftet, aber nicht, um seine Tätigkeiten für den deutschen Faschismus genauer zu untersuchen, sondern weil er nicht bereit war, einen größeren Teil seiner Beute zu teilen.

Er blieb Geschäftsmann und zog nach Lima, wurde Förderer der lokalen jüdischen Gemeinde und – was nur noch politische Laien erstaunen kann – „eifriges Mitglied" in der „Anti-Defamation-League".[394]

> *„Parallel dazu baute er seine Beziehung zu Klaus Barbie in Bolivien auf, dem ehemaligen Gestapo-Chef von Lyon, der sich durch die Ermordung des Rèsistance-Führers Jean Moulin und die Deportation von 41 jüdischen Kindern den Beinamen ‚Schlächter von Lyon' erworben hatte. Beide waren als Waffenhändler tätig. In den US-amerikanischen Akten ist 1953 vermerkt, dass Schwend einer Gruppe von Exil-Bolivianern seine Dienste als ‚trainierter Saboteur' anbot, um ihnen bei einem Putschversuch zu helfen. Einige Monate später bewarb er sich*

---

[393] Segev, Tom, „Die siebente Million", s.o., S. 174

[394] Elam, Shraga, „Hitlers Fälscher", s.o., S. 160

bei der peruanischen Armee als Berater für ‚antikommunistische Tätigkeiten'.“[395]

Schwend setzte sich auch beim Präsidenten von Bolivien, Hugo Panzer, für Barbie ein und verlangte Schutz vor internationalen polizeilichen Ermittlungen und auch vor den Untersuchungen von Beate Klarsfeld. Er hatte Kontakt zu anderen untergetauchten Nazis wie z.B. Martin Bormann. Gemeinsam mit Barbie betrieb er erfolgreiche Rüstungsgeschäfte, wobei nicht nur südamerikanische Regimes und ihre Armeen, inklusive der Todesschwadrone, sondern auch die Israelis zu seinen Kunden zählten.[396] Dem Schweizer Waffenhändler Albert Huber verkaufte Schwend den Posten als bolivianischer Generalkonsul.

> *„Schwend arbeitete weiter für die peruanische Geheimpolizei PIP und versorgte sie mit Berichten über subversive Aktivitäten im Land. Zudem nutzte er seine ausgezeichneten Beziehungen zu jüdischen Gruppierungen, um rechtzeitig gewarnt zu sein, wenn Nazijäger in Lateinamerika weilten. Diese Informationen leitete er unverzüglich an seine alten Kameraden weiter.“*[397]

Illegale Devisengeschäfte brachten ihn in den Siebzigern in den Knast, er wurde danach in die BRD abgeschoben und lebte von der Sozialhilfe. Ein wieder aufgenommenes Verfahren wegen eines Mordes im Rahmen des Unternehmens Bernhard – es ging um den ungeklärten Tod eines Falschgeldhändlers, der 1944 versucht hatte, mit einer großen Menge von Falsifikaten unterzutauchen – endete mit einer bedingten Verurteilung. 1980 verstarb Schwend in Peru.

---

[395] Ebda. S. 160
[396] Ebda. S. 166/167
[397] Ebda. S. 166

Die Verfolgung der Juden nach ihrer Befreiung vom Faschismus

Der Umgang Israels mit den Überlebenden der Judenverfolgung

„Erst gegen Ende des Zweiten Weltkriegs, ab 1944, begann die langsame propagandistische Ausschlachtung der Katastrophe. Wie die israelische Historikerin Zertal zeigt, lag das Schwergewicht der zionistischen Aktivitäten nicht bei den Bedürfnissen der Überlebenden und auch nicht bei deren Einreise in Palästina. Die illegale Immigration sollte mehrheitlich als eine Demonstration gegen die britische Mandatsmacht eingesetzt werden, ‚... um diese zu vertreiben und einen jüdischen Staat zu errichten.'"[398]

Diesem Thema hat der israelische Historiker Tom Segev sein Buch „Die siebte Million" gewidmet, aus dem hier sehr oft zitiert wird. Seine Erkenntnisse bestreiten entschieden die israelische Propaganda, dass Israel als Zufluchtsort für alle verfolgten Juden und Jüdinnen konzipiert worden wäre. Einerseits hoffte der Zionismus auf eine demographische Übermacht europäischer Siedler: *„(Noch) eine Million Juden – (und) der Konflikt mit den Arabern ist vorbei,"* hatte Ben Gurion gegen Kriegsende propagiert.[399] Doch die andere Seite der Medaille war das Prinzip der Selektion – die Zionisten waren an Pionieren und Soldaten interessiert, nicht an Flüchtlingen, die mit der Staatsgründung und der dazugehörigen Ideologie nicht viel am Hut hatten, oder, aus zionistischer Sicht noch schlimmer, vielleicht sogar sozialistischen und kommunistischen Parteien angehörten. Die Streitereien zwischen Zionisten und der antizionistischen Mehrheit in der Zeit vor der Naziherrschaft, die oft genug zu tätlichen Auseinandersetzungen und dem Rausschmiss zionistischer Agitatoren aus den Synagogen geführt hatten, waren unvergessen. Auch jetzt noch verfolgten die zionistischen Organisationen das Prinzip der Selektion.

Flüchtlinge aus Deutschland wurden verächtlich „Jecken" genannt, die nur kamen, um ihr Leben zu retten, nachdem ihnen alle anderen Auswanderungsmöglichkeiten verschlossen blieben, nicht um einen Staat aufzubauen. Bei der ersten Gelegenheit würden sie wieder ausreisen und sich in Europa oder den USA niederlassen, statt mit nationalistischer Begeisterung an den

---

[398] Elam, Shraga, „Holocaust-Industrie und Holocaust-Religion", http://www.haefely.info/gesellschaft+politik_holocaust-theologie+industrie.htm, S. 6, das Zitat stammt von Zertal, Idith, „From Catastrophe to Power: Holocaust survivors and the emergence of Israel, Berkeley: University of California Press, c1998, S. 20

[399] Ben Gurion in der EJA (Exekutive der Jewish Agency), 20.Juni 1944, in Segev, Tom „Die siebte Million", S. 157

zionistischen Kriegen teilzunehmen. Die Haltung spiegelte die Einstellung des Jishuw, die er bereits während der Nazidiktatur eingenommen hatte. Bereits auf dem 19. Zionisten-Kongress in Luzern hatte sich Berl Katznelson 1935 über die neu ankommenden Migranten beklagt, denen „hebräische Wurzeln“ fehlen und die er als „ausgelaugte“ und „wurzellose“ Juden bezeichnete, mit denen kein Land aufzubauen sei.[400]

> *„Die deutsche Einwanderervereinigung „Hitachtud Oleji Germania“ (HOG) beschwerte sich, die Vertreter der Jewish Agency in Berlin gäben Einwanderungsgenehmigungen an Invaliden aus. Das aus Deutschland kommende „Menschenmaterial“ werde immer schlechter, klagte die Hitachdut nach einem Jahr nationalsozialistischer Herrschaft; diese Menschen seien zum Arbeiten weder bereit noch in der Lage und benötigten Sozialhilfe. Ein Jahr später schickte die Vereinigung nach Berlin eine Liste mit Namen von Personen, die man aus ihrer Sicht nicht nach Palästina hätte schicken dürfen. Henrietta Szold, die die Sozialarbeitsabteilung der Jewish Agency leitete, protestierte ebenfalls wiederholt gegen die Einreise kranker und bedürftiger Immigranten. Hin und wieder verlangte Szold, manche dieser ‚Fälle‘ nach Nazideutschland zurückzuschicken, damit sie dem Jishuw nicht zur Last fielen.“*[401]

Die Jewish Agency war besorgt, dass bei der Auswahl der Flüchtlinge zu wenig darauf geachtet würde, wie die materiellen, körperlichen und nicht zuletzt die weltanschaulichen Kriterien der Migranten aus den nationalsozialistisch beherrschten Ländern aussehen würden.

> *1937 verhandelte das Joint Distribution Committee, eine amerikanische Hilfsorganisation für bedürftige Juden, mit den deutschen Behörden über die Freilassung von 120 jüdischen Gefangenen aus dem Konzentrationslager Dachau. Er sei etwas beunruhigt bei dem Gedanken, dass sich unter diesen 120 Personen „auch eine Anzahl befinden könnte, deren Einwanderung in Palästina unter politischen Gesichtspunkten nicht gerade als erwünscht zu betrachten wäre“, schrieb ein Funktionär der Jewish Agency einem seiner Kollegen. Schließlich waren die meisten der Betroffene keine Zionisten und vielleicht befanden sich sogar Kommunisten unter ihnen.“*[402]

Die Politik der Selektion wurde fortgesetzt. Die zionistische Führung hatte gar kein Interesse, einen Zufluchtsort für alle jüdischen Überlebenden anzubieten.

---

[400] Segev, Tom, „Die siebte Million“, s.o., S. 72/73

[401] Ebda. S. 63

[402] Ebda. S. 64, Martin Rosenblüth an Georg Landauer, 27. Oktober 1937, ZZA, S/7581; Walter Ettinghausen an Leo Cohen, 20. September 1938, ZZA, S/252482

... Senator, der aktiv dafür sorgte, dass deutsche Juden nach Palästina kamen, warnte die Berliner Vertretung der Jewish Agency, wenn die Qualität des von dort geschickten „Menschenmaterials" nicht besser würde, werde die Agency die für die deutsche Hauptstadt vorgesehene Anzahl von Einwanderungsgenehmigungen wohl verringern.
Deutsche Juden, die „bloß als Flüchtlinge" Einwanderungsgenehmigungen erhielten, wurden auch von Eliahu Dobkin, einem Mapai Mitglied des Jewish Agency Exekutivkomitees als „unerwünschtes Menschenmaterial" bezeichnet. [403]

So entstand auch die nur bei zweitem Hinsehen paradoxe Situation, dass jüdische Flüchtlinge aus Nazideutschland gerade von rechten Revisionisten und Anhängern von Jabotinsky vorbehaltloser unterstützt wurden, während die zionistische Linke eine selektive Auswahl der Hilfesuchenden und eine Beschränkung der Einwanderung verlangte.
„Das beklagte auch Moshe Sharett in seinem Tagebuch. „Die Wölfe (Revisionisten)sind wieder aktiv und werden weitermachen", schrieb er. Sie nehmen jeden – ob blind oder verkrüppelt, ja sogar ein „ganzes Altersheim". Sharett redete nicht einer Beendigung der illegalen Einwanderung das Wort, aber selbst auf dem Höhepunkt der Vernichtung der Juden beanstandete er noch, dass die Haapala Organisatoren nicht genug darauf achteten, wünschenswertes „Menschenmaterial" ins Land zu bringen ... Bringt die „Guten" und lasst den „Pöbel" da.[404]

Eine ähnliche Einstellung wird auch noch nach dem Krieg der Fluchthilfeorganisation „Ha'bricha" nachgesagt, die – auch wenn es sich bei ihren Mitgliedern um Agenten des Mossad Aliya Beth (Vorläufer des heutigen Auslandsgeheimdienstes) handelte – unabhängig von der Mutterorganisation arbeitete.[405]
Ha'bricha legte zwar das Fundament für die illegale Auswanderung, war jedoch nicht an einer unbeschränkten Immigration interessiert. Denn sie betrachteten die meisten Überlebenden als schlechtes ‚Menschenmaterial', welches verheerenden Einfluss auf das zionistische Projekt haben könnte: „Es bedeutet eine Katastrophe, wenn alle Lager(-Insassen, d.h. Shoa-Überlebende, Anmerkung von Shraga Elam) nach Palästina transferiert werden", sagten Ha'bricha-Aktivisten Ben Guri-

---

[403] Ebda. S. 65
[404] Segev, Tom, „Die siebte Million", s.o., S. 120
[405] Elam, Shraga, „Hitlers Fälscher", Ueberreuter, Wien, 2000, S. 154

on 1946 und fragten ihn: „Werdet ihr diesen Abschaum, der er ist, wirklich nach Eretz-Israel bringen?"[406]

Gleichzeitig verfolgten die Zionisten denselben Weg, den sie bereits während der Nazipogrome beschritten hatten, sie wollten verhindern, dass die jüdischen Flüchtlinge, die in den vom Faschismus befreiten Ländern Österreich und Deutschland weiterhin in Lagern als „displaced persons" vegetierten, in andere Staaten außerhalb von Palästina emigrieren konnten.

Displaced persons: Überlebende der Judenverfolgung werden vor die Alternative „Zionismus oder Lager" gestellt

Die Geschichte dieser Lager verdient eine etwas längere Betrachtung, weil sie bisher nur von wenigen Chronisten erzählt wurde. Es gab zwischen 6,5 und 7 Millionen ‚Displaced Persons' (DP's) in den vom Nazifaschismus befreiten Ländern, die von der alliierten Besatzungsmacht versorgt und untergebracht wurden, wobei es sich häufig um bereits von den Nazis errichtete Lager handelte. Darunter befanden sich vor der Zuwanderung von Juden und Jüdinnen aus dem Osten, der mit den Jahren zunahm, an die 50.000 jüdische Menschen, die den Faschismus überlebt hatten. Sie konnten nicht so leicht „repatriiert" werden wie der Großteil der Displaced Persons, von denen bis zum September 1945 etwa 6 Millionen die Lager verlassen hatten.

Anfangs wurden jüdische und nichtjüdische DP's gemeinsam untergebracht, was sich nach dem Harrison-Bericht änderte. Harrison, der amerikanische Vertreter des „Intergovernmental Committee on Refugees" hatte sich im August 1945 über die unzumutbaren Zustände für die jüdischen Lagerbewohner beschwert, hier ein kurzer Auszug seines Berichts:

> *„Viele jüdische Displaced Persons leben unter Bewachung hinter Stacheldraht, in Lagern unterschiedlichster Art (von den Deutschen für Zwangsarbeiter und Juden erbaut), einige der berüchtigtsten Konzentrationslager eingeschlossen, auf engstem Raum, häufig unter unhygienischen und überhaupt schrecklichen Bedingungen, in völliger Trägheit, ohne eine Möglichkeit ... Viele jüdische Displaced Persons hatten Ende Juli nichts anderes zum Anziehen als ihre Konzentrationslagerkleidung – ein hässlicher gestreifter Pyjama – während andere es verständli-*

---

[406] Ebda. S. 154/155, das zitierte Gesprächsprotokoll stammt aus „From Catastrophe to Power", Idith Zertal, 1996 Tel Aviv, S. 418ff

cherweise als Schikane betrachteten, dass man sie sogar zwang, deutsche SS-Uniformen zu tragen ...“[407]

Harrison empfahl als ersten Schritt die Gründung eigener jüdischer DP-Lager. Seine Wünsche deckten sich mit den Forderungen der Zionisten, die so eine Möglichkeit sahen, verstärkten Einfluss auf die potentiellen Emigrantinnen und Emigranten zu nehmen. Außerdem plädierte Harrison an die Briten, zusätzliche 100.000 Einreisezertifikate für Palästina auszustellen, was angesichts der realen Anzahl der jüdischen DP's zu diesem Zeitpunkt befremdlich anmutet:

> *„Weshalb Harrison 100.000 zusätzliche Einwanderungszertifikate nach Palästina forderte, ist nicht deutlich erkennbar. Im August 1945 lebten nämlich nur etwa 50.000 Juden in Deutschland und Österreich. Die Emigration von 100.000 Juden hätte nicht nur das DP-Problem in diesen beiden Staaten gelöst, gleichzeitig wäre auch für einen Großteil der noch etwa 80.000 in Polen lebenden Juden eine neue Heimstatt gefunden worden. Eine mögliche Erklärung liegt darin, dass Harrison diese Forderung nicht auf Ergebnisse seiner eigenen Untersuchung stützte, sondern mit weit überhöhten Zahlenangaben der Jewish Agency operierte, die damit den Briten in der Auseinandersetzung um die Öffnung Palästinas den Kampf ansagte. US-Präsident Truman empfahl Großbritannien am 31. August 1945, 100.000 Juden die Einreise nach Palästina zu gestatten.“*[408]

In der US-Zone reagierte die Armee unter General Eisenhower prompt auf Harrisons Bericht und separierte jüdische und nichtjüdische DP's, auch die Lebensmittelzuteilungen und die tägliche Kalorienmenge wurde für jüdische Lagerinsassen angehoben. In welche Richtung diese scheinbar humanitäre Reaktion gehen sollte, wurde durch die Einrichtung eines „Advisors on Jewish Affairs“ bei der amerikanischen Armee unterstrichen. Das „American Jewish Committee“, die „American Jewish Conference“, der „Joint“, der „World Jewish Congress“ und nicht zuletzt die „Jewish Agency“ schlugen der US-Armee einen gemeinsamen Kandidaten vor[409], der regelmäßig ausgewechselt werden sollte. Als Louis E. Levinthal, ehemaliger Präsident der „Zionist Organisation of America“ den Job übernahm, manifestierte sich der zionistische Repräsentationsanspruch über die Überlebenden und die Absicht, den größten Teil der DP's – nach der üblichen zioni-

---

[407] Königseder, Angelika / Wetzel, Juliane, Leonard Harrison Bericht in Dinnerstein, America and the Survivors, S. 291 ff, New York 1982, zit. in „Lebensmut im Wartesaal“, Fischer Taschenbuchverlag, Frankfurt 1994, S. 35/36

[408] Königseder, Angelika / Wetzel, Juliane, „Lebensmut im Wartesaal“, s.o., S. 42/43

[409] Ebda. s.o., S. 38

stischen Selektion – nach Palästina zu transferieren. Alte, Kranke und Schwache, sogenannte „hardcore-cases“, würden zurückgelassen werden, denn nach wie vor stand nicht die Rettung auf der Tagesordnung, sondern die Staatsgründung in Palästina und die Ablösung der englischen Mandatsmacht. Das war auch ein Grund, warum die britische Armee in ihrer Zone zunächst zögerte, eigene jüdische DP-Lager zu akzeptieren und auch später darauf beharrte, das Problem der Überlebenden von den zionistischen Interessen zu trennen. In Palästina selbst hatten mehrere Terroranschläge vor allem von rechtszionistischen Organisationen – wie der Anschlag auf das King David Hotel – die prozionistische Haltung der Mandatsmacht erschüttert und die Ansicht bestärkt, die Quote im Sinne einer von Großbritannien gesteuerten Einwanderung nur langsam zu erhöhen. Ein massiver Ansturm zionistischer Einwanderer hätte in der aktuellen Situation die englische Position in Palästina zugunsten anderer Mächte geschwächt.

„Welche Bedeutung die ‚Advisors on Jewish Affairs' auch im Rahmen der Nahostpolitik hatten, wird durch die Tatsache unterstrichen, dass Rifkind (der erste Advisor,d.V.) vor dem ‚Anglo-American Committee of Inquiry on Palestine' und Bernstein (sein Nachfolger, d.V.) vor dem ‚United Nations ad hoc Special Committee on Palestine', die beide richtungsweisend für die Teilung Palästinas und damit für die Gründung Israels im Mai 1948 waren, zur Geschichte und Lage der jüdischen Displaced Persons gehört wurden. Palästina – so die übereinstimmende Aussage der ‚Advisors on Jewish Affairs' – sei die einzige wirkliche Lösung der jüdischen DP-Frage.

Auch in der britischen Besatzungszone war ein ‚Advisor on Jewish Affairs' eingesetzt. Er diente jedoch nicht den Militärs als Berater, sondern in der britischen Regierung und hatte seinen Amtssitz im Control Office in London. Seine Aufgabe, die er im März 1946, also sehr viel später als die ‚Advisors' in der US-Zone, übernahm, gestaltete sich wegen der politisch komplizierten Lage im Zusammenhang mit dem britischen Palästinamandat problematisch. Der Amtsinhaber, Rechtsanwalt Colonel Robert Bernard Solomon, war bis 1937 Präsident des Jüdischen Nationalfonds in Großbritannien gewesen und galt als führender englischer Zionist ...“[410]

Während der Nazizeit hatten die Verfolgten vergeblich auf sie gewartet, jetzt reisten Hunderte zionistische Agenten an, um den Transfer nach Palästina zu organisieren.

Etwa sieben Monate nach Ende des Krieges, im Dezember 1945, traf eine Delegation der Jewish Agency in Europa ein. Chaim Jachil, der sie

[410] Ebda. S. 40/41

leitete, erklärte später, ihre ursprüngliche Absicht sei die Ausweitung „der vordringlichsten Hilfeleistungen für die wenigen, die den Feueröfen entgangen sind“, gewesen. Die Delegation war, so schrieb er, als „Hilfswerk“ organisiert. Doch bald stellte sich bei ihm das Gefühl ein, die Geschichte habe die Delegation damit betraut, die Flüchtlinge für die große jüdische Revolution zu gewinnen. Zu diesem Zweck musste sichergestellt werden, dass die Flüchtlinge, statt sich in Europa anzusiedeln, warteten, bis sie nach Palästina gebracht werden konnten. Ein gewisses Maß an „Anspannung, Unruhe und Aufruhr“ war nötig, glaubte er, wenn die Flüchtlinge zu einer „großen Volksbewegung“ und einer „aktiven jüdischen Kraft“ werden sollten. Der Zeitpunkt war einzigartig. Da die Delegation, wie Jachil schrieb, ahnte, dass „die Gelegenheit zur Schaffung einer solchen Kraft sich vermutlich bald vor ihnen schließen würde wie ein Fenster“, entschied sie, ihre Aktivitäten voll und ganz auf die Beschleunigung der jüdischen Auswanderung zu konzentrieren – zunächst von Osteuropa in die amerikanische Besatzungszone und von dort aus in die Häfen für die illegale Einschiffung nach Palästina.

Zwischen zwei Gruppen innerhalb der Delegation entstand eine Meinungsverschiedenheit und Jachil ergriff Partei. Ein Teil fand, dass alles getan werden müsse, um Juden daran zu hindern, sich dort niederzulassen, wo sie waren, das hieß in Deutschland und den angrenzenden Ländern.[411]

Das führte auch zu Konflikten mit dem Joint Distribution Committee, das sich bemühte, auch in Europa Niederlassungsmöglichkeiten für die DP's zu finden und damit die ausschließliche Orientierung auf Palästina unterwanderte.

„Ich sehe die Gefahr, dass sich das kommunistische Ungeziefer mit dem Joint verbündet“, ließ sich Ben Gurion vernehmen. Für ihn waren die jüdischen Kommunisten Osteuropas „der Abschaum des Judentums“. Ein anderer Zionist hatte noch vor ihm spekuliert, dass eine „gemeinsame Front“ gegen den Zionismus aufkommen könnte, bestehend aus dem Joint Distribution Committee und den Kommunisten. Ben Gurion stellte die folgenden Regeln auf:

„Die Jewish Agency befasst sich nicht mit Hilfeleistungen und Wiederaufbau in der Diaspora; sie setzt sich dafür ein, die zionistische Bewegung in Palästina zu stärken.

---

[411] Segev, Tom, „Die siebte Million“, s.o., S. 176/177, Zitat aus Chaim Jachil, „Die Mission zu den Überlebenden und ihre Aktionen, 1945-1949“, Jalkut Moreschet 30 und 31 (Nov. 1980 und April 1981), S. 36

1. *Wir müssen, so gut wir können, das Joint daran hindern, dass es zu mächtig wird und durch seine exklusive Kontrolle der Hilfsfonds die antizionistischen Tendenzen innerhalb des Judentums verstärkt.*
2. *Wir müssen die Einwanderung und alle Hilfsaktivitäten von der Jewish Agency aus steuern.*"[412]

Im Lauf der Jahre bis zur endgültigen Auflösung der Lager 1957 wuchs die Anzahl der jüdischen DP's auf insgesamt mindestens 200.000 Personen an.[413] Aus Osteuropa wurden von der zionistischen „Fluchthilfeorganisation" (Ha'-)bricha ab 1946 vermehrt Flüchtlinge in die Lager der US-Zone in Österreich und Deutschland geschleust. Es handelte sich nicht um Displaced Persons im herkömmlichen Sinn, also nach der ursprünglichen Definition um während des Kriegs aus ihren Herkunftsländern Vertriebene und in den Lagern zurückgelassene oder vergessene Gefangene, sondern auch um neue Migranten aus dem Osten,[414] doch darunter viele, die vor dem Nationalsozialismus in die Sowjetunion geflüchtet waren. Es war irgendwie makaber, dass jüdische Überlebende ausgerechnet in den Nazinachfolgestaaten Asyl suchten.
Ein Grund dafür lag in der geänderten Route der Bricha, die nach der Weigerung Italiens, noch mehr Ausreisewillige durchfahren zu lassen, Österreich und Deutschland als Zwischenstation auf dem Weg nach Palästina betrachtete.
Die Zionisten begannen, die eigentliche Leitung in den Lagern zu übernehmen und die Flüchtlinge auf Kurs zu bringen. Die Fraktionskämpfe hinterließen auch in den DP-Lagern ihre Spuren und führten dazu, dass die Flüchtlinge oft nach Parteienzugehörigkeit getrennt wurden.

> *„Die vielen zionistischen Abgesandten und Bricha-Agenten waren nicht nur im Namen Israels nach Europa gefahren. Die meisten standen auch im Dienst einer der politischen Parteien. Die große Mehrheit von ihnen sah den ‚Rest' nicht nur als potentielle Soldaten und künftige Bürger, sondern auch als mögliche Wähler. Der Kampf um die Seelen der europäischen Juden wurde erbarmungslos, manchmal gewalttätig geführt. Jede Partei versuchte, ihre Leute an die Spitze der Komitees zu hieven, die die DP-Lager verwalteten, und nahm an, die Flüchtlinge würden sie nach ihrer Ankunft in Palästina sicher weiterhin unterstützen. „Die Bewegung verteilt Geld, Zuschüsse, Geschenke, um die Leute zu kidnap-*

412 Ebda., S. 177/178
413 laut Juliane Wetzel und Angelika Königseder im häufig zitierten „Lebensmut im Wartesaal" handelte es sich um etwa 150.000. Tom Segev schreibt dagegen von fast einer Viertelmillion, zumindest aber von 220.000 Flüchtlingen in den Lagern, wobei er auch 20.000 Displaced Persons in Italien mitzählt, die in den Camps der Jewish Brigade lebten. Auch Raul Hilberg spricht von 250.000 jüdischen DPs.
414 Königseder, Angelika / Wetzel, Juliane, „Lebensmut im Wartesaal", s.o., S. 53

pen", berichtete Eliahu Dobkin Mitgliedern seiner Partei, der Mapai. Er erzählte von Kämpfen mit Fäusten und Messern, sogar von Schießereien. Parteifunktionäre wurden in bestimmte Lager geschickt, um auf die politische Zusammensetzung der DP-Gemeinschaft einzuwirken."[415]

Innerhalb der Lager herrschten aber auch unter den Bewohnern Differenzen. Überlebende aus Deutschland, die in KZ's oder im Untergrund überlebt hatten, waren nur eine Minderheit. Sie wurden in allen Bereichen benachteiligt und sie fielen nicht unter die Verordnung, dass jüdischen DP's eine privilegierte Essensrationalisierung zukommen sollte. In der britischen Zone erhielten deutsche Juden und Jüdinnen keinen DP-Status und keine Unterstützung durch die UNRRA.[416] Da sie zur Zeit der Befreiung meist außerhalb Deutschlands lebten – nämlich in Vernichtungslagern in Osteuropa, in die sie von den Nazis verschleppt worden waren – galten sie laut den Statuten nicht als Displaced Persons und wurden der deutschen Verwaltung zugeordnet. Es wurde davon ausgegangen, dass sie nicht nach Palästina emigrieren, sondern sich wieder in ihren Herkunftsländern niederlassen würden. Viele wohnten auch außerhalb der Lager und wollten am Wiederaufbau von jüdischem Leben in Deutschland arbeiten, was die Zionisten verhindern oder wenigstens nicht unterstützen wollten, da sie darin eine Konkurrenz zur geplanten Staatsgründung fürchteten.

Das betraf auch die neu gegründete Kultusgemeinde, was heute nur mehr schwer vorstellbar erscheint. Während der Nazizeit galt sie bis zu ihrer verordneten Auflösung und Eingliederung in die Reichsvertretung als Instrument der faschistischen Verwaltung, ein Image, von dem sie sich nur schwer lösen konnte. Der pauschale Vorwurf an die Überlebenden, sie hätten den Faschismus nur überlebt, weil sie egoistisch, feige und außerdem Kollaborateure wären, wurde am meisten den deutschen Juden und Jüdinnen vorgeworfen und von niemandem mehr als ausgerechnet vom Jishuv. Das war kein reines Ablenkungsmanöver von der eigenen Kooperation und auch nicht das übliche „Haltet den Dieb!" Geschrei, sondern entsprang auch der Überzeugung der zionistischen Führung, wie sie sich in vielen Stellungnahmen und Briefwechseln äußerte. Sie verachteten die Millionen, die ermordet worden waren, weil sie ihrer Meinung nach nicht rechtzeitig dem zionistischen Ruf nach Emigration gefolgt waren und sich nicht genügend gegen die Vernichtung gewehrt hatten. „Waschlappen" die „ein Hundeleben einem ehrenvollen Tod" vorgezogen hatten, wie das Jizchak Grünbaum den polnischen Juden nachsagte.[417]

---

415 Segev, Tom „Die siebte Million", s.o., S. 187

416 Königseder, Angelika / Wetzel, Juliane, „Lebensmut im Wartesaal", s.o., S. 56

417 Segev, Tom, „Die siebte Million", s.o., S. 152

In den halbverhungerten, oft apathischen Lagerinsassen sahen sie den traurigen Rest, dem sie vorwarfen, aus niederträchtigen Gründen überlebt zu haben.

„Die Berichte reflektierten eben nicht nur die Situation der Überlebenden des Holocaust, sondern auch die politischen und gesellschaftlichen Werte des zionistischen Establishments, das die Abgesandten nach Europa geschickt hatte – Werte, die deren Erwartungen hinsichtlich ‚des Rests' geprägt hatten. Die Berichte schildern im Allgemeinen die Flüchtlinge als formlose, gesichtslose Masse, „menschliche Trümmer", „eine riesige Ansammlung von Bettlern", degeneriert, zurückgeblieben, nicht nur von körperlichem und seelischem, sondern auch von moralischem Verfall betroffen. Immer wieder drückten die Abgesandten ihr Befremden darüber aus, dass so viele Überlebende rasch wieder heirateten und Kinder bekamen."[418]

Die Menschen in den jüdischen DP-Lagern entsprachen nicht dem zionistischen Mythos und enttäuschten die Delegierten, die sie nach Palästina bringen wollten.

„Andere Abgesandte äußerten sich ebenso schroff: Die Überlebenden hätten ihre Selbstachtung und jeglichen Glauben an die Mitmenschen und an die Nächstenliebe verloren, sie seien anfällig für Zynismus, Nihilismus und Gesetzlosigkeit. Die Beobachter sahen als Grund dafür nicht nur die Lagererfahrung der Überlebenden und die Atmosphäre des Verfalls, die Europa nach dem Krieg durchzog, sondern auch deren Exildasein vor dem Holocaust. Viele der Abgesandten erlebten bei ihren Begegnungen zum ersten Mal das, was sie als stolze Zionisten und Sozialisten schon immer als ‚Exilmentalität' verabscheut hatten. Sie waren schockiert (nach einem Zitat von Dobkin, siehe Fußnote). Die Überlebenden seien nicht arbeitswillig, berichtete einer ..."[419]

Einmal mehr offenbarte auch Ben Gurion, wessen Geistes Kind er war und nahm in seiner Abscheu vor den letzten europäischen Juden kein Blatt vor den Mund:

„Unter den Überlebenden der deutschen Konzentrationslager gab es jene, die nicht überlebt hätten, wären sie nicht so gewesen, wie sie waren

---

418 Ebda. S. 162 – Segev zitiert aus: „Brief eines Soldaten, in Gelber, „Die Geschichte der Freiwilligen" iii: 434,449, Eliahu Dobkin, im ZK der Mapai, 29. April 1946, AAP, 23/46; Chaim Jachil, „Die Mission zu den Überlebenden und ihre Aktionen, 1945-1949", Jalkut Moreschet 30 und 31 (Nov. 1980 und April 1981), S. 135, 172

419 Segev, Tom, „Die siebte Million", s.o., S. 163, Zitat von Eliahu Dobkin im ZK der Mapai, 29.4.1946, AAP, 23/46

– hart, böse, egoistisch; und all das, was sie erleiden mussten, hat zerstört, was es in ihrer Seele noch an Gutem gab.“[420]

So hatten sich die Menschen ihre Befreiung nicht vorgestellt. Nicht nur, dass sie weiterhin in den KZ's festgehalten wurden, ihre Familien und ihre Existenzgrundlagen verloren hatten, mussten sie sich jetzt ausgerechnet vor den Zionisten dafür rechtfertigen, der Vernichtung entkommen zu sein. Ihre Traumata wurden ihnen von den Abgesandten aus Palästina als Charakterlosigkeit ausgelegt.

„Wir müssen den Tatsachen ins Auge blicken“, las man in Haarez. „Die wenigen, die uns in Europa geblieben sind, gehören nicht unbedingt zum Besten des jüdischen Volkes. Die Schätze der Nation wurden zuerst zerstört. Viele der Überlebenden, erklärte der Artikel weiter, „werden der Sittenlosigkeit verdächtigt.“[421]

Doch neben der emotionalen Ablehnung der Überlebenden war es der zionistischen Führung klar, dass die Menschen in diesen elenden Lagern die Basis für einen künftigen Staat darstellten. Nicht nur als potentielle Soldaten, auch als moralische und symbolische Trumpfkarte, die nicht nur gegen die britische Mandatsmacht, sondern auch als Rechtfertigung für die Vertreibung der Araber und als Verhandlungsgrundlage für geplante Wiedergutmachungsforderungen in die Waagschale gelegt werden sollte. Auch der Staatsgründung würde jetzt kein Stein in den Weg gelegt werden, solange die Zionisten suggerieren könnten, dass es sich dabei um die letzte Rettungsmöglichkeit der überlebenden Juden handeln würde.
Die Verwaltung der Lager fiel unter die nötigen Vorbereitungsmaßnahmen und umfasste neben der Organisierung des schwierigen Alltags auch zionistische Propaganda, landwirtschaftliche Schulungsmaßnahmen, Sprachkurse und militärisches Training für das Leben als Siedler in Palästina.

Abermals – wie schon während des Faschismus – wurde eine eigene jüdische Lagerpolizei und auch ein eigenes Lagergericht geschaffen. Die Gründung einheitlicher Zentralkomitees stärkte die zionistische Position.

„Die Konzentrierung des Zentralkomitees der US-Zone auf die in den Lagern lebenden DP's führte zur Diskriminierung von Juden, die sich den Vorstellungen des ZK widersetzten. Deshalb waren die Punkte 9 und 10 der nach der Wahl am 28. Januar 1946 verabschiedeten Satzung des ersten Zentralkomitees der befreiten Juden in der amerikanischen Zone umstritten. Der Verband hatte sich darin zum Rechtsnachfolger

---

420 Segev, Tom, „Die siebte Million“, s.o., S. 164,

421 Ebda. S. 164/165, Zitat von Arieh Gelblum, „Grundlegende Probleme der Eingliederung von Immigranten“, Haarez, 28. Sept. 1945, S. 3

der früheren jüdischen Gemeinschaften, Vereine, Stiftungen und sonstigen jüdischen Vermögen in der amerikanischen Besatzungszone ernannt und wollte die für seine Arbeit erforderlichen Mittel aus dem in der US-Zone vorhandenen ehemaligen Eigentum oder Besitz der Reichsvereinigung der Juden und den gesamten jüdischen Vermögenswerten in Deutschland beziehen. Ebenso sollten Wiedergutmachungsleistungen, das Vermögen der jüdischen Gemeinden und der verstorbenen Juden ohne Erben dem Verband zufallen. Damit wären alle Juden, die sich dem Zentralkomitee nicht angeschlossen hätten, von diesen Ansprüchen ausgeschlossen worden.“[422]

Die angesprochenen Benachteiligungen äußerten sich bereits kurz nach der Gründung in der Verteilungspolitik des Zentralkomitees, die deutsche Juden und Kultusgemeinden von Hilfsaktionen ausgenommen hatte. Es gab bald heftige Kritik am Alleinvertretungsanspruch der Zentralkomitees seitens der DP's, die immer noch nicht aus den Lagern entlassen wurden, selbst nachdem bereits der neue israelische Staat auf den Trümmern Palästinas gegründet worden war. Auch die Hoffnung auf eine steigende Verbesserung der Lebensqualität in den Lagern hatte sich nicht erfüllt und der Druck auf die Bewohner, die nicht nach Palästina auswandern wollten, war gestiegen.

Anlässlich seines Besuches in den Lagern der Überlebenden in Deutschland Ende 1945 lehnte Ben Gurion eine Aktion zur Verbesserung der miserablen Lebensumstände ab und begründete es in seinem Tagebuch so: „Es ist nicht die zionistische Aufgabe, die Reste des (Volkes) Israel in Europa zu retten, sondern Eretz-Israel für das jüdische Volk.“[423]

Dieses Zitat deckt sich mit Aussagen, die Ben Gurion während der faschistischen Judenverfolgung getätigt hatte, und seine Priorität der Staatsgründung vor der Rettung, bzw. die Taktik, die Ermordung der Juden für zionistische Pläne auszunutzen, gipfelte in seiner Parole: *„Katastrophe ist Macht!“*[424] Was Ben Gurion bei seinem Besuch eines Lagers gleichfalls schockiert hatte, war die Enttarnung eines ehemaligen Kapos, der von den Lagerbewohnern verprügelt wurde. Dabei handelte es sich um keinen Einzelfall:

Wenige Monate später erzählte Mapai-Führer Eliahu Dobkin, ein Mitglied der Jewish-Agency-Exekutive, seinen Kollegen von einer ‚inneren Unruhe', die er nicht losgeworden sei. Sie betraf etwas, das er nicht ge-

---

422 Königseder, Angelika / Wetzel, Juliane, „Lebensmut im Wartesaal“, s.o., S. 89/90

423 Ben-Gurion-Tagebuch, 3.11.1945, Ben-Gurion Archiv, Sdeh-Boker (hebr.), zit. in Elam, Shraga, „Hitlers Fälscher“, s.o., S. 153

424 Elam, Shraga, „Hitlers Fälscher“, s.o., S. 9

glaubt hätte, hätte er es nicht mit eigenen Augen gesehen: Es gab Lynchmorde. In München, sagte Dobkin, hatte man ihm berichtet, dass Hunderte von Juden nach der Befreiung von anderen Juden ermordet worden seien. Er sah selbst, wie ein Mann ‚bis zum Wahnsinn' verprügelt wurde. Die Angreifer bestanden darauf, er sei ein Sadist der übelsten Sorte. Hier kommentierte Dobkin: „Es ist wohl kein Geheimnis, dass der Sohn eines unserer besten Zionisten desselben Verbrechens beschuldigt wurde. ich empfinde Mitgefühl für seinen alten Vater." Er meinte Jizchak Grünbaum, der dem Exekutivkomitee der Jewish Agency angehörte und später Innenminister unter Ben Gurion wurde. Sein Sohn war Kapo in Auschwitz gewesen."[425]

Viele Flüchtlinge wollten in die USA oder in andere – in erster Linie westliche – Länder und trotz heftigster Propaganda von zionistischer Seite und der bevorzugten Behandlung potentieller Siedler nicht nach Palästina ziehen. Dazu zählte vor allem die bevorzugte Zielgruppe zionistischer Anwerbungsversuche: junge Menschen, die körperlich von den Strapazen der Nazidiktatur weniger mitgenommen waren und gut ausgebildete Schlüsselkräfte im militärischen und wissenschaftlichen Bereich. Vor allem letzteren boten sich aber andere Auswege, ihnen wurde auch in westlichen Staaten eine Karriere für den kommenden Kalten Krieg angeboten.
Nichts lag ihnen ferner, als nach Palästina auszuwandern, um als Soldat die einheimische Bevölkerung zu vertreiben.

„1947 sind die USA wiederum bereit, Juden in die USA einreisen zu lassen. Von den etwa 100.000 Juden, die in der amerikanisch besetzten Zone Deutschlands in Flüchtlingslagern lebten, beantragten 50 Prozent die Ausreise in die USA mit dem ausdrücklichen Vermerk, nicht nach Palästina zu wollen."[426]

Zionistische Historiker und Historikerinnen widersprechen diesen Statistiken und beschreiben die Sehnsucht nach Palästina als gemeinsamen Nenner der jüdischen Displaced Persons – ihrer Geschichtsdarstellung zufolge scheiterte die massenhafte Migration ausschließlich an der rigorosen Einwanderungspolitik der britischen Mandatsmacht, nach der Staatsgründung an finanziellen Engpässen und fehlender Infrastruktur sowie dem Mangel an Transportmöglichkeiten.

---

[425] Segev, Tom, „Die siebte Million", S. 346/347, Segev selbst zitierte aus „Kein Kompromiss", von Friester, Roman Tel Aviv 1987, S. 290 ff

[426] Lilienthal, Alfred M., „What Price Israel", Chicago 1953, S. 193 f., zit. in Billen, Hans-Jürgen, „Zionismus und Antisemitismus", Trikont Duisburg 1983, S. 117

„Breite Übereinstimmung herrschte in der politischen Einstellung fast aller jüdischen DP's: Nur der Zionismus hatte nach dem Holocaust noch Sinn ...“[427]

„In Belsen bestand damit keine nicht-zionistisch orientierte Partei. Kommunismus und antizionistischer Sozialismus, die vor dem Krieg eine breite Anhängerschaft unter den Juden gefunden hatten, verschwanden nach 1945 fast vollständig.“[428]

In dieser Quelle wird die Frage vermieden, ob die linken Strömungen nicht etwa deswegen mehrheitlich verschwunden waren, weil linke und antizionistische Juden und Jüdinnen als erste Opfer der nazistischen Vernichtungsmaschinerie wurden. So ersparen sie sich auch die weitere Nachforschung, warum diese Linken vom Judenrat als erste auf die von den Nazis geforderten Transportlisten gesetzt wurden. Das soll keine Wiederholung der zionistischen Kritik an den Überlebenden sein, die ja in der überwiegenden Mehrheit nicht im Rat und der Ghettopolizei vertreten waren. Aber es ist eine Tatsache, dass die Überlebenschance für jüdische Kommunisten – außerhalb der sogenannten linkszionistischen Strömungen – gegen Null tendierte, was ihre geringe Zahl in den DP-Lagern erklärt. Die einst starken Organisationen waren fast vollständig zerschlagen.

Die antizionistischen DPs hatten auch nicht die Mittel und Möglichkeiten der Brigaden aus Palästina, die dank der Unterstützung der Alliierten uneingeschränkt agieren konnten.

Ganz können aber auch die Zionisten nicht verschweigen, dass sie massive Anstrengungen machten, alternative Ausreisemöglichkeiten für die Lagerbewohner zu verhindern. Daraus lässt sich schließen, dass die Bereitschaft, nach Palästina auszureisen, unter den Überlebenden geringer war als die Autorinnen sich offensichtlich selbst gern suggerieren möchten.

Welchen Stellenwert Palästina als einzig mögliches Auswanderungsziel einnahm, lässt sich an der Haltung sowohl des Zentralkomitees der befreiten Juden in der britischen als auch des Zentralkomitees in der amerikani-

---

[427] Königseder, Angelika / Wetzel, Juliane, „Lebensmut im Wartesaal“, Fischer Taschenbuchverlag, Frankfurt 1994, S. 148.
Die hier neben Angelika Königseder zitierte Juliane Wetzel vom Zentrum für Antisemitismusforschung der TU Berlin war später Koautorin der im Auftrag der EUMC-Europäische Stelle zur Beobachtung von Rassismus und Fremdenfeindlichkeit – erstellten Studie, wonach arabische Migranten für den europäischen Antisemitismus verantwortlich gemacht werden. Ein angeblich „wissenschaftliches“ Pamphlet, das sich auf andere zionistische Quellen beruft und selbst den Auftraggebern in ihrer Einseitigkeit zu rassistisch war, so dass die Studie erst auf massiven Druck von zionistischer Seite mit der Unterstützung von westlichen Parlamentariern (etwa Daniel Cohn-Bendit) veröffentlicht wurde. Der EUMC wurden als „Strafe“ für ihr Zögern bei der Publikation Subventionen in beträchtlicher Höhe gestrichen.

[428] Ebda. S. 205

schen Zone gegenüber dem britischen Angebot, 900 jüdische Kinder aus DP-Lagern in England aufzunehmen, ermessen. Die entsprechende Resolution des Zentralkomitees unter Rosensaft vom 21. Oktober 1945 lautete:

> *„a) es (das Zentralkomitee, d.V.) kann einer Verschickung der Kinder nach England nicht zustimmen;*
> *b) die Kinder, die mit uns in den Ghettos und Konzentrationslagern waren, dürfen nicht von Galuth zu Galuth (Exil, d. V.) gereicht werden; sie müssen bis zu ihrer Alijah (Auswanderung, d. V.) bleiben, wo sie sind;*
> *c) es fordert, dass die ersten zur Verfügung stehenden Alijah-Zertifikate an die Kinder ausgegeben werden, so dass sie die Lager schnellstmöglich verlassen können." Bereits eine Woche zuvor hatte der Rat beim Zentralkomitee in Bayern eine deutliche Ablehnung gegen jegliche Unterbringung von jüdischen Kindern in anderen Ländern als Palästina zum Ausdruck gebracht. Im Januar 1946 bestätigten beide Komitees ihre Haltung in dieser Frage."* [429]

Die anfängliche Begeisterung für das gelobte Land orientierte sich an der zionistischen Public Relation und verpuffte rasch, als die wahren Pläne – die militärische Eroberung und Vertreibung der arabischen Bevölkerung – offenkundig wurden.

> *„Einen Monat zuvor (März 1948) hatte die Hagana in Belsen mit der Ausbildung und Rekrutierung von Freiwilligen für den Einsatz gegen die Araber in Palästina begonnen. Bereits seit dem UN-Teilungsbeschluss am 29. November 1947 führte die Hagana in den DP-Lagern militärische Schulungen durch. Die Organisation musste weiterhin in der Illegalität arbeiten, wurde jedoch weiterhin von den jüdischen Hilfsorganisationen unterstützt und auch von den Militärregierungen mehr oder weniger geduldet. Zvi Asaria, dessen Funktion als Oberrabbiner ihn für die Briten unverdächtig erscheinen ließ, wurde von der Belsener Hagana-Gruppe zum Leiter des zur besseren Koordinierung eingesetzten ‚Volksdienstausschusses' (Sherut Ha'am) ernannt. Die militärische Ausbildung fand nachts auf dem Friedhof statt, wo Rabbiner Asaria nach der Befreiung Tausende von Toten bestattet hatte. Da sich trotz der Schaffung einer Sonderabteilung für Aufklärung und Propaganda unter Leitung von Rafael Kriman und Ariel Holzmann nicht genügend Freiwillige meldeten, sahen sich die Vertreter der Hagana gezwungen, mit Hilfe des Zentralkomitees etwa in Form von Lebensmittelkürzungen größeren Druck auszuüben ..."* [430]

---

[429] Ebda. S. 212/213, angeführtes Zitat in: „The Survivors", Told by Leslie H. Hardman, written by Cecily Goldman, London 1952, S. 125
[430] Ebda. S. 211/212

Im bekannten Klausner-Report – benannt nach Rabbiner Klausner, der gemeinsam mit anderen zionistischen Intellektuellen für das American Jewish Council arbeitete – werden Strategien überlegt, um die Flüchtlinge zur verstärkten Migration nach Palästina zu bewegen.

> *„Um dieses Programm zu verwirklichen, wird es für die jüdische Gemeinschaft notwendig, ihre Politik zu ändern und den Flüchtlingen ihre Lage so schwer wie möglich zu machen, anstatt ihnen Bequemlichkeiten zu verschaffen. Die Unterstützung durch das American Jewish Committee sollte aufhören ... Ein weiterer Schritt würde es erforderlich machen, Organisationen wie die Hagana heranzuziehen, um die Juden zu terrorisieren (to harrass the Jew) ...“*[431]

Erwartungsgemäß interpretieren zionistische Autorinnen Klausners menschenverachtende Haltung sehr positiv, wörtlich als *„vorbildlich und beeindruckend.“*:

> *„Als konsequenter Verfechter des Zionismus scheute er auch unorthodoxe Methoden nicht, um seine Ziele durchzusetzen.“*[432]

Es gab verschiedene Mittel zur Erreichung der zionistischen Ziele. Eines der effektivsten war wohl allein die simple Tatsache, dass die Flüchtlinge, die ihre Ausreise nach Palästina verweigerten, weiterhin in den Lagern festgehalten wurden, viele noch jahrelang.

Zionistische Organisationen warben mit Unterstützung der Alliierten um Spenden, begannen Schulen und Sportvereine zu errichten, lehrten das neue Hebräisch und führten ihre unter den Nazis bereits erfolgreichen Umschulungen für landwirtschaftliche Berufe weiter. Militärische Schulungen in den einzelnen Lagern wurden seltener von der Irgun (die in der britischen Zone auch Aktionen gegen die Mandatsmacht durchführte), meistens aber von der Hagana durchgeführt, um Soldaten und Siedler für Palästina auszubilden. Offenherzig und etwas zynisch kommentieren die hier zitierten Autorinnen Juliane Wetzel und Angelika Königseder diese paramilitärischen Übungen:

> *„Der neu entstehende jüdische Staat brauchte dringend junge Leute, die zu seiner Befreiung und dann zu seiner Verteidigung beitragen konnten.“*[433]

---

431 „Klausner-Report über die „Jewish Displaced Persons in the Occupied Zone of Germany“,2.5.1948, zit. in Lilienthal, s.o. S. 194, zit. in Billen, Hans-Jürgen, „Zionismus und Antisemitismus“, s.o. S. 117/118

432 „Flight and Rescue: Bricha“, Yehuda Bauer, New York 1970, S. 57 ff. zitiert und übereinstimmend kommentiert in Königseder, Angelika / Wetzel, Juliane, „Lebensmut im Wartesaal“, s.o., S. 23

433 Königseder, Angelika / Wetzel, Juliane, „Lebensmut im Wartesaal“, s.o., S. 147

Was sie unter „Befreiung“ verstehen, verdeutlicht ein anderes Zitat der gleichen Autorinnen:

> *„Einen Monat zuvor hatte die Hagana in Belsen mit der Ausbildung und Rekrutierung von Freiwilligen für den Einsatz gegen die Araber in Palästina begonnen.“*[434]

Es gab aber auch andere Methoden der Überredung, wenn sich nicht genug „Freiwillige“ meldeten:

> *„Ein bedeutender Arbeiterführer berichtete im Sommer 1948, dass die für die Verwaltung der Lager verantwortlichen jüdischen Hilfsorganisationen dabei waren, ‚die Flüchtlinge zu zwingen, den Zionismus zu akzeptieren und sich der palästinensischen jüdischen Armee anzuschließen ...' Die Mittel, die zur Erreichung dieses Ziels angewandt wurden, bestanden in der Beschlagnahmung von Essensrationen, Entlassung von den Arbeitsplätzen ..., Entziehung von Visarechten, Vertreibung aus dem Lager und einmal sogar in der öffentlichen Auspeitschung eines widerspenstigen Rekruten für die israelische Armee. Es war bekannt, dass Lastwagen in Deutschland fuhren, um junge Männer ‚aufzusammeln'. Jede Woche verließen Deutschland seltsame Transporte in Richtung Frankreich, wo die zusammengetriebenen Juden in Lagern bei Marseille, der ersten Station auf dem Weg nach Israel, untergebracht wurden. In Deutschlands Flüchtlingslagern wurden Geschichten über Pogrome in den USA verbreitet ...“*[435]

Auch Thomas Albrich schreibt über den fragwürdigen zionistischen Umgang mit den DP's in Österreich, als schließlich der Teilungsplan und die Staatsgründung auf den Ruinen der Vertriebenen in Palästina nach Soldaten und Siedlern verlangt. Dabei interessiert uns weniger die Einschätzung des Autors über im folgenden Zitat behauptete Erfordernisse eines angeblichen Unabhängigkeitskriegs, sondern die klare Entlarvung des Mythos von Israel als Zufluchtsort verfolgter Juden:

> *„Was sich schon vor 1948 im Rahmen der Fluchthilfe der Bricha abgezeichnet hatte – die selektive Unterstützung des sogenannten „kämpferischen zionistischen Potentials“ und die Diskriminierung anderer Gruppen –, mündete nach dem Mai 1948 in eine von den Erfordernissen des Unabhängigkeitskrieges und den Bedürfnissen des neuen Staates geprägte selektive Auswanderung, die sich zwischen zwei Extremen bewegte: einerseits die Zwangsrekrutierung junger Männer und Frauen*

---

[434] Ebda. S. 211

[435] Lilienthal, Lilienthal, Alfred M., „What Price Israel“, s.o., S. 196, zit. in Billen, Hans-Jürgen „Zionismus und Antisemitismus“, s.o. S. 118

für die Hagana und später für die israelische Armee, andererseits dem Zurücklassen chronisch Kranker, Alter sowie allein stehender Frauen mit Kleinkindern. Diese hatten bis 1950 überhaupt keine Auswanderungschance. Viele DPs mussten sich angesichts dieser Realität wie „Muster ohne Wert" vorgekommen sein.
Mit allen Mitteln – mit Propaganda und Druck, bewusster Verschlechterung der Lebensbedingungen durch Lagerschließungen und Verweigerung materieller Unterstützung durch das American Jewish Joint Distribution Committee, dem Joint – wurden jüdische DPs der „erwünschten Kategorien" nach Israel gelenkt. Alternativen zur Auswanderung nach Israel wurden weder von jüdischen Organisationen noch den Besatzungsmächten gefordert."[436]

Albrich führt weiter aus, dass diese einseitige Ausrichtung der Migration nach Palästina als „Verschwörung des Schweigens" bezeichnet wurde. Informationen über potentielle andere Auswanderungsziele wurden bewusst unterlassen und der Eindruck vermittelt, dass es außer Palästina keine Möglichkeit einer gesicherten Zukunft geben könnte. Diese Kanalisierung wurde natürlich auch von den Besatzungsmächten oder den österreichischen Behörden unterstützt. Eine restriktive Einwanderungspolitik, die auch nach Ende des Krieges von den westlichen Ländern fortgesetzt wurde, stand im Einklang mit der Orientierung auf Palästina und zeigte das Interesse der imperialistischen Mächte an der israelischen Staatsgründung.
Die militärischen Übungen in den Lagern und die Zwangsrekrutierungen, die von der Hagana und der Jewish Agency zur Verstärkung der Freiwilligenarmeen durchgeführt wurden, führten zu Presseberichten in der amerikanischen Presse, die das „Recht auf Wehrdienstverweigerung" für die Überlebenden einforderten.[437]

Trotz des Drucks der zionistischen Organisationen übersiedelten nur 142.000 der Viertelmillion jüdischer DPs nach Israel, viele zogen in die USA, nach Kanada oder bauten in europäischen Ländern eine neue Zukunft auf.[438] Tausende, die bereits nach Palästina ausgewandert waren, kehrten wieder nach Österreich oder nach Deutschland zurück, als ihnen die Realität hinter der zionistischen Propaganda bewusst wurde.

---

436 Albrich, Thomas, „Die zionistische Option – Israel und die Überlebenden des Holocaust in Österreich",; in Albrich, Thomas (Hg.), „Flucht nach Erez Israel – Die Bricha und der jüdische Exodus durch Österreich nach 1945", Studienverlag Innsbruck-Wien 1998,S. 254

437 Ebda. S. 254

438 Hilberg, Raul, „Die Vernichtung der europäischen Juden", s.o., S. 780

In einem in Israel publizierten Sonderbericht heißt es: „Eines der peinlichsten Erlebnisse für den jüdischen Besucher in Deutschland bilden die jüdischen Rückkehrer aus Israel ... Aus diesen Kreisen stammt auch der größte Teil der Gräuelpropaganda, die heute in Deutschland kursiert. Viele Deutsche, die ernsthaft den Nationalsozialismus verabscheuen und große Bewunderung für das in Israel Erreichte hegen, sind ganz verwirrt, wenn ihnen von diesen ehemaligen Israelis unser Land in den allerschwärzesten Farben geschildert wird, als ein Land, das vor allem durch Hunger und Unfähigkeit gekennzeichnet wird ... Das beschämendste Kapitel der Rückkehrbewegung nach Deutschland heißt jedoch Föhrenwald ... Es setzte im vergangenen Jahr, so unglaublich dies auch klingen mag, eine Rückkehr ehemaliger DPs nach Deutschland in das Lager nach Föhrenwald ein ...“[439]

Der zitierte Artikel schließt mit dem Vorwurf an den ‚Joint', der für das Lager Föhrenwald zuständig war, diese Entwicklung nicht rechtzeitig gestoppt zu haben und die Rückkehrer weiter zu betreuen – mit anderen Worten, eine Aufforderung zur Schließung des Lagers, wo die Rückkehrer noch lange nach Kriegsende gemeinsam mit den „hardcore-cases“ lebten und weder die Kraft noch den Willen zeigten, zu emigrieren.

„Im Oktober 1952 registrierten die Verantwortlichen ein Ansteigen der Föhrenwalder Bevölkerung trotz der anhaltenden Auswanderungsbewegung und entschlossen sich daraufhin, den weiteren Zuzug ins Lager zu verbieten, unternahmen aber wenig, dies auch tatsächlich zu verhindern. Als Föhrenwald jedoch allein im Dezember 1952 200 Neuzugänge verzeichnete, schlugen sie Alarm. Die meisten Rückwanderer besaßen israelische Pässe mit dem Vermerk: „not valid for Germany“. Die Behörden wiesen nun die deutschen Botschaften in Rom und Paris, bei denen sich die meisten Rückwanderer den Einreisestempel nach Deutschland geben ließen, an, für jeden israelischen Pass, der mit diesem Zusatz versehen war, 300 Dollar hinterlegen zu lassen. Wenn der Passinhaber dazu nicht in der Lage war, sollte die Einreisegenehmigung verweigert werden. Dies bewirkte eine leichte Abnahme der Zuwanderung, aber nun überschritten viele die „grüne Grenze“, kehrten also unbemerkt nachts nach Deutschland zurück ...“[440]

---

[439] IfZ Fi 01. 64. Sonderbericht aus Deutschland. Rückkehrer aus Israel, in „Yedioth Hayom“, Tel Aviv. Anhang zu: Wülker, Gabriele, Probleme der soziologischen Eingliederung fremder ethnischer Gruppen in die deutsche Bundesrepublik, Ms., Köln 1953, zit. in Königseder, Angelika / Wetzel, Juliane „Lebensmut im Wartesaal“, s.o., S. 167

[440] Königseder, Angelika / Wetzel, Juliane „Lebensmut im Wartesaal“, s.o., S. 167/168

Wegen dieses zunehmenden „Problems“ wurde im August 1953 zwischen Vertretern der israelischen Regierung, dem deutschen Außenministerium und Mitgliedern aus den Hilfsorganisationen ein Treffen abgehalten. Wie zuvor mit den Nazis wurde mit der Nachfolgeregierung beraten, wie die Juden und Jüdinnen in Föhrenwald dazu bewegt werden sollten, Deutschland zu verlassen. Ein Abkommen garantierte den Lagerbewohnern eine Grundversorgung für ein halbes Jahr, wenn sich die jüdischen Organisationen im Gegenzug verpflichteten, danach für ihre Emigration zu sorgen.[441] 1957 wurde auch das letzte Lager geschlossen, obwohl einige Bewohner erfolglos versucht hatten, rechtlich dagegen vorzugehen.

Beginn der Wiedergutmachungsverhandlungen oder Fortsetzung von Haàvara: *same business as usual*

Gleichzeitig begannen bereits Verhandlungen und Initiativen über Wiedergutmachungszahlungen für die Verbrechen des Faschismus, die der Zionismus als selbsternannter einziger Vertreter der – oft mit ihrer Mithilfe – enteigneten und ermordeten jüdischen Opfer für sich beanspruchte. Siegfried Moses, später der erste „State Controller“ im neugegründeten Zionistenstaat, hatte bereits frühzeitig Überlegungen angestellt, wie aus diesem Verbrechen Gewinn gezogen werden könnte. Ben Gurion bezog sich in seinen späteren Überlegungen dezidiert auf seinen Artikel „Die Wiedergutmachungsforderungen der Juden“, den Siegfried Moses 1943 im Mitteilungsblatt für deutsche Einwanderer „MB“ veröffentlicht hatte:

> *„Unser Wunsch ist, dass (...) zum mindesten der Hauptträger dieses Anspruchs die Jewish Agency for Palestine werden soll, die im Namen des jüdischen Volkes auf Grund des unermesslichen Unrechts, das das nationalsozialistische Deutschland der jüdischen Gemeinschaft angetan hat, eine Entschädigung zugunsten des jüdischen Palästina erwirken soll.“*[442]

Nachdem der erste antideutsche Diskurs in Israel in den ersten Nachkriegsjahren überwunden war und der wütende Aufschrei der Überlebenden über Verhandlungen mit Westdeutschland verstummte, verhalfen die Reparationszahlungen dem jungen zionistischen Staat zu Krisenbewältigung und Stabilisierung. Zur Imagekorrektur wurde vom „Neuen Deutschland“ – dem „Germania acheret“ gesprochen, obwohl für alle klar ersichtlich war,

---

[441] Ebda. S. 168

[442] Gurion, Ben David, „Israel – Der Staatsgründer erinnert sich“, Fischer-Verlag, Frankfurt 1998 (Erstausgabe 1973), S. 217

wie viele ehemalige Nazigrößen in der neuen BRD zu Ruhm und Ehren kamen.
Bezeichnend für den Charakter der Verhandlungen um die Höhe und Modalitäten der Zahlungen ist die Teilnahme von zionistischen Bürokraten, die bereits federführend beim Haàvara-Abkommen beteiligt waren, was bedeutete, dass sie ihre frühere Tätigkeit im Grunde übergangslos fortsetzten, als wäre nichts geschehen – außer dass sich die Bedingungen für die zionistische Seite massiv verbessert hatten.

> *„Ein wichtiger Meilenstein beim Aufbau der Holocaust-Industrie wird im Dezember 1942 gelegt, als der JA-Chef, David Ben Gurion, in einem Brief an den Delegierten in London, Berl Locker, die Notwendigkeit beschreibt, konkrete Pläne zu schmieden, um die jüdischen Vermögen nach dem Krieg zu beanspruchen, um die Kolonisierung Palästinas, wie er schreibt, zu finanzieren. Anstatt mehr Energie für die dringend nötigen Rettungsbemühungen, kümmerte sich Ben Gurion mehr um die ‚Gefahr', dass Gelder für schlechte Zwecke, d.h. nicht für die nationalen Ziele verwendet werden.*
> *Die später bekannten Pläne machen klar, dass die Jewish Agency sich als Erbin der jüdischen Gemeinde und der sogenannten erbenlosen Vermögen darstellen wollte. Wie die Praxis danach zeigt, wurden Privatbesitztümer ohne große Umstände als ‚erbenlos' beansprucht. Dabei bekam die JA die Unterstützung der Alliierten, denn in der Pariser Reparations-Konferenz 1945/46 wurde sie praktisch als Erbin der jüdischen Vermögen anerkannt.“*[443]

Auch für die Überlebenden planten sie, die Hand aufzuhalten – bis heute prozessieren jüdische Menschen um eine Entschädigung, nicht gegen Deutschland oder Österreich, sondern gegen die zionistischen Organisationen.

> *„Nachdem sie solchermaßen die zum Tod verurteilten Juden im Stich gelassen hatten, benutzten die gleichen Führer später die Ausrottung, um Millionen zu machen und Milliarden an Reparationen von den Deutschen zu kassieren.“*[444]

Um Missverständnisse zu vermeiden: Natürlich haben die Opfer des Faschismus das Recht auf Reparationen, auf ein Vielfaches dessen, was bisher von den Nazinachfolgestaaten bezahlt wurde. Aber diese Israel und den zionistischen Organisationen statt den Opfern zu geben, bedeutet im wohl-

---

[443] Elam, Shraga, „Holocaust-Industrie und Holocaust-Religion“, http://www.haefely.info/gesellschaft+politik_holocaust-theologie+industrie.htm, S. 5

[444] Hecht, Ben, „Perfidy“, s.o. S. 50, zit. in Yahya, Faris, „Die Zionisten und Nazideutschland“, s.o. S. 79

wollendsten Sinn eine Fortsetzung des Haàvara-Abkommens und nach dem Buchtitel von Ben Hecht eine Perfidie, bei genauerem Hinsehen aber eine zweite Arisierung. Empfohlen sei dazu das Buch von Norman Finkelstein „Die Holocaustindustrie“, in dem der Autor recherchiert, wie sich die Zionisten an den Wiedergutmachungszahlungen bereichern. Dass es beim Erscheinen dieses Buchs zu wütenden Reaktionen von zionistischer Seite und ihren Sympathisanten kam, ist selbstverständlich, sollte aber keinen davon abhalten, dieses wichtige wissenschaftliche Werk zu lesen.[445]

Doch zurück zu den Anfängen der von Finkelstein sogenannten Holocaust-Industrie. Um den Schein zu wahren und der Ablehnung der Überlebenden Rechnung zu tragen, nahm die Jewish Agency in den ersten Jahren nach dem Krieg und auch noch nach der Staatsgründung eine scheinbar antideutsche Haltung ein. Hinter den Kulissen wurde aber bereits über Ausmaß und Formalitäten der Restitution nachgedacht und auch verhandelt.

> *„1951 wurde die Dachorganisation, die Jewish Claims Conference, gegründet, um die Reparations- und Restitutions-Ansprüche gegenüber Westdeutschland zu erheben. Es standen wiederum nicht die privaten Ansprüche von Geschädigten im Vordergrund, sondern diese wurden vorgeschoben, um die große finanzielle Notwendigkeit des jungen israelischen Staates zu erfüllen.*
>
> *Nach sehr zähflüssigen Verhandlungen wurde am 10. September 1952 das sogenannte Wiedergutmachungs-Abkommen unterzeichnet. Israel war der Hauptgewinner und die Westdeutschen konnten mit der Wiederaufrüstung beginnen, ohne befürchten zu müssen, dass ein großer Widerstand von Israel kommen würde. Mit diesen Geldern wurde nicht nur die ganze israelische Wirtschaft aufgebaut, sondern auch die massive militärische Aufrüstung ermöglicht. Es besteht praktisch kein Zweifel, dass ohne diese Gelder die israelischen Aggressionen von 1956 bzw. 1967 nicht möglich gewesen wären.“*[446]

---

[445] Finkelstein, Norman G., „Die Holocaust-Industrie – Wie das Leiden der Juden ausgebeutet wird“, 2. Auflage im Piper-Verlag, München 2001

[446] Elam, Shraga, „Holocaust-Industrie und Holocaust-Religion“, http://www.haefely.info/gesellschaft+politik_holocaust-theologie+industrie.htm, S. 5

Israels beliebteste Deutsche

Die antideutsche Strömung stellt nur eine gleichnamige unbedeutende Strömung im zionistischen Lager dar. Tatsächlich betonen heute israelische wie deutsche Politiker die guten Beziehungen zwischen den beiden Ländern. Nach einer Biographie über Axel Springer waren es vor allem drei Deutsche, die sich Israels Sympathie erfreuten. So schrieb Asher Ben-Natan:

> *„Der erste ist Adenauer, weil er nach dem Holocaust mit Ben Gurion das Verhältnis der beiden Staaten geordnet hat und weil er dafür sorgte, dass zumindest materielle Wiedergutmachung geleistet wurde.*[447] *Der zweite ist Franz Josef Strauß, weil er uns mit seinen Kontakten die Waffen besorgt hat, die wir gegen unsere Feinde brauchten. Und der dritte ist Axel Springer, der hat uns geliebt, und wir haben ihn geliebt."*[448]

Konrad Adenauer war der erste Vertreter der Kollektivschuldthese, der erste, der sich jede Kritik am israelischen Siedlerkolonialismus als Antisemitismus verbat. Er gilt als der eigentliche Erfinder der Antizionismus = Antisemitismus-Theorie und damit als ideologisches Vorbild von heutigen „linken" Vertretern dieser These. Er sorgte dafür, dass Deutschland Wiedergutmachungszahlungen an Israel zahlte, die übrigens zum überwiegenden Teil in die Rüstungsindustrie flossen. Da damit vor allem deutsche Waffen angekauft wurden, kann diese Form der „Wiedergutmachung" getrost als Fortsetzung des Haàvara-Abkommens bezeichnet werden. Ein Deal, der beide Seiten zufrieden stellt(e).

Der andere erwähnte beliebte Deutsche war Franz Josef Strauß, führendes Mitglied einer faschistischen Internationalen und schillernde Figur auf der BRD-Politbühne. Er verhalf Israel durch seine internationalen Kontakte oft außerhalb der offiziellen Wege zu Waffenlieferungen.

Shimon Peres berichtete, wie er im Winter 1957 gemeinsam mit Chaim Laskov und Arthur Ben-Nathan Strauss, den damaligen deutschen Verteidigungsminister, in der Nähe von München besuchte:

> *„Wir sagten, dass Amerika uns mit Geld half, aber nicht mit Waffen und dass Frankreich uns mit Waffen half, aber nicht mit Geld," berichtete Peres. „Deutschland könnte den Brückenschlag über die Vergangenheit*

---

[447] Statt an die tatsächlichen Opfer wurde die Wiedergutmachung zu einem Großteil an Israel und die zionistischen Organisationen als deren selbsternannte Vertreter gezahlt. Der Großteil dieser Zahlungen wurde in das israelische Rüstungsprogramm investiert – da damit vor allem deutsche Waffen angekauft wurden, kann diese Form der „Wiedergutmachung" getrost als Fortsetzung des Haàvara-Abkommens bezeichnet werden.

[448] Jürgs, Michael „Der Fall Axel Springer", Paul List Verlag in der Südwest Verlag GmbH. & Co KG München, 1995, S. 268

weit voranbringen, wenn es uns kostenlos Waffen liefern würde...“[449]
Ben Gurion notierte in sein Tagebuch: „Shimon meint, dass Strauss' Haltung zu erklären ist durch

1) *Hass auf die Russen und Angst vor ihnen;*
2) *Bewunderung für die Israelische Verteidigungsarmee;*
3) *Kenntnis der politischen Interessen Europas im Nahen Osten und in Afrika.“*[450]

Der Engagierteste von allen war aber Axel Springer, der Inbegriff von reaktionärer und antikommunistischer Presse, in dessen Redaktionsstuben sich neue und alte Nazis die Klinke in die Hand drückten. Von seinen Mitarbeitern verlangte Axel Springer die Unterzeichnung von vier Essentials – eines davon verlangt, sich immer und einseitig für Israel und seine Interessen zu engagieren. Diese Klausel wurde auch von den vielen ehemaligen Nazis, die in Springers Verlag unterkamen, bereitwillig unterzeichnet.
In der Springerpresse wurde offen gegen die arabischen Völker gehetzt und der Islam als bedrohliches Gespenst an die Wand gemalt.

> *„Der Islam war ihm fremd und so bedrohlich wie der Kommunismus, die arabischen Länder gehörten für ihn zum Reich des Bösen, zum Reich des Satans. Er hat die Botschaft immer wieder in die Welt getragen, und nicht nur in seine, dass Israel, vor allem von den Deutschen, immer und um jeden Preis unterstützt werden müsse ...“*[451]

Der deutsche Verleger bezog eine Wohnung in einem von ihm mitfinanzierten Wohnkomplex neben dem King David Hotel und verbrachte einen Großteil seiner Urlaube, aber auch seiner Dienstreisen, in Israel. Er war ein persönlicher Freund von Teddy Kollek, schüttelte aber auch noch Begin oder Ben Gurion die Hand, wobei letzterer dieses Ereignis in seinem Tagebuch verewigte.
Springer zahlte riesige Summen an den zionistischen Staat und überlegte ernsthaft, den ganzen Konzern in eine Stiftung umzuwandeln, die nach seinem Tod in israelischen Besitz übergehen sollte.
An Axel Springers Verdienste für Israel erinnert eine nach ihm benannte kleine Straße in Jerusalem und die Verleihung der Ehrenbürgerschaft von Jerusalem.

---

[449] Shimon Peres, „Davids Schlinge“, Jerusalem 1970, S. 56, in Segev, Tom, „Die siebte Million“, S. 402

[450] Segev, Tom, „Die siebte Million“, S. 402, Zitat aus Ben Gurions Tagebuch, im Ben Gurion Archiv, vom 29.12.1957

[451] Jürgs, Michael, „Der Fall Axel Springer“, Paul List Verlag in der Südwest Verlag GmbH & Co KG München, 1995, S. 268

Die Stimmung gegen Deutschland, wie sie in der israelischen Bevölkerung nach Kriegsende vorherrschte, verkam schnell zur Attitüde, als die ersten Rüstungsgeschäfte und Restitutionsgespräche vereinbart wurden und damit an die alte Zusammenarbeit angeknüpft wurde. Waffenlieferungen erfolgten aber nicht nur von Deutschland nach Israel: auch der Zionismus lieferte bald Uzis, Mörsergranaten und Militäruniformen an die Bundesrepublik.
Erst inoffiziell, dann unter dem heftigen Protest Überlebender und der oppositionellen Rechten, wurde die Beziehung mit Deutschland forciert. Wer genauer hinsah, erkannte den fließenden Übergang hinter den Alibidiskussionen in der Knesset, die hauptsächlich der Legitimierung des neugegründeten Staates auf Kosten der jüdischen Naziopfer dienten.

> *„Der Mann, über den alle sprachen, hieß Hans Globke. Er war einer von Adenauers engsten Beratern und hatte an der Kontaktaufnahme zu Israel und am Wiedergutmachungsabkommen mitgewirkt. Während der Nazizeit hatte Globke im Innenministerium gearbeitet und eine der maßgeblichen Auslegungen der Nürnberger Gesetze formuliert. Gemeinsam mit Eichmanns Untergebenen hatte Globke die Deportationen der deutschen Juden und deren Enteignung überwacht.“*[452]

Aber auch andere ehemalige Nazigrößen wurden in Israel willkommen geheißen: Etwa Hjalmar Schacht, ehemaliger Wirtschaftsminister und Präsident der deutschen Reichsbank oder Hermann Abs, der ebenfalls eine wichtige Rolle im Wirtschaftsleben des Dritten Reichs spielte und später wesentlich am Wiedergutmachungsabkommen mit Israel beteiligt war.[453]

In den sechziger Jahren wurde die Mitarbeit deutscher Wissenschaftler am israelischen Atomprogramm bekannt. Unentgeltlich erhielt Israel von der Bundesrepublik Flugzeuge, Artillerie, Panzer und Abwehrraketen aus NATO-Beständen, israelische Offiziere und Piloten wurden in Deutschland ausgebildet.[454]
Mit dem beginnenden Austausch von Staatsbesuchen ging die scheinbar antideutsche Haltung auch offiziell zu Ende.

---

452 Segev, Tom, „Die siebte Million“, s.o., S. 450
453 Ebda. S. 310, 311, 418
454 Ebda. S. 494

Zionismus als Staatsmacht

Die Kapitel im letzten Teil beschränken sich auf wenige Beispiele, um auf eine rechtsradikale Kontinuität in der zionistischen Geschichte hinzuweisen, die sich auch nach der Niederlage des deutschen Faschismus fortsetzte und bis heute andauert. KritikerInnen dieser Untersuchung haben oft vorgehalten, dass dadurch der grundsätzliche Charakterzug des Zionismus – mit allen Kräften zu kollaborieren, die seinen Zielen nützlich sein können – vernachlässigt würde. Theoretisch könnten diese Kräfte auch linke Bewegungen sein. Als Beleg führten sie die Unterstützung der Sowjetunion bei der Staatsgründung an oder eine Strömung, die sich linker Zionismus nennt und mittlerweile von den Liberalen bis hin zu vielen Autonomen sich großer Beliebtheit erfreut. Tatsächlich ist der Zionismus mit einer fortschrittlichen Ideologie unvereinbar, trotz des linken Etikettenschwindels, mit dem einer potentiellen Solidaritätsbewegung der Wind aus den Segeln genommen werden soll.

In diesem Buch werden viele Ereignisse und Aspekte ausgeblendet, die bereits von anderer Seite ausführlich dokumentiert wurden. Deshalb werden hier vor allem Ausschnitte der Geschichte gezeigt, die bisher in der umfassenden Literatur zum „israelisch-palästinensischen Konflikt“ zu kurz kamen.

Die Staatsgründung

Nachdem England 1937 mit seinem Vorschlag, Palästina in einen jüdischen und einen palästinensischen Staat zu teilen, erneut gescheitert war, setzte nun der Imperialismus zum nächsten Anlauf an. Es war eine politische Farce, als am 29. November 1947 von der UNO der Teilungsplan für Palästina beschlossen wurde:

„*1. Zu diesem Zeitpunkt war die UNO von imperialistischen Staaten beherrscht. Denn nur unabhängige Staaten können UN-Mitglieder sein. Die meisten afroasiatischen und arabischen Staaten waren nicht drin. Der Teilungsplan wäre zehn oder zwanzig Jahre später unmöglich gewesen.*
Für den Teilungsplan 1947 stimmten nur die imperialistischen Staaten und einige US-Marionettenregime von Süd- und Mittelamerika.
Aus machtpolitischen Überlegungen stimmte auch die UdSSR für die Teilung Palästinas.

2. Die Absicht, einen rassistischen Staat in Palästina zu gründen, ist nach der eigenen UN-Charta unzulässig.

3. *Der Uno-Beschluss ist mit dem Selbstbestimmungsrecht der Völker unvereinbar. Weder die Araber allgemein, noch die Palästinenser im Besonderen wurden gefragt.*
4. *Israel selber hat sich nie an den Teilungsplan gehalten und ist auch heute nicht willens, dies zu tun. Dabei verbreitet Israel die Staatslüge, es sei aufgrund eines UNO-Beschlusses zustande gekommen.*
5. *Seit ihrem Einzug in die UNO bekämpfen die afroasiatischen Staaten den Teilungsbeschluss.*

Festzuhalten ist:
Kein asiatischer Staat stimmt für den Teilungsplan. Ausnahme: die von den USA abhängigen Philippinen.
Festzuhalten ist:
Kein afrikanischer Staat stimmt für den Teilungsplan. Ausnahme: Der Apartheidstaat Südafrika und das US abhängige Regime von Liberia.
Mit dem UNO-Beschluss von 1974: „Zionismus ist Rassismus" wurde Israel die Legitimation genommen, denn es ist damit als unvereinbar mit der UN-Charta erklärt worden. ... Am 15. Mai 1948 wurde Palästina zerschlagen und Israel ausgerufen."[455]

Die Zionisten beteuern, dass ihre Staatsgründung durch einen UNO-Beschluss legitimiert sei. Das kann so nicht unwidersprochen bleiben, unabhängig davon, ob die UNO als globaler Verbund von Nationalstaaten mit moralisch-judikativem Anspruch oder als bloßes Instrument in der Hand von imperialistischen Abenteurern betrachtet wird und abgesehen von der fehlenden Berechtigung der UNO, Palästina zu teilen. Denn weder wurden die im Teilungsplan fixierten Grenzen – die zwar die Zionisten bevorzugten, aber den Expansionsplänen des neugegründeten Siedlerstaates bei weitem nicht genügten – noch die darin enthaltenen politischen Richtlinien von Israel eingehalten.

Die Ausrufung des zionistischen Staates erfolgte durch die Proklamation der „Unabhängigkeitserklärung“ durch David Ben Gurion. Der Tonfall klang versöhnlicher als die gleichzeitige Realität der Vertreibungen und ethnischen Säuberungen in Palästina, wobei Massaker wie in Deir Yasin von Anfang an eine gewichtige Rolle spielten.

„Er (der Staat Israel, Anm. d. Autors), wird all seinen Bürgern ohne Unterschied der Religion, der Rasse oder des Geschlechtes soziale und politische Gleichberechtigung verbürgen. Er wird Glaubens- und Gewissensfreiheit, Freiheit der Sprache, Erziehung und Kultur gewährlei-

---

[455] Khella, Karam, (der mit der Gruppe Vitenberg ein CD-Projekt in Wort und Musik gestaltete) „Die Palästina-Passion“, Theorie und Praxis Verlag, Hamburg 1999

sten, die heiligen Stätten unter seinen Schutz nehmen und den Grundsätzen der Charta der Vereinten Nationen treubleiben ...
Wir wenden uns – selbst inmitten der mörderischen Angriffe, denen wir seit Monaten ausgesetzt sind – an die in Israel lebenden Araber mit dem Aufruf, den Frieden zu wahren und sich aufgrund voller bürgerlicher Gleichberechtigung und entsprechender Vertretung in allen provisorischen und permanenten Organen des Staates an seinem Aufbau zu beteiligen.
Wir bieten allen unseren Nachbarstaaten und ihren Völkern die Hand zum Frieden und zu guter Nachbarschaft und rufen sie zur Zusammenarbeit und gegenseitigen Hilfe mit dem selbständigen jüdischen Volke in seiner Heimat auf ... “[456]

Schöne Worte, nicht das Papier wert, auf dem sie gedruckt waren. Zwischen sieben- und achthunderttausend Palästinenser und Palästinenserinnen waren vertrieben, das Staatsgebiet bereits um – von der UNO eigentlich der palästinensischen Seite zugesprochenen – Gebiete erweitert, ohne sich mit fixen Grenzen zufrieden geben zu wollen. Die künftigen Aggressionen gegen die arabischen Nachbarn wurden bereits vorbereitet.
Die formale Gleichstellung stand in eklatantem Widerspruch zum zionistischen Anspruch, einen exklusiven „jüdischen Staat“ zu errichten. Was sich angesichts der antisemitischen Exzesse in Europa als Zuflucht des weltweiten Judentums darstellt, entpuppt sich bei näherer Betrachtung als zutiefst rassistisches Konzept. Der neue Staat vermied es zwar, sich auf eine verbindliche Verfassung festzulegen, erließ aber rechtliche Grundlagen, die das alltägliche Leben berührten und einschränkten. Die Diskriminierung wie auch die Möglichkeit der Enteignung und Vertreibung von nach israelischer Diktion „Nichtjuden“ wurde darin gesetzlich fixiert. Diese Verweigerung von Grundrechten betraf natürlich vor allem die palästinensischen EinwohnerInnen des annektierten Landes und führte zur Errichtung einer Zwei- bzw. Dreiklassengesellschaft.

Am 5. Juli 1950 wurde das Gesetz der Rückkehr beschlossen, womit nicht die der Palästinenser gemeint war. Darin heißt es unter anderem:

„1. Jeder Jude hat das Recht, in dieses Land einzuwandern.
...

[456] Rendtorff, R., Arbeitsbuch „Christen und Juden“, Gütersloh, 1989, zit. in „Was jeder vom Judentum wissen muß“, Gütersloher Verlagshaus Gerd Mohn, Gütersloh 1983, S. 36/ 37

3a. Ein Jude, der nach Israel kommt und sofort nach seiner Ankunft seinem Verlangen Ausdruck gibt, sich ständig in Israel niederzulassen, erhält die Staatsbürgerschaft."

Um die permanenten Diskussionen zu beenden, wer denn jetzt ein Jude oder eine Jüdin sei, erklärte das Parlament im Jahre 1970 durch den Abschnitt 4b, der dem Gesetz auf Rückkehr hinzugefügt wurde:

„4b. Für den Zweck dieses Gesetz bedeutet ‚Jude' eine Person, die von einer jüdischen Mutter geboren oder zum Judentum übergetreten ist und nicht einer anderen Religion angehört."[457]

Die juristische Festlegung auf den Status von künftigen Bürgern sollten der Kolonialpolitik einen legalistischen Anstrich geben und vollendete Tatsachen schaffen. Die zionistischen Ambitionen wurden von den Palästinensern aber nicht stillschweigend hingenommen, sondern konnten nur durch den Einsatz von massiver Gewalt durchgesetzt werden.

Die zionistische Definitionsmacht sollte künftig entscheiden, welche gesellschaftlichen Privilegien jemand genießt oder welcher Anspruch auf die Gewährung von Grundrechten erhoben werden kann. Die Ähnlichkeit dieser Richtlinien mit den Nürnberger Gesetzen war so auffällig, dass sie auch in israelischen Zeitungen umfassend diskutiert wurde. Während des Prozesses gegen Adolf Eichmann wies Hannah Arendt auf diese Parallelen hin, die sie vor allem im israelischen Eherecht ausmachen konnte und den juristischen wie gesellschaftlichen Problemen, denen Beziehungen oder Ehen mit nichtjüdischen oder gar palästinensischen PartnerInnen ausgesetzt werden.[458]
Bei diesen Vorschriften handelte es sich nicht etwa um die Anfangsschwierigkeiten eines eben erst gegründeten Staates, sondern um die Grundlagen eines immer noch gültigen Konzepts der systematischen Diskriminierung – wie ein am 1. August 2003 von der Knesseth beschlossenes Gesetz beweist, das für die palästinensischen Ehepartner von Israelis den Erhalt einer Aufenthaltsgenehmigung oder der Staatsbürgerschaft verbietet. Das bedeutet, dass israelisch-palästinensische Paare oder Familien nur außerhalb des zionistischen Staates zusammen leben dürfen, was praktisch auch die Ausweisung der israelischen Partner bedeutet. Dieses Gesetz betrifft ebenfalls die gemeinsamen Kinder: Sind sie bereits über 12 Jahre alt, wird ihnen gleichfalls Aufenthalt und/oder Staatsbürgerschaft verwehrt. Der Status der unter

---

457 H. Meier-Cronemeyer, Kusche, Rendtorff, R., „Israel in Nahost", Hannover, S. 179, zit. in „Was jeder vom Judentum wissen muß", Gütersloher Verlagshaus Gerd Mohn, Gütersloh 1983 S. 37

458 vgl. Arendt, Hannah „Eichmann in Jerusalem", s.o., S. 30/31

12jährigen bleibt unklar, aber eine mögliche Deportation nach Erreichung des 12. Lebensjahrs wird in Aussicht gestellt.[459] Diese neue Gesetzgebung wurde als grobe Menschenrechtsverletzung international verurteilt, kam aber nicht wirklich überraschend, da dadurch nur die bisherige Praxis untermauert wurde – das bedeutet, dass im Wesentlichen bis heute gilt, was bereits bei der Staatsgründung beschlossen wurde.
Schon bisher war die Zivilehe in Israel verboten; das betrifft mittlerweile 200.000 Staatsbürger, die in so genannten „interreligiösen“ oder nichtreligiösen Partnerschaften leben und eigentlich nur im Ausland heiraten können – das beeinträchtigt die freie Wahl der Ehepartner, wie es im Artikel 16 der Allgemeinen Menschenrechtsdeklaration verlangt wird.[460]

---

[459] vgl. http://www.freace.de/artikel/aug2003/israel010803.html
[460] http://de.wikipedia.org/wiki/Interreligiöse Ehe

Eine Kontinuität: Israelische Massaker an den PalästinenserInnen

Jede Chronologie zu diesem Thema bleibt unvollständig und lückenhaft.[461] Ich habe mich auf einige der bekanntesten Massaker beschränkt, die von israelischen Soldaten, Siedlern oder – vor Gründung des israelischen Staates – von Mitgliedern von Terrorkommandos an den Bewohnern Palästinas begangen wurden. Eine Kontinuität der Grausamkeit, die mehr als fünfeinhalb Dekaden Kolonisierte wie Kolonialherren traumatisiert und einen Alltag relativen Friedens verunmöglicht.

> *Dem ehemaligen Direktor des israelischen Militärarchivs zufolge wurden „in beinahe jedem von uns besetzten Dorf Handlungen verübt, die als Kriegsverbrechen gelten, wie etwa Morde, Massaker und Vergewaltigungen". Die Zahl der großen Massaker (mehr als 50 Ermordete) wird von dem Archivar mit mindestens 20 beziffert und kleinere Massaker (eine oder mehrere ermordete Personen) mit über 100. Uri Milstein, der maßgebliche israelische Militärhistoriker des Kriegs von 1948, geht einen Schritt weiter und erklärt, dass „jedes Gefecht mit einem Massaker an Arabern endete".*[462]

Außerdem verweist der zitierte Autor auf eine Bemerkung von Benny Morris, in dem dieser feststellt, dass *„beinahe jede jüdische Eroberung eines arabischen Stadtviertels oder einer arabischen Stadt ... von Plünderungen und Raubzügen begleitet war."*[463]

Fallbeispiel: Deir Yasin

> *„Wohin gehört Deir Yasin*
> *in meinem Kopf?*
> *Es gehört zu Guernica*
> *Und zum Warschauer Ghetto*

---

[461] Inzwischen ist das Buch von Ilan Pappe mit dem Titel: „Die ethnische Säuberung Palästinas" erschienen, das sich ausführlich mit den Vertreibungen und Massakern an den Palästinensern während der Naqba auseinandersetzt (Verlag Zweitausendundeins, Frankfurt 2007).

[462] Finkelstein, Norman G., „Der Konflikt zwischen Israel und den Palästinensern", Originalausgabe: „Image and Reality of the Israel-Palestine Conflict" bei Verso, London/New York, deutsche Ausgabe im Heinrich Hugendubel Verlag, Kreuzlingen/München 2002, S. 204; Der Autor zitiert aus Hair, 6.Mai 1992.

[463] „1948 and after", Oxford 1994, S. 210, in Finkelstein, Norman G. „Der Konflikt zwischen Israel und den Palästinensern", s.o., S. 204

Es gehört zu Lidice
Und zu Oradour
Es gehört zu My Lai
Und zu Bin-Du-Ong in Vietnam ...“[464]

Am 7. April 1948 stürmten Mitglieder der Irgun und Mitglieder der Sternbande das Dorf, zerrten die unbewaffneten Bewohner und Bewohnerinnen aus ihren Häusern, die sie in Brand steckten oder mit Granaten zerstörten.

> *„Laut dem Internationalen Roten Kreuz hatte Deir Yasin 400 Einwohner, von denen es rund 50 gelang zu fliehen, drei überlebten zum Teil schwer verletzt und über 300 wurden kaltblütig ermordet. Die Mörder der Irgun vergewaltigten Frauen und töteten auf die brutalste Art. Weder hatten sie Erbarmen mit Schwangeren, noch mit Kindern oder Alten ... Der Verantwortliche vom Roten Kreuz in der Region, Jacques de Reynier, berichtet, dass er erst drei Tage nach dem Massaker Zugang zu dem Dorf bekommen konnte und er dann auf das grausamste verstümmelte Leichen zu Gesicht bekam.“*[465]

Der spätere Premierminister und Friedensnobelpreisträger Begin, der als Irgun-Chef unmittelbar die Verantwortung für dieses Massaker trug, hat späteren Kritikern immer geantwortet, dass es ohne den Überfall auf Deir Yasin keinen israelischen Staat gegeben hätte. Denn die Nachricht über das Massaker hat viele Palästinenser zur Flucht veranlasst, vor allem nachdem die Zionisten Überlebende des Massakers öffentlich zur Schau stellten, bevor sie exekutiert wurden. Mehrere palästinensische Dörfer wurden von ihren Bewohnern verlassen und konnten von den Zionisten kampflos „erobert“ werden. Durch das israelische Landnahmegesetz kann Land enteignet werden, dessen Eigentümer abwesend sind und von denen besiedelt oder in Besitz genommen werden, die für diese Abwesenheit verantwortlich sind. Bis 1953 lebte bereits ein Drittel der zionistischen Siedler auf durch diese Methode konfisziertem Land.[466]

Deir Yasin war einer der Höhepunkte der Vertreibungen des sogenannten Unabhängigkeitskriegs. Die Botschaft war klar: Wenn Ihr bleibt, wird mit Euch dasselbe passieren wie mit den Bewohner von Deir Yasin. Deir Yasin wurde zum Symbol der Naqba, die von den Israelis „Unabhängigkeitskrieg“ genannt wurde. 750.000 Palästinenser wurden vertrieben, 418 Dörfer verschwanden von der Landkarte und Tausende fanden in ähnlichen Massakern den Tod.

---

464 Fried, Erich „Deir Yasin“, www.palaestinensische-gemeinde.at/deiryassin.shtml

465 RKL (Revolutionär Kommunistische Liga), Hg., „Intifada“, Nr.4, Wien, Mai 2001

466 Brik Nazeh: „Kibbuz – Legende und Wirklichkeit“, Theorie und Praxis Verlag, Hamburg 1991, S. 96

Fallbeispiel: Kufr Kassem (Kfar bzw. Kafr Qasem)

Die angeblich „einzige Demokratie im Nahen Osten“ hatte gleich nach der Staatsgründung ihre arabischen Bürger der Militärverwaltung unterstellt. Im „arabischen Dreieck“ an der Grenze zu Jordanien wurde als eine der ersten Maßnahmen dieser Verwaltung eine permanente Ausgangssperre ab 21 Uhr beschlossen. Einen Tag vor der als „Sinai-Feldzug“ bezeichneten Aggression wurde der

> *„Beginn der Sperre auf 17 Uhr vorverlegt. Kurz nachdem die Ausgangssperre in Kraft getreten war, kehrten einige Bewohner von Kfar Kassem wie jeden Tag von der Feldarbeit ins Dorf zurück. Sie wussten nicht, dass die Sperrzeit geändert worden war. Mit Lastwagen, Lieferwagen und Fahrrädern fuhren sie auf der Hauptstrasse in Richtung Dorf. Dort trafen sie auf eine Abteilung Grenzschutz. Die Soldaten ließen sie anhalten. Nachdem sie oberflächlich als Bewohner des Dorfes identifiziert worden waren, ließen die Soldaten sie in einer Reihe antreten und erschossen sie – sie hatten den Befehl erhalten, sie zu ‚erledigen‘. Immer mehr Dorfbewohner erschienen in kleinen Gruppen, und auch diese wurden erschossen. Fast fünfzig Menschen starben, darunter sieben Kinder und zehn Frauen. Einige stellten sich tot und überlebten.“*[467]

Die Überlebenden verhinderten, dass dieses Massaker vertuscht werden konnte; trotz massiven Engagements der israelischen Zensur wurde der Vorfall publik. Erst sechs Wochen danach waren die Verantwortlichen bereit, öffentlich dazu Stellung zu nehmen. Ein Scheinprozess über einige niederen Ränge der Mörder und eine Schweigeminute in der Knesset sollten einen Schlussstrich unter Kufr Kassem ziehen.

> *„Und schließlich spielten auch die offiziellen Stellen den Vorfall eher herunter. Die Entschädigung, die den Familien der Opfer gezahlt wurde, war kläglich; die verantwortlichen Militärs wurden erst Jahre später abgelöst. Ein Appellationsgericht verkürzte die Strafen der Mörder; der Stabschef und der Präsident begnadigten sie, und drei Jahre nach dem Massaker waren sie alle wieder frei. Oberst Jisachar Schadmi, der Kommandeur des Regiments, dem die Soldaten angehörten, wurde erst nach massivem Druck seitens der Zeitungen überhaupt vor Gericht gestellt. Er wurde vom Vorwurf des Mordes freigesprochen und nur für schuldig befunden, seine Befugnisse überschritten zu haben. Moshe Dayan, damals Generalstabschef, erschien als Zeuge der Verteidigung.*

---

[467] UOG, 1960, XLIV: 410; Kordov, Moshe „Elf Grenzpolizisten vor Gericht, Tel Aviv 1959; Segev, Tom, „Kfar Kassem: Die schwarze Fahne“, Haarez (Beilage), 22.10.1981, S. 5ff, zit. in Segev, Tom, „Die siebte Million“, S. 396

Das Gericht verhängte eine symbolische Geldstrafe, die in einer einzigen Münze bestand. Eine Revisionsverhandlung fand nicht statt."[468]

Beteiligte Soldaten erzählten später in einem Interview, dass der Befehl zum Massaker von „ganz oben" gekommen sei und sie geopfert worden seien, um eine Kabinettskrise zu vermeiden. Ein anderes Detail erwähnte Erich Fried vor Jahren auf einer Veranstaltung, nämlich, dass der verantwortliche Kommandant zum führenden Kontrolloffizier des Atomreaktors Dimona ernannt worden war.

Fallbeispiel: Sabra und Shatila

Seit jeher bewies die zionistische Armee zynischen Einfallsreichtum, wenn es um die Namensgebungen ihrer Massaker ging. Die Libanoninvasion 1982) mit dem erklärten Kriegsziel, die PLO zu zerschlagen und die rebellischen Flüchtlingslager auszuradieren, nannten sie „Frieden für Galiläa". Wir schreiben Juni 1982 – es ist nicht der erste Versuch Israels, den Südlibanon unter Kontrolle zu bringen, aber bisher scheiterten die Zionisten am Widerstandswillen der libanesischen und der mit ihr verbündeten palästinensischen Bevölkerung. Auch der neue Feldzug wird letztendlich eine Niederlage, doch die Politik der verbrannten Erde hinterlässt in der ehemaligen „Schweiz des Nahen Ostens" eine Ruinenlandschaft.

Zur Vorgeschichte: Der Bürgerkrieg sollte die Invasion maßgeblich erleichtern und diente als Alibi für die Invasion. Seine Wurzeln liegen in den Auswirkungen und den Folgeentwicklungen der Kolonialzeit. Nachdem die französische Besatzung abgeschüttelt war, wurde nach dem Zweiten Weltkrieg ein System geschaffen, das gewährleistet, das der Präsident ein maronitischer Christ, der Ministerpräsident ein sunnitischer Moslem und der Parlamentspräsident ein Schiit sein soll.[469] Seit Jabotinsky propagierten israelische Ideologen die Errichtung eines christlich-maronitischen Staates im Libanon und ihre Unterstützung der falangistischen „Südlibanesischen Armee" trug wesentlich zur Entfachung des Bürgerkriegs bei.

Die PLO war 1982 gemäß dem unter UNO-Aufsicht unterzeichneten Vertrag abgezogen, dieser Vertrag sicherte auch der verbliebenen Zivilbevölkerung Unversehrtheit und Schutz zu.

---

[468] Segev, Tom, „Die siebte Million", s.o., S. 400/401

[469] Khella, Karam „Zur politischen Situation im Libanon vor der israelischen Invasion", in „Der israelisch-arabische Konflikt", Theorie und Praxisverlag, Hamburg 1982, S. 43

Doch kaum hatten die palästinensischen Fedayin Beirut verlassen, das bereits seit drei Monaten belagert worden war, marschierte die israelische Armee ein. Die faschistische, mit Israel verbündete Falange bekam das Freizeichen zum Sturm auf die nun wehrlosen Flüchtlingslager.

> *„Im September 1982, nach der dreimonatigen Blockade und dem Abzug der palästinensischen Truppen aus der Stadt ist die israelische Armee in die Stadt einmarschiert. Die alliierten faschistischen Milizen töteten im Flüchtlingslager Shatila und im benachbarten Viertel Sabra rund 3.000 Personen, die meisten von ihnen Kinder und Frauen. Laut Augenzeugenberichten versperrte die israelische Armee die Wege aus dem Lager und konzentrierte die Menschen darin, bombardierte das Lager vor und nach dem Einmarschieren der Milizen und beleuchtete während des Massakers den Himmel mit Leuchtgranaten, was auf eine vollkommene Koordination hindeutet.“*[470]

Während andere Quellen von tausend massakrierten Zivilisten sprechen, wurden im Untersuchungsbericht des Roten Kreuzes 2750 getötete Menschen angegeben.[471] Selbst eine israelische Untersuchungskommission musste nach internationalen Protesten zugeben, dass der damalige Verteidigungsminister Sharon für dieses Kriegsverbrechen „mitverantwortlich“ war, was seine Karriere aber nur vorübergehend trübte – und längerfristig sicher beflügelte.

Aus Protest gegen das Massaker bildete sich auch in Israel eine Friedensbewegung heraus, die primär von hochrangigen Militärs gegründet wurde – was auf den ersten Blick paradox erscheint, aber in einer durchmilitarisierten Gesellschaft wie der israelischen leicht nachvollziehbar ist. Hunderttausende demonstrierten in Tel Aviv für den Rücktritt Sharons. Friedensaktivist und ehemaliges Irgun-Mitglied Uri Avnery stellte vor kurzem fest, dass seit Sabra und Shatila die israelische Gesellschaft zunehmend verroht sei und ein innenpolitischer Protest wie damals heute nicht mehr möglich wäre.[472] Im Libanon selbst ermöglichte ein Amnestiegesetz, dass die proisraelischen Falangisten bis heute hohe politische Ämter einnehmen.

---

470 RKL (Revolutionär Kommunistische Liga), Hg., „Sharon des Völkermords angeklagt“, in Intifada Nr.5, Sommer 2001, Wien

471 http://palaestinanews.de/massakern1.php

472 Journal-Panorama, Radiosendung zum Jahrestag des Massakers auf dem österreichischen Sender Ö1, 17.09.2007

Fallbeispiel: Kana (Qana)

Unter dem Namen „Früchte des Zorns“ führte Israel eine neuerliche Aggression gegen den Südlibanon im April 1996 durch. Israelische Flugzeuge beschossen und bombardierten dicht besiedelte Gebiete.
In Qana wurden bei einem Angriff am 18. April 1996 160 Zivilisten (Frauen, Kinder, alte Menschen) ermordet.[473] Sie hatten vorher bei der UNO um Hilfe vor der israelischen Aggression gebeten und waren deshalb zu ihrem Schutz in einem UNO-Stützpunkt untergebracht worden, der von Israel angegriffen wurde.
Robert Fisk sprach auf einer Veranstaltung über dieses Massaker:

> *„Für uns Reporter – und die Vereinten Nationen – war damals die Erklärung der Israelis, sie hätten niemals beabsichtigt, das UNO-Lager und die darin schutzsuchende muslimische Zivilbevölkerung zu treffen, unglaubwürdig, weil sie sehen konnten – was sie allerdings leugneten –, wohin die Bomben fielen. Denn die Überlebenden, sowohl UNO-Soldaten als auch Flüchtlinge, sprachen alle davon, während des Massakers ein unbemanntes israelisches Aufklärungsflugzeug über dem Lager gesehen zu haben ...“*[474]

Auf der genannten Veranstaltung spielte Fisk einen Film vor, den ihm ein anonymer UNO-Soldat übergeben hatte und auf dem zu sehen ist, wie das Aufklärungsflugzeug das Lager überfliegt. Auch ein israelischer Hubschrauber ist auf dem Video verewigt, *„der Leuchtkugeln abwirft, um auf Hitze reagierende Raketen abzulenken. Qana ist in Rauch gehüllt, während die Artilleriegranaten vom Himmel herabregnen.“*[475]

Die Bomben fliegen über eine Viertelstunde lang und richten ein verheerendes Blutbad an.
Bereits Stunden vor dem Angriff berichteten Zeugen von einem Aufklärungsflugzeug, das den Stützpunkt auskundschaftete. Von einem Versehen, wie es die Israelis später darstellen wollten, kann also keine Rede sein.

Bei der 2006 erfolgten israelischen Aggression gegen den Libanon wurde Qana erneut zum Schauplatz eines Kriegsverbrechens, bei dem mindestens sechzig Zivilisten, darunter zahlreiche Kinder, starben. Eines von mehreren Massakern, die während dieses Krieges stattfanden. Der weltweiten Kritik – die sogar die Israel unterstützenden europäischen Regierungen zum Auf-

---

[473] Ebda.
[474] Fisk, Robert, „Reporting the Truth and Exposing Lies“, in „Palestine Times“, Juni 1997; www. islamic.org.uk/deutsch/qana.html
[475] Ebda.

ruf zur Verhältnismäßigkeit zwangen – begegnete Israel mit dem üblichen Zynismus und der fortgesetzten Zerstörung der Infrastruktur im Südlibanon, begleitet von der gezielten Bombardierung von Wohnvierteln und dem Einsatz international geächteter Massenvernichtungswaffen. Trotzdem erlitt der Zionismus eine Niederlage, die auch Auswirkungen auf die israelische Innenpolitik haben sollte und das Siegerimage des Militärs nachhaltig beschädigte.

Fallbeispiel: Hebron

Nach dem Massaker am 25. Februar 1994 in der Ibrahimi-Moschee in Hebron, bei dem ein Siedler, Goldstein, gemeinsam mit Komplizen dreißig, nach anderen Angaben bis zu sechzig betende Muslime getötet und 200 verletzt hat, wurden die Flüchtenden von der Armee beschossen. Auf den folgenden Protestdemonstrationen wurden erneut 23 Palästinenser von israelischen Soldaten getötet und mehrere hundert verletzt. Auch hier waren es nicht nur Armeeangehörige, sondern auch einige der militanten Siedler, die das Feuer auf die Demonstranten eröffneten.[476] Dazu schrieb Felicia Langer, die über die Hintergründe des Massakers recherchiert hat:

> *„Israels positives Bild im Ausland zu wahren, das war nur eine Komponente der Reaktion der Regierung. Die andere war darauf ausgerichtet, die symbiotische Beziehung zwischen Armee und Siedlern in den besetzten Gebieten zu verschleiern, in dem dort herrschenden System der Apartheid, dem letzten dieser Art unter der Sonne.“*[477]

Als Konsequenz des Massakers wurde die Moschee zur Hälfte in eine Synagoge umgewidmet und den Siedlern zugesichert, Bleiberecht in Hebron zu genießen. Goldstein, der nach dem Anschlag von wütenden Demonstranten gelyncht wurde, wurde von den Siedlern ein Denkmal erbaut.[478]

In weiterer Folge verwandelte sich Hebron in ein Mekka rechtsradikaler Siedler, die mit Hilfe des israelischen Militärs die Bewohner terrorisieren und damit zum Verlassen ihrer Häuser bewegen wollen. Auch wenn es sich dabei nur um 350 Siedler handelt, die inmitten von 130.000 arabischen Nachbarn leben, hilft ihnen die israelische Armee dabei, sich wie Herren-

---

476 http://palaestinanews.de/massakern1.php

477 Langer, Felicia, „Wo Hass keine Grenzen kennt.“, Lamuv-Verlag, Göttingen 1995, S. 41, Kommentar als Reaktion auf das Massaker, das 1994 von Baruch Goldstein und Freunden mit Hilfe von Soldaten in der Haram-al-Ibrahimi-Moschee in Hebron verübt wurde.

478 Pirker, Werner, „Häuserkampf in Hebron“, im Bericht der Antiimperialistischen Solidaritätsdelegation in Palästina, Sonderheft der „Intifada“, Wien 2002, S. 18

menschen zu bewegen.[479] Der Berliner Journalist Peter Nowak berichtete als Teilnehmer einer Solidaritätsdelegation im Jahr 2002 von „körperlichen Angriffen, Zugangsblockaden und der Beschädigung von Wohnungen“, denen die palästinensische Bevölkerung in Hebron ausgesetzt war.[480] Auf die arabischen Geschäfte wurden Parolen gesprayt wie „Tod den Arabern“ oder „Araber raus“. Dazu den Davidstern[481] – abgesehen davon, dass hier nicht „Juden“, sondern „Araber“ als Objekt des Hasses dienen, kann die Ähnlichkeit mit den Pogromen im Zuge der Kristallnacht kaum übersehen werden.

Fallbeispiel: Jenin (Dschenin)

Jenin ist ein Flüchtlinslager im Westjordanland, das zum Symbol der zweiten Intifada und dem Widerstandswillen der Palästinenser, aber auch für die scheinbar grenzenlose israelische Zerstörungswut geworden ist. Bis zu 15.000 Menschen waren vor dem Angriff auf einer Fläche von etwas über einem Quadratkilometer eingepfercht, die meisten lebten bereits vor der Intifada unter der Armutsgrenze, angewiesen auf Unterstützung der internationalen Organisationen oder der Autonomiebehörde.[482]

In der Nacht vom 2. auf den 3. April 2002 begannen Apache-Hubschrauber das Lager, das zuvor mit Panzern umstellt wurde, mit Raketen zu beschießen.

Die dem Bombardement folgende Operation dauerte zehn Tage lang an; während dieser Zeit und auch danach durften keine Journalisten, NGO’s, UNO-Mitarbeiter oder Rettungsfahrzeuge ins völlig verwüstete Lager. Israel beeilte sich, die Spuren des Massakers zu beseitigen. Erst nach und nach kamen Details dieses Verbrechens ans Tageslicht. Menschen waren absichtlich lebendig von den Bulldozern in den Trümmern ihrer Häuser begraben worden, zahlreiche Tote wurden in Massengräbern verscharrt, um das Ausmaß des Massakers zu verschleiern.

Die gesamte Infrastruktur, die sanitären Einrichtungen und die Trinkwasserversorgung ebenso wie die Strom- und Telefonleitungen wurden zerstört. Plünderungen und Diebstähle begleiteten die Gewaltorgie[483] Selbst nach den tagelangen „Aufräumungsarbeiten“, darunter der Schleifung ganzer Viertel, war das Ausmaß der Katastrophe nicht zu verheimlichen, als

479 Ebda.

480 Nowak, Peter, „Wo der Hass keine Grenzen kennt“, im Bericht der Antiimperialistischen Solidaritätsdelegation in Palästina, s.o., S. 20/21

481 Pirker, Werner, „Häuserkampf in Hebron“, s.o.

482 RKL (Revolutionär Kommunistische Liga), Hg., „Jenin 2002“, in „Intifada Nr.9“, Wien 2002

483 http://palaestinanews.de/massakern1.php, S. 8

endlich internationalen Beobachtern der Zutritt zu Dschenin gestattet wurde.

Der Geruch des Todes liegt über vielen Plätzen: Zum ersten Mal hatte eine internationale Organisation Zutritt zum gesamten Lager Dschenin. Was sich den Inspektoren zeigte, war „schrecklicher als alle Vorstellung“, so der UNO-Gesandte Terje Roed Larsen, „ich glaube, ich kann für die gesamte Delegation sprechen, wenn ich sage, wir waren geschockt.“[484]

Auch danach noch hat Israel den UN-Behörden die Zusammenarbeit verweigert und den Einsatz einer Untersuchungskommission massiv behindert. Israel verlangte, dass es die zu befragenden Zeugen selbst aussuchen dürfte. Letztendlich scheiterte der Versuch, die Kommission zu installieren und die Untersuchungen aufzunehmen, am israelischen Widerstand, weshalb die eigentlichen Vorgänge nie ernsthaft von einer internationalen Delegation untersucht werden konnten. Israel feierte das Abschlusspapier als Beweis, dass überhaupt kein Massaker stattgefunden hätte und es gar nicht so viele Tote – nämlich offiziell nur 54 – gegeben hätte, wie ursprünglich angenommen worden war. Viele Beobachter bezweifeln diese Zahl, verweisen auf die Massengräber, in denen Hunderte Tote vermutet werden.[485]

„Die Vergehen, die wir in Dschenin festgehalten haben, sind äußerst bedenklich und in einigen Fällen ganz offensichtlich Kriegsverbrechen“, sagte der federführende Ermittler von Humans Rights Watch, Peter Bouckaert, in dem 48 Seiten langen Bericht.[486]

Im Interview in der Jediot Acharonoth erzählt einer der israelischen „Helden“ des Massakers, wie er mit einem D-9 Bulldozer, den er drei Tage lang nicht zu verlassen wagte, ununterbrochen Häuser zerstörte und eine Schneise durch das Lager zog, den Palästinensern ein „Stadion“ baute, wie er zynisch anführte:

„Drei Tage lang zerstörte und zerstörte ich. Das ganze Gebiet. Jedes Haus, aus dem geschossen wurde, wurde niedergerissen. Und um es niederzureißen, zerstörte ich noch ein paar andere. Sie wurden über Lautsprecher gewarnt aus den Häusern zu kommen, bevor ich kam, aber ich gab niemandem eine Chance. Ich wartete nicht ... Die Palästinenser waren mir scheißegal, aber ich zerstörte nicht ohne Grund. Es war alles auf Befehl.

Viele Leute waren in den Häusern, die wir niederrissen. ... Ich bin sicher, dass Leute in diesen Häusern gestorben sind, aber ich konnte

484 Ebda.

485 RKL (Revolutionär Kommunistische Liga), Hg., „Jenin 2002“, Intifada Nr.9, s.o., S. 8

486 Ebda. S. 9

überhaupt wenig sehen, denn überall waren Staubwolken, und wir arbeiteten viel auch in der Nacht.
Ich empfand Freude bei jedem Haus, das einstürzte, denn ich wusste, dass es ihnen nichts ausmacht, zu sterben, sie sorgten sich um ihre Häuser. Wenn man ein Haus zerstört, begräbt man 40-50 Leute, Generationen.“[487]

Auch nach dem Massaker, der Zerstörung von 500 Häusern, der Verhaftung hunderter Bewohner, blieb Jenin Opfer des israelischen Terrors – bis heute fahren fast täglich israelische Panzer auf und verbreiten ein Klima der Einschüchterung.

[487] RKL, (Revolutionär Kommunistische Liga), Hg., Übersetztes Interview vom 31.Mai 2002 in der Jedioth Acharonoth, veröffentlicht in der „Intifada Nr.10“, S. 16-18

Die zionistische Außenpolitik

Die engsten Verbündeten nach der Staatsgründung: Kolonialherren, Oligarchen, Diktatoren und Neonazis

Entwicklungshilfe aus Israel: der Export von Söldnern

In der Selbstdarstellung präsentiert sich Israel als von feindlichen arabischen Armeen umzingeltes Land, ein Image, das von zionistischen Unterstützern in zahlreichen Veröffentlichungen gezeichnet wird und die proisraelische Stimmung in der westlichen Welt fördern soll. Weniger Aufmerksamkeit findet dagegen die aggressive Außenpolitik Israels, die diesem Image genauso entschieden widerspricht wie die Wahl seiner Verbündeten. Die Frage nach der politischen Grundhaltung des Zionismus beantwortet sich von selbst, wenn wir die israelischen Beziehungen zu den alten Kolonialreichen einerseits und die Haltung zu den antikolonialen Befreiungsbewegungen andererseits betrachten und vor dem Hintergrund des historischen Kontextes analysieren. Benjamin Beit-Hallahmi, ein israelischer Historiker, schreibt dazu:

> *„Der Zionismus entstand Ende des 19. Jahrhunderts vor dem Hintergrund zweier miteinander verbundener Phänomene, die das Antlitz der Welt veränderten: des Siegeszuges des Nationalismus in Europa und – dazu parallel, aber politisch konträr – des Aufbaus der europäischen Kolonialreiche in Übersee."*[488]

Dieses Zitat offenbart den Kontext, in den die Idee eines Siedlerstaates in Palästina eingebettet war. Der europäische Kolonialismus befand sich gegen Ende des 19. Jahrhunderts in einer entscheidenden Phase, als er die Neuaufteilung der Kolonien plante, die bisher zum Osmanischen Reich gehörten. Die Idee des Siedlerkolonialismus – der Zionismus war nur seine letzte Variante – war schon einige Jahrhunderte alt und befand sich weniger im Aufbau als bereits wieder im Niedergang. Gleichzeitig hatte der Widerstand der Völker zur Folge, dass sich ein Kolonialreich nach dem anderen aus den besetzten Ländern zurückziehen musste.

Zur Zeit der Entstehung des Zionismus waren die Befreiungskämpfe gegen die europäischen Kolonialherren weltweit entbrannt. Als 1948 der israelische Staat ausgerufen wurde, war der Prozess der Entkolonisierung bereits so weit fortgeschritten, dass der neue Siedlerstaat von Anfang an ein antiquiertes und überholtes System darstellte. Heute kann von Israel als dem letzten noch aktiven Siedlerkolonialismus gesprochen werden – d.h., dass

---

[488] Beit-Hallahmi, Benjamin, Schmutzige Allianzen, München 1989, Knaur-Verlag, S. 267

bei der schließlichen Gründung Israels ähnliche Methoden der Landeroberung entweder längst abgeschlossen waren (– in der Regel begleitet von einem Genozid an der Urbevölkerung wie in den USA oder in Australien) oder die Besatzer durch nationale Befreiungsbewegungen verjagt worden waren.

Nur einige wenige Beispiele seien im Folgenden angeführt, um Israels Festhalten an den alten kolonialen Mustern in seinen Außenbeziehungen und seiner Söldnertätigkeit zu untermauern. Hier interessieren also die Auswahl der zionistischen Bündnispartner und ob sich die Beziehungen des Zionismus in seiner neuen Rolle als Staatsmacht verändert haben.

Es war klar, dass die Unterstützung der israelischen Staatsgründung – sowohl durch die kapitalistischen Länder als auch durch die Sowjetunion – nicht aus Mitgefühl und als Reaktion auf die nationalsozialistischen Verbrechen erfolgte, sondern an bestimmte Erwartungen und Forderungen geknüpft war. Der zionistische Staat sollte vor allem für die Befriedung im so genannten Nahen Osten sorgen – dazu wurde er von den Industrieländern großzügig mit Wirtschafts- und Militärhilfe ausgestattet. Der Zionismus wehrte sich aber dagegen, sich zum bloßen Hilfspolizisten in der arabischen Region funktionalisieren zu lassen und versuchte, seinen Aktionsradius und seinen internationalen Einfluss permanent auszuweiten. Dazu intensivierten die israelischen Repräsentanten ihre Kontakte zu den sie unterstützenden Regierungen sowie allen Gruppierungen und Organisationen, die den israelischen Interessen dienlich sein konnten. Wie immer verbündete sich Israel bevorzugt mit den rechtesten Akteuren der internationalen Politik, während sie gleichzeitig die diplomatischen Beziehungen zu den Oligarchien und Diktaturen in Afrika, Asien und Süd- und Mittelamerika verstärkten.

Um seine Nützlichkeit für imperialistische Interessen zu beweisen, suchte Israel zunächst die Kooperation mit westlichen Geheimdiensten. Als wichtiges Instrument des Kalten Krieges wurde von den USA und der NATO in vielen europäischen Ländern ein Netzwerk von so genannten stay-behind Geheimorganisationen aufgebaut, die im Falle einer sowjetischen Machtergreifung im Hinterland Sabotage- und Terroraktionen durchführen sollten. Ein anderes Aufgabengebiet dieser Organisation(en) widmete sich der innenpolitischen Bekämpfung linker Strömungen, um der Angst vor einer kommunistischen Machtübernahme zu begegnen. Als Methoden dienten neben dem Anlegen von Waffenlagern, Sabotage- und Terrororaktionen auch die Unterwanderung fortschrittlicher Organisationen, die Manipulation der medialen Berichterstattung und die Ausweitung polizeilicher und juristischer Befugnisse. Auch die Unterwanderung linker Gruppierungen zählt(e) zu den angewendeten Mitteln; so sollen bei der Entführung und schließlichen Ermordung des italienischen christdemokratischen Politikers Aldo Moro durch die Roten Brigaden Agenten von Gladio ihre Hände im Spiel gehabt haben.[489]

Als „Strategie der Spannung" wird dabei ein Konzept bezeichnet, dass durch möglichst große Verunsicherung der Bevölkerung ereichen soll, dass einer Einschränkung demokratischer Grundfreiheiten zugestimmt wird und der bürgerliche Staat als vernünftige Alternative zwischen linken und rechten Extremisten erscheint.[490] Zur Durchsetzung dieser Strategie schreckten die im Hintergrund agierenden Strategen auch nicht vor Massakern wie dem 1980 erfolgten Bombenanschlag auf den Bahnhof in Bologna zurück, bei dem 85 Menschen starben und mindestens 200 verletzt wurden. Anschließend wurde der Anschlag fortschrittlichen Kräften in die Schuhe geschoben und – wie immer bei ähnlichen Verdächtigungen – mit massiven Repressionen gegen die Linke vorgegangen. Das Mitglied der italienischen Gladio, Vincenzo Vinciguerra, der an ähnlichen Massakern beteiligt war, beschrieb die beabsichtigte Wirkung solcher Anschläge:

> *„Man musste Zivilisten angreifen, Männer, Frauen, Kinder, unschuldige Menschen, unbekannte Menschen, die weit weg vom politischen Spiel waren. Der Grund dafür war einfach. Die Anschläge sollten das italienische Volk dazu bringen, den Staat um grössere Sicherheit zu bitten. Diese politische Logik liegt all den Massakern und Terroranschlägen zu Grunde, welche ohne richterliches Urteil bleiben, weil der Staat sich ja nicht selber verurteilen kann."*[491]

Zur Beherrschung des selbst geschaffenen Chaos ist nach dieser Legende der „starke Staat" gezwungen, auch undemokratische Maßnahmen einzusetzen. Die aktuelle Diskussion im „Kampf gegen den Terror", ob die Erhöhung der Sicherheit nur durch die Aufgabe von Freiheit gewährleistet werden könne, zeigt, dass die Strategie der Spannung noch immer erfolgreich angewendet wird.

Die NATO-Geheimarmeen in Europa entzogen sich gänzlich der öffentlichen wie auch der parlamentarischen Kontrolle und agierten in einem völlig rechts- wie demokratiefreien Rahmen. Ihren Terroranschlägen fielen

---

489 vgl.: Mecklenburg, Jens (Herausgeber), „Gladio – Die geheime Terrororganisation der NATO", Elefanten-Press Berlin, 1997, S. 7 und Ganser, Daniele, „NATO's secret armies – Operation Gladio and Terrorism in Western Europe", Frank Cass London/New York 2005, S. 79/80

490 vgl.: Mecklenburg, Jens (Herausgeber), „Gladio – Die geheime Terrororganisation der NATO", s.o., S. 9

491 http://www.heise.de/tp/deutsch/inhalt/co/16952/1.html; vgl. auch: http://www.isn.ethz.ch/php/collections/coll_gladio.htm

nachweislich hunderte Menschen zum Opfer, ohne dass die tatsächlichen Verantwortlichen jemals mit anderen Konsequenzen als ihren Beförderungen zu rechnen hatten. Nach jedem Anschlag wurden linke und fortschrittliche Kräfte der Tat beschuldigt, um die gesellschaftliche Stimmung zu beeinflussen und mit der ganzen Kraft des Staatsterrors gegen diese Kräfte vorgehen zu können. Einen solchen Fall behandelte Dario Fo in seinem Stück: „Zufälliger Tod eines Anarchisten".

So wie sich in Italien die Geheimorganisation „Gladio" vor allem aus Faschisten zusammensetzte, die unter Mussolini Karriere gemacht hatten, rekrutierten sich die meisten Mitglieder der „stay-behind"-Netzwerke in Deutschland und Österreich aus ehemaligen Nazikreisen. Auch in den anderen europäischen Geheimarmeen wurden bevorzugt rechtsradikale Strömungen angeworben, die aufgrund ihrer antikommunistischen Stoßrichtung als zuverlässiger betrachtet wurden. Sie wurden von Agenten der CIA (und des CIA-Vorläufers OSS) für diese Tätigkeit angeworben. Dass Israel mit den stay-behind Organisationen in Europa eng zusammenarbeitete, wurde mittlerweile durch viele Quellen belegt und ist aufgrund des Naheverhältnisses zu westlichen Regierungen, insbesondere den USA, auch naheliegend. Dass sich primär rechtsradikale, kriminelle und militärische Gruppen in diesen Netzwerken organisierten, hat den Zionismus nicht gestört – auch nicht die faschistischen Zirkel in den Nazinachfolgestaaten, mit denen es ja bereits während ihrer Herrschaft eine Kooperation gegeben hatte.

Dieser etwas längere Exkurs war notwendig, weil sich in einigen der folgenden Fallbeispiele die Kooperation mit den beschriebenen Geheimarmeen wiederholt. Diese Zusammenarbeit zeigt natürlich nur einen kleinen Ausschnitt der israelischen Außenpolitik, kann aber aufgrund ihrer reaktionären Stoßrichtung als repräsentativ betrachtet werden.

Die Zusammenarbeit mit Frankreich am Beispiel Algerien: Die OAS (Organisation Armèe Secrète)

Frankreich war (ist) aus mehreren Gründen ein wichtiger Bündnispartner des zionistischen Staates. Der Beginn der Zusammenarbeit geht bereits auf die Gründerjahre Israels zurück und intensivierte sich in den 1950er Jahren, in einer Zeit, in der sich die französische Kolonialmacht verzweifelt und mit allen Mitteln bemühte, die um ihre Selbstbestimmung kämpfenden Völker zu befrieden und die Entkolonisierung aufzuhalten. Der Zionismus unterstützte diese Bemühungen nicht nur aus dem Grund, dass er als klassischer Siedlerkolonialismus die gleiche Philosophie und Ideologie teilte,

sondern auch, weil er sich von der Unabhängigkeit der ihn umgebenden arabischen Länder bedroht fühlte. In dieser Zeit stieg Frankreich laut Hallahmi zum wichtigsten Waffenlieferanten Israels auf.[492] Die französischen Militärs waren ihrerseits beeindruckt vom harten und brutalen Vorgehen der israelischen Armee gegen die PalästinenserInnen, das sie auch in einer gemeinsamen Aggression schätzen gelernt hatten. 1956 hatte Israel gemeinsam mit Frankreich und Großbritannien einen Angriff gegen Ägypten durchgeführt, um die Nationalisierung des Suezkanals aufzuhalten.
Zwei israelische Generäle, die später große Karriere in der Politik Israels machen sollten, wurden 1960 von Frankreich nach Algerien eingeladen, wo sie sich vor allem für den Hubschraubereinsatz in der Guerillabekämpfung interessierten: Itzhak Rabin und Chaim Herzog.[493] Offiziell nahm Israel während des algerischen Befreiungskrieges nur Beobachterstatus ein.

> *„Den für ihre Unabhängigkeit kämpfenden Arabern des Nahen Ostens und des nördlichen Afrika traten Israel und Frankreich als bewaffnete Leibwächter einer kolonialistischen europäischen Vorherrschaft entgegen.“*[494]

Auch als sich die algerische Bevölkerung unter Führung der FLN schließlich von der französischen Kolonialherrschaft befreite, beharrte Israel weiter auf seiner Unterstüzung des französischen Kolonialismus. Als das endlich unabhängige Algerien einen Antrag auf Aufnahme in die Vereinten Nationen stellte, gab es eine einzige Gegenstimme: die von Israel.[495]

Als das Ende der Kolonialherrschaft abzusehen war, gründete sich die OAS (Organisation de l'Armèe Secrète) als eine rechtsextreme französische Untergrundbewegung, die sich gegen die Entlassung Algeriens in die Unabhängigkeit stellte. Die Gruppierung versuchte, durch Terror und gezielte Anschläge auf die algerische Zivilbevölkerung die Eskalation der Gewalt zu provozieren.[496]

Die OAS wurde 1961 als eine Organisation ins Leben gerufen, die nicht nur militärische Operationen durchführte, sondern auch politische und propagandistische Funktionen wahrnahm und sich als wichtigste Vertretung der so genannten Algerienfranzosen etablieren konnte. Dadurch gelangten später auch ehemalige Mitglieder der OAS in hohe Regierungsämter, ohne

---

492 Ebda. S. 20
493 Crosbie, E., „The Tacit Alliens“, Princeton 1974, zit. bei Beit-Hallahmi, Benjamin, „Schmutzige Allianzen“, s.o., S. 63
494 Beit-Hallahmi, Benjamin, „Schmutzige Allianzen“, s.o., S. 21
495 Ebda. S. 64
496 Zoom, 4+5, Wien 1996, S. 88/89, Wien

für ihre kriminelle Vergangenheit belangt zu werden. Ihre Mitglieder stammten vor allem aus dem Umfeld der berüchtigten faschistischen Kolonialtruppen, denen etwa Le Pen angehörte; aber vereinzelt nahmen auch ehemalige Mitglieder der Resistance führende Positionen ein. Unter dem Motto „L'Algérie française" bildete sich eine oppositionelle Struktur heraus, die vor allem zwei Ziele verfolgte: zum einen die Aufrechterhaltung der französischen Kolonialherrschaft in Algerien, zum anderen die Beseitigung der Regierung von de Gaulle in Frankreich, die sie durch ein Militärregime ersetzen wollten. Ihre strikte antikommunistische Ausrichtung machte sie attraktiv für geheimdienstliche Konzepte – doch trotz der Unterstützung von CIA und ihrer Einbindung in die NATO-„stay behind-Strukturen" wurde der im April 1961 gestartete Putschversuch nach wenigen Tagen niedergeschlagen.

Der Terror der OAS kostete nicht nur Tausenden Algeriern das Leben, sondern richtete sich auch gegen französische Politiker, die einem Rückzug Frankreichs aus Algerien zustimmen wollten. Die OAS führte außerdem in anderen europäischen Ländern Anschläge gegen politische Führer oder Unterstützer der FLN durch, etwa in Spanien, der Schweiz und in Deutschland.[497]

Bald wurde bekannt, dass Israel die OAS intensiv unterstützte – was nicht weiter verwundert, da Israel in der Befreiung Algeriens und der Zerschlagung der französischen Vorherrschaft auch seine eigene Zukunft erahnte.

Insgesamt gab es ein starkes Interesse beider Länder, den fortschreitenden Entkolonialisierungsprozess zu stoppen. Die Argumente, die Frankreich gegen den algerischen Befreiungskampf vorbrachte, waren großteils identisch mit den Phrasen, mit denen Israel seine Kolonialpolitik rechtfertigte: etwa, dass es gar keine „ursprüngliche algerische Identität" geben würde, dass Algerien eigentlich Teil des französischen Mutterlandes sei oder dass die arabische Bevölkerung schließlich die Möglichkeit hätte, sich – bei entsprechender Unterwerfung und einer langen Liste von Einschränkungen – in das bestehende Kolonialsystem zu integrieren.[498] Diese Parallelen förderten die gegenseitigen Sympathien, doch die israelisch-französischen Beziehungen blieben nicht ungetrübt. Dass de Gaulle in Erwägung zog, Algerien in die Unabhängigkeit zu entlassen, beunruhigte die israelische Regierung und führte zur Unterstützung der faschistischen OAS.

Die OAS entpuppte sich als Schnittstelle zwischen früheren Anhängern oder Akteuren des Vichy Regimes, Offizieren und Generälen der französischen Armee, Legionären der Kolonialtruppen, Polizisten und Mitgliedern der Geheimdienste. Sie war sicher die am weitesten rechts stehende Grup-

---

497 vgl. Ganser, Daniele, „NATO's secret armies – Operation Gladio and Terrorism in Western Europe", Frank Cass London/New York 2005, S. 96

498 vgl.: Beit-Hallahmi, Benjamin, „Schmutzige Allianzen", s.o., S. 65

pierung des französischen Kolonialismus, doch unterschied sich ihre Vorgangsweise nur partiell von der offiziellen Politik. Es gilt als offenes Geheimnis, dass große Teile der Polizei die Aktivitäten der OAS begrüßten. Der Polizeipräsident in Constantine war Maurice Papon – der erst 1998 als Nazikollaborateur und wegen seiner Verantwortung für die Judendeportationen in der Vichy-Ära verurteilt wurde. Wegen seiner Skrupellosigkeit und Brutalität gegenüber der algerischen Bevölkerung wurde er dagegen nie belangt, sondern zum Mitglied der Ehrenlegion ernannt.[499] De Gaulle ernannte ihn Ende der 1950er Jahre zum Polizeipräfekten von Paris, angeblich um einen Bürgerkrieg zu verhindern, vor allem aber, um die oppositionelle Bewegung gegen den Algerienkrieg zu zerschlagen. Zu seinen Methoden gehörte die willkürliche Verhaftung und Folter von algerischen Studenten, die Verhängung nächtlicher Ausgangssperren, die ausschließlich für algerische MigrantInnen gelten sollten, und noch einige andere rassistische Maßnahmen wie die Errichtung von Internierungslagern für Menschen, die verdächtigt wurden, sich mit dem algerischen Befreiungskampf zu solidarisieren.

Am 17. Oktober 1961 fanden massive Übergriffe gegen die TeilnehmerInnen einer friedlichen Demonstration statt, Polizisten schossen in die Menge, algerische Gefangene wurden massiv misshandelt und in der Seine ertränkt. Zwei- bis dreihundert Menschen fielen dem Massaker zum Opfer.[500] Das brutale Vorgehen gegen unbewaffnete DemonstrantInnen wiederholte sich und zeigte eine Nähe staatlicher Institutionen zur OAS, die sich nicht nur auf ideologische Zustimmung beschränkte. Als im Februar 1962 Gewerkschafter gegen den Terror der OAS demonstrierten, wurden sie von der Polizei niedergeknüppelt. Wieder gab es Tote.

Nach dem endgültigen Waffenstillstand mit der FLN wurde die OAS offiziell zerschlagen und einige Generäle angeklagt – nach der Auffassung Daniele Glansers wurde sie nur reformiert und letztendlich in die französische Gladio-Struktur eingebunden.[501]

Als Ende 1990/Anfang 1991 in ganz Europa die Gladio- und „stay-behind" Geheimarmeen aufflogen, versuchte der damalige Präsident Mitterrand zu leugnen, dass es auch einen französischen Arm dieses Netzwerks gegeben hätte – erst nach dem Verrat des italienischen Ministerpräsidenten Andreotti wurde eine Beteiligung Frankreichs eingestanden.

Zur israelisch-französischen Kooperation soll abschließend noch ein Vergleich zwischen den Söldnerarmeen der beiden Länder durchgeführt werden, die parallel, aber manchmal auch gemeinsam gegen die Entkoloniali-

---

499 vgl.: http://www.wsws.org/de/1999/dez1999/papo-d24.shtml

500 Ganser, Daniele, „NATO's secret armies – Operation Gladio and Terrorism in Western Europe", s.o., S. 97

501 Ebda., S. 97

sierungsbewegungen in Nordafrika vorgingen. Denn die klassische Vorstellung des typischen Söldners geht einher mit dem Bild von Frankreichs berüchtigter und bis heute aktiver Fremdenlegion, wie es in westlichen Medien und Propaganda vermittelt wird. Die oft romantizierende Darstellung – verwegenes Abenteurertum, Kameradschaft, usw. – entspricht der Realität weder in der Praxis noch in der Zielsetzung. Das beginnt schon mit dem eigenen Selbstverständnis, das die Fremdenlegionäre gar nicht als Söldnertruppe, sondern als Teil der regulären Streitkräfte betrachtet. Die Fremdenlegion wird so zu einer eigenen Einheit, deren aus mehr als 150 Ländern stammende Mitglieder als freiwillige Zeitsoldaten in der französischen Armee dienen. Diese Imagekosmetik erhält heute besondere Wichtigkeit, da Fremdenlegionäre auch als Teil der so genannten Internationalen Friedenstruppen – unter UNO, EU oder NATO-Mandat – eingesetzt und temporär auch mit zivilen Aufgaben betreut werden.

Doch egal ob es um die Verteidigung einer kriminellen Kolonialpolitik oder später um die Aufrechterhaltung einer imperialen Weltordnung geht, wird die Fremdenlegion ihrem schlechten Ruf mehr als gerecht, denn ihre Existenz dient ausschließlich der fortgesetzten Ausbeutung des Südens durch den Norden. Dieses oberste Ziel verfolgt die Legion seit ihrer Gründung 1831, als sie von König Louis Philipe ins Leben gerufen wurde, um die afrikanischen Kolonien zu unterdrücken.[502] Seither gilt auch, dass die Legionäre nur außerhalb Frankreichs eingesetzt werden. Ihr hauptsächliches Aufgabengebiet befindet sich in Afrika und Asien, analog zu den ursprünglich von Frankreich besetzten Regionen.

Neue Soldaten werden immer noch mit dem faschistischen Slogan „Ehre und Treue“ angeworben, angeblich grundlegende Werte, die eine selbstbestimmte Ethik ersetzen sollen.[503]

Mitglieder der Fremdenlegion rekrutieren sich häufig aus den rechtesten Underdogs vor allem der westlichen Gesellschaften, die für einen hohen Sold bereit sind, als willenlose Marionetten jedes befohlene Verbrechen zu begehen und denen Solidarität mit den vom Kolonialismus angegriffenen Ländern fremd ist. Straffälligen Bewerbern wird eine neue Identität und Straffreiheit zugesichert, dafür verlieren sie in den meisten Herkunftsländern ihre Staatsbürgerschaft oder werden wegen ihres Einsatzes für eine „fremde Macht“ juristisch belangt. Oft spielt auch reine Geldgier eine Rolle, denn wer für den Imperialismus mordet, wird gut bezahlt. Während ihrer Ausbildung wird den Soldaten eine totale Gehirnwäsche verpasst, um eine möglichst gehorsame, skrupellose und gewaltbereite Armee für Auslandseinsätze zur Verfügung zu haben.

[502] vgl.: http://de.wikipedia.org/wiki/Fremdenlegion

[503] Ebda. und in der Eigenwerbung der Legion auf: http://www.legion-recrute.com/de/

Die französische Fremdenlegion unterscheidet sich trotz des gemeinsamen Engagements für den Kolonialismus in vielen Punkten von Israels Söldnern, die oft höchste militärische Ränge bekleiden und mit ausdrücklicher Billigung ihrer Regierung agieren. Sie müssen auch nicht mit einem Verfahren rechnen, mit dem andere Söldner in ihren Herkunftsländern konfrontiert werden, sondern werden in aller Regel für ihren Einsatz mit einem Aufstieg in der militärischen Hierarchie belohnt.

Die Zusammenarbeit des Mossad mit belgischen Faschisten

Die stay behind-Gruppe in Belgien nannte sich „Glaive". Aus dieser Gruppe ging außerdem eine antikommunistische Gruppe mit dem Namen „Catena" hervor, die auch in Italien linke Gruppen unterwanderte und Ausschreitungen bei Gewerkschaftsversammlungen provozierte.[504]

> *„In Europa gibt es ein geheimes Terror-Netzwerk unter dem Namen „Gladio" (Kurzschwert), „Schweigenetz" oder „Stay behind". Gladio ist der NATO unterstellt und verfügt seit den fünfziger Jahren über ganz Westeuropa umspannende paramilitärisch-nachrichtendienstliche Organisationsstrukturen mit dem Ziel, im Kriegsfall Sabotage- und Terrorakte zu planen und durchzuführen. Diese Geheimarmee wurde für den Partisanenkampf ausgebildet, legte Waffendepots und Munitionslager an, wurde mit modernsten Kommunikationsmitteln ausgerüstet und von einer geheimen Nato-Zentrale in Brüssel koordiniert."*[505]

Auch in Belgien bestand die Struktur der stay-behind Organisation in erster Linie aus Faschisten und rechten Polizei- und Armeeangehörigen. Der Mossad nutzte diese Gruppe für seine eigenen Zwecke.

> *„Die Aktivierung der schlafenden Zelle wurde im Einverständnis mit dem belgischen Staatssicherheitsdienst und der Anti-Terrorabteilung des Mossad vorgenommen.*
>
> *Barda (Einsatzoffizier des Mossad) machte dem belgischen Geheimdienst klar, dass extreme Methoden notwendig wären: terroristische Greueltaten, die man den Kommunisten in die Schuhe schieben wollte, um eine starke Reaktion und die Forderung nach einer Verstärkung der Sicherheitskräfte zu provozieren. „Das Zögern soll man den Umweltschützern und empfindsamen Demokraten überlassen", pflegte er zu sagen.*

---

[504] Zoom(Zeitschrift), „Es muß nicht immer Gladio sein", Sondernummer 4+5/ 96, Wien

[505] Mecklenburg, Jens (Herausgeber), „Gladio – Die geheime Terrororganisation der NATO", Elefanten-Press Berlin, 1997, Umschlagtext

Außer auf die NATO-Zelle konnte der belgische Geheimdienst auf ein schier unerschöpfliches Reservoir an rechten Fanatikern zurückgreifen, so auf eine faschistische Gruppierung, die sich Westland New Post (WNP) nannte. Das berichteten jedenfalls Mossadinterne Quellen. Die sich formierenden Rechten, zu denen einige aktive Polizisten zählten, verübten unter dem Schutz des belgischen Geheimdienstes eine Serie von Raubüberfällen von extremer Brutalität. Diese Terroristen wurden unter dem Namen „Mörder von Brabant" bekannt. Im September und November 1985 überfielen sie mehrere Supermärkte und verübten einen politischen Mord an einem belgischen Geistlichen. Außerdem führten sie mehrere LKW-Entführungen durch, die anderen Verbrechern zugeschoben wurden, die „auf der Flucht" erschossen worden waren. Die Überfälle hatten kein finanzielles Motiv. Ihr Ziel war reiner Terror und die Destabilisierung der belgischen Regierung, die nach links neigte. Drei Mitglieder der Gruppe mussten 1985 das Land verlassen. Sie entkamen nach Israel und erhielten vom Mossad eine neue Identität, als Teil des Abkommens, das ursprünglich mit dem belgischen Partner des extremen rechten Flügels getroffen worden war."[506]

Die Verbrechen der „Westland New Post" wie das Massaker von Brabant mit 28 Toten sollte der CCC (Cellules Communistes Combatantes: Kämpfende Kommunistische Zellen) in die Schuhe geschoben werden, einer linksradikalen, bewaffnet kämpfenden Organisation.

Die Verbindung mit den belgischen Faschisten schloss aber auch die Lieferung von Waffen mit ein. Einen besonderen Coup landete der Mossad, indem seine getarnten Agenten Kontakte mit der CCC aufnahmen und ihnen des öfteren Waffen anboten. Die CCC war ins Visier der Israelis gekommen, weil sie über ausgezeichnete Kontakte zur PLO verfügte und ihr laut Viktor Ostrovsky auch Waffen verschafft hatte.

Zwei Million Dollar sollten sie für einen mit Plastiksprengstoffen und anderem explosivem Material beladenen Auto überweisen – geplant war aber von Anfang an, sie von der Polizei verhaften zu lassen, sobald sie in die Nähe des Wagens kommen würden, während ein Großteil der Waffen, die der Mossad den CCC bereits verkauft hatte, auf mehrere Lager verteilt waren und in Wirklichkeit den Faschisten überlassen werden sollten.

„Die Forderung der Belgier, dass der Mossad einen Weg finden sollte, um den Rechten Waffen zukommen zu lassen, ohne die belgischen Behörden mit hineinzuziehen, führte zu dem Blitzmanöver, bei dem ich 1986 von Zypern aus beteiligt war.

---

[506] Ostrovsky, Viktor, „Geheimakte Mossad", Goldmann Verlag München 1996, S. 22

Barda bezeichnete den Rechten das Versteck der CCC mit den Waffen, die der Mossad ihnen verkauft hatte. Er sagte ihnen, dass sie sie sich holen könnten, während man die Kommunisten hochgehen lasse.“[507]

Es war der Chef des israelischen Mossad-Ressorts, Itzik Efrat, der im Hintergrund die Fäden zog. Mit anderen Worten, eine von oben abgesegnete Aktion – hier sehen wir eine moderne Variante der Zusammenarbeit des Zionismus mit dem Faschismus.

„Neun Tage später, am 12. Februar 1986, schnappte die belgische Polizei den Mann und seine Genossen von den CCC. Die Terroristen hatten über zwei Zentner Sprengstoff und Tausende Sprengsätze bei sich. Gleichzeitig drangen die rechten, kriminellen Partner des Mossad in mehrere Lagerhäuser in der Gegend um Antwerpen ein. Die Faschisten erbeuteten zwei Wagenladungen mit leichten Waffen und mehrere Tonnen Munition.“[508]

Zionistische Militärhilfe und Verbündete

„Alle heikleren israelischen Operationen in der Region – wie etwa die militärische Schulung der Contra-Guerilleros – lagen und liegen in den Händen des Mossad. Israel ist in Mittelamerika zur geschichtsmächtigen Kraft geworden, und wenn spätere Historiker die stürmischen Revolutions- und Kriegsereignisse dieser Region im letzten Viertel des 20. Jahrhunderts analysieren, werden sie an der Rolle Israels nicht vorbeigehen können.“[509]

Für die USA waren die Einsetzung und die Etablierung rechter Diktatoren, die Ausbildung von Todesschwadronen und die Perfektionierung der Folter wichtige Voraussetzungen zur Stabilisierung ihrer Herrschaft in Mittel- und Südamerika. Der schmutzige, nicht erklärte Krieg, den die USA dort führte, sollte aber nicht offen vor der Weltöffentlichkeit präsentiert werden. Das Image der demokratischen Supermacht war eine wichtige Waffe im Kalten Krieg, die Unterstützung der westlichen Steuerzahler und damit das ruhiggestellte Hinterland hingen davon ab. Keiner der südamerikanischen Vasallen, die im Auftrag Washingtons ihre Völker unterdrückten, passte in dieses Bild.

Um ihre heimlichen Interventionen, Waffenlieferungen, Installierung von Marionettenregierungen, etc. zu verschleiern, bediente sich die USA gerne

---

[507] Ebda.
[508] Ebda. S. 24
[509] Zoom, 4+5, s.o.; S. 99/100

ihrer Verbündeten. Und einer der verlässlichsten Verbündeten war und ist der Zionismus.
Israel hatte weniger Skrupel vor einer kritischen Öffentlichkeit – Kritiker wurden einfach einmal mehr des Antisemitismus bezichtigt.
Neben den im Anschluss näher beschriebenen Ländern unterstützte Israel auch die anderen Juntas in Süd- und Mittelamerika, wie etwa in Argentinien und Guatemala sowie die Putschisten in Chile – in einem Ausmaß, der für die jeweiligen Diktaturen überlebenswichtig war.

Fallbeispiel: Nicaragua

Nach der amerikanischen Besatzung übernahm die Nationalgarde unter der Führung der Familie Somoza die Macht, die seit 1936 das Land nicht nur aus eigener Gier – die Familie nahm den größten Teil des Landes für sich in Besitz – sondern vor allem im Interesse der USA ausbeuteten. Die Diktatur herrschte 43 Jahre lang, bevor sie von einer Revolution hinweggefegt wurde.
Immer wenn sich die US-Administration nach internationalen Protesten gezwungen sah, ihre großzügige Unterstützung einzustellen, übernahm es Israel, die Diktatur mit umfassender Wirtschafts- und Militärhilfe auszustatten. Für viele Beobachter handelte es sich dabei nicht um die typische Verpflichtungshaltung gegenüber westlichen Interessen, sondern auch um einen Akt der Dankbarkeit und Verbundenheit: Der alte Somoza hatte die Zionisten im Krieg 1948 mit der Ausstellung von nicaraguanischen Diplomatenpässen und gefälschten Rechnungen für gelieferte Waffen unterstützt. Zwar nicht ohne Eigennutz – es soll damals auch eine unverhältnismäßig hohe Geldsumme in die Familienkasse des Diktators geflossen sein – aber jedenfalls wird seither von engen Beziehungen zwischen den Somozas und Israel berichtet.

1957 schrieb Shimon Peres, ehemals Generaldirektor des Verteidigungsministeriums, an Anastasio Somoza Debayle, der von seinem Vater die Regierungsgeschäfte übernommen hatte, um ihm jede erwünschte Militärhilfe anzubieten.[510]
1974 fand eine Ausstellung israelischer Waffen in Managua statt und General Yigal Allon, stellvertretenderPremier, Außenminister und Vorsitzender der Arbeiterpartei, wurde beim Frühstück mit Somoza gesichtet.[511] 1975 besuchte der Erfinder des Galil-Gewehrs, Israel Galili, das Land.

---

[510] Ebda. S. 115
[511] Ebda.

Eine Lieferung aus Israel, die 1978 eintraf, bestand aus 5.000 Galil-Gewehren, 500 Uzis, Panzerwesten, Mörsern, Lastwagen und vier Patrouillenbooten.[512] Die gelieferten Waffen waren aber nicht für externe militärische Auseinandersetzungen vorgesehen, sondern dienten primär der inneren Aufstandsbekämpfung – das Spezialgebiet israelischer Militärberater.

Der Widerstand gegen die Diktatur wurde trotz oder gerade wegen steigender Repression stärker. Unter der Führung der Sandinisten wuchs die Revolution und die Junta geriet ins Wanken.

> *„In den ersten Monaten des Jahres 1979 litt die Versorgung der Somozisten mit Waffennachschub erstaunlich wenig unter der Einstellung der US-amerikanischen Militärhilfe. Somoza hatte sich an Israel gewandt, das sich als Lückenbüßer anbot. Nach Ansicht von Diplomaten, die an den Vermittlungsgesprächen beteiligt waren, hatte die Hartnäckigkeit, mit der Somoza sich allen Rücktrittsforderungen widersetzte ihren Grund auch in dem Wissen darum, dass Israel ... alles liefern konnte und würde, was die Nationalgarde brauchte.“*[513]

Das endgültige Ende der Diktatur konnte dank der zionistischen Militärhilfe hinausgezögert, aber nicht verhindert werden. Doch es war ein Ende mit Schrecken – 1979 werden die Slums von Managua aus israelischen Arava-Transportflugzeugen bombardiert.[514]

> *„Es war der Krieg eines ganzen Volkes schlecht bewaffneter Menschen gegen eine Armee, die großzügig mit neuen nordamerikanischen und israelischen Waffen, Panzern und Flugzeugen ausgestattet wurde. Somoza und sein Sohn, der mit seinen etwas mehr als zwanzig Jahren die Elitetruppen befehligte, leiteten die Gegenoffensive. Sie ließen über den aufständischen Städten fünfhundert Pfund Bomben mit weißem Phosphor und Napalm abwerfen. Dann belagerten sie sie mit Panzern und Artilleriefeuer, bis der Aufstand in einem gnadenlosen Gemetzel erstickt war.“*[515]

Die Sandinisten erklärten nach der Machtübernahme, sie wären überrascht über die zahlreich erbeuteten israelischen Waffen und den Umfang der israelischen Militärhilfe für die Diktatur. Deshalb weigerten sie sich auch,

---

[512] Ebda.

[513] Christian S., „Nicaragua. Revolution in the Family.“ New York1985, S. 91f, zitiert bei Beit-Hallahmi, Benjamin, „Schmutzige Allianzen“, s.o., S. 116

[514] Cohen, A., „The Civil War in Nicaragua “, Al Hamishmar 20.07.1979, zit. in Beit-Hallahmi, Benjamin, „Schmutzige Allianzen“, s.o., S. 116

[515] Belli, Gioconda, „Die Verteidigung des Glücks“, Carl Hanser Verlag München Wien, 2001, S. 258/259

die hohen Auslandsschulden an Israel, die sich aus der Militärhilfe für die Somozas angesammelt hatten, zu übernehmen.
Den Sieg der Revolution in ihrem ureigensten Hinterhof, als den sie die Länder Süd- und Mittelamerikas bezeichnen, wollten die USA auf keinen Fall akzeptieren. Deshalb plante die Reagan-Administration den Sturz der Volksdemokratie in Nicaragua.
Die Contras entstanden aus den Überresten der Nationalgarde, die vereinzelt im Grenzgebiet zu Honduras Überfälle auf nicaraguanische Einrichtungen ausführten. Sie wurden „Somozisten" genannt und hatten nur den Charakter von Banden, die zwar eine Plage, aber zunächst keine ernstzunehmende Bedrohung für die Sandinisten darstellten.
Dann organisierte die CIA die Strukturierung dieser versprengten Gruppen und die Anwerbung von nicaraguanischen Freiwilligen und ausländischen Söldnern, um die Revolution zu zerschlagen und erneut eine proamerikanische Marionette zu installieren.
Adolfo Calero, ehemaliger Präsident von Coca Cola in Nicaragua, stand an der Spitze der FDN („Demokratische Kraft Nicaraguas"), der Dachorganisation der verschiedenen Contrasplittergruppen. Die Finanzierung, Ausbildung und Bewaffnung erfolgte in erster Linie durch die USA, doch wurden auch die Verbündeten gebeten, ihren Beitrag zu leisten. Besonders nachdem der Amerikanische Kongress beschlossen hatte, die Wirtschafts- und Militärhilfe zu beenden, verstärkte die Reagan-Administration ihren Druck auf die befreundeten Regierungen, die Contras zu unterstützen.

> *„Eine in Managua ansässige Nachrichtenagentur hat gemeldet, rechtsgerichtete guatemaltekische Organisationen seien, in Zusammenarbeit mit den Botschaftern Israels und Taiwans, an der Übermittlung von Geldern an die Contra beteiligt."*[516]

Der „Iran-Contra-Skandal" entstand in diesem Kontext und Israel war neben den USA, dem Iran und den Contras der wichtigste Verbündete in dieser Affäre. Aber im Gegensatz zu den anderen Beteiligten wurde die Rolle Israels nicht ausreichend beleuchtet.
Nachdem die CIA beim Verminen von nicaraguanischen Hafenanlagen ertappt worden war, untersagte 1984 der Amerikanische Kongress weitere Zahlungen an die Contras. Die Reagan-Administration beauftragte daher den Nationalen Sicherheitsrat (NSC), sich andere Wege der Geldbeschaffung auszudenken. Israel erklärte sich bereit, 50 spanischsprechende Militärberater an die Contras zu schicken. Außerdem war Israel führend an

[516] SIAG (Guatemaltekischer Informations- und Analysedienst), „The Guatemalan Connection", Weekly Letter Nr. 32, 14. 09. 1984, zit. bei Beit-Hallahmi, Benjamin, „Schmutzige Allianzen", s.o., S. 118

Irangate beteiligt, also dem geheimen Waffenverkauf an den Iran – daraus wurden 30 Millionen Dollar an die Contras abgezweigt.
Zwischen August und November 1985 gab es drei israelische Waffenlieferungen an das iranische Khomeini-Regime. Die USA haben Israel diese Waffen später ersetzt, agierten aber im Hintergrund. Die wichtigsten Akteure dieses Deals waren folgende Personen:
Adnan Kashoggi war jemand, der mit Waren aller Art, vorzugsweise mit Rüstungsgütern im großen Stil, handelte. Als saudischer Geschäftsmann hatte er nicht nur zu wichtigen Kreisen im Umfeld der korrupten, prowestlichen Regime gute Kontakte, sondern auch zu wichtigen israelischen Persönlichkeiten.
Manucher Ghorbanifar, der unter dem Schah beim berüchtigten Geheimdienst SAVAK beschäftigt war, lebte im französischen Exil, aber nicht als Flüchtling, sondern als Vertrauter des Iran. Er bildete auch den Kontakt zur CIA.
Von israelischer Seite: federführend ist wohl *Amiram Nir* zu nennen, Berater des Mossad in Terrorismusfragen für den damaligen Ministerpräsidenten Shimon Peres. Ebenfalls vom Mossad kamen die Waffenhändler Jakob Nimrodi und Adolph Schwimmer, auch ein Berater von Peres.[517]
Von amerikanischer Seite spielten Sicherheitsberater McFarlane und Oliver North eine entscheidende Rolle.

Andere wichtige Verbündete der Reagan-Administration wurden in den Drogenkartellen Kolumbiens und bei anderen süd- und mittelamerikanischen Drogenhändlern, aber auch in den Regimes von Honduras, El Salvadors und Panamas gefunden. Die Finanzierung der Contras sollte durch den Verkauf von Kokain erfolgen, das mit Hilfe von CIA, DEA(DEA) und anderen Institutionen in die USA exportiert und mit Backpulver zu billigem Powder verarbeitet wurde, was dann die Crack-Epidemien in L.A. und anderen amerikanischen Städten auslöste. Die Transportmaschinen, die mit Waffen und Hilfsgütern zu den Stützpunkten der Contras nach Honduras, El Salvador oder Costa Rica kamen, kehrten mit Tonnen von Drogen in die USA zurück. Riesige Mengen an billigem Kokain überschwemmten die Communities – bis dahin war Crack in den USA so gut wie unbekannt gewesen. Diese Thematik hat Gary Webb im Sommer 1996 ausführlich untersucht und auch in einem Aufsehen erregenden Interview mit der Zeitschrift „Revolutionary Worker“ behandelt.[518]

---

517 Nir, Kunhandan / Opperskalski, Michael „CIA – Club der Mörder“, Lamuv-Verlag, Göttingen 1988, S. 102

518 Revolutionary Worker 912, Juni 1997, auch veröffentlicht in der Textsammlung der Gemmi „Wer heute schweigt, ist morgen selber dran“ – von Tätern und Opfern des institutionalisierten Rassismus“, www.no-racism.net.@tO.or.at

Als Ariel Sharon, damals israelischer Verteidigungsminister, 1982 auf Staatsvisite in Honduras eintraf und mit Regierungsbeamten mehrere militärische Deals vereinbarte, besuchte er auch die Lager der Contras, die in Honduras ihre Stützpunkte aufgebaut hatten.

> *„Interessanterweise war die Einladung an Sharon nicht allein von der honduranischen Regierung ausgegangen, sondern daneben ausdrücklich auch vom starken Mann des Landes, General Gustavo Alvarez Martinez, dem Befehlshaber der honduranischen Luftwaffe, der noch nie ein Hehl daraus gemacht hatte, welche Feldherren des 20. Jahrhunderts er am meisten bewunderte: Erwin Rommel und Ariel Sharon.“*[519]

Israel wurde zu einem der wichtigsten Unterstützer der Contras, die einen blutigen Bürgerkrieg entfachten, um die sandinistische Regierung zu stürzen und eine proamerikanische Marionette zu installieren, wie die Somozas das bereits 43 Jahre lang vorexerziert hatten. Die Hilfe umfasste Waffenlieferungen und Militärhilfe in Höhe von mehreren Millionen Dollar, Dutzende Militärberater und propagandistisches Know How. Auch bei der Übermittlung von Subventionen anderer Regierungen spielte Israel eine tragende Rolle. Nachdem Peres das Amt des Premierministers angetreten hatte, stieg die zionistische Unterstützung für die Contras auf das Zehnfache der bisherigen Leistungen.[520] Israelische Militärberater und Waffenlieferungen wurden zu einem maßgeblichen Element der Konterrevolution.

> *Die Washington Post berichtete, der CIA habe sowohl Israel als auch Saudi-Arabien gebeten, die Contras zu unterstützen; Saudi-Arabien habe sich geweigert, während Israel „eine gewisse Art gut getarnter Finanzhilfe für die von den USA betreuten Guerillas leistete ... Amerikanischen Quellen zufolge beläuft sich die israelische Hilfe auf insgesamt mehrere Millionen Dollar und wird den Contras offenbar über einen Mittelsmann in Südamerika zugeschleust.“*[521]

Mehrere Contra-Führer haben über ihre Beziehungen mit israelischen Beratern und über die Waffenlieferungen gesprochen: Dazu gehörten einflussreiche Mafiaangehörige und Drogenhändler, etwa Eden Pastora, Adolfo Calero (ehemaliger nicaraguanischer Chef von Coca Cola) oder Enrique Bermùdez, der in einem Interview mit der „Time“ erklärte:

> *„Israelische Geheimdienstexperten halfen dem CIA bei der Contra-Ausbildung, und Kommandoeinheiten aus pensionierten oder in die Re-*

---

[519] Karny, Y., „Aufstieg und Fall des Generals, der Arik Sharon bewunderte“, Yedioth Aharonot, 3.4.94, zit. in Beit-Hallahmi, Benjamin, „Schmutzige Geschäfte“, s.o. S. 114

[520] Ebda. S. 121

[521] „CIA Sought Third-Country Contra Aid“, R. Woodward in der Washington Post vom19.05.1984, zit. in Beit-Hallahmi, „Schmutzige Geschäfte”, s.o., S. 118

serve versetzten israelischen Armeeveteranen sind von Privatfirmen angeheuert worden, um den Rebellen unter die Arme zu greifen. ‚Die Israelis', sagt ein US-Geheimdienstexperte, ‚wissen, wie man Geheimaktionen durchführt.'"[522]

Die andauernde Stabilisierung durch die Contras zeitigte schließlich Erfolg, als die sandinistische Regierung durch die kriegsmüde Bevölkerung abgewählt und durch eine proamerikanische Marionette ersetzt wurde. Als die Contras nicht mehr gebraucht wurden, bekamen einige von Reagans „Freiheitskämpfern" wieder die Bezeichnung, die sie verdienten und wurden als Rauschgiftbosse und Mitglieder der organisierten Kriminalität angeklagt. Hintermänner wie Oliver North landeten stellvertretend für die US-Administration ebenfalls vor Gericht und stolperten die Karriereleiter nach oben, während sie gleichzeitig zu amerikanischen Nationalhelden verklärt wurden. Die israelische Rolle bei der Konterrevolution wurde in der westlichen Aufarbeitung kaum registriert und auch von den meisten Solidaritätsgruppen mit der sandinistischen Befreiungsbewegung übersehen.

Fallbeispiel: El Salvador

Wie die meisten rechten Paramilitärs Süd- und Mittelamerikas bewunderten auch salvadorianische Armeeangehörige die israelische Kriegsführung, ihre Skrupellosigkeit im Umgang mit zivilem Ungehorsam und ihre Erfahrung in der Aufstandsbekämpfung. Der israelische Soldat gilt in rechten Militärkreisen weltweit als das Vorbild schlechthin.

„Exponenten der salvadorianischen Rechten wie Ochoa oder Roberto d'Aubuisson haben wiederholte Male Israel, Chile, Taiwan und Südafrika als ihr Vorbild bezeichnet. Die Militärs von El Salvador orientieren sich seit dem „Fußballkrieg"[523] *von 1969 mit Vorliebe an Israel, waren*

---

522 „An Israeli Connection", Times vom 7. Mai 1984, S. 20, in Beit-Hallahmi, „Schmutzige Geschäfte", s.o., S. 120

523 Als „Fußballkrieg" wird ein militärischer Konflikt zwischen El Salvador und Honduras genannt, der 1969 nach den Weltmeisterschaftsqualifikationsspielen zwischen den beiden Ländern entbrannte. Dieser nur vier Tage dauernde Krieg wurde als unmittelbare Folge der gewalttätigen Ausschreitungen nach mehreren Fußballspielen ausgelöst, bei denen es Tote bei den Anhängern beider Seiten gegeben hatte. Tatsächlich sollte aber das Bleiberecht von etwa 300.000 salvadorianischen MigrantInnen in Honduras durchgesetzt werden, die als Folge der ökonomischen Umwälzungen El Salvador verlassen mussten und – mit Förderung der salvadorianischen Regierung – hondurianisches Brachland besetzt hatten. Sie wurden zum Sündenbock für die versprochene, aber nie umgesetzte Agrarreform in Honduras erklärt. Beide Regierungen schürten die nationalistische Stimmung, um von den eigentlichen Ursachen der Wirtschaftskrise abzulenken. Obwohl der Konflikt als „kürzester Krieg in der Geschichte" bezeichnet wird, kostete er

sie doch höchst angetan von der Kaltblütigkeit und Härte, die ihre israelischen Kollegen im Sechstagekrieg von 1967 an den Tag gelegt hatten."[524]

Gegen Ende der siebziger Jahre wurde Israel zum wichtigsten Unterstützer El Salvadors, vor allem in den Bereichen Militärhilfe, Wirtschaftshilfe und Beratung in der Aufstandsbekämpfung, sogar wichtiger als Nordamerika. Am intensivsten war die Kooperation zwischen 1977 und 1979 unter General Carlos Humberto Romero. Zu der Zeit lieferte Israel auch Napalm-Bomben an die Junta, die gegen die aufständische Bevölkerung eingesetzt wurden. Außerdem plante Israel, die salvadorianische Luftwaffe zur mittelamerikanischen Elite hochzurüsten.

„Israel erklärte sich bereit, an El Salvador 49 Flugzeuge zu liefern – 18 französische Ouragan-Düsenjäger aus den 50er Jahren, sechs französische Übungs-Düsenflugzeuge vom Typ Fouga Magister und 25 israelische Arava-Transportflugzeuge (die sowohl für militärische als auch für zivile Aufgaben eingesetzt werden können). Es war für mittelamerikanische Verhältnisse ein dickes Geschäft. 1975 waren alle zugesagten Flugzeuge geliefert; die Ouragans waren die ersten militärischen Düsenflugzeuge in Mittelamerika überhaupt."[525]

Während weltweit die Menschenrechtsverletzungen, die Folterungen und die Todesschwadronen der Diktatur angeprangert wurden, entwickelte sich der Zionismus zur wichtigsten Stütze der Junta, die in den Siebzigern bereits 80 Prozent ihrer Rüstungsimporte aus Israel erhielt.[526]

1979 entführte die linke Guerilla der FMLN den israelischen Honorarkonsul in El Salvador, Ernesto Liebes, und liquidierte ihn wegen seiner Beteiligung am Verkauf israelischer Militärflugzeuge an die Junta. Auf die israelische Botschaft wurde außerdem ein Bombenanschlag verübt. Nach der Entführung des südafrikanischen Botschafters war eine der Forderungen der Guerilla an das salvadorianische Regime, nicht nur mit Südafrika, sondern auch mit Israel jeden Kontakt abzubrechen.[527]

Nicht nur in El Salvador selbst haben an die hundert israelische Militärberater die Armee in Guerillabekämpfung ausgebildet, salvadorianische Soldaten wurden auch nach Israel eingeladen und dort geschult.

---

an die 3000 Menschen das Leben. (vgl. http://www.sozialwiss.uni-hamburg.de/publish/Ipw/Akuf/kriege/100_elsalvador-honduras.htm)

524 Beit-Hallahmi, Benjamin, „Schmutzige Allianzen", s.o., S. 112

525 Ebda. S. 109

526 SIPRI (Stockholm International Peace Research Institute), Jahrbuch 1981, zit. bei Beit-Hallahmi, s.o., S. 109

527 Beit-Hallahmi, Benjamin, „Schmutzige Allianzen", Knaur, München 1989, S. 111

Wie im Fall von Irangate spielte Israel auch in El Salvador den Mittelsmann für die USA, wie so oft, wenn diese bei der Unterstützung einer Diktatur nicht offiziell in Erscheinung treten wollten. So hat Israel in den achtziger Jahren 21 Millionen Dollar an das salvadorianische Regime bezahlt, die sie später von den USA zurückerstattet bekamen.

Bis 1992 kostete der Bürgerkrieg etwa 70.000 Menschen das Leben[528] – die meisten Opfer stammten aus der Zivilbevölkerung. Sie wurden Opfer der Todesschwadrone oder der regulären Armee, die mit israelischer Unterstützung das korrupte Regime und die ungleiche Verteilung des gesellschaftlichen Reichtums stützten. Die„Arena-Partei“, eine korrupte US-Marionette und für die Massaker verantwortlich, konnte sich auch nach einem Friedensabkommen mit der Befreiungsbewegung FMLN und einer demokratischen Reform bis heute an der Macht halten – die sozialen Probleme des Landes sind seither nicht kleiner geworden.

Fallbeispiel: Das Apartheidregime in Südafrika

Das südafrikanische Apartheidsystem war lange Zeit – vor und neben den Vereinigten Staaten – der wichtigste und engste Verbündete Israels. Die Grundlage dieser engen Verflechtung fand sich vor allem in der gemeinsamen Ideologie, aber auch in der Geschichte der Landnahme und Besiedlung zeigten sich Parallelen.

> *„Auf vielen Gebieten, besonders im militärischen Bereich, trägt die Allianz zwischen Südafrika und Israel symbiotische Züge, wobei Israel meist der aktivere Partner ist. Israel ist für Südafrika der engste militärische Verbündete und die wichtigste Bezugsquelle für Ideen, Know How und Technik. Uzi- und Galil-Gewehre sind heute in Südafrika ein ebenso alltäglicher Anblick wie in Haiti oder Guatemala.“*[529]

Für Beit-Hallahmi war ein Fernsehbericht über den Besuch des damaligen südafrikanischen Premierministers Vorster 1976 in Israel, der in Yad Vashem einen Kranz für die jüdischen Opfer niederlegte, der Anlass, sich mit Israels Verbindungen mit den Diktaturen dieser Welt auseinanderzusetzen. Wie alle Staatsgäste bekam auch John Vorster in der Gedenkstätte einen Vortrag über die Ermordung der europäischen Juden und Jüdinnen zu hören und vermittelte den Kameras seine Betroffenheit. Was dieser Routine einen

---

[528] http://de.wikipedia.org/wiki/El_Salvador

[529] Leonard, R., „South Africa at War“, Westport, Com., 1983, zit. in „Schmutzige Allianzen“, Beit-Hallahmi, s.o., S. 144

zynischen Anstrich gab, war die Biographie des südafrikanischen Premiers, der schließlich ein bekannter Nazi-Kollaborateur gewesen war.

> *„Was mir auffiel, als ich die Szenen im Fernsehen verfolgte, war die surreale Qualität dieses Ereignisses: Dass das israelische Außenministerium die Taktlosigkeit besaß, einen aktenkundigen Nazi-Kollaborateur zu einer Gedenkstätte für die Opfer des Nazismus zu führen und ihn dann einen Vortrag über die Nazis anhören zu lassen, fand ich höchst erstaunlich ...*
> *Und dann begriff ich: Vorster in der Holocaust-Gedenkstätte! Was für eine Selbstdarstellung Israels! Vielleicht zeigte unser Land hier sein wahres Gesicht, präsentiert zu unser aller Aufklärung von einem mit seltenem komischem Talent begabten Regisseur. Hier war ein alter Nazi-Sympathisant, und er bewies mehr Taktgefühl als seine israelischen Gastgeber, gab sie aber zugleich der Kritik und der Lächerlichkeit preis.“*[530]

Beit-Hallahmi stellte fest, dass Vorster eigentlich verhaftet hätte werden müssen, als er in Israel landete, wie es das offizielle Gesetz vorschreibt; stattdessen wurde ihm der rote Teppich ausgelegt und Rabin umarmte den Vertreter des befreundeten Apartheidstaates.
Der Historiker forschte weiter und fand Hinweise auf militärische und nukleartechnische Zusammenarbeit zwischen Südafrika und Israel.
Er sandte das Ergebnis seiner Forschungen an die israelische Zeitschrift „Neues Denken“, scheiterte aber an der üblichen Zensur – in Israel entscheiden die Militärs, welche Zeitungsartikel erscheinen dürfen und welche nicht (so weit zur „einzigen Demokratie im Nahen Osten“), daher wurde nur die weichgespülte Version veröffentlicht. Letztendlich aber verdankt die Weltöffentlichkeit der Hartnäckigkeit Hallahmis, mit der er auf die israelische Zensur reagierte, die Veröffentlichung seines wichtigen Buches „Schmutzige Allianzen“ – das nicht nur die Geschäfte mit Südafrika, sondern generell die israelischen Beziehungen mit Diktaturen in der sogenannten Dritten Welt behandelt. Diese Beziehungen könnten aber letztendlich nicht verglichen werden, so Hallahmi, denn während die meisten Diktatoren bloße Kunden für den Zionismus waren, galt das Apartheidsystem in Südafrika als gleichberechtigter Partner.[531]
1982 nannte auch die israelische Zeitschrift Haaretz Südafrika „Israels zweitwichtigsten Bündnispartner nach den USA“.[532] Diese Partnerschaft manifestierte sich sowohl in formellen, wie auch inoffiziellen und militärischen Kontakten.

---

530 Beit-Hallahmi, Benjamin, „Schmutzige Allianzen“, Knaur, München 1989, S. 9/10
531 Ebda. S. 191
532 Ebda. S. 135

Schon bevor der Staat Israel ausgerufen wurde, gab es Kontakte und Unterstützung Südafrikas für die zionistische Bewegung. Südafrika hat Israel bereits 1948 de jure und 1949 de facto anerkannt. Daniel F. Malans besuchte 1953, als erster Regierungschef überhaupt, den neuen Staat. Moshe Sharett, damals israelischer Außenminister, reiste im Gegenzug 1950 nach Südafrika. Bereits ein Jahr zuvor war in Pretoria ein israelisches Generalkonsulat aufgemacht worden, das kurz darauf zur „Gesandtschaft“ erklärt wurde. Ein südafrikanisches Konsulat wurde 1961 in Tel Aviv eröffnet, 1972 – nach dem Austritt Südafrikas aus dem Commonwealth – ein Generalkonsulat, 1975 eine offizielle Botschaft.

> *„Im Juni 1976 trafen US-Außenminister Henry Kissinger, der südafrikanische Premierminister John Vorster und der israelische Außenminister Yigal Allon in der Bundesrepublik Deutschland zusammen, um die Situation im südlichen Afrika nach dem südafrikanischen Debakel in Angola zu erörtern. Im September 1977 reiste der südafrikanische Außenminister Roelof F. Botha zu einem Wochenendbesuch nach Israel, über den die offiziellen Stellen sich ausschwiegen, der aber von den Medien in Israel und im Ausland registriert wurde. Botha traf mit seinem israelischen Amtskollegen Moshe Dayan und mit Premierminister Begin zusammen ...“*[533]

1984 traf Botha neuerlich in Israel ein. Er traf sich sowohl mit seinem „Amtskollegen“ (Hallahmi) Shamir als auch mit Itzhak Rabin, der damals israelischer Verteidigungsminister war.

> *Die Zusammenarbeit Israels mit Südafrika ist von mehreren internationalen Organisationen öffentlich benannt und angeprangert worden. Die UN-Vollversammlung hat seit 1974 Jahr für Jahr eine Resolution verabschiedet, in der die israelisch-südafrikanische Allianz verurteilt wurde.“*[534]

Vor allem die nukleartechnische Kooperation wurde kritisiert, begleitet von Israels Nichtunterzeichnung des Atomwaffensperrvertrages. Auch die nichtnuklearen Rüstungsgeschäfte zwischen den beiden Apartheidstaaten boomten, beispielsweise durch eine Lizenzvergabe für halbautomatische Uzis Anfang der Siebziger oder die gemeinsame Arbeit an der Entwicklung des Merkava-Kampfpanzers, die aber von südafrikanischer Seite vorzeitig eingestellt wurde.

Israel erhielt von Südafrika innerhalb weniger Jahre 550 Tonnen Uranerz, wie die israelische Haaretz berichtete – im Reaktor von Dimona wurde das Uran verarbeitet. Umgekehrt habe Israel Südafrika mit Know How und

---

[533] Ebda. S. 140/141

[534] Ebda. S. 140/141

Material zur Verstärkung der Wirksamkeit von Atomsprengköpfen versorgt. Der Höhepunkt dieser Zusammenarbeit fand in den 1970ern und 1980ern statt, also zu einer Zeit, in der weltweit gegen die Apartheid mobil gemacht wurde. 1979 unternahm Südafrika einen Atomtest, der offiziell zwar abgestritten wurde, aber in der Haaretz vom stellvertretenden südafrikanischen Außenminister Aziz Pahad genauso bestätigt wurde. Er betonte die intensive Zusammenarbeit *„beider Länder auf dem Gebiet der Atomwaffentechnologie".*[535] Gerüchte gehen von einem gemeinsamen Test mit Israel aus, der im Indischen Ozean durchgeführt worden sein soll.[536]

Es mag nicht überraschen, dass Israel dem Apartheidstaat auch mit seinem Know How in der Aufstandsbekämpfung unter die Arme griff, mit den Methoden, die der Zionismus gegen die Palästinenser anwendet.

> *Israelische Ausbilder haben beim Aufbau der sogenannten Reconnaissance Commandos mitgeholfen, Eliteeinheiten nach dem Vorbild der israelischen Kommandotrupps. Ein israelischer Journalist schrieb 1986 in der Tageszeitung der Arbeiterpartei: „Es ist ein jedermann bekanntes Geheimnis, dass in (südafrikanischen) Kasernen israelische Offiziere in nicht geringer Zahl anzutreffen sind, deren Beschäftigung darin besteht, weißen Soldaten beizubringen, wie man mit aus Israel importierten Methoden schwarze Terroristen bekämpft."*[537]

Beit-Hallahmi berichtet auch, dass nach dem Burengeneral Jan C. Smuts Strassen in Israel und ein Kibbuz benannt wurden.
Auch ein Artikel in der Frankfurter Allgemeinen Zeitung behandelte Ende der Achtziger die guten Beziehungen zwischen beiden Apartheidstaaten:

> *Die „besonderen Beziehungen" zwischen Israel und Südafrika bringt (sic) beiden Ländern Vorteile. Südafrika profitiert unter anderem von den Erfahrungen der israelischen Armee im Kampf gegen Guerilleros. Israelische Militärberater sollen nicht nur südafrikanischen Soldaten ihre im Kampf gegen die Palästinensische Befreiungsorganisationen (PLO) erworbenen Kenntnisse vermittelt haben, die dann gegen den in Südafrika verbotenen Afrikanischen Nationalkongress genutzt werden können. Im November des vergangenen Jahres wurde auch bekannt, dass israelische Militärberater in Angola bei den südafrikanischen Truppen, die dort gegen die Südwestafrikanische Volksorganisation (SWAPO) kämpfen, anwesend sind.*

---

535 Haaretz zit. in der Berliner Morgenpost vom 21. April 1997 „Haaretz: Israel half Südafrika bei der Entwicklung von Atomwaffen"; http://ourworld.compuserve.com/homepages/RichterPeill/israel.htm

536 http://alexdailynotes.blogspot.com/2006/10/gerade-macht-ein-bericht-der-uno.html

537 Beit-Hallahmi, Benjamin „Schmutzige Allianzen", s.o., S. 149

Pretoria profitiert aber auch auf wirtschaftlichem Gebiet von den „besonderen Beziehungen“ mit Israel. Das 1985 in Kraft getretene und 1995 auslaufende israelisch-amerikanische Freihandelsabkommen eröffnet südafrikanischen Produzenten einen Ausweg aus dem amerikanischen Handelsboykott, denn über südafrikanisch-israelische Gemeinschaftsunternehmen können Waren der Republik am Kap über Israel in die Vereinigten Staaten ausgeführt werden.[538]

Offiziell hat sich Israel des öfteren von Südafrika distanziert, vor allem während der sechziger Jahre, als der Zionismus in Schwarzafrika um Unterstützung und Verbündete warb. Hinter den Kulissen blieb das Verhältnis aber ungetrübt.

Das Ende der Apartheid war ein Schock für die Zionisten, die ihre Verbündeten bis zum Schluss unterstützt hatten. Diese Bündnistreue hat Beit-Hallahmi treffend in den Kontext zionistischer Kolonialphilosophie eingeordnet und kommentiert:

„Es gibt Leute, die, wenn sie von israelischen Düsenjägern und Militärberatern in Südafrika hören, ratlos oder zähneknirschend darüber rätseln, was aus dem „humanistischen Zionismus“ von einst geworden ist. Meine Antwort lautet: nichts. Der Zionismus ist zu keiner Zeit eine humanistische Philosophie gewesen.“[539]

Erzbischof und Friedensnobelpreisträger Desmond Tutu hat des öfteren die südafrikanische mit der israelischen Apartheid verglichen. Gemeinsam mit dem früheren US-Präsidenten Jimmy Carter bezeichnete er die israelische Apartheid als „as worse than South Africa's“.[540]
In diesem Sinne äußerte sich auch Ronnie Kasrils, der als jüdischer Minister für Geheimdienste in Südafrika und als Gründer der antizionistischen Bewegung „Nicht in meinem Namen“ bekannt wurde.[541] Wie er stellte außerdem der UNO-Sonderberichterstatter Dugard im Jahr 2004 fest, dass die israelische Apartheid „schlimmer als die südafrikanische“ sei.[542]
Aktuell ist es der Bau der „Apartheidmauer“, der diesen Vorwurf symbolisiert und manifestiert. Seit 2002 wird an diesem Projekt geplant und gebaut: eine acht Meter hohe Mauer – verbunden mit elektrischen Zäunen, Sicherheitszonen, Sensoren und Gräben – soll Israel vom Westjordanland

538 Ulfkotte, Udo, „Besondere Beziehungen“ zwischen Israel und Südafrika, Frankfurter Allgemeine, 7.03.1988
539 Beit-Hallahmi, Benjamin, „Schmutzige Allianzen“, s.o., S. 287
540 http://www.palsolidarity.org/main/join
541 http://www.israel-palaestina.de/Artikel/Gideon-levi-Land.htm
542 http://service.spiegel.de/ politik/ausland/0,1518,314702,00.html

trennen.[543] Der größte Teil der Mauer wird aber nicht auf der so genannten Grünen Linie hochgezogen, sondern in der besetzten Westbank, was eine neuerliche Enteignung der fruchtbarsten Gebiete der Palästinenser inkludiert und auch die Abschneidung von einer der drei größten Trinkwasserressourcen der Westbank zur Folge hat. Dutzende palästinensische Dörfer sind damit bereits von der Landkarte verschwunden, während sich ihre BewohnerInnen einer neuen Vertreibung ausgesetzt sehen. Gleichzeitig werden ganze Dörfer von der Mauer umschlossen oder werden zwischen der Mauer und der Grünen Linie eingeklemmt, die wie Ghettos von der übrigen palästinensischen Bevölkerung abgetrennt werden.[544]

Der Vergleich der israelischen Politik mit der südafrikanischen Apartheid ist aber nicht unumstritten. Kritisch zu dieser These äußert sich etwa Moshe Machover, Professor für Mathematik und Philosophie in Israel und Großbritannien.[545] Nach seiner Ansicht handelt es sich zwar bei beiden Systemen um eine „bösartig rassistische" Politik, er betont allerdings den Gegensatz im jeweiligen Umgang mit der einheimischen Bevölkerung. Apartheid könnte – im Unterschied zur ethnischen Säuberung, wie sie in Palästina praktiziert werde – leichter rückgängig gemacht werden. Machover unterscheidet zwei Arten des Siedlerkolonialismus: eine Form, wie sie in der südafrikanischen Apartheid angewendet wurde, zielt auf die Ausbeutung der Kolonisierten ab und begreift ihre Arbeitskraft als wichtige Ressource. Im anderen kolonialistischen Modell, wie es der Zionismus in Palästina praktiziert, *„wird die einheimische Bevölkerung eher eliminiert, ausgelöscht oder vertrieben als ausgebeutet."*[546]

Die von Machover in die Diskussion eingebrachte „Politik des Transfers" – wie die ethnische Säuberung in Israel genannt wird – wird von den meisten zionistischen Fraktionen der Schaffung von Bantustans vorgezogen, was spätestens seit dem Scheitern des Osloer Abkommens offensichtlich geworden ist.[547] Tatsächlich handelt es sich aber nur um verschiedene Formen und Konsequenzen von Apartheid.

---

543 AIK (Antiimperialistische Koordination), „Intifada Nr. 13", Verlag „Der Keil", Wien 2003, S. 17-19

544 Ebda.

545 http://www.lebenshaus-alb.de/magazin/002870.html

546 Ebda.

547 Ebda.

Fallbeispiel: Die Zusammenarbeit zwischen der Türkei und Israel und die Achse NATO-Türkei-Israel

1958 besuchte Golda Meir die Türkei, die Israel bereits 1949 diplomatisch anerkannt hatte.[548] Es gab verschiedenste geheime und offizielle Abkommen zwischen den beiden Ländern und israelische Unterstützung beim Aufbau von Geheimdiensten und polizeilichen Sondereinheiten, sowie umfangreiche Rüstungslieferungen.
Nach dem Militärputsch von 1980 vertieften sich die Beziehungen. Je rechter ein Regime, um so eher und intensiver wird es sich der Kontakte zu Israel erfreuen dürfen.
Die Türkei wurde einer der engsten Verbündeten Israels in der Region – vor allem nach dem Sturz des südafrikanischen Apartheidregimes. Das türkische Regime wurde von Israel besonders wegen seiner NATO-Mitgliedschaft umworben und als Brücke zwischen Orient und Okzident betrachtet, eine Rolle, die manchmal auch irrtümlich oder zynischerweise Israel nachgesagt wird.
Die Politik der Türkei gegenüber den Kurden fand ihre Parallelen in der israelischen Palästinenserpolitik, ein Umstand, der eine Zusammenarbeit in der Aufstandsbekämpfung nur logisch erscheinen ließ. Zusätzliche Brisanz erfuhr diese Kooperation durch den Umstand, dass die Peshmergas der PKK in palästinensischen Lagern ausgebildet worden waren und außerdem zu unterschiedlichen Zeiten von einigen arabischen Ländern unterstützt wurden, die auch von Israel als feindliche Staaten bezeichnet werden, etwa dem Irak oder Syrien. Die Verhaftung des PKK-Führers Öcalan konnte nur durch die aktive Beteiligung des Mossad erfolgen – bei darauffolgenden Protesten von kurdischen Aktivisten vor dem israelischen Konsulat in Berlin wurden vier junge Kurden von israelischen Sicherheitskräften erschossen. Die 18-jährige Sema Alp wurde in den Rücken getroffen, was die Version der Israelis, sie hätten in Notwehr gehandelt, als lächerliche Farce entlarvte.

Im Gegensatz zu dieser Haltung steht die Unterstützung Israels für die prowestlichen kurdischen Organisationen im Nordirak, die kein neues Phänomen darstellt, sondern auf einer jahrzehntelangen Strategie basiert.

Die verschiedenen Aggressionen gegen den Irak wurden zumeist vom NATO-Stützpunkt Incirlik aus gestartet. Hier trafen sich konkret israelische Interessen mit türkischem Bemühen, den Anliegen der imperialistischen NATO-Staaten, allen voran den USA, weitestgehend entgegenzukommen. Die

[548] Ebda. S. 30

Völker sollen gespalten werden, um leichter angreifbar zu sein und sich dem Imperialismus nicht widersetzen zu können.

Die Firma „Israel Military Industries“ (IMI) schließt 2002 einen Vertrag mit der Türkei – womit 2002 die Summe der mit Israel geführten Waffengeschäfte etwa 3 Milliarden betrug.[549]
Israelische, türkische und amerikanische Truppen führen auch gemeinsame militärische Manöver durch, etwa die Übung „Anatolian Eagle“im Juni 2001.[550]
Nicht immer bleibt es bei Übungen – im Kampf gegen die Kurden gab es auch schon mal direkte militärische Unterstützung der israelischen Luftwaffe.
Nicht unterschätzt werden sollte außerdem die israelische Förderung und Bewaffnung der türkischen Konterguerilla. Die Konterguerilla gilt als „die türkische Gladiostruktur“, als die vor allem von der CIA ins Leben gerufenen Organisation, die sich gegen die wachsenden linken Strömungen in der Türkei richtete. Der größte Teil der Mitglieder rekrutierte sich aus Mitgliedern der faschistischen MHP („Miliyetci Hareket Partisi-Partei der Nationalen Bewegung“) und ihrer Jugendorganisation „Ülkü Ocaklari“, den berüchtigten Grauen Wölfen[551] – sie wurden vom Mossad ebenso ausgebildet und instruiert wie führende Repräsentanten des MIT („Milli Istihbarat Teskilati (MIT)“), des Nationale Nachrichtendienstes.
Die Methoden der Konterguerilla zeichneten sich durch besondere Brutalität aus – sie umfassten Folter, systematische Vergewaltigung und die Ermordung von linken SystemkritikerInnen ebenso wie Massaker an unbeteiligten Zivilisten, die entweder fortschrittlichen Parteien angelastet wurden oder die allgemeine gesellschaftliche Verunsicherung so weit steigern sollten, dass die Ergreifung der Macht durch die Militärs als Rettung des Staats dargestellt werden konnte.[552]
Einer der prominentesten türkischen Contras war Abdullah Catli, der als stellvertretender Vorsitzender der MHP in den 1970ern von CIA und Mossad ausgebildet worden war. Er galt außerdem als gesuchter Drogen- und Waffenhändler und führendes Mitglied der Mafia, dem auch mehrere Morde angelastet wurden. Unter anderem wurden ihm Massaker an linken Aktivisten mit mindestens 12 Toten vorgeworfen – außerdem gilt es als erwiesen, dass Catli den Papst-Attentäter Ali Agca angeleitet und den er auch

---

549 INAMO Nr.32., Winter 2002, Berlin, S. 58

550 „Intifada Nr. 5“, „Türkisch-Israelisch-Amerikanische Luftmanöver“, RKL (Hg.), Wien, Sommer 2001

551 vgl. Halk Kurtulus: „Konterguerilla – Der Name des Krieges gegen das Volk“, Halk Kurtulus-Publikation, Amsterdam 1997, S. 58-62

552 Ebda. S. 86/87

aus dem Gefängnis befreit hat. Er selbst konnte angeblich mit Hilfe der CIA aus einem Schweizer Knast entfliehen, wo er wegen Drogenhandel inhaftiert war.[553]
Im November 1996 kam Catli bei einem Autounfall ums Leben – im Unfallwagen verstarb auch der frühere Polizeichef Hüseyin Kocadag. Ein weiterer Insasse des Wagens war Sedat Bucak, kurdischer Abgeordneter der damals regierenden DYP-Partei, der schwer verletzt überlebte.[554] Die Tatsache, dass sich ein gesuchter Krimineller mit Vertretern der Regierung in der gleichen Luxuslimousine befunden hatte, beleuchtet die Verflechtung der Konterguerilla mit den staatlichen Stellen und das Konglomerat aus Mafia, Faschisten, Geheimdienst, Politikern und Militärs in der türkischen Gladio. Die Waffe, die nach dem Unfall bei Catli gefunden wurde, stammte aus Israel.[555]
Ein anderer Akteur, der stellvertretend für die Kooperation der Zionisten mit den am weitesten rechts stehenden Vertretern der Konterguerilla angeführt sei, ist Hiram Abas, ehemaliger Leiter des Nachrichtendienstes MIT. Er wurde zwischen 1968 und 1971 vom Mossad ausgebildet und nahm an mehreren Massakern an Palästinensern teil.[556]In der Türkei wurde er als Folterexperte und Verantwortlicher für die Ermordung fortschrittlicher StudentInnen bekannt und deshalb auch von linken Militanten getötet.[557]

Natürlich beschränkte sich die türkisch-israelische Kooperation nicht nur auf die Konterguerilla, sondern fand auch auf der offiziellen diplomatischen Bühne statt – und natürlich auch auf dem vermeintlich zivilen Sektor. Israel ist massiv an einem monströsen Kraftwerksbau beteiligt, dass vor allem wegen seiner Nebenwirkungen auf kurdische Dörfer, die Ökologie und der – von westlichen Medien vor allem beachteten – Zerstörung archäologischer Fundstätten bekannt wurde. Primär handelt es sich aber um ein geostrategisches Projekt. Mehrere westliche Konzerne sind daran beteiligt. Mit der Entstehung des Projektes GAP werden durch verschiedene Staudämme die Nachbarländer von wichtigen Grundwasserressourcen abgeschnitten, was sich voll mit den Interessen Israels deckt. Besonders die Trinkwasserversorgung von Irak und Syrien wird künftig von dem goodwill der Türkei abhängig sein, wenn Euphrat und Tigris durch 22 Dämme aufgestaut werden. Dieses Faktum liegt im Interesse Israels und ihrer Strategie, die arabische Welt mit Hilfe der an sie angrenzenden nichtarabischen Länder „in die

[553] Ebda. S. 101
[554] Ebda. S. 23-25
[555] Ebda. S. 120/121
[556] vgl.: Ganser, Daniele, „NATO's secret armies – Operation Gladio and Terrorism in Western Europe", s.o., S. 232
[557] Ebda. S. 233

Zange zu nehmen".[558] Nach Beit-Hallahmi hat Israel diese „Peripherie-Strategie" bereits in den 1950er Jahren entworfen und sich dabei neben Ländern wie dem Iran oder Äthiopien vor allem auf die Türkei konzentriert.

In den letzten Jahren wurde das Verhältnis zwischen den beiden Ländern durch den Regierungsantritt der AKP beeinträchtigt. Die türkische Regierung verurteilte 2003 zumindest offiziell den Irakkrieg, auch wenn sie eine gewisse Unterstützung für die USA und ihre Verbündeten leistete. Diese Unterstützung umfasste neben der Überflugsgenehmigung, dem Transfer und der Stationierung der amerikanischen Truppen und ihrer Verbündeten auch die Genehmigung zur Entsendung türkischer Einheiten in den Irak. In den öffentlichen Statements wurde die Aggression allerdings kritisiert, einerseits um die Beziehung zu den arabischen Ländern zu verbessern, andererseits, um dem politischen Klima im Inland entgegenzukommen. In der türkischen Bevölkerung gibt es eine breite Ablehnung des Irakkrieges (bis zu 90% positionierten sich bei Umfragen im Jahr 2003 gegen die Aggression) und dadurch auch einen politischen Druck auf die Regierung, trotz der NATO-Mitgliedschaft eine kritische Haltung zur Besetzung des Iraks einzunehmen.[559] Ministerpräsident Gül begab sich auf eine Nahost-Rundreise, um die Anstrengungen der türkischen Regierung für eine friedliche Lösung des Konflikts zu demonstrieren. Außerdem wurde ein Verbot für die amerikanische Luftwaffe erlassen, von Stützpunkten der Türkei aus zu starten. Israel dagegen zeigt sich als einer der größten Kriegstreiber und propagiert die Aufteilung des Iraks als wichtiges Ziel der Aggression. In diesem Plan enthalten ist auch die Bildung eines Kurdenstaates im Nordirak, was den türkischen Interessen massiv zuwider läuft. Die Türkei hat nicht nur mit dem Einmarsch in den Nordirak gedroht, sondern ist auch bereits mehrfach in den Nordirak eingedrungen. Außerdem wurden 2006 zwei der gewählten Hamasvertreter in die Türkei eingeladen, was zu einer weiteren Verstimmung mit der israelischen Regierung führte.

Trotzdem bleibt die Türkei ein strategischer Verbündeter Israels – davon zeugen Abkommen in wirtschaftlichen wie rüstungstechnologischen Bereichen. Nach dem Ende des Kalten Krieges avancierte Israel zum wichtigsten Handelspartner der Türkei. Auch in der Luft- und Raumfahrt, in der Entwicklung der Aerodynamik oder im zivilen Bereich erneuerbarer Energien gibt es Kooperationen.[560] Es ist außerdem ein globales Novum, dass zwischen zwei Nationalstaaten ein Vertrag über Trinkwasserlieferungen abge-

558 Beit-Hallahmi, Benjamin, „Schmutzige Allianzen", s.o., S. 22
559 vgl.: http://www.linksnet.de/artikel.php?id=1492
560 vgl.: http://oeis.or.at/doku/2004-04-tuerkei.html

schlossen wurde. Die Türkei liefert jährlich 50 Millionen Kubikmeter Wasser an Israel – der Vertrag gilt für 20 Jahre.

Arabisches Wasser als Waffe gegen die Araber

Der mit der Türkei geschlossene Vertrag über den Import von Wasser zeigt, dass Israels Pläne zur Meerwasserentsalzung gescheitert sind und die Zionisten keine Wüste zum Blühen gebracht haben. Mindestens 75 % des palästinensischen Trinkwassers hat sich Israel bisher angeeignet, durch ungewöhnliche Gesetzesentwürfe, durch das Bohren tiefer Brunnen und durch militärische Gewalt. Durch den Bau und den Verlauf der Apartheidmauer werden zusätzliche Grundwasserquellen enteignet. Wasser ist eine der stärksten von den Zionisten eingesetzten Waffen gegen die Palästinenser; die ungerechte Verteilung dieser wertvollen Ressource zeichnet ein klares Bild der Besatzung.

> *„Die Siedlungen der Israelis sind grün, die palästinensischen Dörfer und Städte hingegen karg und trocken. Während die israelischen Parkanlagen und Gärten flächendeckend mit aufwendigen Bewässerungsanlagen besprenkelt werden, Swimmingpools und Springbrunnen betrieben werden, ist die Wasserversorgungssituation der palästinensischen Bevölkerung äußerst prekär.*
>
> *Kaum 50% der palästinensischen Haushalte haben fließendes Wasser und nur 30 % sind an die Kanalisation angeschlossen. In Trockenzeiten müssen die Palästinenser oft mit weniger als 20 Litern pro Person und Tag auskommen, eine Menge, die weit unter dem von der WHO festgelegten Mindestbedarf von 120 Litern pro Kopf und Tag liegt. Damit können maximal die grundlegenden Bedürfnisse für Trinken, Kochen und Hygiene erfüllt werden. An eine landwirtschaftliche oder industrielle Wassernutzung ist unter diesen Umständen nicht zu denken.*
>
> *Der israelische Wasserverbrauch hingegen liegt mit 350-400 Litern pro Person und Tag gut im westeuropäischen Schnitt. In einer Region, die gemessen an der Bevölkerungszahl zu den wasserärmsten der Erde zählt, ist dieses Niveau nur durch Inanspruchnahme externer Wasserressourcen zu halten.“*[561]

Die Israelis betrachten es als selbstverständlich, das Wasser der Palästinenser für sich zu beanspruchen – so verbrauchen die 5.000 zionistischen Sied-

[561] Hubauer, Irmgard, „Die Israelis lassen Palästina vertrocknen“, Bericht der Antiimperialistischen Solidaritätsdelegation, Wien 2002, S. 22

ler im Jordantal die gleiche Menge an Wasser wie die 1, 5 Millionen Palästinenser (zwei Drittel der Bevölkerung) in der Westbank.[562]

„Israels Wasserpolitik zeigt sich damit als Musterbeispiel kolonialer Expansionspolitik: Aneignung und Kontrolle von grundlegenden Ressourcen, damit einhergehend die Zerstörung bestehender sozioökonomischer Strukturen, die schließlich in vollständige ökonomische Abhängigkeit der besetzten Bevölkerung von den Invasoren führt.

Die Tragfähigkeit von Palästinas Primär- und Sekundärproduktion ist längst zusammengebrochen. Palästinas Wirtschaft ist mehr und mehr zu einem Durchgangsposten westlicher Entwicklungshilfegelder verkommen – Gelder, mit denen unter anderem Güter aus Israel finanziert werden.

Zynischerweise gehört dazu auch zunehmend der Verkauf von Wasser an die Palästinenser – zum sechsfach höheren, unsubventionierten Realpreis wohlgemerkt!“[563]

Die Zionisten setzen Trinkwasser oder dessen Verweigerung bewusst als Waffe ein. Sie haben keine Wüste zum Blühen gebracht, aber das wertvolle Wasser versickert in den Gärten der Siedler, in den Pools der Besatzer und in der Negevwüste. In den palästinensischen Gebieten gibt es nur für einige Stunden täglich Wasser, während es von Israel sinnlos vergeudet wird.

Die Faschisten im Libanon als israelische Verbündete: Die Falange

Die Vorgeschichte der Falange ist die Geschichte einer faschistisch-christlichen Bewegung und der Familie Gemayel, die bereits von den deutschen Nazis unterstützt wurden, als der Libanon noch Teil von Syrien war.[564]

1936 gründete Pierre Gemayel die Falange Partei, die sich am Vorbild der faschistischen Parteien Europas orientierte und den Namen „Falange“ von den spanischen Faschisten kopierte. 1935 war eine Delegation in Hitlers Reichstag zu Gast.[565]

---

[562] Finkelstein, Norman G., „Der Konflikt zwischen Israel und den Palästinensern“, Originalausgabe: „Image and Reality of the Israel-Palestine Conflict“ bei Verso, London/New York, deutsche Ausgabe im Heinrich Hugendubel Verlag, Kreuzlingen/München 2002, S. 19

[563] Hubauer, Irmgard, „Die Israelis lassen Palästina vertrocknen“, s.o., S. 23

[564] Black, Edwin „IBM und der Holocaust “, Crown Publishing Group“, New York, 2001, S. 220

[565] Khella, Karam, „Der israelisch-arabische Konflikt“, Theorie und Praxis Verlag Hamburg 1982, S. 121/122

„Die soziale Basis dieser Partei bildete eine kleine Gruppe wohlhabender maronitischer Familien, die ihren Reichtum oft dem illegalen Drogenhandel verdankten. Diese Partei der libanesischen Maroniten kam in den 40er Jahren dank ihrer militärischen Organisation und Finanzkraft zu Einfluss; sie warb für sich mit der klassischen faschistischen Parole „Gott, Vaterland und Familie“.[566]

Laut Beit-Hallahmi begannen die Beziehungen zwischen den Zionisten und der Falange bereits während des Krieges 1948. Das neugegründete Israel unterstützte 1951 den Wahlkampf Gemayels mit 3.000 Dollar.
Der Plan Israels war es, einen christlichen, mit Israel verbündeten Libanon zu gründen. Der israelische Premierminister Moshe Sharett bezeichnete die Schaffung eines Maronitenstaates als eines der wichtigsten Ziele der israelischen Außenpolitik.[567]
In den Siebzigern unterstützte Israel verstärkt die maronitische Südlibanesische Armee unter Saad Haddad, die noch rechter als die anderen christlichen Parteien agierte und für eine sofortige Invasion der Israelis in den Südlibanon eintrat. Daneben setzten sich die Beziehungen zu den offiziell etwas gemäßigteren Kreisen der Falange fort.
Zwischen 1975 und 1977 zahlte Israel 150 Millionen an die Falange, die mittlerweile vom Sohn von Pierre Gemayel, Bashir Gemayel, befehligt wurde. Weitaus größere Summen kamen aus den USA und ermöglichten die massive Aufrüstung der libanesischen Faschisten. Während des Libanonkrieges wurde aus dem libanesischen Verbündeten eine reine Marionette, die von Israel ausgerüstet und an der Macht gehalten wurde.

1982 führte die Falange unter der federführenden Aufsicht Israels die berüchtigten Massaker in Sabra und Shatila durch (siehe Kapitel über die israelischen Massaker). Während üblicherweise die zionistische Verantwortung für die Verbrechen ihrer Verbündeten in der Öffentlichkeit kaum behandelt wird, führten die Berichte über dieses Kriegsverbrechen zu weltweiten Protesten. Der politische Druck zwang auch unterstützende Regierungen, die israelischen Verantwortlichen zu verurteilen. Das Verhältnis zwischen dem Zionismus und den libanesischen Faschisten besteht nach wie vor und spiegelt sich in den wiederholten Versuchen, den Libanon zu destabilisieren.

---

[566] Beit-Hallahmi, Benjamin, „Schmutzige Allianzen“, Knaur, München 1989, S. 35

[567] Ebda.; Moshe Sharett war von 1953-1955 israelischer Premierminister, die Veröffentlichung seiner Tagebücher fand gegen den Willen der israelischen Regierung statt und die darin beschriebene zionistische Realpolitik sorgte für erhebliche Verstimmungen zwischen Israel und seinen Verbündeten.

Israel, Oligarchien und Diktaturen – eine abschließende Einschätzung

Für Beit-Hallahmi bedeutet die Politik, die Israel gegenüber Ländern des Trikonts anwendet, einen Export der Erfahrung, die der Zionismus als Kolonialmacht gewonnen hat: dabei handelt es sich nicht nur um das know-how, wie Herrschaft konkret ausgeübt werden kann, sondern auch um den Export der zionistischen Ideologie, die Hallahmi als „Logik und Logistik der Unterdrückung" bezeichnet.[568]

> *„Es gibt Leute, namentlich in den USA, die sich über die hier vorgelegten Fakten schockiert zeigen, weil sie bisher geglaubt haben, die Israelis seien ein aufgeklärtes, fortschrittliches und humanistisch denkendes Volk, und nicht verstehen können, wie Vertreter dieses Volks sich an so abscheulichen Aktivitäten beteiligen können. Manche, die sich dazu berufen fühlen, Israel in Schutz zu nehmen, erklären, seine Unterstützung für reaktionäre Regime in der Dritten Welt sei ein Verstoß gegen zionistische Ideale. Müssen sie sich nicht mit dem Gedanken vertraut machen, dass es womöglich nur die konsequente praktische Umsetzung zionistischer Ideale ist? ..."*[569]

Israel gilt nach Eigendefinition und der Einschätzung etablierter Politologen als „einzige Demokratie im Nahen Osten" mit einem parlamentarischen System nach westlichem Vorbild. Immerhin darf unter bestimmten Voraussetzungen gewählt werden, sogar eine kommunistische Partei ist erlaubt, solange sie die zionistischen Mythen nicht in Frage stellt. (So behauptet beispielsweise auch die israelische KP, dass die Naqba 1948 ein Unabhängigkeitskrieg gegen Großbritannien gewesen sei). Wer sich mit westlichen Demokratien näher beschäftigt, könnte sagen, dass Legalisierung der Folter, Apartheid, Militärzensur der Presse und die Kolonialpolitik gegenüber der palästinensischen Bevölkerung diesem Image genauso wenig widersprechen wie die Förderung der brutalsten und rechtesten Diktaturen dieser Erde.

Der Marxismus hat seine Faschismusdefinition, die bürgerliche Politikwissenschaft eine andere – beide bedürften dringend der Restaurierung. So streiten sich die Experten, ob es sich beim israelischen System um eine Demokratie, eine Theokratie, ein faschistisches Kolonialregime oder wegen der Kibbuzmythen gar um ein sozialistisches Modell handelt. Unabhängig davon, wie die zionistische Politik von den jeweiligen Kommentatoren eingeschätzt wird, zeigen doch die zahlreichen Schnittstellen, dass der Zionismus mit Faschismus zumindest kompatibel ist.

---

[568] Beit-Hallahmi, Benjamin, „Schmutzige Allianzen", s.o., S. 292

[569] Ebda., S. 287/288

Peter Nowak veröffentlichte unter dem Titel: „Rechtsradikale für Israel" einen Artikel für „Telepolis". Er war verwundert über die Zustimmung, die der belgische rechtsradikale Vlaams Blok bei zionistischen Kreisen in der jüdischen Gemeinde Antwerpens genoss. Der Konsens liegt in der antiislamischen Stimmungsmache, die Nowak bei vielen faschistischen Parteien Europas feststellt.
Auch der Chef der neofaschistischen Großrumänienpartei, Corneliu Vadim Tudor verkündete: *„Ich werde der erste christliche Präsident eines mit Israel verbrüderten Rumäniens."*[570]

Auch die Neofaschisten Frankreichs und Italiens haben ihre Sympathie für den zionistischen Staat beteuert. Gianfranco Fini besuchte Israel mit anderen Mitgliedern seiner Partei und entschuldigte sich medienwirksam in Auschwitz für frühere antisemitische Äußerungen seiner Partei.[571]
Auch Le Pen wies auf seine Sympathien für Ariel Sharon hin, zionistische Kreise unterstützten seine Kampagne gegen muslimische und arabische Einwanderer.
Mit Hilfe eines antiislamischen und antiarabischen Rassismus, der durchaus als neuer Antisemitismus bezeichnet werden muss, gehen die Ultrarechten auf Stimmenfang. Leider bleibt diese Haltung nicht auf die neofaschistischen Parteien beschränkt, sondern wird auch von vielen liberalen und angeblich linken Kreisen geteilt.

Wenn der Schwanz mit dem Hund wedelt – das prozionistische Engagement von Falken und Neokonservativen

In den USA selbst werden die konservativsten Denkfabriken – die unabhängig davon, ob Demokraten oder Republikaner regieren, die amerikanische Außenpolitik wesentlich mitbestimmen – von Israelis oder zumindest von Hardlinern mit engen Verbindungen zur israelischen Regierung geführt. Neben der Rand Corporation beeinflussen vor allem drei Think Tanks, die alle über gute Verbindungen zur israelischen Regierung verfügen, die Kriegsstrategien der USA. Das „Middle East Forum", deren Direktor Daniel Pipes auch in der „Jerusalem Post" schreibt, das „Washington Institute" und das „American Enterprise Institute (AEI)", wobei einer seiner prominentester Mitarbeiter, Michael Ledeen in Büchern und in Talk-Shows die totale Auslöschung des Irak forderte[572] und derzeit trotz massi-

---

[570] Nowak, Peter, „Rechtsradikale für Israel", Telepolis 17.06.2004
[571] Ebda.
[572] Odehnal, Bernhard/ Kilian, Martin, „Bagdad ist nur der Anfang," im profil Nr.39, Sept. 2002, S. 96

ver Spionagevorwürfe für Israel die Aggression gegen den Iran vorantreibt. Den Denkfabriken ist gemeinsam, dass sie möglichst viele Angriffskriege gegen nicht hundertprozentig amerikafreundliche und vor allem gegen arabische Länder fordern. Von ihnen kommt die Theorie der „Achse des Bösen“ und sie propagieren die permanente Erweiterung der Liste so genannter „Schurkenstaaten“.
Das 1943 gegründete American Enterprise Institute ist eine der ältesten Denkfabriken der USA und seit Nixon auch eine der einflussreichsten. Heute steht das AEI für einen neokolonialen Kulturkampf und eine aggressive Außenpolitik, vor allem aber für die bedingungslose Unterstützung der israelischen Rechten. Es wird massiv von amerikanischen Multis unterstützt, für deren Anliegen es sich insofern einsetzte, als es 10.000 Dollar Fördergeld für eine Widerlegung des UN-Klimaberichts zur Verfügung stellte.

Neben den Denkfabriken gibt es mehrere proisraelische Interessensvertretungen, wie die **AIPAC** (American Israel Public Action Comitee), die sich selbst als „Americas Pro Israel Lobby“ beschreibt. Ursprünglich als „Americas Zionist Committee for Public Affairs“ gegründet, brachte es AIPAC unter der Leitung von Thomas Dine zwischen 1980 und 1993 zur effektivsten Lobby in den USA. Heute präsentiert sich AIPAC als Netzwerk von 75 Organisationen – wie beispielsweise der Anti-Defamation-League –, das die Nahostpolitik der USA massiv beeinflusst und um dessen Unterstützung sich Republikaner wie Demokraten gleichermaßen bemühen. Auch die neuen Präsidentschaftskandidaten, die sich bei Fertigstellung des Buches gerade im Endspurt des Wahlkampfs 2008 befinden, haben der AIPAC bereits ihre Aufwartung gemacht und die uneingeschränkte Fortsetzung der Unterstützung und Parteinahme für Israel zugesichert.

Dass die mehr als großzügige Militär- und Wirtschaftshilfe, die Israel von den USA zur Verfügung gestellt wird, eine politische Abhängigkeit erzeugt, liegt auf der Hand. Die Frage, wie groß umgekehrt der israelische Einfluss auf die amerikanische Außenpolitik ist, wurde zuletzt durch die Veröffentlichung mehrerer Bücher und Artikel thematisiert. Der aktuelle Diskussionsprozess lässt sich auch durch die neuerlich eingesetzte, aber durch ihren inflationären Missbrauch bereits abgestumpfte Antisemitismuskeule nur bedingt einschüchtern.

Im Folgenden sollen Vertreter jener Clique gezeigt werden, die als repräsentativ für die israelisch-amerikanische Kooperation der jüngeren Zeit bezeichnet werden kann. Die Aufzählung einiger prominenter Vertreter dieser

Achse zeigt allerdings nur einen kleinen Ausschnitt und erhebt nicht den Anspruch, alle Repräsentanten erfasst zu haben.

Richard Perle, unter Reagan bereits stellvertretender Staatssekretär und Leiter des „Defence Policy Boards“, einem Beratergremium des Pentagons, machte auch Karriere als erfolgreicher Beirat des zionistischen Think Tanks **„Jewish Institute for National Security Affairs (JINSA)“**, der eine aggressive antiarabische und proisraelische Politik der USA forciert und AIPAC inhaltlich wie auch durch personelle Verflechtungen nahe steht. Beim **American Enterprise Institute (AEI)** ist Perle als Resident Fellow engagiert.
Als Assistant im Secretary of Defense geriet er 1997 unter Lobbyismusverdacht, weil er Geld von einem israelischen Waffenhändler angenommen hatte. Perle war damals bereits vorbelastet, da 1970 durch eine Abhöraktion des FBI bewiesen wurde, dass er vertrauliche Informationen an die israelische Botschaft weitergeleitet hatte. Der wegen seiner Unterstützung des „star war“-Programmes unter dem Spitznamen „Fürst der Finsternis“ bekannt gewordene Multifunktionär arbeitete für das israelische Rüstungsunternehmen Solton und gilt als der neben Wolfowitz wichtigste Architekt der aktuellen Kriegspolitik, konkret auch des Irakkriegs. Er gehört außerdem zur Leitung der ultrakonservativen ***Hollingercorporation***, dem drittgrößten amerikanischen Zeitungsimperium, das etwa die „Jerusalem Post“ und den britischen „Daily Telegraph“ herausgibt. Letztere Zeitung spielte eine gewichtige Rolle, als der „Daily Mirror“ Fotos von Folterungen an irakischen Häftlingen durch britische Soldaten veröffentlichte. Perles „Daily Telegraph“ war es, der den Daily Mirror der Fälschung bezichtigte, was unter anderem zum Rücktritt des Chefredakteurs führte.[573] Perle selbst ist wegen 2004 erhobener Korruptionsvorwürfen offiziell als Berater im Pentagon zurückgetreten, während er im Hintergrund weiter die Fäden zieht. Sein Rücktritt hängt aber auch damit zusammen, dass er Israel neuerlich vertrauliche Dokumente übergeben hat.[574]

Auch der Rest an Beratern der Bush-Administration, die Denkfabriken und Lobbies der sogenannten „Neo-Konservativen“, deren Politik durchaus faschistoide Züge trägt, bildet sich aus zionistischen Ideologen und Vertretern einer aggressiven Außenpolitik.

---

[573] siehe Artikel in der NZZ vom 15.05.04; „Rücktritt des Chefredakteurs des „Daily Mirror“ in London“

[574] Laurent, Eric, „Die neue Welt des George W. Bush“, Fischer VerlagsGesmbH., Frankfurt am Main, 2003; S. 108

Der bekannteste ist wohl **Paul Wolfowitz**, einer der eigentlichen Masterminds hinter den Entwicklungen der letzten Jahre – als stellvertretender Verteidigungsminister propagierte er seit langem eine aggressive Kriegspolitik, die aber erst jetzt die erwünschten Früchte trägt. Später wurde er oberster Chef der Weltbank, musste aber wegen privater Vergünstigungen und damit verbundener Korruptionsvorwürfe zurücktreten.
Auch Paul Wolfowitz ist Mitglied im JINSA (Jewish Institute for National Affairs)[575], Unterzeichner der PNAC-Prinzipienerklärung und präsentiert die ultrakonservative Abteilung der amerikanisch-israelischen Achse. Nach seinem erzwungenen Rücktritt bei der Weltbank kehrte er wieder zum American Enterprise Institute zurück.

Ein weiterer Vertreter ist **Douglas Feith**, von 2001-2005 Staatssekretär im Verteidigungsministerium, der israelische Schatzbriefe besitzt und als Mitglied der ZOA (Zionist Organisation of America) ein besonderes Naheverhältnis zum Likud unterhält. Das einzige Auslandsbüro seiner Anwaltskanzlei *(Feith war 15 Jahre lang als Anwalt in der Kanzlei Feith & Zell tätig)* befindet sich in Israel, wo er durch die Vertretung einer israelischen Rüstungsfirma bekannt wurde. Er leitete früher das „Center for Security Policy“ im Pentagon.[576] In seiner Abteilung war das „Office of Special Plans“ (OSP) untergebracht, das mit manipulierten Meldungen den Irakkrieg provozierte.
Auch für Feith begann seine Karriere bereits in den frühen Achtzigerjahren, als ihn Richard Perle (der damals als Unterstaatssekretär im Pentagon jobbte) als Berater engagierte. Unter Reagan war er 1981 Nahost-Experte im „National Security Council (NSC)“ und 1986 schaffte er es zum „Unterstaatssekretär für Verhandlungspolitik“ im Pentagon. 1990/91 war Feith ein Mitglied des „Committee for Peace and Security in the Gulf“ und bis zu seinem Regierungseintritt gehörte er auch dem „US-Committee for a Free Lebanon“ an, beides Propagandaeinrichtungen für möglichst rasche militärische Überfälle auf die zu „befreienden“ Regionen. 1996 gehörte Feith außerdem zum Beraterteam von Benjamin Netanjahu und zum Autorenkollektiv von „A clean Break“, einem Strategiepapier, in welchem dem Likud Anweisungen für eine aggressive israelische Innen- wie Außenpolitik formuliert wurden. Konkret geht es in diesem Machwerk um die Ablehnung des Osloer-Abkommens, den Einmarsch der israelischen Armee in die 1967 besetzten Gebiete, den steigenden Druck auf Syrien und den Sturz des Baath-Regimes im Irak.
Sein Rücktritt dürfte mit den Vorwürfen zusammenhängen, nicht nur Perle, sondern auch Feith habe im Zuge des Irakkriegs Informationen an die israe-

---

575 Ebda. S. 108/109
576 Ebda. S. 105-106

lische Botschaft und an die zionistische Lobbyorganisation AIPAC weitergegeben. Sein Mitarbeiter Franklin Lawrence wurde jedenfalls wegen diesem Delikt zu 12 Jahren Haft verurteilt, während Feith als eigentlicher Verantwortlicher unbehelligt blieb. Seine Mitarbeiterin Karen Kurjatovski, Oberstleutnant der Luftwaffe und im OSP angestellt, berichtete über das „enge Arbeitsverhältnis", das ihr Vorgesetzter Douglas Feith zu Israel unterhalten habe:

> *„Ich würde sagen, eine Reihe von Hardlinern sind unbezahlte Advokaten Israels. Sie transportieren israelische Wünsche in die US-Regierung."*[577]

Elliott Abrams übernahm 2002 die Nahostabteilung des Nationalen Sicherheitsrates, keine Nachricht über die arabischen Länder verließ ungefiltert seinen Schreibtisch, bevor sie der Präsident oder das Außenministerium in die Hände bekam. Seine Ernennung wurde als wichtiges Signal für die proisraelische Politik der Bush-Administration gewertet. Als Chefberater des Weißen Hauses für Nahostfragen war er an den Verhandlungen zwischen Israel und der PLO in Scharm el Sheikh (und wohl nicht unwesentlich an deren Scheitern) beteiligt.
Er begann seine Karriere als Reagans Assistent im Außenministerium und zeichnete für die damalige Lateinamerikapolitik verantwortlich, unter seine Amtszeit fallen die Finanzierung und Ausrüstung der berüchtigten Todesschwadrone.[578] In die Iran-Contra-Affäre verwickelt, gestand er 1991 den Kongress belogen zu haben, was seiner beruflichen Karriere aber nicht schadete. Als Mitglied des „Committee for Peace and Security in the Gulf" war er wesentlich in die „Desert storm" Aggression gegen den Irak involviert.
2001 wurde er zum Sonderberater des Präsidenten für Demokratie, Menschenrechte und internationale Operationen ernannt. Als sein Sprecher fungierte Ari Fleischer, auch ein bekannter Anhänger der israelischen Rechten. Abrams ist außerdem Kommentator bei Fox-News, dem Sprachrohr der Republikaner, Begründer des neokonservativen Blattes „Weekly Standard" und Kolumnist in der „New York Post". Wie seine anderen Gesinnungsgenossen aus dem rechten Lager ist er Mitglied in mehreren kriegsbefürwortenden Komitees, wie dem „US-Committee for a Free Lebanon" oder dem „American Committee for Peace in Chechnya".

Ein anderer wichtige Vertreter in dieser Allianz ist etwa **John Bolton**, bis 2005 Staatssekretär für internationale Sicherheit und Rüstungskontrolle und

---

[577] http://www.zeit.de/2004/45/NeoCons?page=all; Zitat aus der Zeitschrift „Die Zeit" Nr.45 vom 28.10.2004

[578] Laurent, Eric, „Die neue Welt des George W. Bush", s.o., S. 115

danach bis Dezember 2006 auch noch amerikanischer Botschafter bei der UNO. Als früherer Vizepräsident des American Enterprise Instituts erhielt er auch nach Beendigung seiner Botschafterkarriere eine Anstellung beim AEI, wo er derzeit massiv für einen Krieg gegen den Iran eintritt. Bolton ist außerdem ein ehemaliges Beiratsmitglied von JINSA (Jewish Institute for National Security Affairs). Ein Assistent von Bolton war sein von ihm protegierter Sonderberater **David Wurmser**, der bereits Netanjahu als israelischem Ministerpräsidenten als Berater zur Seite stand und der kürzlich von einem nordkoreanischen Politiker wegen seiner aggressiven Haltung in den amerikanisch-nordkoreanischen Beziehungen als „scum" bezeichnet wurde. Auch Wurmser ist einer der Verfasser des „Clean Break"-Programms für eine unnachgiebige israelische Besatzungspolitik und eine aggressive Politik gegen die arabischen Anrainerstaaten. Seine Frau **Meyrav Wurmser** gründete 1998 gemeinsam mit Yigal Carmon, der 23 Jahre als israelischer Geheimdienstoffizier gearbeitet hatte, das Middle East Media Research Institute – **MEMRI** –, über das noch gesondert berichtet werden soll.

Norman Podhoretz, der Schwiegervater von Elliott Abrams, spielt bei der Clique ebenfalls eine bedeutende Rolle. Er war von 1960 bis 1995 Chefredakteur des zionistischen Blattes „Commentary" (herausgegeben vom American Jewish Committee). Ihm war die Außenpolitik der Reagan-Administration zu wenig militaristisch, er forderte bereits in den 1980ern eine stärkere Präsenz amerikanischer Truppen im Arabischen Raum. Im „Balkan Action Committee" engagierte er sich für eine Intervention in Bosnien, später trat er für Bodentruppen im Kosovokrieg ein. Wie die meisten Neokonservativen, die heute das rassistische Instrument der Islamfeindlichkeit einsetzen, um im „Krieg gegen den Terror" ihre Interessen durchzusetzen, gehörte auch Podhoretz zu denen, die früher den Jugoslawienkrieg propagierten, „um Muslime zu retten" (und sich heute für Tschetschenien einsetzt).

Von Bush zweimal mit dem „Medal of Freedom" ausgezeichnet, fiel Podhoretz durch sein aktives Eintreten für Israels „Antiterrorkrieg" auf. Er war einer der engagiertesten Vertreter der These, dass es eine Verbindung zwischen Al-Qaida und der Baathregierung gäbe und wirbt für den „Krieg gegen den Terror", den Podhoretz als Vierten Weltkrieg bezeichnet (als dritter Weltkrieg gilt bei den Neokonservativen der Kalte Krieg). Podhoretz ist ebenfalls „Mitglied im American Committee for Peace in Chechnya" und war im Vorwahlkampf Berater von Rudolph Guliani für die Präsidentenwahl.

Der Terminus des „Vierten Weltkriegs" wurde zuerst von **Eliot Cohen** formuliert, auch ein Mitglied des „Defense Policy Boards" und Beiratsmitglied des mittlerweile aufgelösten „Committee for the Liberation of Iraq" – und ähnlichen militanten Einrichtungen mit verbrämten Namen. Er veröffentlichte seine Artikel in der neokonservativen Zeitung „The National Interest" und der JINSA-Zeitschrift „Journal of International Security Affairs".

Zu den Stützen der amerikanisch-israelischen Kooperation gehört auch **Michael Ledeen**. Der frühere Mittelsmann in der Iran-Contraaffäre soll enge Kontakte zum italienischen Geheimdienst SISMI und der Geheimloge P2 gepflegt haben und aktiv in die Gladio-Affäre verstrickt sein. Daniele Ganser bezeichnete ihn in seinem Buch über Gladio als „CIA-Propagandist".[579] Ledeen war an der Fälschung von Dokumenten beteiligt, die unterstellten, der Niger habe Uran an den Irak verkauft, (angebliche „Yellow-cake" Funde) was mittlerweile zu einer Klage des Niger führte, solche Ammenmärchen in Zukunft zu unterlassen. Auch die Geschichte der irakischen Verbindungen zu Al-Qaida, zu Abu Nidal und zur Hisbollah wurde von Ledeen verbreitet. Als Mitbegründer von JINSA, Chefideologe des PNAC und Lehrbeauftragter des American Enterprise Institutes propagiert er den „Totalen Krieg" (sic!), um Frieden zu schaffen.[580]
Zuletzt gehörte Ledeen zu den eifrigsten Befürwortern eines Angriffs gegen den Iran. Er hat Pläne vorgelegt, den Iran nach einer geführten Aggression aufzuteilen, so wie er das bereits für den Irak skizzierte. Der ehemalige Pentagon-Mitarbeiter und Berater des Nationalen Sicherheitsrats ließ auch durch Zitate wie dem folgenden aufhorchen:

> *„Die Vereinigten Staaten müssen sich alle 10 Jahre ein kleines, beschissenes Land vornehmen und es plattmachen, damit die Welt versteht, dass mit uns nicht zu spaßen ist."*[581]

Nicht zu vergessen **Richard B. (Dick) Cheney**, der unter George W. Bush zum Vizepräsidenten ernannt wurde. Er war bereits unter Bush senior von 1989-1993 Verteidigungsminister. Zwischen 1995 und dem Jahr 2000 war Cheney Generaldirektor der Bau- und Ingenieurfirma von **Halliburton**, jener Konzern, der durch Cheneys Engagement die meisten Aufträge für den „Wiederaufbau" des zerstörten und besetzten Iraks erhalten sollte. Diese Fakten sind einer breiteren Öffentlichkeit spätestens seit Michael Moores Film „Fahrenheit 9/11" bekannt. Weniger populär ist Cheneys Connection zur Israel-Lobby, wie sie sich etwa durch seine Mitgliedschaft und seine

---

579 Ganser, Daniele: „NATO's Secret Armies – Operation Gladio and Terrorism in Western Europe", Verlag Frank Cass, London/New York 2005, Chronology, S. 235

580 vgl. http://politblog.net/krieg-terrorismus/meldung-michael-ledeen-gestorben-verbindung-mit- yellowcake-skandal.htm

581 http://www.readers-edition.de/2007/02/28/die-lobby-der-kriegstreiber/

Tätigkeit als ehemaliger Beirat beim JINSA (Jewish Institute for National Security Affairs)-Institut oder als Redner bei offiziellen Veranstaltungen von AIPAC äußert. Natürlich ist auch Dick Cheney Unterzeichner der Prinzipien des PNAC.[582]

PNAC steht für **„Project for the New American Century“** und wurde 1997 als „nichtkommerzielle Ausbildungsorganisation“, aber klare neokonservative Einrichtung ins Leben gerufen. Rein personell finden wir dieselben Strategen wie in den anderen Think-Tanks und Lobbygruppierungen, auf denen die regierende Administration aufbaut. So zählt natürlich unvermeidlich auch Richard Perle zu den Mitbegründern des PNAC, ebenso wie die anderen Vertreter, unter denen in den letzten Jahren die Spitzenpositionen hin- und herverschoben wurden: Cheney, Rumsfeld, Wolfowitz, Bolton, Zalney Khalilzad, William Kristol und neben etlichen anderen Neokonservativen am „Ende der Geschichte“ auch Theoretiker wie Francis Fukuyama.

Zu den prozionistischen Lobbygruppen gehört auch das **„American Jewish Committee“** – sie gelten als laizistische Rechtszionisten, die mit dem „Commentary“ über ein einflussreiches Medium verfügen. Bereits 1906 gegründet, verfügt das AJC heute über 1.110.000 Mitglieder und 33 Büros. Neben anderen Interventionen unterstützt es Indien im Kaschmirkonflikt, um eine antiislamische Stimmung zu schüren.

Neokonservative sind zum Teil ehemalige Liberale und so wie ehemalige Raucher zu den militantesten Nichtrauchern werden, tendieren einige Ex-Linke dazu, sich aus Frust über ihre persönliche gescheiterte Geschichte zu extremen Rechten zu entwickeln. Ihre Anfänge hatten die Neokonservativen im Team des demokratischen, aber erzreaktionären Senators **Henri „Scoop“ Jackson** unter der Präsidentschaft von Jimmy Carter, der ihrer Meinung nach zu wenig militant gegenüber arabischen Regimes auftrat. Jackson wurde wegen seiner guten Beziehungen zur Rüstungsindustrie auch „Senator von Boing“ genannt. Er verkörperte bereits in den 70ern das Bild des typischen heutigen Neokonservativen – er war antikommunistisch, proisraelisch und Vertreter einer aggressiven Außenpolitik. Bekannt wurde das so genannte „Jackson-Amendment“ von 1974, das die Außen- und Handelsbeziehungen mit der Sowjetunion an Bedingungen knüpfte. Primär ging es um die Auswanderungszertifikate sowjetischer Juden nach Israel.

Unter Reagan und Bush senior bekamen die so genannten „Falken“ Aufwind, obwohl sich ihre aggressive Linie erst gegen Ende der Neunziger ge-

---

582 vgl.: http://www.jungewelt.de/2007/10.02/023.php

gen rationellere Think Tanks durchsetzte. Ihre proisraelische Sichtweise impliziert eine unnachgiebige Haltung gegen unliebsame arabische Regimes und damit mögliche Gegner Israels.
Sie planen die komplette Umgestaltung der arabischen Welt und die Installierung von noch gefügigeren prowestlichen Marionettenregierungen. Für den israelisch-palästinensischen Konflikt empfehlen sie die totale Deportation der palästinensischen Bevölkerung, in anderen Worten: die Transferlösung, vorzugsweise nach Jordanien.

In mehreren Committees, in deren Selbstetikettierungen meistens Worte wie „Frieden“ und „Freiheit“ für eine bestimmte Region, die in naher Zukunft in Schutt und Asche bombardiert werden soll, enthalten waren, trafen sich seit den späten 1970ern immer die gleichen Kriegsbefürworter, aus denen sich die spätere Bush-Administration zusammensetzen sollte. Sie übergaben Petitionen an die jeweiligen Regierungen, von denen die Notwendigkeit militärischer Aggressionen bekräftigt wurde. Die meisten dieser Komitees lösten sich nach der erfolgten Intervention wieder auf, oder gründeten sich nach einigen Jahren erneut, wenn eine Region zum wiederholten Mal zum Schauplatz einer Aggression wurde. Ein Beispiel dafür wäre etwa das **„Committee for Peace and Security in the Gulf“**, das 1990 die Kriegsbegeisterung gegen den Irak schürte, sich nach „Desert storm“ wieder auflöste und 1998 erneut aktiviert wurde, um den nächsten Angriff zu bewerben.

Sharon sagte über die Neokonservativen:

> *„Wir brauchen uns wegen Effi Eitam (israelischer Hardliner, der selbst Sharon zu rechtslastig war, d. Autor) keine Sorgen zu machen. Verglichen mit unseren amerikanischen Freunden ist er eine schneeweiße Taube.“*[583]

Ihre engsten Verbündeten in den USA sind die christlichen Fundamentalisten, die zwar tendenziell antisemitisch, aber auch extrem prozionistisch und engagierte Verteidiger Israels sind. Diese religiösen Fanatiker, die in der Bush-Administration die Oberhand haben, bezeichnen den Antichrist als „männlich und jüdisch“, wie es Jerry Falwell, ein führender Vertreter der **Christian Zionists**[584], formulierte. Nach ihren Bibelinterpretationen verlangt die Vorsehung die jüdische Rückeroberung Palästinas, bevor das herbeigesehnte Armageddon eintritt, das wiederum zur Bekehrung der Ju-

---

[583] Treichler, Robert, „Sogenannte besetzte Gebiete“, profil 39, 23.09.02
[584] Laurent, Eric, „Die neue Welt des George W. Bush“, Fischer VerlagsGesmbH., Frankfurt am Main, 2003; S. 101

den zum Christentum führen wird, während die Hartnäckigen ins Höllenfeuer gestürzt werden sollen.

> *„Mit anderen Worten, diese Christen unterstützen die Juden, um sie abschaffen zu können", schreibt Matthew Engel im Guardian."*[585]

Beim Treffen der Pro-Israel Lobby **AIPAC** 2002 hatte auch einer der rechtesten Republikaner und ehemaliger Assistent von Ronald Reagan, der Prediger **Gary Bauer**, Gelegenheit, seine Unterstützung für Israel und seine Ablehnung jeglicher Friedensbemühungen mit der palästinensischen Seite zu propagieren. Bauer ist Mitglied der 2002 gegründeten „American Alliance of Jews and Christians", sowie von „Christian Coalition" und „American Values", alles christliche Vereine, die sehr rechts orientiert sind und die Politik des Likud oder noch rechteren Parteien in Israel unterstützen. Auch er hat die Prinzipienerklärung des PNAC unterzeichnet. Er betonte seine Auffassung, dass Gott das Land Israel dem jüdischen Volk gegeben hat und es daher niemals einem anderen Volk überlassen werden darf.[586] Für die religiöse Rechte gilt es, die Ideologie des auserwählten Volkes mit den Interessen des militärisch-industriellen Komplexes gemeinsam zu verkaufen.

> *„Das sind die Leute, die den spirituellen Kraftstoff erzeugen, mit dem George W. Bush seinen Krieg gegen den globalen Terror antreibt. Christliche Evangelisten aus South Carlina zahlten zum Beispiel für die riesige Werbetafel am Ayalon Highway in Tel Aviv, auf der zu lesen war: „Es gibt kein Land im Austausch gegen Frieden." Und erst vergangene Woche wies der evangelische Fernsehprediger Pat Robertson den israelischen Außenminister Silvan Shalom mit den Worten „Sie wollen Jerusalem an Arafat übergeben? Für wen halten Sie sich!" zurecht."*[587]

Diese offizielle Allianz zwischen den proisraelischen Vertretern der jüdischen Gemeinden und der christlichen Rechten ist relativ jung. Noch bis vor kurzem gab es massive Vorwürfe gegen den offensiven Antisemitismus in den Predigten der fundamentalistischen Lobby. Doch hat schon Herzl festgestellt, dass die Antisemiten stets die besten Verbündeten des Zionismus sein werden.
Als „Theokonservative" werden die christlichen Fanatiker von ihren Kritikern bezeichnet. Dazu zählen fundamentalistische Prediger wie Gary Bauer, Tom DeLay und Jerry Falwell. Was Zionismus und die christliche

---

585 Ebda.
586 Eldar, Akiva, „Unheilige Allianz mit der christlichen Rechten", erschienen im „Der Standard", (Album A3-Beilage), Übersetzung eines Artikels aus der israelischen „Haaretz", 12.04.03
587 Ebda.

Rechte verbindet, ist weniger das Alte Testament oder die Thora, sondern sind in erster Linie rein weltliche Interessen, was vor allem bei Betrachtung der politischen und ökonomischen Positionen der religiösen Führungsclique offensichtlich wird – die Ideologie hilft aber, sich vor sich selbst und seinem Publikum zu rechtfertigen.
Ein wichtiger Sponsor dieser christlich-zionistischen Allianz ist auch der Gründer der Vereinigungskirche, Reverend Sun Myung Moon, der nicht nur mit der CIA beim Aufbau des südkoreanischen Geheimdienstes[588], sondern auch eng mit Israel zusammenarbeitete.

In der Literaturliste am Ende des Buches findet sich noch die getrennte Anführung von Internetadressen, die zu diesem umfangreichen Thema recherchiert haben.

Folter in Israel

„Auf Druck Rabins gaben die Rechtsberater ihre Zustimmung, dem Shin Bet freiere Hand bei der Anwendung von Gewalt gegenüber palästinensischen Untersuchungshäftlingen zu lassen, um wie es hieß, die Bekämpfung des Terrors effektiver zu machen. Im Klartext: Es war die Erlaubnis, noch stärker als bisher zu foltern.“[589]

Im März 2001 traten einmal mehr palästinensische Gefangene im Ashkelon-Knast in den Hungerstreik – insbesondere, um gegen die Haftbedingungen und die Folterung von palästinensischen Kindern in israelischen Gefängnissen zu protestieren, die mit israelischen erwachsenen Inhaftierten in gemeinsame Zellen gesteckt werden und permanenten Misshandlungen ausgesetzt sind.[590]
Durch diese alarmierenden Nachrichten, sofern sie die Hürden der Zensur überwinden konnten, wurde der Weltöffentlichkeit einmal mehr die Brutalität der israelischen Besatzungspolitik vor Augen geführt.

Gefoltert wird in vielen Ländern, nicht nur in Diktaturen, auch in den sogenannten westlichen Demokratien. Aber kaum eine Regierung gesteht diese Tatsache offen ein. – Auch Israel hat lange Zeit geleugnet, PalästinenserInnen zu foltern und alle, die das Gegenteil behaupteten, des Antisemitismus

---

588 Laurent, Eric, „Die neue Welt des George W. Bush“, Fischer VerlagsGesmbH., s.o.; S. 66/67
589 Langer, Felicia, „Wo Hass keine Grenzen kennt.“, Lamuv-Verlag, Göttingen 1995, S. 200
590 „Intifada“ Nr.4, Mai 2001

bezichtigt. Mittlerweile verteidigt das offizielle Israel aber diese Praktiken und hat Gesetze erlassen, um Folter völlig legal anwenden zu können. Es wurde damit eine „Bürokratisierung der Folter“ geschaffen.
Das Besondere an der israelischen Vorgehensweise ist die Systematik, die gesetzliche Verankerung sowie die Perfektionierung und der erfolgreiche Export von Folter. Militärberater und Söldner aus Israel beraten weltweit Regimes im Know How von Aufstandsbekämpfung und Repression.[591] Gewisse international bekannte Methoden der Folter wurden in Israel entwickelt und verraten das teilweise auch in ihrem Namen, wie etwa die sogenannte „Palästinensische Schaukel“, die eine vor allem bei süd- und mittelamerikanischen Diktaturen sehr beliebte Foltermethode darstellte.
Experten, wie die israelische Rechtsanwältin Lea Tsemel, schätzen, dass es in Gaza, Jerusalem und Westbank nur etwa dreißig professionelle Folterer des Shin Bet (auch Shabak genannt), dem israelischen Inlandsgeheimdienst, gibt[592], denen verschiedene polizeiliche Hilfskräfte, israelische Strafgefangene, aber auch palästinensische Kollaborateure zur Seite stehen. Sie arbeiten wie am Fließband, um zu den gewünschten Ergebnissen zu kommen.
Aber der Shin Bet ist nicht der einzige in Israel mit der Lizenz zum Quälen von Gefangenen – die Polizei und der militärische Geheimdienst Aman werden von Menschenrechtsorganisationen ebenfalls beschuldigt, zu foltern. Israelische Menschenrechtsorganisationen wie B'Tselem geben an, dass Misshandlungen nicht nur während der Verhöre, sondern auch während der Haft andauern.
Die Folter dient also nicht nur der Gewinnung von Erkenntnissen und der Erpressung von Geständnissen, sondern auch der bloßen Einschüchterung. Häufig entspringt sie einfach einer sadistischen Laune von Gefängniswärtern. Eine Praxis, die ihre Wurzeln im alltäglichen Rassismus hat und im Regelfall vom Gesetzgeber nicht geahndet wird.
Folter wird auch angewandt, um Gefangene zu zwingen, als Kollaborateure für den Shin Bet zu arbeiten.

Ihre Opfer sind natürlich zum Großteil, aber nicht ausschließlich, Palästinenser. Die Folter ist ein Teil der Besatzungspolitik und wird mit dem israelischen Sicherheitsbedürfnis gerechtfertigt.
Für einige Aufregung hat die Veröffentlichung der Formulare von Gefängnisärzten gesorgt, in denen sie die Foltertauglichkeit von Inhaftierten untersuchten – das bedeutet, dass in Israel auch Mediziner in die systematischen

---

[591] Beit-Hallahmi, Benjamin, „Schmutzige Allianzen – Die geheimen Geschäfte Israels“, Knaur Verlag, München 1989

[592] Sie nennt keine Angaben über die Anzahl der Folterer in Israel selbst, sondern beschränkt sich auf die 1967 besetzten Gebiete.

Misshandlungen eingebunden sind. Dagegen hat nach internationaler Aufforderung 1993 endlich auch der israelische Ärzteverband protestiert. In einem dieser genannten Formulare werden Fragen gestellt wie: Bestehen Einschränkungen bezüglich Ankettung des Gefangenen?
Bestürzung rief aber in der israelischen Diskussion nicht die Folter selbst, sondern vor allem die Tatsache hervor, wie eine derartige Veröffentlichung die Militärzensur passieren konnte – denn nach den israelischen Notstandsverordnungen, vor allem dem Artikel 98, müssen alle palästinensischen Zeitungen ihre Artikel, die sensible Bereiche (nach zionistischer Anschauung) enthalten, vorlegen. Diese Regelung wird besonders restriktiv in Gaza und Westbank überwacht; weniger streng kontrolliert wird die palästinensische Presse in Ostjerusalem, wo das israelische Presserecht angewandt wird. Doch die Zensurbestimmungen, die mit einigen Modifikationen noch aus der britischen Mandatszeit übernommen wurden, betreffen alle Medien, auch die israelischen. Ausländische Korrespondenten, die aus Israel berichten, müssen ebenfalls auf Verlangen dem Zensor ihre Beiträge vorlegen.[593] Soviel zur Pressefreiheit und der Einschätzung Israels als „einziger Demokratie im Nahen Osten“.

Amnesty International hat in einem 1996 veröffentlichten Bericht über Folter in Israel vor allem die israelische Armee Israele Defence Force (IDF) und den General Security Service (GSS) beschuldigt, unverhältnismäßige Gewalt anzuwenden und Gefangene vorsätzlich zu quälen – zumindest bezogen auf den untersuchten Zeitraum der 1970er und 1980er Jahre.[594]

Am 31. Mai 1987 wurde die Landau-Kommission[595] eingesetzt, die etwa ein halbes Jahr später ihren Abschlußbericht vorlegte. Der Bericht bestand aus zwei Teilen, von denen einer immer noch nicht veröffentlicht wurde. Gedacht war sie als Untersuchungskommission, um die ständigen Foltervorwürfe zu untersuchen – tatsächlich entpuppte sie sich als Rechtfertigung der Folter und erfolgreicher Versuch, die bürokratischen Grundlagen für die Legalisierung der Folter zu schaffen.

> *„Die Formen der Gewalt sollen prinzipiell die Art des gewaltfreien psychologischen Druckes durch nachhaltige und extensive Verhöre unter Anwendung von List, die auch den Betrug einschließt, annehmen. Sollte*

[593] Watzal, Ludwig „Frieden ohne Gerechtigkeit?, 1994 Böhlau Verlag Köln-Weimar-Wien, S. 257-271

[594] http://members.internettrash.com/rolfbmiller/israel.htm

[595] benannt nach dem ehemaligen Präsidenten des Obersten Gerichts in Israel, Moshe Landau

diese Methode nicht zum Erfolg führen, kann auch moderate physische Gewalt angewandt werden.“[596]

Israel hat die Antifolterkonvention der Vereinten Nationen zwar unterzeichnet, dabei aber Vorbehalte angemerkt. Vor allem wehrte sich Israel gegen eine internationale Überprüfung, ob es die Richtlinien der Konvention auch tatsächlich einhalten würde.

1993 erstellte das „Gaza Community Mental Health Program (GCMHP)“ eine Studie über die psychischen Schäden der Folter. Dabei wurden 500 palästinensische Folteropfer untersucht.

> *„Aus der Untersuchung geht hervor, dass nicht nur die Gefangenen selbst misshandelt wurden, sondern auch die nächsten Angehörigen. 30 Prozent der 500 Befragten berichteten, dass Mitglieder ihrer Familien vor ihren Augen misshandelt worden seien. Fast 70 Prozent wurde damit gedroht, dass man ihre Frauen oder Mütter vergewaltigen werde, und 47,3 Prozent berichteten, dass Familienmitglieder geschlagen worden seien.“*[597]

Die Studie beschreibt in Statistiken auch die Praktiken, mit denen die Palästinenser und Palästinenserinnen gefoltert wurden:

> *„Die meisten Palästinenser wurden durch Schläge (96,5 Prozent) misshandelt. Die gleiche Anzahl sei extremer Kälte (refrigerator) ausgesetzt gewesen. 92 Prozent mussten lange stehen, und 78,8 Prozent hatten extreme Hitze zu erdulden. Fast alle Gefangenen (94,8 Prozent) wurden verbal erniedrigt, oder es wurde ihnen mit Ermordung gedroht (90,5 Prozent). 15 Prozent wurden Reizgas ausgesetzt und 7,8 Prozent wurden Gegenstände in Penis und Rektum eingeführt, sowie 5,3 Prozent mit Elektroschocks gequält.“*[598]

> *„Die am häufigsten angewandten Verhör- und Foltermethoden sind: Schlaf- und Essensentzug, Verbalinjurien, Demütigungen und Androhung von Verletzungen, Schläge mit Knüppeln auf alle Körperteile, langes Stehen mit einem übelriechenden Sack über dem Kopf und gebundenen Händen und Füßen, manchmal auch in speziell engen Räumen, die „closet“ oder „refrigerator“ genannt werden, in denen der Häftling nicht aufrecht stehen kann. So ist z. B. bei der „Bananen“-Haltung der Körper nach hinten gebogen, und die Hände sind an den Fußknöcheln gefesselt, oder beim „Shabah“ sind die Gefangenen an ihren Armen, die*

---

596 Zitat aus dem Bericht

597 Watzal, Ludwig „Frieden ohne Gerechtigkeit?, s.o., S. 89

598 Ebda. S. 89/90

wie Röhren zusammengebunden sind, an der Decke oder Wand aufgehängt, so dass sie den Boden gerade noch mit ihren Zehen berühren können. In diesen Stellungen werden sie dann entweder mit Knüppeln oder mit Fäusten geschlagen. Diese Foltermethoden wurden von Misshandelten in eidesstaatlichen Erklärungen gegenüber ihren Anwälten bestätigt und von verschiedenen Menschenrechtsorganisationen veröffentlicht.“[599]

1995 und 1996 wurden Gesetze erlassen, die dem GSS die Anwendung von Folter ausdrücklich erlaubte. Um dem internationalen Druck den Wind aus den Segeln zu nehmen, wurde die Folter Ende der Neunziger durch den Obersten Gerichtshof verboten, um sie durch die genannte Floskel „gemäßigter physischer Druck“ zu ersetzen und weiter zu billigen. Ariel Sharon forderte dagegen, die Folter wieder ohne verschnörkelte Umschreibungen zu legalisieren.
Das offizielle Verbot bestimmter Foltertechniken hat jedenfalls nicht dazu geführt, dass diese Methoden tatsächlich gerichtlich belangt oder als ungesetzlich eingestuft wurden. Im Gegenteil, wie auch Mustafa Barghouti in einem Artikel festhält, wurde der Knesset durch den Obersten Gerichtshof erlaubt, den Geheimdienst mit einer Foltervollmacht auszustatten, falls dadurch „Sicherheitsprobleme“ beseitigt werden könnten.[600] Auch das „Public Committee Against Torture in Israel (PCATI)“ bestätigt, dass der Oberste Gerichtshof jeden Vorwurf von Folter, den das Komitee vorgebracht hat, als „notwendige Sicherheitsmaßnahme“ gerechtfertigt hat. Konkret wurden alle 124 Petitionen vom PCATI zurückgewiesen, während gleichzeitig den Gefangenen, deren Fälle vom Komitee vorgebracht wurden, jede Möglichkeit auf eine rechtliche Unterstützung verweigert wurde.[601]
Seit Beginn der so genannten zweiten Intifada häuften sich die Berichte über Misshandlungen, vor allem von minderjährigen Gefangenen. Die Militäreinsätze in Städten wie Ramallah, Bethlehem und Jenin sind von beispielloser Härte gegen die Zivilbevölkerung begleitet gewesen. Neben den Vorwürfen von Massakern (unter anderem seien Palästinenser und Palästinenserinnen unbekannter Zahl von Bulldozern in ihren Häusern lebendig begraben worden) wird von zahlreichen Vergewaltigungen, Folterungen und Demütigungen berichtet, denen die Menschen in den 1967 besetzten Gebieten ausgesetzt waren und sind.
Die bereits erwähnte israelische Menschenrechtsorganisation B’Tselem etwa hat berichtet, dass die im Laufe dieser Militäraktion gefangenen Palästinenser im Militärlager Ofer in Ramallah während der Verhöre gefoltert

---

599 Watzal, Ludwig, „Frieden ohne Gerechtigkeit?“ s.o., S. 90
600 http://zmag.de/artikel/Israels-Anwendung-von-Folter-muss-auch-enthüllt-werden
601 Ebda.

werden.[602] Von den zahlreichen Gefangenen der „Operation Schutzschild“ genannten Aggression wurden viele verhaftete Palästinenser in das berüchtigte Ansar 3 gebracht – ein israelisches Konzentrationslager in der Negevwüste – das während der ersten Intifada durch die grausame Behandlung von Gefangenen traurige Berühmtheit erlangte.
Seit Beginn der sogenannten Al-Aqsa-Intifada im September 2000 wurden auch wieder vermehrt Kinder inhaftiert; alle gefangenen Minderjährigen zwischen zwölf und achtzehn Jahren aus dem Gazastreifen und dem Westjordanland kamen vor Militärgerichte und waren der Willkür der verschiedenen Militärbefehle ausgesetzt. Für sie gibt es keine eigene Jugendgerichtsbarkeit und laut Auskunft der Organisation „Defence for Children International“ ist der Großteil der Kinder gleichfalls der Folter ausgesetzt.[603] Besuch von Angehörigen und Rechtsvertretern wird genauso verwehrt wie eine Übersetzung der auf Hebräisch verfassten Geständnisse, die sie unterschreiben sollen.
Die meisten der Kinder waren länger als ein halbes Jahr, etwa 10% länger als ein Jahr inhaftiert.[604] Die Kinder werden von der israelischen Polizei, von der Militärpolizei oder vom General Security Service (GSS oder Shabak) verhört. Sie müssen erst nach acht Tagen einem Gericht vorgeführt werden, ohne dass die Angehörigen über die Verhaftung informiert werden. Über ihre Haftsituation schreibt Defence for Children International:

> *„Der Gefangene wird oft in dreckige, schlecht riechende „Zinzaneh“ genannten Einzelhaftzellen (200x150cm) gesetzt, deren Boden nass oder mit Exkrementen bedeckt ist. Die Zellen sind entweder ganz ohne Lichtzufuhr oder permanent beleuchtet. Wenn der Gefangene versucht, zu schlafen, wird er dabei von einem Wärter gehindert. Gefangenen wird Schlaf, Essen, Benutzen von Toiletten und frische Kleidung während Tagen verwehrt.“*[605]

Die Folter, die Inhaftierung in Einzelhaft und die permanenten Demütigungen hinterlassen Traumata und bleibende psychische und physische Schäden. [606]

> *„In einem Staat, in dem in den Medien Araber dehumanisiert werden und in dem man das Gift des Rassismus und religiösen Fanatismus bereits im Kindergarten verabreicht, ist es kein Wunder, dass die Situation bleibt, wie sie ist.“*[607]

---

602 Intifada, Nr.9, Wien 2002, S. 18
603 http://www.dci-pal.org/english/prisonweb/german/german.html
604 Ebda.
605 Ebda.
606 Ebda.
607 Langer, Felicia, „Wo Hass keine Grenzen kennt.“, Lamuv-Verlag, Göttingen 1995, S. 126

Als der Folterskandal im Abu Ghraib-Gefängnis (nach anderer Schreibweise Abu Ghureib) und anderen irakischen Knästen publik wurde, fiel vielen Beobachtern die Ähnlichkeit mit israelischen Folterpraktiken auf. In Al Dschessreiah (Jazeera) erschien ein Artikel mit der Schlagzeile: „Israeli Lessons fort he U.S. in Iraq“:

> *„Im Irak gibt es viele israelische Folterexperten, die ihre gesammelten Erfahrungen aus 37 Jahren Folter und Misshandlung von Palästinensern an die Amerikaner weitergeben.“*

Auch der UN-Korrespondent der amerikanischen Zeitschrift „News Max“ berichtete von der Beteiligung israelischer Folterer an den Wachmannschaften in Abu Ghraib; konkret schreibt er von Mitgliedern des Mossad wie auch dem Shin Bet, die als „zivile Unternehmer“ bezeichnet worden wären. Ein Zeuge wird mit der Frage zitiert: *„Wer hat denn bessere Erfahrungen mit Arabern als die Israelis?“*[608]

Auf einem Foto aus dem Abu Ghraib Gefängnis war ein Soldat abgebildet, der das Emblem der IDF auf seinen Oberarm tätowiert hatte. Die Anzeichen häufen sich: Hier wurde israelische ‚Entwicklungshilfe' für amerikanische Soldaten geleistet. Gerade die zionistischen Dementis erhärten den Verdacht einer Beteiligung: Yossi Melman etwa führt in der Haaretz ausgerechnet den Landau-Bericht als Alibi und Shin Bet Mitarbeiter als Zeugen dafür an, dass Israel mit den Folterungen in Abu Ghraib nichts zu tun hat.[609] Melman versucht in seinem Artikel mehrere Vorwürfe zu entkräften:

1. Die Aussagen von Eugene Bird, einem ehemaligen amerikanischen Auslandsdiplomaten, der in einer Sendung der CBC (Canadian Broadcasting Corporation) über den Folterskandal auf die Rolle des israelischen Geheimdienstes im Irak hinwies. Bird sei proarabisch, behauptet Melman, außerdem habe die CBC in einer „Korrekturmitteilung“ festgestellt, dass es keine Beweise für seine Aussagen gäbe.
2. Den Taguba-Bericht, geschrieben von General Antonio Taguba im Auftrag der amerikanischen Streitkräfte, um die Vorfälle zu untersuchen. Taguba hätte nur von „Dritt-Länder-Angehörigen“ geschrieben, die in Abu Ghraib agierten, ohne Israel explizit zu erwähnen.
3. Das Naheverhältnis der beteiligten Sicherheitsfirmen TITAN und CACI zum „Israelischen Sicherheits- und Technologieapparat“, wie es auch Wayne Madsen, unter Reagan im Nationalen Sicherheitsrat tätig, auf

---

608 http://www.counterpunch.org/madsen05102004.html

609 Melmann, Yossi „Alle Beweise entkräften Behauptungen einer israelischen Beteiligung“, Haaretz, 04.07.2004; zit. auf „NahostFocus“, www.nahostfocus.de/page.php?id=1928

der Website „Counterpunch“ anführte. Die Website sei radikal links und sowohl CACI als auch das Büro des israelischen Verteidigungsministeriums hätten die Vorwürfe zurückgewiesen.

Melman zitiert als weitere Entlastungszeugin die Rechtsberaterin eines israelischen „Öffentlichen Komitees gegen Folter“, die beispielsweise behauptet, dass sexuelle Übergriffe in Abu Ghraib gegen eine Beteiligung von israelischen Folterspezialisten sprechen; eine Aussage, der palästinensische Gefangene aber mit Sicherheit widersprechen würden.
Seit der Veröffentlichung des Berichts wurden die israelischen Aktivitäten im Irak ausführlich dokumentiert, sogar in mehreren westlichen Medien, so dass sich die zionistischen Dementis mittlerweile ziemlich unglaubwürdig anhören.

Israelische Verhörmethoden,
wie sie von Ludwig Watzal beschrieben werden:[610]

„Closet (al-khazaneh):
Dieser Schrank (in der Regel ein Meter mal ein Meter) ist fast völlig geschlossen und hat oft kein Licht. In einigen ist es weder möglich zu sitzen noch zu liegen, deshalb muss der Häftling die ganze Zeit stehen. Manchmal ist der Gefangene an Händen und Füßen gefesselt. Dem Häftling ist es nicht gestattet, sich zu waschen oder zur Toilette zu gehen; er muss in diesem Raum für Stunden, manchmal sogar für Tage ausharren.“
„Grave:
Das Grab ist eine Art Box im Boden von einer Größe von 110x80x60cm. Es wird von einer Eisentür verschlossen, in der sich einige Löcher befinden. Gefangene haben ausgesagt, dass sie für Stunden mit gefesselten Händen darin zubringen mussten.“
„Hooding/Sacking (al-kees) :
Dem Häftling wird ein übel riechender und ekelerregender Sack über den Kopf gezogen, so dass ihm die Sicht genommen ist. Aufgrund des Zustandes des Sackes bekommt der Häftling Atembeschwerden.“ Oft werden auch zwei oder drei Säcke gleichzeitig verwendet.
„Pipe:
Das Rohr führt durch einen Gefängnishof, an das minderjährige Häftlinge mit ihren Händen auf dem Rücken in einer verdrehten Position manchmal nachts oder während des Tages für Stunden angebunden sind.“

---

[610] Watzal, Ludwig, „Frieden ohne Gerechtigkeit?“ s.o., S. 347-351

„Refrigerator (al-thalajeh) :
Dabei handelt es sich um einen ähnlichen kleinen Raum wie beim „Closet“, nur dass in ihn kalte Luft geblasen wird; oft erreichen die Temperaturen unter Null Grad.“ Viele Gefangene berichten davon, dass sie während ihres Aufenthaltes im Refrigerator mit kaltem Wasser übergossen wurden.
„Tying up (al-Shabah) :
Diese Fesselmethode kann mehrere Variationen annehmen. Sie gehört zum Standardrepertoire in jeder Verhöreinheit. Eine Art ist das Zusammenbinden beider Hände des Gefangenen zu Röhren über dem Rücken; die Hände werden dann an der Wand befestigt, so dass der Häftling gerade den Boden mit seinen Füßen berühren kann. Eine andere Form ist das Fesseln des Gefangenen an einen kleinen Stuhl, der oft ungleiche Beine hat. Eine weitere Art ist die Fesselung zur „Bananen-Haltung“, in der die Beine und Arme des Häftlings hinter dem Rücken zusammengebunden werden; dies kann entweder über einem Stuhl geschehen oder auf dem Boden liegend erfolgen. Dies sind nur die gängigsten Formen. Der Phantasie der Verhörer sind hier aber keine Grenzen gesetzt. Die Häftlinge müssen in diesem Zustand oft Tage ohne Essen, Schlafen oder Toilettenbenutzung zubringen.“[611]

Ein Erfahrungsbericht über Israelische Ärzte und ihre Rolle bei der Folter von Gefangenen

Die Einbindung von Ärzten in die Misshandlungen von Gefangenen ist oben bereits angeschnitten worden. Ihre Rolle geht aber über die Untersuchung vor und während der Folter hinaus, wie ein Bericht zeigt, der von türkischen Linken im Sommer 2003 veröffentlicht wurde:

„Ein Palästinenser, der es geschafft hat, ein Handy in seine Zellen im Israelischen Gefängnis Nakap einzuschleusen, hat erklärt, dass ihn ein israelischer Arzt ohne Betäubung operiert hat. Die Operation soll zwei Stunden gedauert haben. „Der israelische Arzt ist jeglicher Barmherzigkeit und menschlichen Gefühlen mit Gleichgültigkeit begegnet und ignorierte, dass ich auch ein Mensch war.“
Der 24-jährige Enis Kemal Sehide erklärte weiter: „Er hat das Messer, das er bei der Operation einsetzte, wie eine Waffe gegen mich gerichtet und ist mit einem Gefühl der Grausamkeit vorgegangen.“
Der aus Ramallah stammende Sehide zur Operation: „Ich wurde in Handschellen ins Krankenhaus gebracht. Es wurde eine medizinische Untersuchung durchgeführt. Der Arzt beschloss, meinen Blinddarm zu

[611] Ebda.

entfernen. Später sagte er den Aufsichten, mich ans Bett zu fesseln. Meine Hände und Füße wurden gefesselt. Ich dachte, es wird eine Betäubung geben. Aber plötzlich nahm er eine Lanzette und begann, mich zu operieren."
Darauf fragte Sehide den Arzt, ob er eine Anästhesie machen würde, aber er habe keine Antwort erhalten. Er erzählt weiter: „Ich begann zu schreien, aber sinnlos. Von meinem Körper begann Blut zu fließen und mit unerträglichen Schmerzen fiel ich ins Koma. Um mein Bewusstsein wiederzuerlangen, haben mir die Krankenschwestern einen Stromschlag versetzt. Aber aufgrund der Schmerzen und des Blutverlustes verlor ich erneut das Bewusstsein." Er beschrieb die Operation: „Als ob von meinem Bauch Lava fließen würde."[612]

Wie in dem Bericht weiter festgehalten wird, leidet ein großer Teil der palästinensischen Gefangenen in Nakap an Gesundheitsproblemen, die entweder nicht oder nur unzureichend behandelt werden. Nakap ist sicher keine Ausnahme, was die Situation in israelischen Gefängnissen betrifft.
Außerdem dokumentiert der Artikel, wie in Israel palästinensische Häftlinge für medizinische Versuche missbraucht werden; als Beispiel werden riskante Medikamententests angeführt.

Einschüchterungsversuche von KritikerInnen Israels in Europa

Für einen fortschrittlichen Menschen gilt die Diffamierung als Antisemit als politischer Rufmord. Damit soll jede Kritik an israelischer Apartheid mundtot gemacht werden; vor allem in den Nazinachfolgestaaten Österreich und Deutschland wird sich jeglicher Kommentar an zionistischen Realitäten verbeten. Es gibt in der Haltung zu Israel so etwas wie einen nationalen Konsens, der von rechts bis links gleichermaßen getragen wird.
Wie wir schon bei Hannah Arendt gesehen haben, wurden auch viele jüdische Kritiker und Kritikerinnen israelischer Besatzungspolitik Opfer dieses Rufmords – am Verhältnis zu Israel misst sich, wer ein vor dem Antisemitismus zu schützender Jude sei und wer als ein so genannter selbsthassender Jude bereits selbst zu den Antisemiten zu zählen ist.
Wo die eifrig geschwungene Antisemitismuskeule nichts mehr ausrichtet, greifen zionistische Schlägertrupps auch schon mal zu handfesteren Übergriffen, wenn sie Kritik an Israel zum Schweigen bringen wollen.

[612] Aussendung des DHKC Informationsbüros vom 1.07.03, DHKC Informationsbüro dhkc@chello.at

In Frankreich kehrte im Frühjahr 2002 eine Delegation aus Ramallah zurück, die sich vor Ort ein Bild der verheerenden Situation der palästinensischen Bevölkerung gemacht und den unter Hausarrest stehenden Yasser Arafat besucht hatte, unter ihnen der bekannte Antiglobalisierungsaktivist und Bauernführer José Bovè. Am Flughafen wurden sie gemeinsam mit den Menschenrechtsaktivisten, die sie empfangen wollten, von proisraelischen Demonstranten mit „Fausthieben, Fußtritten, mit Holzprügeln und Motorradhelmen“[613] überfallen. Außerhalb des Flughafengeländes wurde eine Jagd auf Leute mit Palästinenserschals veranstaltet.
Ähnliches spielte sich auf einer Proisraeldemonstration im April 2002 in Wien ab, als eine vorbeigehende Frau, die einen Palästinenserschal trug, angegriffen wurde. Zionistische Aktivisten griffen mehrfach den Infotisch von propalästinensischen MenschenrechtsaktivistInnen, der Organisation „Frieden für Palästina“, an. Einer der palästinensischen Aktivisten wurde krankenhausreif geprügelt, als er allein am Tisch stand. Der Bus eines Aktivisten wurde mehrmals beschädigt und die Reifen zerstochen.
Ebenfalls sehr aktiv in Österreich sind die sogenannten Antinationalen und darunter besonders die „Antideutschen“: eine Handvoll prozionistischer Intellektueller, deren Hauptaufgabe darin besteht, israelische Kritiker als Antisemiten zu denunzieren. Sie bezeichnen sich selbst als Linke, obwohl ihre ideologische Position das genaue Gegenteil von dem darstellt, was bisher linkes Gedankengut und emanzipatorische Politik bedeutete. Sie arbeiten Hand in Hand mit AktivistInnen in Deutschland zusammen, hauptsächlich aus dem journalistischen Umfeld der Zeitschriften „Konkret“, „Bahamas“ und „Jungle World“, ehemals linke Medien, die seit einigen Jahren einen zionistischen Kurs in einer mehr oder weniger reaktionären Schattierung fahren. Sie verbreiten einen extremen Rassismus gegen arabische Menschen, treten für Solidarität mit Israel und den USA als Schutzmacht des zionistischen Siedlerstaates ein, rufen auf Demonstrationen „Arbeiterklasse, wie ich dich hasse“ und bezeichnen antiimperialistische Befreiungsbewegungen als faschistisch. Diese antideutsche „Linke“ hat sich über die bürgerliche antifaschistische Bewegung bis in ehemals linksradikale und autonome Kreise etabliert und schürt von dort aus ihre zersetzende und spalterische Funktion als proimperialistische Kraft. Nach dem Krieg gegen den Irak gratulierte die „Bahamas“ :

> *Die Redaktion „Bahamas“ beglückwünscht die Regierungen der Vereinigten Staaten von Amerika und ihre Verbündeten ... die sich den erpresserischen Zumutungen Deutschlands und Frankreichs nicht gefügt*

---

[613] Flugblatt der österreichischen Initiative „Aug und Ohr“ mit dem Titel „Zionistischer Terror in Europa“, Teil 1 zitiert aus einem Artikel von Chalandon, Sorj, in der Liberation vom 4. April 2002

haben, zu ihrem schnellen Sieg über das Baath-Regime. Mit Erleichterung nimmt die Redaktion zur Kenntnis, dass dieser erste antifaschistische Waffengang im neuen Jahrhundert auf Seiten der Alliierten und auch unter der irakischen Zivilbevölkerung weit weniger Opfer kostet, als angesichts der äußersten Bösartigkeit und Unmenschlichkeit des Saddam-Regimes zu befürchten war ... In diesem Sinn ist heute jenen kurdischen Kämpfern beizupflichten, die auf ihrem triumphalen Vormarsch ein Transparent hochhielten, auf dem zu lesen war: Bush – the man of peace.“[614]

Diese offen proimperialistische Haltung wird nicht von allen antinationalen Gruppierungen geteilt; Einigkeit herrscht aber über die prinzipielle proisraelische Positionierung und die Ablehnung antiimperialistischer Befreiungsbewegungen, die ja allesamt national seien.
Das Dokumentationsarchiv des österreichischen Widerstands (DÖW), dessen antifaschistische Arbeit ihm verdienterweise internationale Reputation eingebracht hat, wird mittlerweile ebenfalls von Antideutschen zu einem Dokumentationsarchiv **gegen** den österreichischen Widerstand umgemodelt. Geschützt durch den guten Ruf der Organisation, lösten sie Kampagnen gegen antiimperialistische Gruppen in Österreich aus, die sie wie ihr bevorzugtes Feindbild, die Muslime, in Faschismusnähe rückten.

Die Kampagne gegen den Islam ist hier einmal mehr verknüpft mit der Parteinahme für Israel und trägt zumindest die Mitverantwortung für tätliche Angriffe auf Frauen mit Kopftuch – und Muslime, die vom äußeren Erscheinungsbild als solche erkenntlich sind oder zumindest in etwa dem Klischee und Feindbild entsprechen. Diese Angriffe haben sich vor allem nach dem 11. September massiv gesteigert. Auch die Schändung muslimischer Friedhöfe muss als Ergebnis der allgemeinen Islamhysterie gewertet werden, die von faschistischen, bürgerlichen und nicht zuletzt zionistischen Gruppierungen gleichermaßen geschürt wird.

In Italien wird 2002 die Zentrale der Rifondazione Comunista von zweihundert zionistischen Schlägern gestürmt; wie in Wien werden Menschen mit Palästinenserschals angegriffen und verprügelt.
Nicht selten geht Israel auch im Westen mit physischer Gewalt gegen seine Gegner vor, wovon in erster Linie PalästinenserInnen, die nach Europa emigrieren, betroffen sind, aber auch EuropäerInnen aus der propalästinensischen Solidaritätsbewegung. Dies wird in den Medien nicht als Terrorismus, sondern als Selbstverteidigung behandelt. Erleichtert werden diese

[614] „Deutsche gratulieren zum Sieg“, über eine Pressemitteilung der Bahamas vom 10. April 2003, zitiert im Konkret, Heft 5, Mai 2003, S. 37

Praktiken durch die Zusammenarbeit des israelischen Geheimdienstes mit europäischen Diensten und Polizeiinstitutionen. So ist es durchaus üblich, dass Asylwerber aus Palästina oder anderen arabischen Staaten von Mossadagenten verhört werden. Nicht selten wird versucht, die MigrantInnen für Spitzeltätigkeiten anzuwerben und ihnen dafür Erleichterungen im Asylverfahren anzubieten.

Die zionistische Anti-Defamation-League (siehe nächstes Kapitel) bietet in Schulen und Polizeidienststellen ihre „Antirassismus"-Seminare an, wobei hier eindeutig der Bock zum Gärtner gemacht wird.

Die im Westen geschürte Hysterie hat zu einer Pogromstimmung geführt, die auch von vielen Liberalen geteilt wird, gilt doch angeblich der Islam als reaktionärer und frauenfeindlicher als der ‚aufgeklärte' Ellbogenkapitalismus der sogenannten freien Marktwirtschaft. Die ADL und andere prozionistische Organisationen sind eine treibende Kraft bei der Vermittlung dieser rassistischen Stereotypen – auf ihren Publikationen und Webseiten verbreiten sie Pauschalettikettierungen arabischer Völker und konstruieren das Bild einer islamisch-faschistischen Weltverschwörung.

Im August 2002 wurde eine Veranstaltung der Wiener Grünen von Sharonanhängern gestört. Die eingeladene israelische Rechtsanwältin Felicia Langer war in ihren Augen zu einseitig, um objektiv über die Situation der politischen Gefangenen berichten zu können – geschweige denn, dass ein Vertreter der Palästinenser die Gelegenheit bekommen hätte, aus der Sicht der Betroffenen zu sprechen. Im Wahlkampf wurde die Veranstaltung nochmals aufgewärmt und die Grünen beschuldigt, dem Antisemitismus Vorschub zu leisten. Dabei wurden auch die tatsächlichen Vorfälle ins Gegenteil verkehrt, die Pöbeleien und Zwischenrufe von ZionistInnen wie „Heil Möllemann!" den linken BesucherInnen der Veranstaltung untergeschoben und eine Organisation beschuldigt, auf ihrem Büchertisch, auf dem vor allem arabische, aber auch linke westliche und sogar mehrere israelische AutorInnen wie Felicia Langer, Uri Avnery, etc. angeboten wurden, rechtsradikales Propagandamaterial verbreitet zu haben. Die Medien berichteten unisono die proisraelische Version. Die Grünen reagierten wie von ihnen erwartet wurde – wider besseres Wissen distanzierten sie sich von ihrer eigenen Veranstaltung, ohne die Diffamierungen richtig zu stellen. Zu wichtig war ihnen die Unterstützung zionistischer Gruppierungen. Obwohl ein grüner Veranstaltungsteilnehmer vor seiner bescheidenen Kritik an der Besatzungspolitik mindestens dreimal bekräftigt hatte, dass am Existenzrecht des zionistischen Siedlerstaats nicht gerüttelt werden darf, musste er wegen seines Redebeitrags zurücktreten.

Der Vorfall zeigt, dass von zionistischer Seite trotz gegenteiliger Äußerungen („nicht jede Kritik an Israel sei antisemitisch, aber diese gerade jetzt schon") nichts außer Zustimmung zur israelischen Apartheid toleriert wird,

selbst von JüdInnen, ja, nicht einmal von linken Israelis darf Protest gegen Menschenrechtsverletzungen in Palästina eingelegt werden.
Bei proisraelischen SympathisantInnen kommen gerade in der Beurteilung von jüdischen Zionismuskritikern bekannte antisemitische Ressentiments zum Vorschein. Diese werden – wie etwa Erich Fried oder Bruno Kreisky – dann meist als „selbsthassende“ und „antisemitische“ Juden bezeichnet. Bei der erwähnten Veranstaltung mit Frau Langer drohte ein Sharonanhänger, „ihr mit der Faust ins Gesicht schlagen zu wollen.“ Norman Finkelstein wird beschrieben „als etwas, das man unter einem Stein findet.“ Bei den Palästina-Infotischen wird ein in ihren Augen jüdischer Teilnehmer von ZionistInnen als „Verräter“ beschimpft und wurde bereits vor einiger Zeit – wegen seines Engagements für einen palästinensischen Gefangenen – vor seinem Haus bedroht.

Seither sind einige Jahre vergangen, die Antideutschen entpuppten sich offiziell als Vorfeldorganisation der Neokonservativen: sie propagieren dieselben Kriege, verwenden dieselben Argumente und imitieren den gleichen Jargon. Einige haben mittlerweile Karriere auf der Universität, als Journalisten und Schriftsteller gemacht oder dürfen als „Islamexperten“ im Fernsehen sprechen. Sie treten immer unmittelbar vor einer geplanten imperialistischen Intervention stärker in Erscheinung.
Erst Ende September 2007 demonstrierten zionistische Kräfte für eine Aggression gegen den Iran unter dem Motto „Keine Geschäfte mit den iranischen Mullahs“. Der Titel bezog sich auf die österreichischen Geschäfte, und hier insbesondere der ÖMV, mit dem Iran. Tatsächlich ging es aber um die konkrete Forderung, die „militärische Option“ gegen den Iran wegen dessen Atomprogramm auszuspielen, um einen „atomaren Holocaust“ (sic) zu verhindern. Auch das Dokumentationsarchiv des österreichischen Widerstands und die Israelitische Kultusgemeinde hatten neben der üblichen Handvoll Antideutscher mobilisiert; das Dokumentationsarchiv hatte zusätzlich einen Artikel über „antisemitische Linke“ in der Zeitschrift „Der Standard“ veröffentlicht, in dem einmal mehr die Kriegsgegner diffamiert wurden.[615] Vereinzelte Teilnehmer dieser Kundgebung störten eine gleichzeitig in der Nähe stattfindende Kundgebung gegen Islamfeindlichkeit und Kriegshetze. In zionistischen Medien, die später behaupteten, es wäre umgekehrt gewesen und die Antiimperialisten hätten unschuldige „AntifaschistInnen“ geschlagen, wurde außerdem eine Querfront zwischen antiimperialistischen Kundgebungsteilnehmern und Neofaschisten herbeibeschworen[616], die angeblich an der Kundgebung teilgenommen hätten, (tatsächlich

615 Neugebauer, Wolfgang: „Aus dem Holocaust nichts gelernt?“, Der Standard vom 29./30. 09.2007; S. 38
616 vgl.: http://no-racism.net/article/2287/

waren vereinzelte Faschisten, die am Kundgebungsplatz auftauchten, von den Antiimperialisten vertrieben worden). Die obligatorische Verunglimpfung als Antisemiten konnte natürlich nicht ausbleiben.

Der Vorfall erinnert an eine antideutsche Veranstaltung aus dem Jahr 2005, wo der Bahamas-Redakteur Thomas Becker Werbung für einen künftigen Irankrieg betreiben wollte – noch dazu in einem Lokal der KPÖ (Kommunistische Partei Österreichs), um den Etikettenschwindel als vermeintliche „Linke" zu wahren. Kriegsgegner und Antizionisten wollten diese öffentliche Veranstaltung besuchen, unter ihnen auch eine bekannte Antifaschistin, die noch persönlich gegen den Nationalsozialismus gekämpft hatte. Eine antideutsche Aktivistin schrie sie an, dass sie „das Maul halten" solle, als sie gegen die kriegsverherrlichende Veranstaltung protestierte. Die Veranstalter versuchten erfolglos, die unliebsamen Besucher aus dem Raum zu prügeln. Auf Betreiben der KPÖ wurden die Kriegsgegner schließlich mit Hilfe eines massiven Polizeiaufgebots aus dem Saal entfernt. Einer von ihnen wurde außerdem bezichtigt, eine Antideutsche tätlich angegriffen und verletzt zu haben.[617]

Im Jahr 2008 wurde in Deutschland und Österreich vor allem mit der „Stop the bomb"-Kampagne für einen Krieg Stimmung gemacht. Zionisten, Antideutsche und prominente Liberale aus Politik und Kultur zeichneten das Szenario eines atomwaffenstrotzenden Irans, der neben Israel auch noch Europa und den Weltfrieden insgesamt bedrohen würde. Dabei wurde nicht nur der Abbruch der Wirtschaftsbeziehungen, sondern neben einem Embargo auch eine militärische Aggression eingefordert. Entgegen dem blumigen Titel wurde unter anderem vorgeschlagen, Israel solle den Iran mit Atomwaffen angreifen.

Es kostet viel Energie, sich mit der zionistischen wie auch der antideutschen Literatur allgemein näher auseinanderzusetzen, die häufig eine zutiefst menschenverachtende Einstellung zeigt. Ein Beispiel dafür ist die Kampagne zu Murat Kurnaz, wie sie neben dem Boulevard auch von der rechtszionistischen Webside „Politically Incorrect" geführt wurde. Kurnaz, der als „Terrorverdächtiger" in Afghanistan und in Guantanamo inhaftiert und gefoltert wurde, hatte gegen die Mitverantwortung Deutschlands für seine lange Inhaftierung protestiert, woraufhin er von Internet-Postern auf „Politically Incorrect" wörtlich als „Bazille" bezeichnet wurde. Diese rechtsradikale Haltung zeigt sich auch in anderen Leserbriefen:

---

[617] vgl.: http://arbeiterinnenstandpunkt.net/rn142.html

»Ich würde sogar so weit gehen, ihn als Parasit zu bezeichnen. Liege ich da etwa falsch? Bin ich jetzt ein Rassist? Nur weil ich mich darüber ärgere, solchen Abschaum auch noch durchfüttern zu müssen?« »Unerhört ist, daß diese Läusezucht noch zur Chefsache erklärt wird.« »An Stelle der Amis hätte ich dem Herrn Kurnaz eher einen Messerhaarschnitt und eine Rasur verpaßt. Porentief. Am Besten mit der Maschinenpistole.« Dazu bemerkte der „Junge Welt" Journalist Knut Mellenthin:

> *„Der Weg aus den oberen Etagen der Gesellschaft zum Dreck dieser Art ist kurz. Wer möchte, gelangt zu »Politically Incorrect« über einen Link von der Homepage des Spiegel-Journalisten Henryk M. Broder oder umgekehrt – direkt von »PI« zu Broder."*[618]

Tatsächlich ist der Mainstream beängstigender als der rechte Rand. Die Auswirkungen einer völlig unkritischen zionistischen Berichterstattung und der damit verbundenen Zustimmung zu einer rassistischen Politik bleiben nicht auf den so genannten Nahostkonflikt beschränkt, sondern beeinflussen viele gesellschaftliche Bereiche. Ein aktuelles Ergebnis ist die gestiegene Islamfeindlichkeit, die sich als moderner Konsens von linksliberalen bis hin zu rechtsradikalen Medien präsentiert.

Die Tätigkeit der ADL (Anti-Defamation-League) am Beispiel Österreich – eine prozionistische Organisation und ihr Einfluss auf Polizei, Schulen und NGO's

In der Beurteilung der Menschenrechtssituation in Österreich wird immer wieder auf die Kooperation mit der Anti-Defamation-League hingewiesen. Diese Zusammenarbeit wurde auch im so genannten Weisenbericht, der die Arbeit der rechten blauschwarzen Regierung in Österreich beurteilen sollte, positiv erwähnt. Im Jahr 2000 war eine Koalition an die Macht gekommen, an der auch die Freiheitliche Partei (FPÖ) beteiligt wurde, die bereits durch ihre fehlende Abgrenzung zu rechtsradikalen Ideologien und einer Verharmlosung des Nationalsozialismus für internationales Aufsehen gesorgt hatte. Diese Regierungsbildung hatte zu Sanktionen der Europäischen Union geführt, deren Fortsetzung durch eine Überprüfung der politischen Realität in Österreich neu bewertet werden sollte. Im Weisenbericht, verfasst von Martti Ahtisaari, Jochen Frowein und Marcelino Oreja, der die Ergebnisse zusammenfasste und schließlich zur Aufhebung der Sanktionen führte, heißt es dazu unter den Punkten 58 und 59:

---

[618] http://www.jungewelt.de/2007/01-25/008.php

„In dieser Hinsicht ist die mit der Anti-Defamation-League aufgenommene Zusammenarbeit von besonderer Bedeutung. Seit Beginn dieser gemeinsamen Aktivitäten wurden ständige Kontakte zwischen der ADL und dem Innen- und dem Erziehungsministerium sowie mit österreichischen Menschenrechtsorganisationen wie dem Ludwig-Boltzmann-Institut für Menschenrechte eingerichtet. Die bisher angelaufenen Programme betreffen Schulungen für Polizeibeamte, Lehrer und junge Menschen, die diese Zielgruppen für den diskriminierenden Charakter und die historischen Zusammenhänge bestimmter Wortwendungen sensibilisieren sollen."

Auch in Deutschland wird die Zusammenarbeit mit der ADL forciert. Im Oktober 2006 fand ein Treffen mit einer ADL-Delegation unter ihrem Vorsitzenden Abraham H. Foxman und Bundesinnenminister Schäuble statt, um die Kooperation zu festigen. Konkret wurden juristische Ausbildungsprogramme, die Zusammenarbeit mit NGO's, die regelmäßige Fortsetzung der Treffen und der gemeinsame Interneteinsatz besprochen.[619]

In ihrer Selbstdarstellung schreibt die ADL:

„Die ADL ist auch für ihre Rolle im Aufspüren und Überwachen extremistischer Gruppen und Individuen bekannt. Es werden in 29 regionalen Nebenstellen Informationen zusammengetragen, dann im nationalen Hauptbüro in New York analysiert. Die daraus resultierenden Berichte werden dann der Presse, Erziehern und führenden Personen von Gemeinden, Städten und Regierungen zur Verfügung gestellt."[620]

Eigentlich ist die ADL eine 1913 gegründete Untergruppe der B'nai B'rith („Söhne des Bundes"), eine Bruderschaft, die als Männerbund in den USA aktiv war und bis heute weltweit agiert. Freiwillige Helfer der B'nai B'rith arbeiten laut Viktor Ostrovsky hauptsächlich daran, Kritiker der israelischen Siedlungspolitik als Antisemiten zu brandmarken. Die ADL gilt heute als eine Unterorganisation der Pro-Israel-Lobby AIPAC.
In den USA haben zionistische Organisationen wie B'Nai B'rith einen großen Einfluss auf die Politik.

„Aber als Folge davon (dass Eisenhower Israel zum Rückzug aus Ägypten aufforderte, d. T.) haben sich die Anhänger Israels organisiert und in den USA die mächtige Israel-Lobby von heute geschaffen. Unter Führung der B'nai B'rith und anderer Organisationen haben sie die effektivste politische Interessensvertretung in den Vereinigten Staaten zu-

619 vgl.: http://www.bmi.bund.de/nn_1027786/Inernet/Content/Nachrichten/Pressemitteilungen/2006/10/Zusammenarbeit_mit_Anti_Defamation_League.html
620 http://www.juden.ch/Ueberuns.htm

sammengeschweißt. Der einzige Einfluss, der mit dem ihren konkurrieren kann, wenn es hart auf hart geht, ist der des Pentagon, das mit seinen Verbündeten im Kongress ebenso viele Stimmen aufbieten kann wie die Freunde Israels ... Diese Lobby kann dem Präsidenten nahezu alles vorschreiben, was er zu tun hat, wenn es um Israel geht."[621]

In den letzten Jahren hat sich der Aktionsradius von Gruppen wie B'nai B'rith und ADL erweitert und sie treten auch in Europa verstärkt in Erscheinung.

Die ADL hat beispielsweise in Wien massiv interveniert, damit der renommierte und mittlerweile verstorbene palästinensische Professor Edward Said keinen Vortrag bei der Sigmund Freud Gesellschaft halten konnte. Geplant war eine Veranstaltung zum Thema „Freuds Auseinandersetzungen mit außereuropäischen Kulturen". In den Medien wurde eine beispiellose Hetze gegen Said inszeniert, weil ein Foto existiert, dass zeigt, wie der bekannte Autor einen Stein in Richtung der verlassenen israelischen Grenzzäune im Südlibanon wirft. Die ADL bewies mit dieser Kampagne ihren Einfluss und ihre Stoßrichtung.

Ihr Büro in Wien wird von der Lauder-Stiftung finanziert, deren Niederlassung sich übrigens an derselben Adresse befindet. Nach eigenen Angaben ist das Wiener Büro für die ADL-Tätigkeit in Osteuropa zuständig.[622]

In den USA werden massive Vorwürfe gegen die ADL erhoben, dass sie während ihrer Agent provocateur-Aktivitäten zu sehr fragwürdigen Mitteln gegriffen haben soll. Sie hätte Rassismus und Antisemitismus eher geschürt als bekämpft.

So soll sich die ADL am COINTELPRO-Programm gegen die Black Communities genauso beteiligt haben wie an der Gründung von faschistischen Gruppierungen, etwa der National Renaissance Party.[623] Gruppierungen wie B'Nai B'rith und die ADL sind jedenfalls führend daran beteiligt, wenn es um die Spaltung von Minderheiten in den USA geht. Ein Beispiel sind die Probleme, die zwischen schwarzen und jüdischen Jugendlichen gelegentlich in Straßenschlachten ausarten und von zionistischen Gruppierungen als Beweis für den Antisemitismus ihrer Umwelt präsentiert werden.

Die Forderung der Afroamerikaner nach Entschädigung für erlittene Ungerechtigkeiten, Sklaverei, Rassismus und unvorstellbare Grausamkeiten wird von der proisraelischen Lobby in den USA bekämpft – sie sehen darin eine Konkurrenz für Restitutionszahlungen, die zionistische Organisationen

---

[621] Fullbright, J. William (seit dem 2. Weltkrieg langjähriges Senatsmitglied), „Wahn der Macht", Kindler Verlag GmbH München,1989, S. 242/243

[622] www.hagalil.com/archiv/99/03/adl.htm

[623] Los Angeles Times, 13.Februar 1970

stellvertretend für Überlebende der Shoa und deren Angehörige beanspruchen. Nach Meinung der ADL würde dadurch die Einzigartigkeit der Judenverfolgung in Nazideutschland in Frage gestellt.

Aktivitäten der ADL beim KKK und anderen faschistischen Gruppierungen liefen unter dem Deckmantel der Unterwanderung und unter polizeilicher Immunität, in Absprache mit dem FBI. Bei verschiedenen Agent-Provocateur Aktivitäten wurden jedenfalls sämtliche Kompetenzen überschritten, die das praktizierte Vorgehen eingeschleuster Agenten gerechtfertigt hätte. Bestimmte Terror- und Mordanschläge sollen direkt von Polizeispitzeln, auch von ADL-Mitgliedern, inszeniert worden sein.[624] Dazu gehören auch Sprengstoffattentate auf Gottesdienste von Afroamerikanern, Naziaufmärsche, die von ADL-Mitgliedern organisiert und angemeldet wurden und Anschläge auf sich selbst, also auf ADL Mitglieder und Büros, um der Öffentlichkeit ihre eigene Legitimität zu demonstrieren.
Die ADL war neben anderen Organisationen federführend daran beteiligt, während des jugoslawischen Bürgerkriegs gegen die Serben Stimmung zu machen. Während sie sonst immer auf der „Einzigartigkeit des Holocausts“ beharren und alle Vergleiche als unzulässig erklären, die diese Einzigartigkeit in Frage stellen könnten, hat die ADL ausgerechnet bei der Zerschlagung Jugoslawiens die Gleichsetzung von Milošević mit Hitler akzeptiert und selbst forciert, wie sie auch die Übergriffe serbischer Soldaten mit nationalsozialistischen Massakern verglich.
So erzählt James Harff – der Chef der Public Relations-Agentur Ruder Finn, die im Auftrag der Republiken Kroatien und Bosnien-Herzegowina Werbung für den Krieg machte – freimütig über seinen größten Triumph:

> *„Dass es uns gelungen ist, die Juden auf unsere Seiten zu ziehen. das war eine sehr heikle Angelegenheit, das Dossier enthielt in dieser Hinsicht eine sehr große Gefahr. denn Präsident Tudjman war in seinem Buch ‚Ruin der historischen Wahrheit' sehr unvorsichtig. Wer diese Schriften liest, könnte ihn des Antisemitismus beschuldigen ... Außerdem gab es in Kroatien und Bosnien in der Vergangenheit einen sehr realen und grausamen Antisemitismus. Zehntausende von Juden sind in kroatischen Lagern vernichtet worden. Die jüdischen Intellektuellen und Organisationen hatten daher allen Grund, den Kroaten und Bosniern feindlich gesinnt zu sein. Diese Tatsachenlage umzukehren, das war für uns eine Herausforderung. Wir haben das meisterhaft geschafft, und zwar zwischen dem 2. und 5. August 1992, als die New Yorker ‚Newsday' die Sache mit den Lagern herausbrachte. Wir sind sofort auf den Zug aufgesprungen und haben drei große jüdische Organisationen in*

---

624 Roger, Martin: „Amerikkka: der Ku-klux-Klan und die Ultrarechte in den USA“, insbes. Kapitel 6; Rotbuch-Verlag, Hamburg 1996

unserem Sinn beeinflusst: die B'Nai B'rith Anti-Defamation-League, das American Jewish Committee und den American Jewish Congress. Wir haben ihnen vorgeschlagen, eine Anzeige in der ‚New York Times' zu veröffentlichen und vor den Vereinten Nationen eine Protestkundgebung zu organisieren. Das hat hervorragend geklappt; die Parteinahme der jüdischen Organisationen für die Bosnier war ein außerordentlich gelungener Schachzug. Im Handumdrehen konnten wir die Serben in der öffentlichen Meinung mit den Nazis gleichsetzen.
... Die Presse wandelte umgehend ihren Sprachgebrauch und verwendete ab sofort emotional stark aufgeladenen Begriffe wie ethnische Säuberung, Konzentrationslager usw., bei denen man an Nazi-Deutschland, Gaskammern und Auschwitz denkt. Die emotionale Aufladung war so stark, dass niemand mehr eine gegenteilige Meinung vertreten konnte oder andernfalls Gefahr lief, des Revisionismus beschuldigt zu werden."[625]

Mit andern Worten ausgedrückt – die drei von James Harff genannten zionistischen Organisationen unterstützten explizit diesen im Sinne des Westens geführten Krieg, auch wenn etwa auf kroatischer Seite unter dem Ustascha-Schachbrettmuster faschistische Söldner aus ganz Europa alte Rechnungen gegen Serbien begleichen wollten und eine Revanche für den Sieg des antifaschistischen Jugoslawiens gegen Hitlerdeutschland anstrebten. Neonazis aus Österreich und Deutschland beteiligten sich aktiv an den Massakern der HOS-Milizen, ohne dass die ADL, das American Jewish Comittee oder der American Jewish Congress dagegen protestiert hätten. Stattdessen stellten sie sich auf ihre Seite und bezichtigten stellvertretend die Serben als Nazis, eine Geschichtsverdrehung, die keinen Einzelfall in der Propaganda der ADL darstellt.
Auch Saddam Hussein wurde mit Hitler verglichen, während gleichzeitig medienwirksam Gasmasken an die israelische Bevölkerung verteilt wurden, „um ein neues Auschwitz zu verhindern" – die Einzigartigkeit der Shoa wird damit von denen massiv bestritten, die gleichzeitig selbst die eifrigsten Vertreter dieser These sind.

Die ADL war auch durch prominente Vertreter in die Iran-Contra-Affäre verwickelt, was den Import von billigem Kokain im Gegenzug für Waffenlieferungen an die nicaraguanischen Contras einschloß. Wie bereits in einigen Biographien von Neokonservativen verdeutlicht wurde, bedeutete diese Affäre trotz der öffentlichen juristischen wie parlamentarischen Auseinan-

[625] Merlino, Jaques „Da haben wir voll ins Schwarze getroffen" – Die PR-Firma Ruder Finn, veröffentlicht in Bittermann, Klaus (Hg.), „Serbien muß sterben", Edition TIAMAT, Berlin 1994, S. 155/156

dersetzung für viele Beteiligte einen gewaltigen Karriereschritt. Zwielichtige Fuguren wie Oliver North wurden zu Volkshelden erklärt. Deshalb abschließend noch einige Zeilen zu dieser Episode:
Während der Amtszeit von Ronald Reagan, als viele der heutigen Ultrarechten zu Amt und Würden gelangten, wurde durch Waffenverkäufe an den Iran die Konterrevolution in Nicaragua finanziert. Israel war dabei nicht nur durch ihre Vermittlung zwischen dem Iran und den USA involviert, sondern auch durch die Ausbildung und Ausrüstung der berüchtigten paramilitärischen Gruppen.
Die Strategie des US-Regimes richtete sich dabei sowohl gegen den äußeren wie auch den inneren Feind: einerseits sollten die Contras gegen die sandinistische Regierung hochgerüstet werden, andererseits wurden die importierten Kokainlieferungen direkt als Mittel der Aufstandsbekämpfung eingesetzt, worauf auch Gary Webb in seinen „Dark Alliance"-Artikeln hinwies.[626]

Den Bock zum Gärtner machen

Der Einfluss auf die europäische Linke wird unter anderem durch den Unterricht von Menschenrechtsorganisationen, Schulen und Medien gewährleistet – ausgerechnet von der ADL werden Seminare gegen Rassismus und Diskriminierung angeboten. Die Quintessenz der Seminare ist immer gleich: Wer was gegen Israel sagt, ist Antisemit.
Ansonsten bedienen sich die Antirassismusseminare herkömmlicher Methoden, wie sie von fortschrittlichen Organisationen seit langem angewendet werden, um gegen Vorurteile, Rassismus und Antisemitismus aufzutreten. So wie Halbwahrheiten die schlimmsten Lügen sind, so ist die Instrumentalisierung von antirassistischen Mitteln, Taktiken und Erkenntnissen für den zionistischen Rassismus ein gewaltiger Missbrauch. Diese Verwirrungstaktiken bedeuten eine sehr effektive Gehirnwäsche.
Wenn heute ehemalige Linke beginnen, bei Solidaritätsdemos für Palästina die DemonstrantInnen zu fotografieren und ihre Identität auszuforschen und an zionistische Organisationen weiterzugeben, also eigentlich unentgeltlich proimperialistische Geheimdienstarbeit leisten und dabei immer

[626] vgl. Interview mit Gary Webb, Revolutionary Worker 912, 22.06.1997; Nach Webbs Bericht erfolgte die Verteilung durch Gangs („Bloods and crips"), die ihrerseits von einem Drogenring beliefert wurden, der seine Tätigkeit völlig unbehelligt unter dem Schutz von CIA und DEA (Drug Enforce Agency) durchführen konnte. Einzelne Contraführer waren auch direkt in die Verteilung involviert. Diese riesigen Mengen an Drogen, zu billigerem Crack umgewandelt, lösten überhaupt erst die Crack-Epidemie in den Ghettos von LA und anderen amerikanischen Großstädten aus.

noch glauben, antifaschistische Politik zu betreiben, liegt das nicht zuletzt am Einfluss von ADL und ähnlichen Organisationen.
Die ADL schult aber auch die Polizei – was sich für arabische Menschen im Allgemeinen und PalästinenserInnen im Besonderen, die in die Hände der Behörden gelangen, wie eine sehr gefährliche Drohung anhört.

Ehrung für Antisemitismus?

Ende September 2003 ehrte die Anti Defamation League in New York Silvio Berlusconi als „Distinqished Statesman“ – gegen den Protest der italienischen jüdischen Gemeinde.[627] Schließlich hat der mit den italienischen Neofaschisten und der rassistischen „Lega Nord“ verbündete und mit Mafiavorwürfen konfrontierte Premierminister erst kürzlich Benito Mussolini rehabilitiert, der neben seinen bekannten faschistischen Verbrechen wie dem Völkermord in Libyen auch italienische Juden und Jüdinnen nach Deutschland deportieren ließ und damit die Verantwortung für ihren Tod trägt. Wörtlich sagte er: „Mussolini hat niemanden umgebracht. Er pflegte Leute auf Urlaub ins Exil innerhalb des Landes zu schicken.“
Die ADL feierte Berlusconi wegen seiner Unterstützung des amerikanischen Irakfeldzugs und seinem Engagement und Beifall für die zionistische Politik. Er gilt als verlässlicher Freund Israels und das zählt mehr als die täglichen Fettnäpfchen des ehemaligen italienischen Premiers.
Die Ehrung Berlusconis zeigt die wahre Einstellung der ADL zum Antisemitismus und zum Rassismus. Ähnliche Auszeichnungen werden von zionistischen Organisationen häufig vorgenommen – die Neokonservative Jeanne Kirkpatrick bekam beispielsweise für ihre damalige Verteidigung der Reaganschen Politik in Mittelamerika – und damit dem von der USA gestützten Regime in Guatemala – vom Simon Wiesenthal-Zentrum die Auszeichnung „Humanitarian of the year“ zuerkannt.[628]

Zionisten und ihr Einfluss auf westliche Politik und Medien

Dieses Kapitel wird gerne unter dem Genre der Verschwörungstheorien behandelt – dabei gibt es heute wesentlich mehr MitarbeiterInnen in den Desinformationsabteilungen, als Redakteure, die tatsächlich für die Verbreitung aktueller Nachrichten zuständig sind. Diese Art der Geheimdienstarbeit wie Manipulation und Verfälschung von Informationen erlaubt

627 „Silvio und die Juden“, profil Nr.39; 22. September 2003
628 Response vom März 1983 und Januar 1986, zit. in: in Finkelstein, Norman: „Die Holocaust-Industrie“, Piper, München 2001, S. 148

überhaupt erst, dass die Menschen eine Politik finanzieren und unterstützen, die gegen ihre eigenen Interessen gerichtet ist.

Die Haltung der US-amerikanischen und europäischen Medien, den so genannten Nahost-Konflikt aus einer proisraelischen Perspektive darzustellen, ist augenfällig. Das veranlasste die Initiative FAIR (Fairness and Accuracy in Reproting, Anm. d. Aut.) eine quantitative Studie über den israelisch-palästinensischen Konflikt in der Berichterstattung des amerikanischen Radiosendernetzes NPR („National Public Radio“) durchzuführen. FAIR stellte fest, dass eine 81-prozentige Wahrscheinlichkeit vorherrschte, dass über einen israelischen Todesfall im NPR berichtet wurde, während ein toter Palästinenser nur mit einer 34-prozentigen Wahrscheinlichkeit Erwähnung fand.

> *„Von den 112 palästinensischen Todesopfern wurde nur über 26 im NPR berichtet. Von den 28 in den Gebieten getöteten israelischen Zivilisten – alle von ihnen höchstwahrscheinlich Siedler – berichtete NPR über 21.*
> *Sieht man sich nun die Vorfälle sowohl in Israel als auch in den besetzten Gebieten an, so berichtete NPR lediglich über 6 der 30 getöteten palästinensischen Kinder (unter 18 Jahre alt), also nur von 20 Prozent. Im Gegensatz dazu berichtete der Sender über 17 von 19 getöteten israelischen Minderjährigen, also von 89 Prozent.*
> *Während 61 Prozent der in der Region innerhalb des Untersuchungszeitraumes getöteten jungen Menschen Palästinenser waren, stellten sie lediglich 26 Prozent von jenen durch NPR berichteten Todesfällen dar. Offenbar ist der Tod eines Minderjährigen für NPR berichtenswerter, wenn es sich um einen Israeli handelt, aber weniger berichtenswert, wenn es dabei um einen Palästinenser geht ...“*[629]

Tatsächlich bildet NPR eine positive Ausnahmeerscheinung, andere Medien berichten so gut wie überhaupt nicht über palästinensische Opfer. Deshalb wurde NPR massiv von rechten zionistischen Gruppierungen angegriffen und beschuldigt, zu „Palästinenserfreundlich“ zu berichten. Es gab Kampagnen, Spenden an den Sender einzustellen.[630]

Diese Art der Medienpolitik hatte und hat eine konkrete Auswirkung auf die politischen Stellungnahmen zum so genannten Nahostkonflikt. Kritiker können so massiv eingeschüchtert werden: Auch in Europa gibt es in vielen politischen Parteien, aber auch in NGO's und Menschenrechtsgruppierun-

---

629 Ackermann, Seth, „Selektive Wahrnehmung“, in „International“ 3/ 2000, S. 7

630 Journal-Panorama über das Buch von Mearsheimer und Walt:“The deadliest lies“, 06.11.2007

gen Streitereien mit und Ausschlüsse von MitgliederInnen, die es gewagt hatten, sich mit den PalästinenserInnen zu solidarisieren.

Wie bereits beschrieben, galt Axel Springer als einer der beliebtesten Deutschen in Israel – der stramme israelische Soldat fand so über „Bild“ und ähnliche Machwerke den Applaus deutscher Stammtische, während für die traditionelle Linke allein schon die Unterstützung rechtskonservativer Kreise wie dem Springer-Verlag den imperialistischen Charakter des Zionismus bloßstellte.
Erst seit den Siebzigern versucht der Zionismus verstärkt in liberalen Zeitungen seine Standpunkte zu verbreiten – seither hat Israel die Propagandaschlacht gewonnen. Wirkt doch die Antisemitismuskeule bei liberalbürgerlichen Mittelstandskreisen viel effektiver als bei konservativ rechten MedienkonsumentInnen.
Dadurch konnte das Paradoxon entstehen, dass eine vormals emanzipatorische Bewegung Vertreibung, Völkermord und Kolonialismus verteidigt.
Ein Beispiel für diese Politik ist MEMRI, worüber im nächsten Kapitel berichtet wird.

Fallbeispiel: Middle East Media Research Institute – MEMRI

Auf Kritik an ihrer antiarabischen und proisraelischen Ausrichtung reagieren die MitarbeiterInnen von MEMRI mit dem inflationären Antisemitismusvorwurf, was sie vor allem an der Tatsache aufhängen, dass ihr Chef, Yigal Carmon, ein Jude sei. Die Diskussion zwischen dem Berliner Büro von MEMRI und der Zeitschrift INAMO könnte als eine der üblichen Diskussionen zwischen Palästinasolidarität und Israelanhängern abgehakt werden – doch die Biographie von Yigal Carmon verdeutlicht stärker als bei anderen zionistischen Journalisten den israelischen Einfluss auf die westliche Berichterstattung.
Yigal Carmon ist ein Militär, dessen Geschichte eng mit wechselnden Regierungen und rechtsradikalen Bewegungen in Israel verknüpft ist.

> *„Von 1977-1982 war er „Kopf der israelischen Besatzungsverwaltung auf der Westbank. Damit hatte er eine tragende Rolle im System der israelischen Politik gegenüber den Palästinensern.“*[631]

[631] Roger, Ismail, „The Futility of Apology“, ismailroger.blogspot.com (21.10.02) und Palestine Report 11-2002, November Axe, beide Quellen zitiert im Artikel: „Yigal Carmon, Ein Leben für die Besatzung“, von Henner Kirchner, in INAMO Nr.32., Winter 2002, Berlin, S. 46-48

Im zitierten Artikel wird weiter von seiner führenden Rolle im Libanonkrieg berichtet – als Mitglied des militärischen Inlandgeheimdienstes und als Offizier der „Unit 504“. Die Unit 504 organisierte die Faschisten im Südlibanon, ist damit also direkt und indirekt für Kriegsverbrechen wie das Massaker in Sabra und Shatila während der Aggressionen gegen den Libanon verantwortlich.
Berüchtigt sind auch die Methoden, mit denen die „Unit 504“ Spitzel und Kollaborateure in arabischen Ländern, insbesondere in den besetzten Gebieten Palästinas von 1967, angeworben hat.
Yigal Carmon hat sich öffentlich für die Anwendung von Folter und gegen jede Friedensregelung ausgesprochen, obwohl er Mitglied der israelischen Delegation in Madrid war.
Carmon war ab 1988 unter Shamir als „Berater für Terrorismusfragen“ tätig, was sich übrigens als Etikett seiner künftigen Berufsbezeichnung entwickelte.

> *„In einem Beitrag in Haaretz über die Kontakte zwischen rechtsradikalen Israelis und christlich-fundamentalistischen Organisationen in den USA findet auch Carmon und seine Seilschaft aus Geheimdienstzeiten unter der Bezeichnung „Gang of Three“ Erwähnung: Er arbeite seit langem an Kampagnen, welche die Vereitelung des Friedensprozesses zum Ziel hätten. Zu der „Dreier Bande“ zählt Haaretz neben Carmon auch Yossi Ben-Aharon und Yoram Ettinger. Diese mit allen Mitteln den Friedensprozess bekämpfende Gruppierung und ihre Verbindung zu Steven Emerson ist einige Jahre zuvor schon Robert Friedman in der US-Zeitschrift The Nation aufgefallen: „Yossi Ben-Aharon, Yoram Ettinger und Yigal Carmon sind ehemalige hochrangige Likud-Regierungsvertreter, denen Ministerpräsident Rabin – nachdem das Trio seine Lobbyarbeit gegen die Oslo-Vereinbarung im Capitol aufgenommen hatte – den Spitznamen „Dreierbande“ gab.“ Ettinger, Netanjahus Statthalter in der israelischen Botschaft in Washington, der Erfinder der Propaganda-Behauptung, die Palästinenser würden ihre Kinder als menschliche Schutzschilder benutzen, hat eine leitende Funktion am Ariel Center for Policy Research (ACPR), einer Einrichtung der israelischen extremen Rechten.“*[632]

Die neben Carmon zweite Mitbegründerin von MEMRI ist Meyrav Wurmser, die Ehefrau des früheren Sonderberaters von John Bolton und Netanjahu-Mitarbeiters David Wurmser.
Sie ist als etablierte Neokonservative auch als „Expertin für den Nahen und Mittleren Osten“ am Hudson Institute für eine zensurierte Berichterstattung zuständig. 2002 war sie eine Mitbegründerin der „Koalition für Demokratie

[632] Ebda.

im Iran“, um eine militärische Aggression vorzubereiten. Auch Meyrav Wurmser hat mit Perle, Feith und David Wurmser am „Clean Break“-Programm mitgeschrieben, um den israelisch-palästinensischen Konflikt zu eskalieren.[633]
Die Zweigstelle von MEMRI in Berlin, die ihre tendenziöse Berichterstattung seit der Schließung ihres Büros vor allem über das Internet verbreitet, fungiert als typische Schnittstelle zwischen Zionisten, Neokonservativen und Antideutschen, verkörpert durch Angestellte wie Götz Nordbruch. Da macht es längst keinen Unterschied mehr, ob die Paranoia über „arabischen Antisemitismus“, „Jihadismus“ und „das größte antisemitische Kollektiv, die so genannten PalästinenserInnen“ (sic) für angeblich linke Medien wie „konkret“, „jungle world“ und „bahamas“ oder eben für den bürgerlichen Medienmarkt, für die Bundeszentrale für politische Bildung (BpB) oder das Auswärtige Amt aufbereitet wird. Tatsächlich wird dabei der eigene antiarabische Rassismus auf die Opfer des Zionismus projiziert und mit islamophoben Pauschalisierungen Stimmung für aktuelle oder künftige imperialistische Kriege gemacht.
So wie MEMRI laut Mediatransparency[634] hohe Summen von der Randoph Foundation und konservativen Politikern erhält, wurde auch MEMRI Berlin von Institutionen wie der Friedrich Ebert Stiftung unterstützt. Jochen Müller, der Leiter von MEMRI, hält unter dem Etikett „Islamwissenschaftler“ Vorträge, ein neues Berufsfeld, das den „Nahost-Experten“ nahtlos abgelöst hat und bevorzugt von antideutschen und/oder zionistischen Ideologen ergriffen wird. Gemeinsam mit Nordbruch wird im Internetportal „quantara.de“, das vom BPB, dem Goetheinstitut, dem Institut für Auslandsbeziehungen u.a. herausgegeben und vom Auswärtigen Amt gefördert wird, oder auf „ufuq.de“ – mal liberaler, mal extremistischer, je nach Zielpublikum – vor den Gefahren gewarnt, die dem aufgeklärten Westen und vor allem der gefährdeten Atommacht Israel durch die arabischen und iranischen Medien, die integrationsunwilligen MigrantInnen oder durch den suggerierten islamischen Antisemitismus drohen.

Israel und die Linke

Bereits mehrfach wurde in diesem Text auf die Rolle der prozionistischen AktivistInnen hingewiesen, die für sich selbst das Etikett „Linke“ in Anspruch nehmen.
Traditionellerweise wurde und wird linke Politik natürlich als antirassistisches und antiimperialistisches Engagement verstanden, also das totale Ge-

---

633 vgl. http://www.rbi-aktuell.de
634 http://www.mediatransparency.org/recipientgrants.php?recipientID=2085

genteil zionistischer Theorie und Praxis. Israel wurde vor allem nach 1967 immer klarer, dass es die weitere Subventionierung durch den Imperialismus nur sichern konnte, wenn es auch diese starke Festung, die Köpfe der Opposition in den imperialistischen Ländern, einnehmen würde.
Die Solidarität mit den Befreiungsbewegungen in den westlichen Ländern hatte sich als große Unterstützung für die Entkolonisierung herausgestellt und war nicht unwesentlich daran beteiligt, dass die militärischen Finanzierungsquellen aus den Kolonialländern versiegten. Antiimperialisten und Antiimperialistinnen stellten sich hinter die Verdammten dieser Erde, veröffentlichten trotz militärischer Zensur die grausamen Methoden der Besatzung und brachten Unruhe in das Steuer zahlende Hinterland, dessen Akzeptanz für die herrschende Politik eine wichtige Voraussetzung für den Imperialismus darstellt.
Die Opfer/Täter-Umkehr war immer schon eine der effektivsten Methoden, um Aggressionen zu rechtfertigen und sollte helfen, die politische Einstellung zum Palästinakonflikt im zionistischen Sinn zu verändern. Diese Taktik war so erfolgreich, dass sich an der Palästinafrage zahlreiche Konflikte entzündeten, die das Ende vieler linker Bewegungen zur Folge hatte. Und weil es so erfolgreich war, wurde die Antisemitismuskeule weiter eingesetzt, um noch andere linke Inhalte auf den Kopf zu stellen und zu verabschieden. Denn der Zionismus kann keine fortschrittlichen Inhalte gebrauchen, auch wenn sie vordergründig nichts mit dem Palästina/Israel-Konflikt zu tun haben. Alles, was dem Imperialismus gefährlich werden könnte, muss zersetzt und zerschlagen werden. Selbst wer heute etwas gegen das Finanzkapital sagt, gilt insbesondere bei antideutschen Protagonisten als Vertreter einer „verkürzten Kapitalismuskritik“ und deshalb als antisemitisch – was eigentlich mehr über den Antisemitismus derer aussagt, die diesen Vorwurf erheben.

Als nicht erst mit dem 11. September der Antiislamismus und die Araberfeindlichkeit eskalieren und auch zum Mainstream in der westlichen Linken werden, sehen die zionistischen Propagandisten eine Chance, sich in einem ihnen bisher verwehrten Umfeld zu etablieren.

Unlautere Vergleiche

Die Zionisten verwehren sich entschieden dagegen, wenn Israel mit dem Faschismusvorwurf konfrontiert wird. Wer so einen Vergleich überhaupt erwäge, können gar nicht anders als aus antisemitischen Motiven argumentieren, verharmlose die Shoa und stelle deren „Einzigartigkeit“ in Frage. Umgekehrt werden solche Vergleiche aber sehr oft von zionistischen Kreisen erhoben, wenn es darum geht, unliebsame Regimes in die Naziecke zu stellen oder antizionistische Gegner zu brandmarken: Nasser als neuer Hitler, Milošević als neuer Hitler, Saddam Hussein als neuer Hitler, Ahmadinejad als neuer Hitler, usw. Ganz zu schweigen von den zionistischen Vergleichen, die einen emotional aufgeladenen Bezug zur NS-Zeit herstellen – wenn etwa Daniel Goldhagen seine Auffassung kundgibt, dass sich die serbischen Aktionen im Kosovo „nur durch die Größenordnung von denen Nazideutschlands“[635] unterscheiden würden oder in den bekannten Wortkreationen wie etwa „Islamofaschismus“.

Ein israelischer Offizier hat seinen Soldaten zur Niederschlagung der Intifada den Ratschlag erteilt, sie sollten „lernen, analysieren und verinnerlichen – wie die Deutschen im Warschauer Getto vorgegangen sind“.[636] Eine ähnliche Episode erwähnt auch der ehemalige Kommandeur der GSG 9 Ulrich Wegener im Interview. Er erzählte, dass er die GSG 9 nach dem Vorbild der Israelis aufgebaut und ausgebildet hätte. Als er einem israelischen hochrangigen Militär gestanden habe: „Führungsmäßig habe ich mich immer an die Israelis angelehnt“, habe der ihm geantwortet, die Israelis hätten sich eher an die Deutschen gehalten – „auch aus der Zeit der Wehrmacht“.[637]

Der israelische Autor Azhar Smitenski veröffentlichte im Jahr 2000 ein Buch, in dem er über die Leichenschändungen durch israelische Soldaten im Oktober 1973 berichtet. Sie hätten getöteten ägyptischen Soldaten „die Münder ... geöffnet, nach goldenen Zähnen gesucht und schließlich die Schädel mit Gewehrkolben heftig geschlagen, so dass sie die Zähne ausreißen konnten.“[638]

> *„Ein Richter aus Tel Aviv hatte gerade einen jüdischen Bürger für den Mord an einem arabischen Jungen zu sechs Monaten gemeinnütziger Arbeit verurteilt. Als der Bürgermeister einer der neuen Westbank-Siedlungen alle Araber verpflichten wollte, beim Betreten des Ortes ein Erkennungszeichen zu tragen, brachte das Massenblatt Hadashot einen Leitartikel mit der Überschrift: ‚Nein zum Gelben Stern'.“*[639]

---

635 „A New Serbia“, in New Republic vom 17.05.1999; zit. in Finkelstein, Norman: „Die Holocaust-Industrie”, Piper, München 2001, S. 78

636 in Haaretz vom 25.1. und 1.2. 2002, zit. von Finkelstein, Norman, einmal im Artikel: „Zuerst hält man die Karotte hin, dann kommt der Knüppel“, der mir nur in Flugblattform ohne Quellenangabe vorliegt, sowie in „Der Konflikt zwischen Israel und den Palästinensern“, s.o., S. 23/24

637 BR-Alpha Forum, Interview mit Ulrich Wegener, 24.08.2004

638 „Intifada Nr.11“, „Massenmord an Kriegsgefangenen“, RKL (Hg.), S. 39

639 Hadashot, „Nein zum Gelben Stern“, 2.Juni 1989, in Segev, Tom, „Die siebte Million“, s.o., S. 538

Während der ersten Intifada benannte sich eine Soldatengruppe, die sich aufmachte, um AraberInnen zu ermorden, „Mengele-Einheit“ – andere betitelten sich mit Namen wie „Auschwitz-Züge“. Was die israelische Presse als „schwarzen Humor der Soldaten“ verharmloste[640], erleben die PalästinenserInnen in der reellen Brutalität der Besatzung. Palästinensische Gefangene wurden mit Nummern auf dem Unterarm markiert, wie der israelische Historiker Moshe Zuckermann 2002 kritisierte.[641] Doch keinem Kommentator der westlichen Welt wäre es in den Sinn gekommen, Israels Praktiken mit denen der deutschen Faschisten zu vergleichen. In Israel selbst gab es diese Scheu vor „vereinfachenden Gleichsetzungen“ nicht:

> *Der Vergleich zwischen Israel und Nazi-Deutschland war schon im Unabhängigkeitskrieg angestellt worden. Man hatte ihn 1956 nach dem Massaker von Kfar Kassem gehört ... Spannungen zwischen den verschiedenen Bevölkerungsgruppen führten zur Erfindung des Begriffes „Aschke-Nazis“. Nicht lange, nachdem Jeschajahu Leibowitz seine „Judeo-Nazis“ eingeführt hatte, um gegen die israelischen Aktionen im Libanon zu protestieren, wechselte Amos Oz Briefe mit dem Mitglied einer linken Randgruppe, das schrieb, die Verwendung extrem heißer und kalter Duschen als Folter für palästinensische Gefangene erinnert mich an etwas“. Oz erwiderte: „Dies ist ein demagogischer und unredlicher Vergleich“.*[642]

Unredlich oder nicht: seit dem Briefwechsel sind zwanzig Jahre vergangen, in denen sich die israelische Praxis von Repression, Vertreibung und Aggression gegen die palästinensische Bevölkerung kontinuierlich verschärft hat und weiter nach rechts gerückt ist. Parallel zu dieser Entwicklung ist in den Ländern des Westens auch das Tabu gewachsen, diese Politik mit irgendetwas zu vergleichen oder anders als demokratisch zu bezeichnen.
Doch diese intellektuelle Barriere hat zunehmend an Glaubwürdigkeit eingebüßt und tiefe Risse erhalten. Weder die zionistische Propagandamaschine, noch die Unterstützung der imperialistischen Regierungen, noch die verbreiteten Versuche von Zensur und Einschüchterung können ihren Zusammenbruch stoppen.
Mit der zionistischen Public Relation steht oder fällt aber auch die Unterstützung der rassistischen Ideologie selbst, die ihr Ablaufdatum längst überschritten hat.

---

640 Segev, Tom, „Die siebte Million“, s.o., S. 536
641 http://www.perlentaucher.de/feuilletons/2002-07-23.html
642 Segev, Tom, „Die siebte Million“, s.o., S. 537/538, Zit. aus Segev, Tom, „Der Fall Muhammed Abu Wardi“, Koteret Raschit 203 (22.10.1986), S. 11

Schlusswort

Viele Steine fehlen noch im rechten Puzzle des Zionismus, die aber teilweise bereits an anderer Stelle, in anderen Büchern und Texten gelegt wurden. Im historischen Kontext zählen dazu sowohl die Kriege und Aggressionen, die Israel geführt hat als auch die alltäglichen Schikanen der Besatzung, wie sie vor allem während der ersten und zweiten Intifada gegen die palästinensische Zivilbevölkerung angewendet wurden. Aktuell beobachten wir eine weitere Eskalation der zionistischen Besatzung: Den Bau der Apartheidmauer, der die größte Beschlagnahmung von palästinensischem Land seit 1967 bedeutet, den Ausbau der Siedlungen und die Übergriffe militanter Siedler, die hunderte von Checkpoints, Massenverhaftungen und gezielte Tötungen sowie die Bombardierung und Aushungerung von Gaza. Immer noch die Zerstückelung der 1967 besetzten Gebiete in Bantustans und Homelands, ethnische Säuberungen, das Comeback alter „Transfer"-Pläne sowie die brutaler werdende Gewalt gegen internationale FriedensaktivistInnen, die bereits zu mehreren Todesfällen geführt hat. Zur Vertiefung der aktuellen Entwicklung wird auf andere Quellen verwiesen, da sich dieses Buch vor allem die Aufgabe stellt, die Seiten des Zionismus aufzuzeigen, die in der Geschichtsaufarbeitung bisher vernachlässigt oder tabuisiert wurden.

Das Buch endet mit einem Zitat, das mich persönlich ermutigt hat, diese Recherchen in Angriff zu nehmen. Es stammt von Karam Khella, der immer wieder betont, dass es weniger auf die Information ankommt, sondern vielmehr darauf, welche Lehren wir für unsere antiimperialistische Praxis aus der Geschichte ziehen.

> *„Die Befassung mit der palästinensischen Frage ist kein Luxus. Der Zionismus hat nicht allein Palästina besetzt; Israel hat einen Aktionsradius, der in alle Kontinente reicht. Nicht zu unterschätzen ist der ideologische Einfluss des Zionismus. Er macht das rassistische Staatsprinzip zur Realität, und zwar nicht nur über das besetzte Palästina. Denn ein „Judenstaat" erklärt andere Staaten indirekt für nicht-jüdisch. Die konfessionelle Einstellung der Menschen wird von der privaten Sphäre zum Identitätsmerkmal erhoben. Der Zionismus schürt den Antisemitismus, ohne den er nicht gerechtfertigt wäre. In Europa will es der Zionismus den Menschen unmöglich machen, sich zu solidarisieren, denn wer sich nicht mit dem palästinensischen Volk solidarisiert, versagt auch in anderen Bereichen der politischen Praxis. Die rassistische, zutiefst menschenverachtende Gedankenwelt des Zionismus wird leider heute von Teilen der europäischen Öffentlichkeit sich zu Eigen gemacht. Deshalb kann die Zionismus-Kritik nicht als das*

kann die Zionismus-Kritik nicht als das persönliche Anliegen der Palästina-Solidaritätsgruppen gelten, sondern muss zur Pflicht aller politischen und demokratischen Kräfte erklärt werden."[643]

[643] Khella, Karam, „Zionismus und palästinensischer Widerstand", Theorie und Praxis Verlag, Hamburg 1991, Klappentext

Nachwort von Karam Khella

Israelisches Massaker am palästinensischen Volk in Gaza

Seit Juni 2007 hat Israel die seit 2006 bestehende Blockade des gesamten Gazastreifens noch einmal in extremer Weise verschärft.

Vom 27. Dezember 2008 bis zum 18. Januar 2009 stand das belagerte Gaza ohne Unterbrechung unter dem Beschuß der israelischen Armee. Aus der Luft, von der See und vom Boden wurde die unbewaffnete palästinensische Einwohnerschaft mit schweren Waffen angegriffen. Die UN-Organisation OCHA (Office for the Coordination of Humanitarian Affairs) schrieb bereits am 8. Januar 2009 in ihrem offiziellen Bericht: „Es gibt keinen sicheren Ort im Gazastreifen, keine sichere Zuflucht und keinen einzigen Bunker. Die Grenzen sind geschlossen, Zivilisten können sich nirgends aufhalten, ohne Bombenabwürfe zu befürchten. Fluchtmöglichkeiten gibt es nicht.“

Gegen die Palästinenser im belagerten Gaza setzte die israelische Armee u.a. die Phosphorbombe ein. Das ist eine furchtbare Waffe. Die Menschen brennen bei lebendigem Leib. Israel bewarf die Palästinenser außerdem mit radioaktiven Waffen und sog. Mininuks. Pausenlos wurde das dichtbesiedelte Gaza unter Feuer gesetzt. Häuser wurden bombardiert, Luftwaffe und Kriegsschiffe beschossen die Palästinenser mit Raketen, Wohnblöcke stürzten mit ihren Bewohnern ein. Nach zehntägiger Bombardierung drangen die Israelis mit Panzern in Gaza ein. Die Bevölkerung bildete eine geschlossene Widerstandsfront. Das Eindringen der israelischen Aggressoren in die Stadt wurde erschwert. Die Israelis zielten mit Gummi-Stahl-Geschossen und anderen furchtbaren Waffen auf die Menschen Bei alledem konnten die Israelis den Widerstand in Gaza nicht brechen. Im Angesicht der heftigen Abwehr mussten sie zurückweichen, setzten aber ihre Aggression mit der Kriegsmarine und der Luftwaffe fort.

Die Nachricht über das erneute israelische Verbrechen gegen das palästinensische Volk in Gaza ging bereits am ersten Tag des überraschenden Angriffs um den Globus. Die Welt war erschüttert. Kundgebungen, Demonstrationen und Aktionen aller Art als Ausdruck der Solidarität mit dem palästinensischen Volk wurden aus der ganzen Welt gemeldet. Ebenso laut waren die Appelle an Israel, sofort mit dem Genozid am palästinensischen Volk aufzuhören.

Die Israelis ließen sich durch den weltweiten Protest nicht beeindrucken. Sie setzten den Massenmord fort. Während 23 Tage starben laut UNO-Bericht der OCHA 1440 Menschen, davon mindestens 460 Kinder. Der Kindermord wurde von Israel bewusst einkalkuliert. Über 5300 Menschen, davon 1.855 Kinder, wurden verletzt, ein Großteil von ihnen lebensbedrohlich. Das Sterben in Gaza geht weiter.

Die israelischen Invasoren haben außerdem einen Großteil der landwirtschaftlichen Fläche und Vegetation verwüstet. Betriebe, Bäckereien und Produktionsstätten wurden zerbombt, Brunnen zerstört, Wasser verunreinigt.

Aufgrund des entschlossenen Widerstands, der von der gesamten Bevölkerung unterstützt wurde, konnten die israelischen Aggressoren schließlich in die Flucht geschlagen werden.

Israel führt jedoch den Krieg gegen die Zivilbevölkerung weiter durch die Fortsetzung der Blockade.

Gaza ist die am dichtesten besiedelte Region der ganzen Welt. Die extreme Wohndichte ist dadurch zustande gekommen, dass Palästinenser, die durch Israel vertrieben wurden, nach Gaza flohen. Aber auch hier werden sie nicht in Frieden gelassen.

Seit 2006 belagert Israel den Gazastreifen. Die bisherige Belagerung wurde im Juni 2007 verschärft. Seitdem steht Gaza unter totaler Blockade. Nach fast zwanzigmonatiger Belagerung griff Israel am 27. Dezember 2008 die umzingelte Region an. Die israelische Armee bombardierte ganz Gaza. Wohnhäuser wurden samt ihren Bewohnern durch die ständigen Bombardierungen dem Erdboden gleichgemacht. 90.000 Menschen verloren ihr Zuhause und wurden obdachlos. Leichen und Verletzte wurden unter den Trümmern tot oder lebendig begraben. Die Bilder der Zerstörung dokumentieren eine Katastrophe entsetzlichen Ausmaßes.

Seitdem fehlt es an allem: Nahrungsmittel, Trinkwasser, Medikamente, Baumaterial, Treibstoff. Nicht einmal Papier für Schulhefte wird durchgelassen. Besonders bedrohlich ist die Situation der Wasserversorgung. 1,6 Millionen Menschen leben unter ständigem Wassermangel, da die Wasserressourcen unter israelische Kontrolle geraten sind. Mehr als eine halbe Million Menschen sind vollkommen vom Trinkwasser abgeschnitten. Das Stromnetz in Gaza-Stadt ist zu 80% beschädigt. Die Abwässer fließen in den Straßen, da die Pumpen mangels Elektrizität oder aufgrund der Bombardierungen nicht mehr arbeiten.

Auf die Hungerblockade reagierte die Bevölkerung mit großen Anstrengungen zur Aufrechterhaltung einer minimalen Versorgung mit den lebensnotwendigsten Mitteln. Landflächen wurden zum Anbau von Nahrungsmitteln und zur Viehzucht freigestellt. Aber auch diese Restressourcen hat Israel nicht geschont.

An keinem Ort ihrer Heimat leben Palästinenser in Sicherheit. Jede palästinensische Familie betrauert die eigenen Toten und die der anderen. Jede palästinensische Ortschaft wird angegriffen. Das Morden geht weiter. Der palästinensische öffentliche Rundfunk, Radio Ramallah, sendet zu festen Zeiten Tagesnachrichten. Die erste Meldung nennt stets die Namen der PalästinenserInnen, die von israelischen Soldaten oder Siedlern in den letzten 24 Stunden gemordet oder verwundet wurden. Täglich wird eine neue Liste mit neuen Namen bekanntgegeben. Genannt wird auch das Alter der Toten. Alle Jahrgänge sind vertreten; die Jüngsten sterben bereits, bevor sie geboren sind. Die zweite Meldung nennt die von Israelis festgenommenen Palästinenserinnen und Palästinenser. Niemand kann sicher sagen, was mit ihnen passiert. Zur Zeit sitzen elftausend palästinensische politische Gefangene in israelischer Haft.

Der Massenmord an der Einwohnerschaft Gazas ist nicht der erste an den Palästinensern. Unvergessen sind die Massaker an der gesamten Einwohnerschaft von Deir Yasin, Kufr Qasim, Dawayma, Jenin und vielen anderen Ortschaften. Bei jedem dieser Massaker trachtete Israel danach, seine Spuren zu verwischen und Zeugen auszuschalten.

Bis 1948 hatten die zionistischen paramilitärischen Organisationen Haganah, Irgun und Stern 531 palästinensische Dörfer total entvölkert. Über dem Ruin des palästinensischen Volkes wurden zionistische Siedlungen gebaut. 1948 schlossen sich die Terrororganisationen Haganah, Irgun und Stern zur israelischen Armee zusammen, die von da an die Unterdrückung, Vertreibung und Vernichtung gegen die palästinensische Bevölkerung planmäßig fortführt. Von Beginn an war es die Absicht der Zionisten, die Palästinenser aus ihrem Land zu vertreiben.

Viele der Vertriebenen flüchteten von Palästina nach Palästina. Auch an ihrem neuen Zufluchtsort wurden sie nicht in Ruhe gelassen. Viele von ihnen wurden mehrfach vertrieben. So besteht die Bevölkerung von Gaza zu Zweidritteln aus mehrfach vertriebenen Flüchtlingen. Andere Palästinenser mußten über die Grenzen ihrer Heimat hinaus in die benachbarten arabischen Länder fliehen.

Während der ersten vom Zionismus organisierten Einwanderungswellen haben die Palästinenser die jüdischen Flüchtlinge aus Europa überwiegend freundlich aufgenommen. Die zionistischen Agenturen sahen darin eine Gefahr. Die Verbrüderung von palästinensischen Arabern und europäischen Juden würde den Aufbau eines rein zionistischen Staates gefährden. Die Zionisten verboten den europäischen Einwanderern das Zusammenleben mit den Palästinensern.

Am 15. Mai 1948 wurde der siedlerkolonialistische Staat Israel ausgerufen. Seitdem führt Israel in kurzen Abständen Angriffskriege gegen arabische Staaten. Opfer israelischer Aggressionen wurden u.a. der Irak, Syrien, Libanon, Jordanien, Ägypten. Am meisten gelitten hat Palästina, das seit 1967 vollständig von Israel besetzt ist.

Periodisch greift Israel arabische Länder an. Wann immer sich Entspannungen im arabisch-israelischen Konflikt abzeichnen, führt Israel erneut einen Angriffskrieg. Es bestätigt damit die Ben-Gurion-Doktrin: „Der Friede ist für Israel gefährlicher als der Krieg".

Im Laufe von Jahrzehnten israelischer Aggressionen haben die Palästinenser gelernt, sich zu wehren. Bis 1967 haben sie ihr Recht auf Leben und Eigenstaatlichkeit mit politischen Mitteln vertreten. Viele Schriften und Memoranden legen Zeugnis von dem guten Willen und der Geduld der Palästinenser ab, ihre legitimen Rechte zu fordern. Am Sitz der Vereinten Nationen in New York stapeln sich die Dokumente und Schriftsätze in einem umfangreichen Archiv.

Erst 1967, nach der massiven Aggression Israels gegen vier arabische Staaten und der Besetzung ganz Palästinas, erkannten die Palästinenser, dass ihre politischen Bemühungen kein Gehör finden und dass sie kampflos keine Aussicht auf Befreiung haben: Widerstand hat keine Alternative.

Die Sehnsucht der Palästinenser nach Frieden und einem Leben in Sicherheit wird durch die Daueraggressionen Israels zunichte gemacht. Israel ist entschlossen, dass Frieden und Ruhe nicht in die arabische Region einkehren dürfen. Zionismus, Apartheid und Rassismus bedeuten Aggressivität, Destruktivität und Unvereinbarkeit mit Gerechtigkeit und Frieden.

In der ganzen Welt finden Solidaritätsaktionen mit dem palästinensischen Volk statt. Weltweit unterstützen die Völker mit aller Kraft die Palästinenser und stehen ungeteilt hinter ihren Forderungen.

Über die grundsätzlichen Mindestforderungen der Palästinenserinnen und Palästinenser – die Errichtung eines unabhängigen Staates, die Garantierung ihrer Souveränität, das Ende der Besatzung und Blockade und das Rückkehrrecht der palästinensischen Flüchtlinge – herrscht weitgehende Einigkeit. Auch die offiziellen Prinzipien der UNO und zahlreiche UN-Resolutionen unterstützen diese unabdingbaren und legitimen Forderungen. Keine dieser Forderungen widerspricht internationalem Völkerrecht oder geht über die elementarsten Menschenrechte hinaus. In allen bisherigen Verhandlungen haben die PalästinenserInnen ihre Friedensbereitschaft bekundet. Israel hingegen sabotiert jeden Lösungsansatz und reagiert regelmäßig mit erneuten Aggressionen gegen Palästinenser und andere Araber.

Die jüngste Aggression gegen Gaza beweist einmal mehr die Notwendigkeit des Widerstands und seiner internationalen Unterstützung. Solidarität mit dem palästinensischen Volk ist heute notwendiger denn je.

Mit großer Anerkennung, Hochachtung und Dankbarkeit blicke ich auf den Beitrag von Hubert Krammer. Seine gründlichen Recherchen und Forschungsergebnisse tragen maßgeblich zur Schließung von Geschichtslükken bei. Mit großer Sorgfalt und wissenschaftlicher Akribie verfolgt Krammer die zionistische Idee von ihren Ursprüngen bis in die Gegenwart. Er zeigt ihre Komplizenschaft mit Imperialismus und Faschismus auf, die ihrerseits ein Grundinteresse am zionistischen Staat als Brücke und Sprungbrett in die arabische Welt haben.

Karam Khella, März 2009

Wichtige Begriffe und Abkürzungen

ADL – Anti-Defamation-League, sie wurde 1913 in Chicago von Mitgliedern der B'nai B'rith, einem jüdischen Männerbund, gegründet. Sie bezeichnet sich selbst als Menschenrechtsorganisation, die laut Eigendefinition gegen Antisemitismus, religiöse, sexistische und rassistische Vorurteile eintritt und Kurse für Polizei, Schulen und andere gesellschaftliche Gruppen anbietet. Eigentlich ist die ADL eine prozionistische Lobby, die vor allem in den USA, aber auch in Europa, einen gewissen Einfluss auf die Politik und die Gesetzgebung in Menschenrechtsfragen ausübt. Da die ADL unter Diffamierung in erster Linie Kritik an Israel versteht, bedeutet ihre Tätigkeit erschwerte Bedingungen für antizionistische Gruppen oder Migranten aus arabischen Ländern.

AEI – American Enterprise Institute (for Public Policy Research): Neokonservativer und neoliberaler Think Tank, indem auch die übliche Israellobby beheimatet ist (Perle, Wolfowitz, Michael Ledeen, ...). Das AEI gilt als Architekturbüro des Irakkriegs.

AIPAC – American Israel Public Affairs Committee, wichtigste zionistische Lobby in den USA, 1953 als American Zionist Committee gegründet. Eine übergeordnete Institution, in dem viele proisraelische Organisationen (zum Beispiel die ADL) miteinander vernetzt sind. Wichtige politische Vertreter der USA (sowohl Republikaner als auch Demokraten) und Israels gehören der AIPAC an.

ANC – African National Congress(ANC); ursprünglich marxistisch orientierte Befreiungsbewegung, kämpfte politisch wie auch bewaffnet gegen die Apartheid in Südafrika, seit 1994 stellt sie die Regierungspartei.

Betar – 1923 ins Leben gerufene zionistische Jugendbewegung der revisionistischen Strömung, wie sie von Jabotinsky und Trumpeldor vertreten wurde. Der Name kommt von „Brit Trumpeldor".

Bialystok – galt als die osteuropäische Stadt mit den meisten jüdischen Einwohnern, etwa zwei Drittel der Bevölkerung wurden nach der faschistischen Invasion in Polen in ein Ghetto gesperrt. Zwischen November 1942 und August 1943 wurden die Bewohner in Konzentrationslager deportiert. Auch in Bialystok gab es einen mutigen und verzweifelten Aufstand, der von den Nazis mit Unterstützung der Luftwaffe niedergeschlagen wurde.

CAMERA – Committee for Accuracy in Middle East Reporting in America. Ihre eigentliche Aufgabe ist die Diffamierung von antizionistischer oder israelkritischer Berichterstattung.

DP's – Displaced Persons: Kriegsflüchtlinge und Überlebende der Konzentrationslager wurden oft jahrelang in Flüchtlingslagern in Deutschland, Österreich und Italien einquartiert, wo sie auf ihre sogenannte „Repatriierung" oder die Ausreisemöglichkeit in ein Aufnahmeland warteten. Es gab zwischen 6,5 und 7 Millionen Displaced Persons in den vom Faschismus befreiten Ländern.

DEA – Drug Enforcement Agency(DEA): US-Strafverfolgungsbehörde, die besonders während der Iran-Contraaffäre beschuldigt wurde, die Verbreitung von Drogen eher zu verbreiten als einzudämmen
FAIR – Fairness and Accuracy in Reproting: eine amerikanische Pressevereinigung, die 1986 vom Medienkritiker Jeff Cohen gegründet wurde.

FMLN – Frente Farabundo Martí para la Liberación Nacional wurde 1980 als Zusammenschluss revolutionärer Bewegungen in El Salvador gegründet.

FSLN – Frente Sandinista de Liberación Nacional, linke Befreiungsbewegung in Nicaragua, die von 1979-1990 regierte.

GSS – General Security Services(GSS), gilt als israelisches Äquivalent zum FBI. Shabak oder Shin Bet sind andere Synonyme dafür. Zu seinen Verhörmethoden zählt die systematische Anwendung von Folter.

Hagana(h) – zionistische Terrororganisation (nach eigenen Angaben eine Untergrundorganisation). Sie wurde 1920 gegründet, entgegen anders lautender Gerüchte nicht als Bewegung gegen die britische Mandatsmacht, die schließlich bei mehreren Anlässen die Ausbildung und Bewaffnung der Hagana-Kämpfer übernahm, also offen mit der Hagana zusammenarbeitete. Zu Beginn der Untergrundtätigkeit mag dieser Punkt noch eine Rolle gespielt haben, doch stets den Angriffen gegen die Palästinenser untergeordnet, wie es auch in der Selbstdarstellung der Hagana vermerkt ist, wo die palästinensischen Aufstände 1920 und 1921 als Auslöser der militärischen Tätigkeit angegeben werden.
Die Hagana verbreitete durch permanente Anschläge und Angriffe Angst und Schrecken unter der palästinensischen Zivilbevölkerung.
Nach der Staatsgründung wurde die Hagana zum Kern der regulären israelischen Armee.

HaShomer HaZair – „der junge Wächter" wurde bereits 1913 gegründet, bis heute existente Jugendbewegung, die sozialistische mit kolonialistischen und zionistischen Ideen verknüpft, aktiv in der Kibbuzbewegung, Mitbegründer und Teil der Mapam.

IDF – Israel Defence Forces: Israelische Streitkräfte, die auf hebräisch Zahal genannt werden. 2005 wurde für die IDF ein Militärbudget von 9,4 Mrd. Dollar aufgewendet, womit Israel proportional gesehen über den weltweit größten Wehretat verfügt (7,3% des Bruttonationaleinkommens). Die Wehrpflicht für männliche Israelis beträgt drei Jahre, für Frauen zwei Jahre. Auch danach müssen Israelis bis zum 42. Lebensjahr (Offiziere bis zum 51. Lebensjahr) jährlich einen einmonatigen Reservedienst ableisten.

INAMO – Informationsprojekt Naher und Mittlerer Osten. 1994 gegründet, seit 1995 erscheint die gleichnamige Zeitschrift. Nach Selbstdefinition gilt INAMO als politisch und wirtschaftlich unabhängiger Verein, der sich um eine objektive Berichterstattung bemüht und sich den Grundsätzen der Humanität und der Menschenrechte verpflichtet fühlt.

Irgun Zwa'I Leumi – Etzel – „Nationale Militärische Organisation": zionistische Terrororganisation, denen die Hagana nicht rigoros genug gegen die Palästinenser vorging. Außerdem lehnte die revisionistische Irgun die guten Kontakte der Hagana zur britischen Mandatsmacht ab. Sie führten zahlreiche Anschläge nicht nur gegen arabische, sondern auch gegen britische Einrichtungen durch. Auf das King David Hotel wurde von der Irgun ein Bombenanschlag verübt, der zahlreichen Zivilisten das Leben kostete. Angeführt wurde die Irgun ab 1943 von Menachem Begin, dem späteren Friedensnobelpreisträger. Mehrere Massaker, wie etwa in Deir Yasin, gehen auf ihr Konto.

Jabotinsky, Wladimir – (1880-1940), Journalist, Autor und Gründer der revisionistischen Bewegung, Geburtsort: Odessa, Leiter von Irgun Zwai Leumi und Betar, Mitglied der Zionistischen Exekutive (1921-1923)

JINSA (Jewish Institute for National Security Affairs) – Aggressive Denkfabrik, die vor allem die militärische Kooperation zwischen Israel und den Vereinigten Staaten propagiert. Prominente Mitglieder sind wieder unter den Neocons zu finden (Michael Ledeen, Douglas Feith, ...).

Lechi – zionistische Terrorgruppe, auch „Sternbande" genannt: Sie waren noch rechter als die Irgun, von der sie sich unter Führung von Abraham Stern und Ytzhak Shamir abspalteten. Sie arbeiteten offen mit Nazideutsch-

land zusammen und erreichten durch einige spektakuläre antibritische Terroranschläge traurige Berühmtheit. Dazu gehören die Ermordung des UN-Vermittlers Folke Bernadotte oder die erste mir bekannte Versendung von Briefbomben an britische Politiker. Ihre Terroraktionen gegen arabische Ziele oder ihre logistische Arbeit, die sie in Ägypten für die Nazis leisteten, werden in der Geschichtsaufarbeitung meistens unterschlagen.
Irgun wie auch Lechi wurden später Teil der israelischen Armee. In die Jahre gekommene Untergrundkämpfer machten Karriere auf dem politischen Parkett.

Lodzer Ghetto – Als die deutschen Faschisten Polen überfallen hatten, benannten sie Lodz, die zweitgrößte polnische Stadt, in Litzmannstadt um. In das umgehend geschaffene Ghetto in Lodz wurden etwa 200.000 jüdische Menschen, aber auch andere Bevölkerungsgruppen wie etwa 5.000. Roma und Sinti aus dem österreichischen Burgenland „konzentriert", wie das im Nazijargon formuliert wurde. Konkret wurde ein Stadtteil von Lodz hermenetisch von seiner Umwelt abgesperrt.[644]
Der „Älteste" im Judenrat, Chaim Rumkowski, organisierte die Zwangsarbeit für die Faschisten und führte eine fragwürdige Diktatur im Ghetto ein. Das Ghetto bestand von 1940 bis zu seiner Auflösung 1944. Die verbliebenen Insassen wurden nach Auschwitz deportiert. Nur etwa 5.000 Menschen aus Lodz haben den Wahnsinn überlebt.

MEMRI – Middle East Media Resarch Institute – beobachtet islamische Medien im so genannten Nahen Osten. Eine zionistische und neokonservative Institution in Washington, die den selbsternannten Anspruch auf Unabhängigkeit nicht im Geringsten einlösen kann. Eine ähnliche Voreingenommenheit weist auch die Zweigstelle in Berlin auf.

Palmach – eine Art militärische Sondertruppe der Hagana, die vor allem während der Naqba Kriegsverbrechen gegen die palästinensische Zivilbevölkerung durchführte. Palmachkämpfer beteiligten sich aber auch an der Organisation der Einwanderung von Siedlern nach Palästina.

PNAC – Project for the New American Century: Neokonservative Denkfabrik, 1997 gegründet. Ihre wichtigsten Ziele sind: Hegemonie der USA, die Sicherung ökonomischer Interessen durch militärische Überlegenheit, aber auch die Förderung israelischer Interessen. Im PNAC, das im gleichen Gebäude wie das American Enterprise Institute residiert, sitzen Typen wie Richard Perle, John Bolton, Richard Armitage oder Francis Fukuyama.

---

[644] vgl. www.dhm.de/lemo/html/wk2/holocaust/lodz/

Warschauer Ghetto – bestand von 1939-1943. Ein ursprünglich als „Seuchensperrgebiet“ bezeichneter, hauptsächlich von Juden bewohnter Stadtteil wurde innerhalb weniger Monate zum Ghetto für etwa 300.000 Menschen.
Als die ständigen Deportationen zunehmen, kommt es zum sicher bekanntesten Ghettoaufstand, dessen blutige Niederschlagung kaum jemand der Bewohner und Bewohnerinnen überlebte.

Wilnaer Ghetto – die Hauptstadt Litauens heißt heute Vilnius. Vor der faschistischen Aggression war Wilna unter der Bezeichnung „Jerusalem Litauens“ bekannt, einer verankerten und prosperierenden jüdische Gemeinde verdankte Wilna diesen Namen.
1941 begann die deutsche Wehrmacht, die jüdische Bevölkerung, aber auch Kriegsflüchtlinge, die nicht rechtzeitig entkommen konnten, im Ghetto (das eigentlich aus zwei kleineren Ghettos bestand) einzupferchen. Ghettoinsassen wurden ins angrenzende Ponar deportiert und dort ermordet. Dagegen richtete sich der Aufstand, angeführt vom Kommunisten Vitenberg, der von den Zionisten an die Nazis ausgeliefert wurde.

ZOB – (Zydoska Organisacja Bojowa) , im Juli 1942 gegründete jüdische Kampforganisation im Warschauer Ghetto.

Chronologie

1789 Französische Revolution – „Freiheit, Gleichheit, Brüderlichkeit" in Europa degenerieren zu Raub- und Kolonialzügen gegen die außereuropäischen Völker

1798 Unter der Führung von Napoleon Bonaparte überfallen französische Kolonialtruppen Ägypten. Der arabische Widerstand vertreibt nach drei Jahren die Invasoren.

1815 Wiener Kongress unter Beteiligung von Baron Rothschild

1848 Missglückte Revolutionsversuche in Deutschland und Frankreich. Inhaftierte Revolutionäre werden deportiert und gleichzeitig als Siedlerkolonialisten in den drei Kontinenten angeheuert.

In diesem Jahr entstehen auch erste zionistische Siedlungen in Palästina.

1878 Berliner Kolonialkongress: Wieder einmal befindet sich Baron Rothschild auf der Gästeliste

1882 „Ruin of Egypt" – englische Truppen legen Ägypten in Schutt und Asche. Ein wichtiger Sponsor des Feldzuges war Baron Rothschild

1896 „Der Judenstaat" von Theodor Herzl wird veröffentlicht

1897 Erster Zionisten-Kongress muss in Basel abgehalten werden, da in Deutschland die jüdischen Gemeinden dagegen protestiert hatten

1904 Herzl stirbt und wird vom Zionismus zur Legende aufgebaut

1915 McMahon-Abkommen, das der arabischen Welt die Unabhängigkeit nach dem Krieg verspricht und nicht das Papier wert ist, auf dem es gedruckt ist

1916 Sykes-Picot-Abkommen. Frankreich und England wollen das Osmanische Erbe antreten und teilen die arabische Welt unter sich auf.

1917 Die berühmte Balfour-Deklaration, die der britische Außenminister als zionistischem Vertreter Baron Lionel de Rothschild überreicht, erklärt die englische Unterstützung für die Gründung eines zionistischen Staates in Palästina.

1922 Großbritannien wird jetzt auch offiziell vom Völkerbund zur Mandatsmacht über Palästina bestimmt.

1919, 1929, 1936-1939 Aufstände der Palästinenser und Palästinenserinnen gegen die britische Besatzung (bzw. Mandatsmacht nach europäischem Diskurs) und die wachsende zionistische Enteignung Palästinas

1933 -1945 Deutscher Faschismus an der Macht

1947 Am 2. November beschließt die UNO den Teilungsplan für Palästina – Der Imperialismus versucht sich damit selbst zu legitimieren.

1948 Gründung eines zionistischen Staates in Palästina auf den Ruinen der Vertriebenen. Was Israelis gerne als Unabhängigkeitskrieg schönreden, bleibt für die arabischen Völker bis heute die „Naqba", die Katastrophe!

1956 Israel greift mit englischem und französischem Imperialismus Ägypten an, um die Verstaatlichung des Suezkanals zu verhindern.

1967 Israel überfällt Ägypten, Syrien und Jordanien. Unter anderem werden auch Gazastreifen und Westbank besetzt und eine Million Palästinenser und Palästinenserinnen erneut vertrieben.

1970 Schwarzer September: Das jordanische Regime präsentiert sich als Instrument der Zionisten und vertreibt die palästinensischen Flüchtlinge.

1973 So genannter Oktoberkrieg: Ägypten erobert Gebiete zurück, die Israel im Krieg 1967 annektiert hat.

1980 Israel besetzt die Golanhöhen.

1978, 1981, 1982 Israelische Agressionen gegen den Libanon.

1987 Ausrufung der Intifada, die in unterschiedlicher Intensität und unter anderem Namen bis heute geführt wird.

1991 Agression gegen den Irak durch die so genannte „Operation Desert Storm". Die USA und ihre Verbündeten setzen international geächtete Waffen gegen die Zivilbevölkerung ein und verüben mehrere Kriegsverbrechen. Danach werden von den Aggressoren Flugverbotszonen und ein mörderisches Embargo, das sogar nach westlichen Quellen 1,5 Millionen Tote forderte, verhängt.

1993 Der Vertrag von Oslo und die Schaffung einer palästinensischen Autonomiebehörde schwächen die Intifada.

1998 Vom 17. bis zum 20. Dezember erfolgt die so genannte Operation „Desert fox": Neuerliche Aggression der USA gegen den Irak

2000 Beginn der Al-Aqsa-Intifada. Sie wird durch eine gesetzte Provokation ausgelöst, nachdem Ariel Sharon mit massivem Militäraufgebot den Tempelberg heimsucht.

2001 Als „Krieg gegen den Terror“ getarnter Angriffskrieg gegen die afghanische Zivilbevölkerung

2002 Als „Operation Schutzwall“ bezeichnete israelische Aggression gegen Ramallah, Bethlehem, Tulkarem und andere Städte und Dörfer. In Dschenin wird ein Massaker ungeheuren Ausmaßes verübt, das internationale Kritik an Israel auslöst.

2002 Beginn des Baus der Apartheidmauer, die Israel von der Westbank abtrennen soll. Neuerlich werden etwa 10% des palästinensischen Bodens durch dieses rassistische Symbol annektiert. Trotz einer Verurteilung durch den Internationalen Gerichtshof setzt Israel den Mauerbau fort.

2003 Neuerlicher Angriff der USA und ihrer Marionetten gegen den Irak. Trotz de wiederholten und teilweise erfolgreichen Versuche, einen Bürgerkrieg zu inszenieren und den Widerstand zu spalten, konnte das Land bis heute nicht befriedet werden. Im Gegenteil, der amerikanische Imperialismus erlebt ein neuerliches Vietnam im Irak.

2006 Neuerliche Aggression Israels gegen den Libanon, der trotz massiver Kriegsverbrechen an der Zivilbevölkerung mit einer zionistischen Niederlage endet.

Die gewählte Hamasregierung wird von der EU und den USA nicht anerkannt. Sie verhängen ein politisches und wirtschaftliches Embargo, die EU stellt ihre Zahlungen ein. Israel zahlt die den PalästinenserInnen zustehenden Steuer- und Zolleinnahmen nicht mehr aus.

2007 Die Kriegstrommeln gegen den Iran werden lauter und wenig überraschend vor allem von zionistischen Agitatoren geschlagen. Die Vorbereitungen auf eine militärische Aktion werden auch hierzulande von primitiver Kriegspropaganda begleitet, als deren aggressivste Vertreter die „stop the bomb“-Kampagne ganz unverhohlen und entgegen dem wohlklingenden Namen fordert, den Iran mit Atomwaffen anzugreifen. Die Befürchtungen der Antikriegsbewegung vor einem drohenden militärischen Angriff waren also durchaus berechtigt. Tatsächlich konnte aber Israel die – nach dem Debakel im Irak und in Afghanistan vorsichtig gewordene – USA bis heute noch zu keiner direkten Intervention im Iran bewegen. Im Gegenteil zeigten sich bei Abschluss dieses Buches aktuelle Tendenzen der Entspannung. Doch gibt es keine Garantie, dass der aufgeschobene Konflikt nicht jederzeit eskaliert werden könnte, wenn sich der Imperialismus wieder sicher genug fühlt, auf den Krieg als Krisenbewältigungsstrategie zurück zu greifen.

2008 /2009 Am 27. Dezember 2008 beginnt die Aggression gegen den Gazastreifen, die bis zum 18. Januar 2009 andauert. Israel kann seine Kriegsziele nicht erreichen und erleidet nach dem gescheiterten Libanonfeldzug eine erneute Niederlage, auch wenn es angesichts der hinterlassenen Verwüstung schwer fällt, von einem palästinensischen Sieg zu sprechen. Obwohl die israelische Armee mehr Waffen einsetzt als in allen bisherigen Kriegen zusammen, scheitert die Aggression am entschlossenen palästinensischen Widerstand, der nicht nur von den bewaffneten Organisationen getragen, sondern auch von der ganzen Bevölkerung unterstützt wird. Vor allem die lautstark angekündigte israelische Bodenoffensive endet mit einer verheerenden Blamage für die angeblich unbesiegbare israelische Armee. Israel kann der ihm zugedachten Funktion als imperialistischer Statthalter in der Region immer weniger gerecht werden. Die israelischen Kriegsverbrechen, darunter der Einsatz von international geächteten Waffen wie weißem Phosphor und mittlerweile auch von israelischen Soldaten dokumentierten Massakern, werden weltweit verurteilt und die Solidarität mit den PalästinenserInnen erreicht einen neuen Höhepunkt.

Doch auch nach dem 18. Januar und fernab der westlichen Aufmerksamkeit finden Angriffe auf die palästinensische Zivilbevölkerung statt. Bis heute wird außerdem die Hungerblockade fortgesetzt und durch die Versuche, das Tunnelsystem mit Ägypten zu sabotieren, noch verstärkt. Die westliche Diplomatie bemüht sich, durch politische Verhandlungen zu erreichen, woran Israel mit seiner militärischen Übermacht gescheitert ist.

Ausgewählte Literaturliste

Arendt, Hannah: „Eichmann in Jerusalem“, Piper Verlag München, 7. Auflage 1986
Bartoszewski,Wladislaw: „Das Warschauer Ghetto – wie es wirklich war“, Fischer, Frankfurt 1983
Bein, Alex: „Theodor Herzl“: Ullstein Berlin-Wien, 1983
Beit-Hallahmi, Benjamin: „Schmutzige Allianzen – Die geheimen Geschäfte Israels“, Knaur Verlag, München 1989
Belli, Gioconda: „Die Verteidigung des Glücks“, Carl Hanser Verlag München Wien, 2001
Billen, Hans-Jürgen: „Zionismus und Antisemitismus“, Trikont Verlag, Duisburg 1983
Black Edwin: „IBM und der Holocaust“, Crown Publishing Group, New York, 2001
Brenner, Lenni, Zionismus und Faschismus, Über die unheimliche Zusammenarbeit von Faschisten und Zionisten, Kai Homilius Verlag, Berlin 2007
Brik Nazeh: „Kibbuz – Legende und Wirklichkeit“, Theorie und Praxis Verlag, Hamburg 1991
Bseisso, Mu'in: „Palästinensische Hefte“, Orient Verlag, Hanau 1979
Feilchenfeld, Werner/ Michaels, Dolf und Pinner, Ludwig: „Haàvara – Transfer nach Palästina“, J.C.B. Mohr (Paul Siebeck), Tübingen 1972, herausgeg. vom Leo Baeck-Institut
Finkelstein, Norman: „Die Holocaust-Industrie, Wie das Leiden der Juden ausgebeutet wird“, Piper Verlag, München 2001
Finkelstein, Norman: „Palästina – ein persönlicher Bericht über die Intifada“, Heinrich Hugendubel Verlag, Kreuzlingen München; 2003
Finkelstein, Norman: „Der Konflikt zwischen Israel und den Palästinensern“, Originalausgabe: „Image and Reality of the Israel-Palestine Conflict“ bei Verso, London/New York, deutsche Ausgabe im Heinrich Hugendubel Verlag, Kreuzlingen/München 2002
Ganser, Daniele, „NATO's secret armies – Operation Gladio and Terrorism in Western Europe“, Frank Cass London/New York 2005
Gutmann, Israel Hauptherausgeber (für Yad Vashem): „Enzyklopädie des Holocaust“, Band II, Argon-Verlag Berlin, 1993
Halk Kurtulus: „Konterguerilla – Der Name des Krieges gegen das Volk“, Halk Kurtulus-Publikation, Amsterdam 1997
Hecht, Ben: „Perfidy“, New York 1961
Herzl, Theodor: „Der Judenstaat” im Sammelband „Wenn ihr wollt, ist es kein Märchen“, Hrsgb. Julius Schöps, Jüdischer Verlag bei Athenäum, 2. Auflage 1985

Herzl Theodor: „Tagebücher (3 Bände)“, Jüdischer Verlag Ges.m.b.H., Berlin 1922
Hilberg, Raul: „The destruction of the European Jews“, Quadrange Books, Chicago 1961; „Die Vernichtung der europäischen Juden”, deutsche Übersetzung, Hg: Ulf Wolter, Olle und Wolter, Berlin 1982
INAMO (Informationsprojekt Naher und Mittlerer Osten) Nr.32., Winter 2002, Berlin
ISF (Internationales Solidaritätsforum): „Jüdische AutorInnen gegen Zionismus“, Wien 1999
Jews against Zionism: „Ten Questions to the Zionists“ from Rabbi Michael Dov Weissmandl Z T“L; www. Jewsagainst Zionism.com/tenquestions.htm
Khella, Karam: „Zionismus und palästinensischer Widerstand“, Theorie und Praxis Verlag, Hamburg 1991
Khella, Karam: „Der israelisch-arabische Konflikt“, Theorie und Praxis Verlag Hamburg 1982
Khella, Karam und die Rockgruppe „Vitenberg“: „Die Palästina-Passion“, CD-Projekt in Wort und Musik, Theorie und Praxis Verlag, Hamburg 1999
Königseder, Angelika / Wetzel, Juliane: „Lebensmut im Wartesaal“, Fischer Taschenbuchverlag, Frankfurt 1994
Langer, Felicia: „Wo Hass keine Grenzen kennt.“, Lamuv-Verlag, Göttingen 1995
Laurent, Eric: „Die neue Welt des George W. Bush, S. Fisher Verlags GmbH., Frankfurt am Main 2003
Levi, Primo: „Die Untergegangenen und die Geretteten“, Carl Hanser Verlag München, Wien; 1990
Mecklenburg, Jens (Herausgeber): „Gladio – Die geheime Terrororganisation der NATO“, Elefanten-Press Berlin, 1997
Merlino, Jaques: „Da haben wir voll ins Schwarze getroffen – Die PR-Firma Ruder Finn“, veröffentlicht im Buch „Serbien muß sterben“, herausgegeben von Klaus Bittermann, Edition TIAMAT, Berlin 1994
Nahostgruppe Hamburg und die Gruppe Arbeiterpolitik: „Zionismus, Faschismus, Kollektivschuld“, Hamburg, April 1989
Nicosia, R. Francis: „Hitler und der Zionismus – Das Dritte Reich und die Palästinafrage 1933-1939“, Druffel-Verlag, Leoni am Starnberger See 1989
Nir Kunhandan / Michael Opperskalski: „CIA – Club der Mörder“, Lamuv-Verlag, Göttingen 1988
Pappe, Ilan: „Die Ethische Säuberung Palästinas“, Verlag 2001, Frankfurt, 2007
Pendorf, R.: „Mörder und Ermordete. Eichmann und die Judenpolizei des Dritten Reiches“, Hamburg, 1961
Prader, Erich: „Aufstand in Palästina“ Grün-Alternativ Verlag, Wien 1989

Rabinovici, Doron: „Instanzen der Ohnmacht", Jüdischer Verlag, Frankfurt am Main, 2000
Roger, Martin: „Amerkkka: der Ku-klux-Klan und die Ultrarechte in den USA", insbes. Kapitel 6; Rotbuch-Verlag, Hamburg 1996
Shonfeld, Reb Moshe: „The Holocaust Victims Abuse", Part 1, New York 1977
Shraga Elam: „Holocaust-Industrie und Holocaust-Religion", in: http://www.haefely.info/gesellschaft+politik_holocaust-theologie+industrie.htm
Shraga Elam: „Hitlers Fälscher", Ueberreuter, Wien, 2000
Segev, Tom: „Die siebte Million", Rowohlt Hamburg, 1995
Tobias, Jim G./ Zinke, Peter: „Nakam – Jüdische Rache an NS-Tätern", Konkret, Hamburg 2000
Watzal, Ludwig, „Frieden ohne Gerechtigkeit?, Böhlau Verlag Köln-Weimar-Wien 1994
Webb, Gary Revolutionary Worker 912, 22.06.1997; veröffentlicht auf Deutsch in: „1.000 Jahre Haft" der Gesellschaft für Menschenrechte von Marginalisierten und MigrantInnen (Gemmi), Verein für antirassistische Öffentlichkeitsarbeit, Wien 2005
Wiesenthal, Simon: „Doch die Mörder leben", Droemer Knaur, München/Zürich 1967
Yahya, Faris: „Zionismus und Nazideutschland", Erstauflage „Palestine Essays" Nr. 47, Beirut, 1978, Neuauflage im Verlag Neue Einheit, Berlin, 1982
Zoom (Zeitschrift): „Es muss nicht immer Gladio sein", Sondernummer 4+5/ Wien 1996

http:/alexdailynotes.blogspot.com/2006/10/gerade-macht-ein-bericht-der-uno.html
http://arbeiterinnenstandpunkt.net/rn142.html
http://de.wikipedia.org/wiki/Cecil_Rhodes
http://de.wikipedia.org/wiki/Fremdenlegion
http://de.wikipedia.org/wiki/Interreligi%C3%B6se_Ehe
http://members.internettrash.com/rolfbmiller/israel.htm
http://no-racism.net/article/2287/
http://oeis.or.at/doku/2004-04-tuerkei.html
http://service.spiegel.de/
http://www.bmi.bund.de/nn_1027786/Inernet/Content/Nachrichten/Presse mitteilungen/2006/10/Zusammenarbeit_mit_Anti_Defamation_League.html
http://www.counterpunch.org/madsen05102004.html
http://www.freace.de/artikel/aug2003/israel010803.html

http://www.heise.de/tp/deutsch/inhalt/co/16952/1.html
http://www.isn. ethz.ch/php/collections/coll_gladio.htm
http://www.israel-palaestina.de/Artikel/Gideon-levi-Land.htm
http://www.jungewelt.de/2007/01-25/008.php
http://www.lebenshaus-alb.de/magazin/002870.html
http://www.palsolidarity.org/main/join
http://www.perlentaucher.de/feuilletons/2002-07-23.html
http://www.rbi-aktuell.de
http://www.readers-edition.de/2007/02/28/die-lobby-der-kriegstreiber/
http://www.sozialwiss.uni-hamburg.de/publish/Ipw/Akuf/kriege/100_elsalvador-honduras.htm
http://www.wsws.org/de/1999/dez1999/papo-d24.shtml
http://www.zeit.de/2004/45/NeoCons?page=all
http://zmag.de/artikel/Israels-Anwendung-von-Folter-muss-auch-enthüllt-werden

Internetadressen zum Thema Neokonservativismus:

http://artemodus.de/cars/us_taliban.html
http://www.berlinerumschau.com/index.php?set_language=de&cccpage=13072007ArtikelPol
http://www.joinrudy2008.com/news/pr/416/index.php
Auseinandersetzungen zum Thema auf Wikipedia:
http://de.wikipedia.org/wiki/American_Enterprise_Institute
http://de.wikipedia.org/wiki/John_R._Bolton
http://de.wikipedia.org/wiki/Neokonservativismus
http://de.wikipedia.org/wiki/PNAC
http://politblog.net/krieg-terrorismus/meldung-michael-ledeen-gestorben-verbindung-mit-yellowcake-skandal.htm
http://www.knutmellenthin.de/world-war-iv/neocon-lexicon.html

Sach-, Personen- und Ortsregister